Ruth Weiss

WEGE IM HARTEN GRAS

Erinnerungen an Deutschland, Südafrika und England

Mit einem Nachwort von
Nadine Gordimer

Verlag Edition AV

Ruth Weiss

WEGE IM HARTEN GRAS

Erinnerungen an Deutschland, Südafrika und England

Mit einem Nachwort von
Nadine Gordimer

CIP-Titelaufnahme der Deutschen Nationalbibliothek:
Ruth Weiss; WEGE IM HARTEN GRAS. Erinnerungen an Deutschland, Südafrika und England.
Mit einem Nachwort von Nadine Gordimer

Auflage 1. Tsd., Lich/ Hessen, Verlag Edition AV

ISBN 978-3-86841-162-1

Wir möchten uns bei Anni Kropf, Dag Henrichsen und Lutz Kliche für die Unterstützung bei der Entstehung des Buches bedanken.

1. Auflage 2016

Mitglied von *book:fair*
Der Verlag untestützt die Arbeit der *Kurt Wolff Stiftung*

Bildrechte: Aus dem Personenarchiv Ruth Weis (PA.43), Basler Afrika Bibliographien, Schweiz.

Lektorat: Dorothea Schuy
Umschlaggestaltung: Jürgen Mümken
Satz: Andreas W. Hohmann
Druck: Leibi / Neu-Ulm

Printed in Germany

ISBN 978-3-86841-162-1

Inhalt

STATT EINES VORWORTS ...

Zum ersten Mal brachte ich meine Erinnerungen im Jahre 1980 zu Papier, in dieser Zeit wurde aus Rhodesien das unabhängige Zimbabwe, und dieser Wendepunkt für das südliche Afrika schien mir der geeignete Moment zu sein, zurückzublicken auf die Geschichte dieser Region und auf mein Leben. Damals wohnte ich in London, doch es sollte mich kurz darauf zurück nach Afrika ziehen, um diesen Kontinent 1992 wiederum zu verlassen. 1994, 14 Jahre nach dem »Lied ohne Musik« erschienen war, abermals an einem Wendepunkt der südafrikanischen Geschichte, versuchte ich, mein Leben erneut zu beschreiben. In der damaligen Ausgabe des Buches unter dem Titel „Wege im Harten Gras" änderte ich die Namen einiger Personen, von denen viele inzwischen nicht mehr am Leben sind und andere mir erlaubten, ihre richtigen Namen zu nennen. Leser der ersten Ausgabe werden also gelegentlich bekannte Geschichten mit anderen Namen entdecken, wofür ich um Verständnis bitte, wie auch dafür, dass in einigen wenigen Fällen die Decknamen bestehen blieben.

Im Jahr 2015, kurz bevor ich zu meinem Sohn nach Dänemark zog, schien die Zeit richtig, den Text wieder zu überarbeiten und über die letzten Jahrzehnte einiges zu berichten. Von den Gedichten, die ich bei der letzten Fassung als Vorwort benutzte, scheint mir vor allem Folgendes passend zu sein.

Dunkles Mädchen eines fremden Stammes.
Tief im Dschungel dieser fremden Stadt.
Deiner Augen schwarzverhangne Trauer.
Sagt mir, was dein Herz gelitten hat.

Immer möchte ich dich leise fragen:
Weißt du, dass wir heimlich Schwestern sind?
Du, des Kongo dunkelbraune Tochter.
Ich, Europas blasses Judenkind.

Vor der Schmach, die Abkunft zu verstecken.
Schützt dich, allen sichtbar, deine Haut.
- Vor der andern Hass, da sie entdecken,
dass sie dir »versehentlich« vertraut.

Mascha Kaléko

VON FÜRTH NACH JOHANNESBURG

»Also, ihr habt etwas über Nicaragua gehört. Ihr habt unsere schwarzen Schwestern aus Tansania Kirchenlieder singen gehört. Ihr habt mit dem Trommler aus Ghana getanzt. Aber jetzt kommt mal etwas anderes, etwas über Südafrika. Über Apartheid. Ihr kennt dieses Wort ...«

Der Pfarrer, jung und gelassen, winkt mich zum Mikrophon. Ich gehe nach vorn, erwarte, dass er mich vorstellt, und überlege, was ich anschließend sagen werde. Es ist der 16. Juni 1979, Kirchentag in Nürnberg. Der Saal ist brechend voll, Tausende sind noch draußen, man hört, wie sie versuchen, sich hineinzuzwängen. Die Dritte-Welt-Party ist offensichtlich ein Volltreffer.

»Ja, also, Ruth Weiss ... Ich weiß nicht, was ich sagen soll: Du sprichst deutsch wie eine Deutsche, weißt aber anscheinend alles über Südafrika. Kannst du das vielleicht erklären? Dich selbst vorstellen?«

Vor mir im Saal, inmitten der Gesichter, mein Sohn. Zu ihm spreche ich vielleicht mehr als zu den anderen, den Unbekannten. Im Halbdunkel kann ich ihn nicht sehen.

»Ja, das ist wohl eine Frage, die ich so nicht erwartete. Ich werde versuchen, sie zu beantworten. Wo ich herkomme? Von hier, ich bin nicht weit von hier geboren. Nebenan sozusagen, in Fürth. Und wenn ich jetzt noch sage, dass ich 1924 geboren wurde und 1936 von hier fort musste, brauche ich wohl kaum zu erklären, warum ...«

Ich schlucke. Kein Ton mehr im Saal. Sie hören zu! Erstaunlich. Sie hören einer Jüdin zu, einer Frau, die etwa dreimal so alt ist wie die meisten von ihnen.

»Von Fürth nach Johannesburg. Ein weiter Schritt? Nicht unbedingt. Ihr wisst, dass diese Stadt hier seit den 30er Jahren nie wieder so viele Menschen auf einmal aufgenommen hat ... damals, im Jahr 1935, ich konnte es noch miterleben, ging es um die Treffen tausender junger Nazis. Nürnberg ist ja nicht nur wegen der Lebkuchen bekannt oder für den diesjährigen Kirchentag: Es gab Nürnberger Gesetze, später dann die Nürnberger Prozesse ...«

Im Saal ist es immer noch stumm. Ich sehe nichts mehr, nicht einmal mehr das Mikrophon, erkenne niemanden in der Menge. Ich erzähle, was es bedeutete, ein jüdisches Mädchen zu sein, in Nürnberg im Jahre 1936. Ich erzähle auch, dass Apartheid, die Trennung von Rassen, in Südafrika keineswegs absurd ist, genauso wenig, wie es in Nürnberg damals nicht absurd war, dass ein Arier nicht mit einer Jüdin verkehren durfte.

Neben mir stehen zwei junge Schwarze: Ich hatte sie zufällig heute Vormittag getroffen, als ich, benommen von der Stimmung in der Stadt, auf dem Kirchentag durch die Halle gegangen war. Es sind Jungen aus Soweto, der schwarzen Stadt, die bis 1976 keiner kannte und die nicht einmal auf einer südafrikanischen Karte zu finden war. Einmal, während der Unruhen im Juni jenes Jahres, versuchte ich von Europa aus in ein schwarzes Ghetto zu telefonieren. Zuerst erhielt ich die Auskunft, dass es eine solche Telefonnummer nicht gebe, und als ich daraufhin drängte, sagte der weiße Beamte erstaunt: »Mein Gott, das ist doch ein schwarzes Viertel!« Man ruft eben keine schwarzen Viertel an, vor allem nicht aus dem Ausland. Das war schon so gewesen, als wir ankamen, im Jahre 1936, als Apartheid noch keine offizielle Politik war und ich noch keine Ahnung von derartigen Dingen hatte.

»Apartheid, das ist gar nicht so anders als das, was ich hier erlebte, als Elfjährige. Ich möchte euch trotzdem etwas konkreter davon erzählen ...« Ich bin noch immer erstaunt über die Stille im Saal und ziehe die beiden schwarzen Jungen zu mir ans Mikrophon. »Wisst ihr, heute vor genau drei Jahren, am 16. Juni 1976, zogen 15.000 bis 20.000 Jugendliche – etwa so viele, wie ihr jetzt hier im Saal seid – auf eine Demonstration. Als sie sich trafen, wussten sie nicht, dass sie auszogen, das Nichtfürchten zu lernen. Die friedliche Demonstration wurde mit Polizeikugeln auseinandergetrieben. Aber die Jugendlichen gaben nicht auf, sie wehrten sich, sie wehren sich heute noch ... Diese beiden hier, sie können es erzählen, sie waren dabei, am 16. Juni, an dem Tag, der endlich die Lüge platzen ließ, die sagt, dass Apartheid eine stabile Situation erzeugt.« Mazibuko, einer der beiden, fragt mich flüsternd, ob er englisch sprechen dürfe. Ich nicke, er spricht, ich übersetze. Kämpferische Worte, Parolen.

Ich gebe das Mikrophon ab. Setze mich. Man klatscht. Warum? Weil ich versucht habe, etwas zu erklären, das nicht so leicht zu erklären ist? Wie man durch Zufall aus Fürth bei Nürnberg nach Johannesburg kommt, somit den Holocaust überlebt, dabei politisiert wird und es für sein Leben lang bleibt, genauso, wie man auch im Exil bleibt, im ewigen Exil des Außenseiters.

Wir konnten schließlich nicht in die Zukunft sehen, und deshalb wussten wir damals nicht, dass aus Heinz Kissinger, der mit meiner Schwester zusammen in die Klasse gegangen war, »Henry« - und ein amerikanischer Außenminister - werden würde. Genauso wusste ich nicht, dass es das letzte Mal sein würde, als ich meiner besten Freundin Leah »Auf Wiedersehen« sagte und sie mit ihren letzten Atemzügen

Gas einatmen würde. Leahs Eltern waren fromm, sie ergaben sich ihrem Schicksal und blieben in Fürth. Ihren Namen fand ich, wie erwartet, in einer Liste deportierter Fürther, die mir 1991 ein Lehrer meines Geburtsortes zukommen ließ.

Mein Vater hatte das Glück, dass er seinen Posten in Nürnberg schon im Jahr 1933 verlor; der Zehnjahresvertrag, den er in der Hand hatte, war gleich anderen, wichtigeren Dokumenten zu einem wertlosen Stück Papier geworden. Da schenkte ihm die Familie eine Schiffskarte, die von einem schon früher nach Südafrika ausgewanderten Verwandten eintraf. Ich sehe ihn heute noch, meinen Vater, wie er langsam die Treppe hinunterging, ohne sich nach uns umzudrehen. Ich saß am Boden, zwischen den Füßen meiner Mutter, und sah ihm nach.

Fast drei Jahre später wurden wir als Familie wieder vereint. Wir gehörten eben zu denen, die Glück hatten. Noch im selben Jahr, 1936, erlaubte man keine »Massenemigration« – wie sie es nannten – nach Südafrika mehr. Dies war einem gewissen Professor Hendrik Verwoerd zu verdanken, einem späteren Apartheid-Premierminister. Er führte eine Delegation zur Regierung und drohte, die damals bestehende Koalition zu zerstören. So kamen nur noch zwei Schiffe, die man auf die Schnelle mit Flüchtlingen vollgestopft hatte, nach Südafrika. Das letzte war die »Stuttgart«. Bei der Ankunft war das Wetter schlecht, sodass eine geplante Demonstration der sogenannten ‚Shirt'-Bewegung gestört wurde, die Ankömmlinge mit „Juden raus" zu begrüßen, von der wochenlang vorher die Rede war. Die jungen Mitglieder der Bewegung trugen graue Hemden und Hosen und standen der extrem-rechten, nazifreundlichen Ossewabrandwag (Ochsenwagen-Wache)-Organisation nahe. Der Führer dieser Grauhemden wurde später Senator im Oberhaus des südafrikanischen Parlaments. Noch einen Dampfer, ließen die Briten seine menschliche Fracht ausladen und schickten die Nachzügler nach Swasiland. Das heute unabhängige Königreich war damals britisches Protektorat und war noch 2016 autokratisch regiert.

Leah, Robert, Ludolf, Alexander – ich habe noch Fotos und Erinnerungen an die Schule, in der ich die drei Jahre in Nazi-Deutschland verbracht hatte. Es muss eine ungewöhnliche Schule gewesen sein, diese »Israelitische Realschule Fürth i.B.« (in Bayern). Das Gebäude gibt es noch, seit langem hat dort die Fürther Jüdische Gemeinde ihr Büro. Wir hatten damals ziemlich wenig Platz, schließlich mussten wir dringend unsere alten Schulen verlassen, um die arischen Schüler nicht mit unserem Gestank zu ärgern. Es hatte einige Zeit gedauert, bis ich das begriff. Bisher ging ich nämlich in eine Dorfschule. Mein Vater arbeitete zwar in Nürnberg, und meine Großeltern lebten in Fürth, wo ich geboren wurde, aber wir lebten in einem Dorf »bei« Nürnberg. Mein Vater war auf dem Land groß geworden und liebte das Leben »bei«.

In dieser Dorfschule war ich etwas Außergewöhnliches. Warum, das war mir damals noch nicht klar. Ich nahm an, dass es daran lag, dass wir in einem der neuen Siedlungshäuser wohnten und ich zudem nicht besonders gut Schlittschuh laufen konnte.

Eigentlich fand ich es schön dort in der Schule. Wir waren alle zusammen in einem großen Raum, ich hatte viele Freundinnen und konnte meistens alle Fragen beantworten. Mein Heft ging reihum, zum Abschreiben. Das machte mir unheimlich Spaß; ich nehme an, es kam, weil ich sehr früh angefangen hatte, Lesen zu lernen. Dies war nicht mein Verdienst, mein mütterlicher Großvater in Fürth war Buchbinder, und ich saß oft in seiner Werkstatt im Hinterhof unter den Tischen. Über mir saßen die Mädchen, eines löste die Seiten aus dem neu zu bindenden Buch, ein anderes nahm sie ihr ab und nähte sie zusammen. Es verging einige Zeit, bis die Seiten von der einen Hand zur anderen gingen, und die versuchte ich zu nutzen. Wenn ich mich beeilte, gelang es mir, eine Seite ganz zu lesen, bevor das andere Mädchen sie wieder nahm. Da muss man doch Lesen lernen, oder nicht?

Ja, aber dann kam der 30. Januar 1933 - Hitler wurde Reichskanzler. Meine Eltern flüsterten, meine Mutter hatte rote Augen, aber sie sagte, alles sei in Ordnung, ich solle mir keine Sorgen machen, sonst käme ich zu spät zur Schule. Auf dem Weg dorthin ging ich immer am Sportverein vorbei. Am 1. Februar sah ich dort zum ersten Mal eine Fahne mit dem Hakenkreuz, und als ich vorbeilief, schrie mich jemand an.

Doch das war nicht so schlimm, ärger war es in der Schule. Ich ging auf meinen Platz und merkte zuerst gar nicht, dass ich allein war. Noch dachte ich, ich sei nicht zu spät, sondern zu früh, doch dann fing Reuter, unser Lehrer, an zu sprechen, und ich wusste, von nun an ist alles anders. Ich hatte keine Schulbankfreundin mehr, und die Kinder saßen alle zusammengedrückt weit entfernt von mir. Auch in der Pause blieb ich allein, die Mädchen standen flüsternd in einer Ecke, und die Jungen gingen mit ihren Händen in den Taschen umher und pfiffen. Es war alles etwas merkwürdig. Ich wollte heulen, aber das ging schließlich auch nicht. Ich hatte doch nichts, worüber ich hätte heulen können, oder? Als nächste Stunde kam Deutsch, und ich freute mich darauf, denn es war meine Lieblingsstunde, und ich hatte den Erlkönig auswendig gelernt. Reuter nahm mich meistens dran. Doch diesmal sah er meine Hand nicht, er sah mich überhaupt nicht, auch als ich einfach nur austreten wollte und deswegen meine Hand hochhielt.

Auf dem Weg nach Hause konnte ich dann etwas weinen, mein Hund Prinz kam mir entgegen, und wir gingen zusammen in den Wald. Ich hatte mein Poesiealbum dabei, denn einige der Jungen hatten versprochen, mir etwas hineinzuschreiben. Ich setzte mich unter einen Baum und sah mir das Album mit seinen Widmungen an. Die letzte war ein Gedicht mit der Unterschrift: »Von Deiner immer treuen Schulbankfreundin Bettie.« An diesem Tag aber saß Bettie nicht in meiner Bank und die anderen auch nicht. Ich blätterte durch das Album, da waren sie alle, meine liebsten Freundinnen. Ich warf das Buch weit weg, und Prinz bellte. Später am Nachmittag holte ich es wieder. Es veränderte sich viel in diesen Tagen. Herr Reuter grüßte meinen Vater nicht mehr, und was am nächsten Wochenende geschah, war wohl am schlimmsten. Meine Schwester war schön, bildschön, außerdem sah sie immer aus, als hätte sie gerade gebadet und sich ein ganz neues Kleid angezogen. Ganz gleich, was sie trug. Bei mir war es anders. Mein neues Kleid war schon ein paar Minuten nach dem Anziehen nie mehr taufrisch. Der Schmutz kam von irgendwoher, ich musste wohl eine Art Magnet für ihn sein, davon war ich überzeugt. Außerdem hatte ich nicht die kleine feine Nase meiner Schwester und kein glattes Haar, meins war lockig, dick und stand mir stets zu Berge. Wenn wir zusammen waren, drehten sich die Leute nach uns um. War ich jedoch allein, kümmerte sich nie jemand um mich. Also, meine Schwester war hübsch, das hatten die Jungen im Dorf auch schnell gemerkt. Sie ging in Fürth in die Israelitische Realschule, weil die Dorfschule nur vier Klassen hatte. Sie wohnte dort bei meinen Großeltern, die Theaterstraße war gerade um die Ecke von der Schule. So hatten sich auch meine Eltern kennengelernt. Mein Vater wurde ins Internat nach Fürth geschickt. Meine Mutter lebte um die Ecke, sie konnte den Schulhof von ihrem Fenster aus sehen. So einfach war das. Am Wochenende kam meine Schwester immer ins Dorf zurück. Anfangs wartete ich auf sie, doch später war das nicht mehr nötig, die Jungen waren immer da, trugen ihr den Koffer und unterhielten sich mit ihr bis zum Gartentor. Also holte ich sie auch an diesem Wochenende nicht ab. Das tut mir heute noch leid, obwohl ich wahrscheinlich auch nicht viel hätte machen können. Denn diesmal war es ganz anders. Die Jungen kamen, ob es dieselben waren wie sonst, weiß ich nicht. Einen mochte meine Schwester besonders gern, Hans hieß er. Ich glaube sogar, er war der Sohn vom Reuter. Auf jeden Fall trug dieses Mal keiner ihren Koffer. Sie schrien nur, auch Hans, ganz gemeine Sachen und liefen hinter ihr her, als sie den Berg hinaufrannte. Zuletzt warfen sie mit Dreck. Wir waren fast den ganzen Abend lang damit beschäftigt, den Gestank abzuwaschen. Ich rieche es heute noch, das nasse, feine Haar, das an diesem Abend nicht nach Seife duftete, sondern nach Mist stank.

Es war nur eine Frage von Wochen, bis wir umzogen, mein Vater seinen Posten verlor und auch ich in die Israelitische Realschule ging. Vorher passierten jedoch noch einige Sachen. Der Bruder meiner Mutter, mein Onkel Jakob, hatte in Nürnberg eine »Schickse«, eine nicht-jüdische Freundin. Als er sie eines Abends nach Hause brachte, wurde er überfallen und furchtbar zusammengeschlagen. Ich weiß nicht, wer ihn zu uns brachte. Ich sah nachts, dass man ihn anschleppte und meine Mutter sich um ihn kümmerte. Kurz darauf ging mein Vater in den Wald, er wusste nicht, dass ich vom Fenster aus sah, was er in der Hand hielt: seinen Revolver. Er war Soldat gewesen, für Kaiser und Vaterland, daher hatte er noch diesen Revolver, den er in jener Nacht in einen nahen Teich warf. Das Eiserne Kreuz Zweiter Klasse nahm er mit nach Südafrika, meine Schwester fand es nach seinem Tod.

Später brachte man meinen Onkel über die Grenze, er wanderte nach Israel aus. Seine einzige Tochter Nitza lernte ich erst spät, in den 80er Jahren kennen.

Eigentlich waren diese drei Jahre in der jüdischen Schule sehr interessant. Sehr viel später, Ende der 70er Jahre als ich bei einem Treffen ehemaliger Schüler in den Catskills teilnahm, sagte jeder, es sei eine besondere Schule gewesen, sie hätten nie danach in einer ähnlichen Struktur so viel gelernt.

Ich habe nur ganz blasse Erinnerungen, selbst die Namen der Lehrer weiß ich nicht mehr genau. Einer hieß Adolf Kohn, er wanderte nach Israel aus, ein anderer Steinberger oder so ähnlich. Später hörte ich, dass er früh umgekommen ist. Er war noch sehr jung, aber er hatte an einer jüdischen Schule studiert, er war nicht nur Lehrer, er war auch ein Schochet. Das bedeutete, dass er Vieh nach ritualen Regeln »schächten« durfte, so dass es »koscher« – für Juden essbar – war. Bei uns war er Lehrer, aber als man dem offiziellen Schochet verbot zu schlachten, bat man Steinberger, es heimlich zu tun. Das tat er auch, denn sonst hätte die Gemeinde nichts zu essen gehabt; es war schließlich lange vor dem Krieg und den Deportationen. Damit war es nur eine Frage der Zeit, bis Steinberger ins KZ gebracht wurde. Bis dahin glaubte mein Vater noch, dass nur schlechte Menschen nach Dachau ins KZ kämen, schlechte Menschen und Kommunisten.

In einen der Jungen in der Schule war ich verliebt, er hieß Alexander. Ich glaube, er mochte mich auch. Er war älter als ich. Als wir uns aussuchen sollten, wohin wir in die Ferien geschickt werden wollten, verabredeten wir uns, unsere Namen auf dieselbe Liste zu schreiben. Aber irgendwie wurden sie verwechselt. Meine Schwester fuhr mit derselben Gruppe wie Alexander, ich war mit seinem jüngeren Bruder zusammen. Alexander half mir eines Tages, als ich in der Mittagspause zu den Großeltern gegangen war. Einige Jungen sahen mich plötzlich auf der Straße und rannten mir nach, hetzten mich wie ein Tier. Der – arische – Pförtner verschloss sofort die Tür der Schule, als er das Geschrei hörte, aber Alexander sagte, die ist noch draußen, bitte, bitte lassen Sie mich nachsehen. Da stand ich und hämmerte gegen die Tür, er machte auf, irgendjemand hatte meine Haare in der Hand und hielt sie auch fest, als ich mich losriss; nun ja, ich sagte schon, ich hatte dickes Haar.

Eines Tages waren Alexander und sein Bruder verschwunden. Das war damals so. Man wusste nie, wann jemand auswanderte oder was eigentlich los war. Wir unterhielten uns nie darüber. Manche Kinder kamen eben nicht mehr zur Schule, das war alles. Die Familie war weggezogen, emigriert, geflüchtet, vielleicht wurde jemand verhaftet, vielleicht waren sie einfach gegangen. Wir wussten zu wenig: Ich wuchs in einer Zeit auf, in der die Welt der Kinder scharf von der der Erwachsenen getrennt war. So erfuhr ich erst als 30ig-Jährige, dass meines Vaters bester Freund der Vater von Alexander gewesen war. Die Eltern unterhielten sich nicht mit den Kindern, schon gar nicht über ihre Pläne und Sorgen. Manchmal waren es nun keine Pläne mehr, sondern nur noch Fluchten, wie damals, als mein Onkel zusammengeschlagen wurde, weil er mit dem arischen Mädchen ausging. Mein Onkel sah gut aus. Ich war stolz, wenn ich neben ihm in die »Klaus« spazierte, der frömmsten Synagoge in Fürth. Mein Onkel war, wie mein Großvater, ein »Cohen«, aber ich wusste bereits damals, dass er nicht so fromm wie sein Vater war, was diesem großen Kummer bereitete. Beide waren Cohanim, Hohepriester und durften an hohen Festtagen wie Jom

Kippur, dem Versöhnungstag, die Gemeinde segnen. Eigentlich durften wir, die Frauen und Kinder, dabei nicht zusehen, das war in der »Klaus« so. Wir saßen versteckt hinter einem wunderschön geschnitzten hölzernen »Vorhang«, aber ich war neugierig und spähte durch die Schnitzereien, konnte sehen, wie die Cohanim den Talit, das Gebettuch, über ihre Köpfe zogen, sich verhüllten und dann, mit erhobenen und gespreizten Händen, wie es sich gehört, den heiligen Segen aussprachen. Die gespreizten Hände wurden von meinem Großvater stets als Signet in die von ihm gebundenen Bücher geklebt. Als ich am Tag nach dem Kirchentag 1979 sein Grab besuchte, da sah ich sie wieder, die gespreizten Hände auf seinem Grabstein. Max Meyer Cohen, geboren 1869, gestorben 1936. Sh'ma Israel. Höre Israel.

Die »Klaus« war keineswegs die einzige Fürther Synagoge, schließlich war die jüdische Gemeinde in Fürth eine der Ältesten. Ich erinnere mich an fünf Gebäude, die zusammen im Schulhof standen und alle in der Kristallnacht abbrannten. Auch die Kultusgemeinde hatte dort ihren Sitz, Tante Martha, die jüngste Schwester meiner Mutter, arbeitete dort. Die größte Synagoge war die Hauptsynagoge, meine Tante besuchte sie nur manchmal. Auch Tante Martha war fromm. Als alte Dame in Johannesburg zog sie anstatt in eine kleine komfortable Wohnung, lieber in ein Altersheim „Our Parents Home, von Emigranten gegründet, in der sie Sekretärin gewesen war, weil es dort eine »Shul«, eine Synagoge, gab.

Es gab auch »moderne« Juden, das waren diejenigen, die einige der alten Bräuche eben für veraltet hielten und versuchten, neue Regeln aufzustellen, zum Beispiel den Gottesdienst mit Orgel und deutscher Predigt abzuhalten; wir kannten jedoch keine Reformjuden.

Ich ging gern in die »Klaus«, betete, war stolz auf mein eigenes Gebetbuch, auf das mein Großvater meinen Namen auf hebräisch goldgeprägt hatte. Heute weiß ich, dass junge Jüdinnen versuchen, den alten Glauben mit der Frauenbewegung zu bekämpfen.

Großvater hätte wahrscheinlich gelacht und gesagt: »Natürlich danken wir Gott, dass wir als Männer geschaffen wurden, das entspricht der Wahrheit, aber es legt uns auch Pflichten auf. Wir müssen uns um das Wohlergehen der Frauen und Kinder kümmern, ist das vielleicht einfach?«

Nein, einfach war es für ihn nicht. Mein Großvater kam aus Aurich, er war Handwerker, Buchbinder und Goldschmied und war während seiner Wanderjahre in Fürth geblieben. Es gab dort eine große Gemeinde, und er lernte schließlich meine Großmutter kennen.

In den 90er Jahren, als junge Fürther die lokale Geschichte der Juden erforschten, schickte mir ein Bekannter Unterlagen aus Aurich. Mein Urgroßvater war ein armer Mann gewesen, Schirmemacher und Shammes – Synagogendiener - er hatte Reisje Meyer, die Tochter des reichen Kaufmanns Ballin, geheiratet. Ob es eine Liebesgeschichte war? Ein Kaufmann wird seine Tochter wohl ungern einem armen Schirmemacher gegeben haben.

Als ich 1977 einmal spontan an Henrys Vater Ludwig Kissinger schrieb, antwortete er sofort, er könne sich vor allen an meinen Großvater erinnern, er habe sogar noch Bücher, die von ihm gebunden worden seien. Das war im selben Jahr, in dem Kissinger von Fürth geehrt wurde; seine Mutter und ich waren im selben Hotel, ich berichtete damals für die Deutsche Welle über das Ereignis, aber wir unterhielten uns nicht. Es war so viel Trubel um sie herum, und ich wollte ihr nicht auf die Nerven fallen.

Sicher hatte Frau Kissinger auch in der Frauenabteilung einer der Synagogen gebetet, die Trennung war eben ein wichtiger Teil der Tradition. Frauen gingen nicht so oft in die Synagogen wie Männer. Mein Großvater betete dreimal am Tag, und wenn möglich, so ging er zum Morgengebet in die »Klaus«; wenn zehn Juden zusammen sind bilden sie ein »Minjen«, das Minimum für eine Gemeinde, sodass der Vorbeter das Kaddish, das Totengebet verrichten kann, das zum Morgengebet gehört.

Derartige Regeln lernte man nicht, man sog sie auf, sie waren Teil des täglichen Lebens. Genau wie der »Scheitel«, den meine Großmutter trug und der mir ganz selbstverständlich vorkam. Ein »Scheitel« war ein falsches Haarteil, das dazu diente, die Schönheit der eigenen Haare zu verbergen: Dieses gehörte nur dem Ehemann, also trugen auch nur die verheirateten Frauen ein solches Haarteil. Meine Mutter trug keinen »Scheitel« mehr, dazu war sie wiederum eine Generation zu jung.

Ich habe die Trennung von Männern und Frauen in der Synagoge nie als wichtig empfunden. Die Synagoge ist keine Kirche, in die man pünktlich und feierlich geht, sondern ein Treffpunkt. Die Männer, die Gelehrten, verbringen viele Tage dort und lesen, lernen, diskutieren miteinander. Wir in Fürth lebten nicht in der Ghetto-Atmosphäre der Juden in Osteuropa, wo die Synagoge das Zentrum war, in dem die Jungen für ihre »Bar Mitzva« vorbereitet wurden. Sicher, den »Cheder«, den hebräischen Unterricht, gab es auch in Fürth, auch die »Mikve«, das rituelle Bad, in dem sich Frauen nach ihrer Periode und nach der Geburt eines Kindes badeten. Der orthodoxe Mann glaubt, die Frau sei unrein, und auch bei uns gaben einige der alten Männer keiner Frau die Hand. Doch so weit ging es im Hause meiner Großeltern nicht, und bei den anderen störte es mich nicht. Ich wusste, wie wichtig die Frau für die Religion selbst ist: die jüdische Religion hat ihren Schwerpunkt nicht in der Synagoge, sondern in der Familie. Es ist die Mutter, die mit ihren Händen das Kerzenlicht segnet, die an jedem Freitagabend zwei Kerzen anzündet und so den schönsten Tag der Woche, den Schabbat, begrüßt. Freitags abends, nachdem mein Großvater aus der »Klaus« zurückkam, war der Tisch herrlich weiß gedeckt, wir Kinder hatten uns bereits gebadet, jeder war gut angezogen, mein Großvater segnete uns, so dass wir werden sollten wie die biblischen Ahninnen, es herrschte eine feierliche, fröhliche Atmosphäre. Das Essen, vor allem die Suppe, Hühnersuppe mit Klößen, kann ich heute noch riechen.

Vor allem freute ich mich während des Essens, genau wie beim Mittagsmahl am Schabbath, auf das Tischgebet. Mein Großvater betete vor, wir alle sangen mit. Nach dem Essen, nicht vorher, wie ich es später bei Christen erlebte.

In den Zehn Geboten steht, dass nicht nur die Familie am siebten Tage ruhen muss, sondern auch alle Dienstboten, selbst der Ochse und der Esel. Wir hatten keinen Ochsen oder Esel in Fürth und auch keine Dienstboten. Trotzdem musste das Mittagessen gekocht, das Gaslicht angezündet werden: All das war »Arbeit« gemäß der Definition des Wortes, wie es Orthodoxe wie mein Großvater verstanden. Aus diesem Grund hatten wir gleich den anderen Familien eine christliche Nachbarin, die, ohne dass man es ihr sagte – denn dann wäre es »Arbeit« gewesen –, das Gaslicht löschte und andere kleine Tätigkeiten verrichtete. Diese Nachbarn nannte man »Schabbesgoj«. Ein »Goj« war ein Nichtjude, und der oder eben meistens *die* »Schabbesgoyin« kam theoretisch nur aus Freundschaft. Zahlen konnte man nur indirekt, durch Geschenke, darunter natürlich auch Geldgeschenke. Dies gehörte zu den kleinen Heucheleien, die mir später noch zu schaffen machten, als ich mich als Heranwachsende mit Religion, Gott und ähnlichen Fragen herumschlug. Einmal war ein schwarzer Mann am Tisch, ein äthiopischer Jude, der in Nürnberg studierte und den meine Tante Martha eingeladen hatte. Sie hatte mit ihm Kontakt gehalten, Jahre später erzählte sie mir, er sei als Pilot in dem Krieg seines Landes gegen Mussolini gefallen. Wir konnten kaum ahnen, dass diese Juden nach der Gründung Israels aus Äthiopien nach Israel ausgeflogen würden.

Aber damals machten mir die Gespräche nichts aus. Es gehörte dazu. Die »Schabbesgojin« ging auch zum Bäcker, um das Essen abzuholen: Dieses war von meiner Großmutter und ihren Töchtern, also meiner Mutter und ihren zwei Schwestern, am Freitag gekocht und dann zum Bäcker getragen worden, um es warm zu halten bis zum Schabbat-Mittag.

Nachmittags wurde es dann besonders schön: Mein Großvater erzählte und wurde von mir ausgefragt, später kamen Gäste, oder wir machten Besuche. Eine Zeitlang waren wir – meine Schwester und ich – einer frommen zionistischen Gruppe beigetreten, dort gab es »Oneg Schabbath«. Wir lernten aus der Bibel, sangen Lieder, tanzten die »Hora«, den Volkstanz, bei dem man die Arme auf die Schultern der anderen Tänzer legt und im Kreis tanzt. Ich fand es herrlich. Am glücklichsten war ich, wenn wir spazieren gingen, hinaus zur Pegnitz.

Dazu muss ich etwas erklären: Laut der Deutung der Zehn Gebote darf man innerhalb des eigenen Hauses einige Sachen tun, die eigentlich »Arbeit« sind: etwa den Tisch decken, ein Buch aufheben oder sich anziehen. Um das Leben zu erleichtern, hatten einige Rabbiner vor mehreren hundert Jahren in Fürth vier Punkte abgesteckt, die ein Quadrat bildeten: Innerhalb dieses Quadrates durfte man so tun, als sei man zu Hause. Also konnte man mit dem Gebetbuch in der Hand in die Synagoge oder mit einem Blumenstrauß zu Verwandten gehen. Wenn man jedoch »hinaus« ging, zur Pegnitz, so war es anders. Das lag außerhalb des Quadrates. Also befestigten wir am Freitagnachmittag stets ein Taschentuch am Ärmel eines Mantels, so dass das Tuch fest zum Mantel gehörte. In der Tasche oder in der Hand hätte man es »getragen«, was wiederum Arbeit gewesen wäre. Einmal fiel mir das Taschentuch hin, und ich saß »draußen« auf dem Rasen und wartete, bis die ersten drei Sterne am Himmel erschienen und der Tag vorüber war. Dann erst konnte ich das Taschentuch aufheben und nach Hause rennen. So fromm war ich damals.

Als meine Tante Martha Anfang der 50er Jahre zum ersten Mal nach Israel reiste, erfuhr ich von ihr, dass auch Alexander, der Junge, den ich einst so gern gehabt hatte, dort lebte. Auch er hatte nicht gewusst, dass unsere Väter befreundet gewesen waren. 1992 bekam ich seine Adresse, schrieb ihm und erhielt eine Antwort, in der, wie er mit Recht sagte, ein Stück jüdischer Geschichte steckt. Er hatte bereits mit 12 Jahren angefangen zu arbeiten, mit 13 wurde er Haganah-Mitglied, mit 17 Gründungsmitglied eines Kibbuz, dann trat er in den Palmach ein, wo er seine Frau kennen lernte. Er übernahm das Schleppboot in

Haifa im Jahr 1947 und war der Kapitän dieses Bootes bis zu seiner Pensionierung 1980. Alexanders Sohn fiel am letzten Tag des Yom-Kippur-Krieges, und er wurde dessen Sohnes Vater sowie Großvater. Der schönste Satz des Briefes ist die Bemerkung, dass er genau dasselbe wieder machen würde, wenn er »von neuem anfangen sollte«. Nicht viele Menschen können das über ihr Leben sagen.

Leah, meine liebste Freundin, war klein und ernst. Die Jacobis waren Polen oder Litauer und orthodox. Ich glaube nicht, dass sie bei uns jemals etwas gegessen hat. Sicher waren wir nicht koscher genug, obwohl bei meiner Großmutter das »Milchtige« streng vom »Fleischtigen« getrennt war: Es gab je zwei Garnituren Besteck, Teller, Töpfe, Tischtücher und so fort, man durfte zum Beispiel niemals ein Butterbrot zusammen mit Fleisch essen. Am Pessach, dem achttägigen Fest, an dem man den Auszug aus Ägypten feierte, gab es wiederum anderes Geschirr und natürlich wieder in zweifacher Garnitur. Schon Wochen vor dem Fest putzte und scheuerte man die Wohnung, stellte das »normale« Geschirr weg und holte das Pessach-Geschirr hervor. Am Abend vorher streute meine Großmutter sorgfältig einige Krümel auf den Tisch, die von meinem Großvater dann »gefunden« wurden, als er die Pflicht des Hausherrn erfüllte und sich versicherte, dass es kein Brot im Hause gab: Die Krümel wurden betend von ihm verbrannt.

Ich ging ihm immer hinterher, wenn er seinen Rundgang machte, es gehörte zur Vorfreude auf ein Fest, das vor allem für Kinder wirklich großartig ist. Am ersten Pessachabend, dem »Seder«, also beim Vorlesen aus der Haggadah, die vom Sklaventum und von der Befreiung der Israeliten spricht, gibt es viele Gesänge, die wir alle mitsangen. Für mich als Jüngste, da es keinen Jungen in der Familie gab, galt etwas Besonderes: Ich war es, die die vorgeschriebenen Fragen stellen durfte, dazu auf hebräisch: »Warum unterscheidet sich diese Nacht von allen anderen Nächten ...« Wir alle, auch ich, durften Wein trinken, süßen koscheren Wein, von dem die Erwachsenen laut dem Gesetz sogar mehrere Gläser trinken mussten. »Denn heute sind wir keine Sklaven mehr, heute sind wir frei ...«

Und jedes Jahr dasselbe Versprechen: »Im nächsten Jahr feiern wir im Gelobten Land – in Jerusalem.« Am Seder-Abend stand immer ein leeres Gedeck bereit, für die Armen, die eventuell kommen könnten. Manche Juden sagen, das Gedeck sei für den Propheten Eliah bestimmt, mein Großvater behauptete jedoch, dem sei nicht so, der Prophet könne jederzeit kommen und nicht nur zu Pessach. Deswegen meine ich, dass die jüdische Religion in der Familie angesiedelt ist.

Nicht nur Pessach, auch die anderen Feiertage werden zu Hause gefeiert. »Sukkoth«, auch wenn ein Synagogenbesuch damit verbunden ist. Das Erntefest wurde in einer Laubhütte gefeiert, die mein Großvater im Hof aufbaute. Sie wurde geschmückt, dann nahmen wir dort unsere festlichen Mahlzeiten ein: Ich kann mich nicht erinnern, dass sich unsere christlichen Nachbarn vor 1933 daran gestört hätten. Nachher war ja sowieso alles anders.

Es wurde viel erklärt bei diesen Feiertagen. Zum Beispiel, dass in der Diaspora, dem Exil, durch die Zeitverschiebung alles doppelt gefeiert wurde: Es gab zwei Neujahrstage und acht Pessach-Tage, weil man sich nie sicher sein konnte, ob das Datum auch mit dem in Palästina übereinstimmte.

Mein Großvater erzählte oft von seiner Kindheit in Aurich. Wir kannten unseren Stammbaum, noch bevor Hitler den Deutschen befohlen hatte, die Archive zu durchforschen, um festzustellen, ob vielleicht eine jüdische Großmutter oder Großvater auftauchte. Wir stammten durch den Großvater von spanischen Juden ab.

Während der Inquisition traten viele Juden zum Schein zum Christentum über, übten jedoch ihre eigene Religion weiterhin aus und trafen sich heimlich in unterirdischen Synagogen. Diese Juden heißen »Marranen«, und eine derartige Marranen-Gruppe soll während des spanisch-holländischen Krieges auf einem kleinen Boot geflohen sein. Der Wind trieb sie, so erzählte man, an die Küste von Friesland. Sie strandeten, schleppten sich erschöpft weiter ins Land, bis sie plötzlich hebräische Laute hörten, die aus einer Holzhütte kamen. Sie öffneten die Tür und befanden sich in einer kleinen Synagoge. Still setzten sie sich in die letzten Reihen und stimmten in die Gebete mit ein. Plötzlich bewegte sich der Holzbalken über dem Heiligsten des Heiligen, dem Schrank, in dem die Thora-Rollen standen: Ein geschnitzter Vogel trat aus dem Holz hervor, ein Adler mit gespreizten Flügeln. Ein echtes Wunder hatte sich vollzogen. Er hatte damit bewiesen, dass er seine Flügel über sein Volk ausbreitet.

Inzwischen besuchte ich Aurich mehrmals, die kleine Synagoge gabs nicht mehr, wenn sie wirklich einmal existierte. Heute gibt es nicht nur ein Denkmal, wo die einstige Synagoge gestanden hatte, sondern auch „Stolpersteine", die zu Beginn des 21. Jahrhundert von Aurichern Bürgern vor den letzten Wohnorten der Deportierten auf dem Straßenpflaster angebracht wurden. Tante Martha, die in der Kultusgemeinde als Sekretärin arbeitete, hatte die Kristallnacht am 9. November 1938 zusammen mit meiner Großmutter erlebt. Meine

Tante besaß Zivilcourage: Sie hatte an einem Tag 3.000 Reichsmark von der Bank geholt, um die Löhne für alle Angestellten der Gemeinde zu bezahlen, das Geld lag wie immer im abgesperrten Schrank. Da erhielt sie einen Anruf. Alle polnischen Juden seien in der Nacht abgeholt worden, sie würden über die Grenze abgeschoben, gleich, ob die Polen sie nun aufnehmen wollten oder nicht.

Meine Tante zögerte keinen Moment. Sie nahm das Geld und fuhr mit der Bahn nach Nürnberg. Natürlich hatten auch wir »polnische« Verwandte, ich erinnerte mich an einen Onkel, dessen Frau Lehrerin war, er war Schneider. Tante Martha kannte sicher noch andere Polen. Sie lief nun über die Gleise am Nürnberger Hauptbahnhof, was streng verboten war. Sie fand die Leute am Güterbahnhof, die erste Gruppe, die eine hoffnungslose Eisenbahnfahrt vor sich hatte. Auch mein Onkel war darunter. Stets dachte ich seither, sie hätte ihm das Geld gegeben. Erst viel später, 1990, wurde ich eines Besseren belehrt.

Im Oktober jenes Jahres war ich in Nürnberg auf einer Ausstellung zum Thema Flucht, Vertreibung, Exil, Asyl. Eine der Frauen, deren erstaunliches Schicksal vorgestellt wurde, sprach mich an. »Weiss?« fragte sie. »Do wor kei Weiss in der Schul'.« Sie hieß Bella Rosenkranz und sprach mit einem starken Fürther Akzent. Ich nannte meinen Mädchennamen: »Löwenthal«. Sie blickte mich an, fragte: »Kanntest du eine Margot Löwenthal?« – »Freilich, das ist meine Schwester.«

Da fiel sie mir um den Hals und erzählte, sie hätte meine Schwester seit Jahren gesucht, immer wieder gefragt, ob jemand wüsste, wo sie sei. Sie war ihre beste Freundin gewesen. Am nächsten Tag trafen wir uns wieder. Zuerst ging ich in die Theaterstraße 17, blickte auf den Platz, wo mein Großvater immer die Laubhütte aufgestellt hatte, denn es war Erew Sukkoth.

Dann holte ich Bella ab. Sie wohnte nun im ehemaligen jüdischen Krankenhaus an der Ecke, man hatte es der Gemeinde zurückgegeben und Wohnungen daraus gemacht. Arm in Arm gingen wir ums Eck und blieben vor der ehemaligen Israelitischen Realschule stehen, als Bella auf ein Straßenschild schräg gegenüber deutete.

»Hallemann-Straße«, sagte sie. »Man hat die Straß' nach unserm Direktor genannt. Der iss mit de Kinder ins KZ, in die Gaskammer ,gangen.« Ich nickte, wusste, dort unten war das jüdische Waisenhaus gewesen, die Kinder waren bei uns zur Schule gegangen. Bella fügte hinzu: »Ich war auch do.« – »Im Waisenhaus?« – »Freilich. Mich ham se nachts rausgholt, als se die polnischen Juden abgeschobn ham, da war ich 17.«

Ich fragte: »Hast du meine Tante gekannt? Sie hat in der Kultusgemeinde ...«. Sie unterbrach mich.

»Was, des war dei Tante? Ihren Namen hab ich net gwusst – aber uns hat se des Leben gerettet ... damals ... mer sin nach Nürnberg gbracht worn. Dei Tante hat jedem 10 Mark gebn, dann an der Grenz', da hat einer, der polnisch konnt, des Geld eingsammelt und Karten und Essen kauft, dann sin mer nach Polen gfahrn. Ich bin zu meim Onkel nach Lodz ... weisst de, die anderen, dene is es schlechter ‚gange, die ham kei Geld ghabt, und am nächsten Tag ham die Polen die Grenz zugmacht.«

Unter denjenigen, denen es schlechter gegangen war, waren auch die Eltern des jungen Grynspan, der deswegen den Diplomaten in Paris erschoss und damit Hitler den Auslöser für die Reichspogromnacht lieferte.

Ich war traurig, dass meine Tante von den Folgen ihres Handelns nicht mehr hören konnte. Nach dem Krieg musste sie natürlich eidesstattlich erklären, was sie mit dem Geld gemacht hatte und dass sie es nicht für sich selbst genommen hatte. Es lebe die Bürokratie, auch nach der »Endlösung«.

Von diesem Wort, »Endlösung« und seinen Folgen wussten wir lange nichts in Südafrika. Wir waren sehr abgeschnitten von dem, was sich in Deutschland tat.

Ich scheute mich stets etwas vor Nachforschungen über diese schlimme Zeit, obwohl ich es als Journalistin später intensiver hätte tun sollen. Es gibt noch heute so viel Unrecht, soll man das Unrecht und die Toten jener Zeit ruhen lassen? Einiges ist doch noch da aus der Zeit vor unserer Flucht: der Schreck, der mir in die Glieder fuhr, als ich eines Tages von einem Besuch bei einer Tante in Nürnberg kam. Ich ging um die Ecke, und da stand er vor mir, mit der Peitsche in der Hand: Julius Streicher. Jeder von uns wusste, was der »Stürmer« war, wer Streicher war. Das Komische ist, dass er gar nicht so sehr anders aussah – ohne Uniform und ohne Peitsche – wie einige meiner Verwandten; sie sahen ebenso aus wie viele Männer in dieser Gegend, den Kopf etwas tief im Nacken sitzend, Glatze in frühen Jahren, runde Gesichter, untersetzt, mit einem lustigen Bauch.

Eine Woche, bevor ich Streicher gegenüberstand, hatte ich einen Umzug gesehen. Da saßen Juden in Käfigen, die man durch die Straßen trug, auch an unserem Haus in der Theaterstraße vorbei.

Zusammengeschlagen wurde ich nie, nur zweimal überfallen. Das eine Mal, als Alexander mich gerade noch rechtzeitig in die Schule zerrte und ich einige Haarbüschel verlor. Das zweite Mal, als ich allein in die Synagoge ging. Eine Horde Kinder machte sich über mich und mein Gebetbuch, den Siddur, lustig. Sie rannten hinter mir her. Ich lief und lief und flüchtete endlich in einen Keller. Ich kann mich noch an den Geruch erinnern, nass, dunkel und muffig kalt. Als sie mich hatten, wussten sie eigentlich nicht, was sie mit mir anfangen sollten. Jemand zerrte an meinem Mantel, ein anderer wollte mein Gebetbuch, ich spürte, wie es hinfiel, wie mich jemand schlug. Ich weinte nicht, und dann war es vorbei, im Haus hatte man etwas gemerkt, das Licht wurde angemacht, ich hob mein Buch auf und küsste es, wie man mich das gelehrt hatte: Fiel ein heiliges Buch hin, so küsste man es, wie das Brot, wenn es auf den Boden fiel - beides sind Geschenke Gottes. Ich lief zu Großmutter in die Synagoge, sie wischte meine Tränen ab und fragte nichts.

Bereits damals diskutierten wir über den Begriff »Jude«. Immer wieder gab es Argumente entweder für Assimilation oder für Absonderung. Theodor Herzl hat nach dem Dreifus-Prozess die Schlussfolgerung des »Judenstaates« gezogen. Sein Kollege und Freund Theodor Wolff, später Chefredakteur des bekannten »Berliner Tageblatt«, soll anders reagiert haben; er war für Assimilation. Und? Wolff flüchtete als alter Mann nach Frankreich, wurde in der Vichy-Zeit zurückgetrieben und fand im KZ den Tod. Was heißt es, Jude zu sein? Ist es nur ein Glaube, ist es eine Nationalität? Ein altes Frage- und Antwortspiel, das niemals beendet sein wird, solange es Juden gibt.

Vor einigen Jahren fragte mich mein damals noch kleiner Sohn geradeheraus: »Was ist das, ein Jude?« Und ich, völlig überrascht, sagte, ohne zu überlegen: »Ein Jude, das bis du.« Er fing an zu weinen. Da erst merkte ich, dass er vor dem Fernseher saß und sich einen Film ansah, der im Mittelalter spielte. „ Ivanhoe" von Walter Scott war eins der ersten Bücher, die ich auf Englisch gelesen hatte. Ich war damals traurig, weil die schöne Rebecca sich in einen Ritter verliebt hatte und unglücklich war, weil sie in kein Kloster gehen konnte. Ein jüdisches Kloster gab und gibt es nicht. Vom Bildschirm blickte mich ein zerlumpter hässlicher Mann an, der sein Los beklagte. »Er sagt, er ist ein Jude«, weinte mein Sohn, »er sagt, alles passiert nur, weil er Jude ist. Werde ich auch so aussehen?«

Mein armer Sohn. Ich habe nicht mehr den festen Glauben meiner Kindheit; ich habe zweifeln gelernt, ich habe gelernt, den Glauben wie den Aberglauben anderer zu achten. Aber durch diese Kindheit, verbunden mit dem Geruch der Kerzen, die meine Großmutter am

Freitagabend anzündete, dem Duft der frischgebackenen Berches, des geflochtenen Brotes für den Schabbath, der Erinnerung an den leeren Platz an der Tafel des Pessach-Festes – durch diese Kindheit weiß ich, dass ich Jüdin bin. Es hat etwas zu tun mit Wärme und Liebe, mit Geborgenheit und Tradition.

Deswegen kann ich die Völker der Dritten Welt verstehen, die sich von ihren Wurzeln trennen müssen und neue Gesellschaftsstrukturen entwickeln und verstehen müssen, die aber in der traditionellen Gesellschaft sich ihres Platzes und ihrer Rolle sicher waren. Mir ging es ebenso.

Meinem Sohn konnte ich das, was mir meine Kindheit gab, nicht vermitteln, diese Sicherheit, dass man geliebt war, trotz der Angriffe von außen. Ich wusste es, genau wie meine Großmutter wusste, dass der Freitagabend, der Beginn des Schabbath, ihr gehörte. So wie der Tag selbst der Familie und Gott gehörte und der Schabbath-Abend dem Großvater, der mit dem Gebet und der Gewürzbüchse den Schabbath ausklingen ließ, nachdem die ersten drei Sterne am Himmel sichtbar wurden.

EINE UNGERECHTE GESELLSCHAFT

Im Jahr 1936, zur Zeit unserer Ankunft in Südafrika, gab es noch keine direkte gesetzliche Apartheid. Rassendiskriminierung und Rassentrennung jedoch herrschten diese von dem Tag an, da der erste weiße Siedler seinen Fuß auf südafrikanisches Gebiet setzte. Der Weiße als Herr, der Schwarze als Diener – so hatten es zuerst die Holländer eingeführt, doch die britischen Kolonialherren hatten dazu noch ihre eigenen Rassenvorurteile.

Holländer und einige Deutsche siedelten sich 1652 als Angestellte der Ost-Indischen Handelsgesellschaft am Kap an. Sie vertrieben die braunhäutigen Khoi, von den Neuankömmlingen verächtlich »Hottentotten« genannt, von ihren Wasserlöchern und Weiden. Sie erklärten die kleinen San, »Buschmänner«, die als Jäger und Sammler noch in der Tradition von Steinzeitmenschen lebten, zu Freiwild, gründeten eine Sklavengesellschaft mit verschleppten, ostasiatischen Arbeitern und wurden zu »einheimischen« Bauern, den »Buren«. Die Briten besetzten das Kap in der Napoleonischen Zeit und kauften es danach den Holländern ab. Im Jahr 1834 verboten sie die Sklavenhaltung im ganzen britischen Reich, was ihnen die bittere Feindschaft der Buren einbrachte. Ein großer Teil von Letzteren, vor allem die „Frontierburen", die am Rande der Kapprovinz in der Nähe von Eingeborenenvölkern lebten, trekkten mit Familie, Dienern, Ochsenwagen, Bibel und festem calvinistischen Glauben ins Landesinnere. Dieser »Große Treck« begann 1836 und zog sich über zehn Jahre hinweg. Buren fühlten sich von Gott auserwählt und allein schon deshalb den dunkelhäutigen Menschen überlegen. Sie kämpften und handelten mit den ansässigen schwarzen Völkern um deren Land und siedelten sich in verschiedenen Gebieten an, von denen später eines zur britischen Kolonie Natal wurde und zwei als Buren-Republiken, Oranje-Freistaat und Südafrikanische Republik oder Transvaal, überlebten, bis sie zur Jahrhundertwende von den Briten im Anglo-Burenkrieg besiegt wurden.

Im Jahr 1910, acht Jahre nach dem Ende dieses Konfliktes, bildeten die Briten aus den zwei britischen Kolonien, Kap und Natal und den beiden eroberten Buren-Republiken die Union von Südafrika. Die neue Verfassung »vergaß« jedoch einfach die Mehrheit der schwarzen Menschen, die in diesem großen Gebiet lebten und die zwischen 1779-1879 durch die Buren-Trecks und die »Kaffernkriege« (mit »Kaffern« bezeichnete man, ausgehend vom arabischen Wort »kafir«

für den »Ungläubigen«, alle schwarzen Bewohner Afrikas) viel Land eingebüßt hatten. In den britischen Kolonien besaßen »Nicht-Weiße« noch ein Wahlrecht, in den Burenrepubliken war es ihnen vorenthalten. In Natal war das Recht theoretisch. Bürgerrechte für Schwarze und Farbige waren in der Verfassung der Union von Südafrika von 1909 nicht mehr verankert, sie wurden lediglich versprochen. Die wenigen noch bestehenden Rechte gingen mit der Zeit und neuer Gesetzgebung verloren. Das Landgesetz von 1913 beschränkte schließlich den Lebensraum der Afrikaner auf ländliche Reservate, die zuerst 7,5%, später 13% der Bodenfläche ausmachten. Erst nach 1990 und dem Ende der Apartheid wurde diese Ungerechtigkeit beendet. Die Landfrage ist noch keineswegs gelöst.

Nach der Gründung der Union wurden die Passgesetze aus der britischen Zeit gesetzlich verankert. Jeder schwarze Mann musste ab seinem 16. Geburtstag ein Dokument mit sich führen, in dem seine Personalien eingetragen waren wie auch Arbeitsplatz, Wohngebietserlaubnis und Steuerzahlungen. Diese Passgesetze, die seither täglich zu Verhaftungen und Gefängnisstrafen führten, wurden erst in den 80er Jahren aufgehoben. Die Landfrage ist noch keineswegs gelöst.

Zur Zeit unserer Ankunft in Südafrika waren die gesellschaftlichen Normen festgelegt. Anno 1866 waren Diamanten, etwa zwanzig Jahre später Gold entdeckt worden. Die englischsprachigen Südafrikaner, etwa 40% der Weißen, beherrschten die Wirtschaft, vor allem die Bergwerks- und Finanzgesellschaften, und waren eng mit ausländischem Kapital liiert. Die Kapburen von denen viele Wein- und Obstfarmer waren, waren ebenfalls wohlhabend, während es den Nachkommen der Trekburen in den Provinzen Oranje-Freistaat und Transvaal weniger gut ging. Die ersten Premierminister der Union waren Buren, unter ihnen die ehemaligen Generäle Louis Botha, James Barrie Munnik Hertzog und Jan Christiaan Smuts. Botha und Smuts hatten sich mit den Briten abgefunden und vertraten in der Regierung auch deren Interessen. Hertzog vertrat die Sache der Buren.

In den 30er Jahren wurde Südafrika von der Weltrezession erfasst. Buren ohne Land und keiner zureichenden Ausbildung bildeten die Unterschicht der weißen Gesellschaft als „Arme Weißen“. Ihre Hautfarbe sicherten ihnen nach wie vor einen Status über den der Schwarzen, Asiaten, auch der sogenannten Farbigen, der gemischtrassigen Menschen. Sie wurden unterstützt, indem reiche Buren einen »Reddingsdaadbond« - Rettungsfond - einrichteten und die Regierung

Arbeitsplätze bei der Eisenbahn, in Gefängnissen und bei der Polizei schuf. Die Apartheidgesetze – gesetzliche Rassentrennung – die nach 1948 und dem Wahlsieg der Nationalen Partei entstand, diente zum Teil dem Schutz der „Armen Weißen".

Viele von ihnen arbeiteten als Vorgesetzte der Schwarzen in der Bergbauindustrie. Letztere verrichteten nur ungelernte Arbeiten und wurden gesetzlich als Nicht-Arbeiter klassifiziert. Obwohl zur Zeit unserer Ankunft es also die Apartheid noch nicht gab, so waren diese diskriminierenden Gesellschaftsstrukturen längst festgelegt. Rasse wurde mit Klasse identifiziert. Farbige hatten einen etwas höheren Stellenwert als Schwarze, wurden jedoch von Weißen ebenfalls geringschätzig behandelt, genau wie die Asiaten, die im Laufe des 19. Jahrhunderts als Zuckerplantagenarbeiter nach Natal gekommen waren.

Als die Industriewirtschaft die Agrarwirtschaft in den 30er Jahren ablöste, wurden viele neue – schwarze – Arbeitskräfte, in die Städte gezogen, vor allem in das Minengebiet des Witwatersrand. Um Johannesburg herum entstanden Slums, überfüllte schwarze Wohnviertel, die späteren »South Western Native Townships« - kurz Soweto.

In dieser Stadt Johannesburg sollten wir 1936 unsere neue Heimat finden. Es stand mir ein langer Lernprozess bevor.

Eines Tages war es dann soweit: Wir verließen Fürth und fuhren mit dem Zug nach Hamburg, wo wir uns einschiffen sollten. Hamburg – noch heute liebe ich diese Stadt, die ich schon als kleines Kind kennengelernt hatte. Mein Vater arbeitete einige Zeit in der Werbeabteilung einer Hamburger Firma, wir wohnten dort von 1927 bis 1931. An vieles erinnere ich mich nicht mehr, nur noch an Blankenese, an eine Schifffahrt auf der Elbe, an einen Park, in dem wir spielten, an eine große, moderne Wohnung, so ganz anders als die alte Wohnung in Fürth, und an Wasser, den Fluss, den Hafen. Anfang des 21. Jahrhundert ging eine Hamburger Freundin auf unsere Spuren, sodass ich 2005 die Wohnung betrat, in der wir damals gewohnt haben: Eine alte Frau, mein Jahrgang, lebte dort, sie hatte ihr ganzes Leben in diesem Wohnhaus verbracht – aber wir erinnerten uns nicht an einander, wie konnten wir auch…

Am Tag, bevor wir uns einschifften, besuchten wir den Tierpark Hagenbeck. Während unserer Hamburger Jahre waren wir öfters dort gewesen, einmal sahen wir dort etwas Besonderes: schwarze Menschen! Auf einem Rasen stand eine »Negerhütte«, ein nacktes Kind mit dickem Bauch lief herum und sammelte Geld in einer

Zigarrenschachtel. »Kommt«, sagte meine Mutter, »Menschen stellt man nicht aus.« Hagenbeck tat es aber damals. Aus Neugierde? Als Sehenswürdigkeit? »Buschmänner« stand auf dem Schild, »aus der Kalahari-Wüste«. Und nun sollten wir dorthin, in das Land der Kalahari, in dem es schwarze Menschen gab.

Das Schiff, mit dem wir fuhren, war ein Frachtschiff der Woermann-Linie, die »Tanganyika«. Es wurde später im Krieg von den Briten versenkt. Der Name »Woermann« war einst untrennbar mit Afrika verbunden. Dieser berühmte Reeder nutzte Anfang der 80er Jahre des 19. Jahrhunderts die kolonialen Bemühungen des deutschen Kaiserreiches. Im Kongo betrieb er einen Spiritushandel, bei der Berliner Konferenz galt er als Berater Bismarcks. Mit seinen Dampfern kamen und gingen die Kolonialbeamten, die Schiffe lieferten Nachschub an allem, was Kolonien brauchten: Waffen und Geräte, sogar die Tau-Enden, in Europa vorgefertigt, mit denen die Prügelstrafe vollzogen wurde.

Im Jahre 1970 wurde mir das in Erinnerung gerufen: Ich hatte mich entschlossen, mit meinem Sohn per Schiff nach Afrika zu reisen; die Agentur in London sagte mir, ab Amsterdam könnten wir mit einem Frachtschiff fahren, doch sie wüssten nicht genau, mit welchem. Drei Tage vor der Abreise erhielt ich die Karten – für die »Tanganyika« der Woermann-Linie. Man hatte die Neue nach der Alten, nach »unserer« Tanganyika benannt. Diese zwei Reisen, 1936 und 1970, waren so unterschiedlich wie die zwei Jahrzehnte. 1970 waren mein damals vierjähriger Sohn und ich die einzigen Passagiere. Wir saßen am Tisch des Kapitäns, durften zwei Kabinen benutzen, in einer arbeitete ich bei schlechtem Wetter, und für meinen Sohn baute die Mannschaft ein kleines Schwimmbad auf. Er spielte mit den Matrosen Tischtennis und aß meistens auch unten. Diese Reise war eine echte Urlaubsreise. 1936 war das natürlich anders. Damals waren wir in der 3. Klasse eingepfercht, zusammen mit den anderen Flüchtlingen. Wir besaßen keine richtigen Pässe und überhaupt kein Geld. Deswegen mussten wir schließlich auf einem deutschen Schiff fahren, wir durften nur zehn Mark mitnehmen, und die Fahrt musste mit Reichsmark innerhalb Deutschlands bezahlt werden. Einige Besatzungsmitglieder machten einen Bogen um uns, andere waren geradezu bösartig, und die »normalen« Passagiere wussten kaum etwas von der Existenz der Flüchtlinge auf ihrem Schiff.

Ich freundete mich mit einer kleinen Schwedin an, ihre Eltern waren Missionare und stiegen an der Westküste aus. Ihnen verdankten wir, dass wir bei einem großen Kinderfest mitmachen durften und wie die anderen nach Äpfeln tauchten, Vater Neptun kennenlernten und Unsinn machten. Wie lange schon hatten wir keinen Unsinn mehr gemacht?

Die Reise war sehr lang, und das war gut so, denn dadurch lernten wir den neuen Erdteil, auf dem wir leben sollten, langsam kennen. Da die »Tanganyika« ein Frachtschiff war, hielten wir oft an: in Madeira, Pointe Noir, Dakar, Accra. Überall erlebten wir Neues, Fremdes, sahen die schönen schwarzen Jungen, die nach den Münzen tauchten, welche man vom Deck der 1. Klasse herunterwarf. Wir versuchten uns mit den Passagieren zu unterhalten, die in Dakar an Bord kamen, um auf dem Deck zum nächsten Hafen mitzufahren.

»Neger«, sagte ein Matrose in demselben Ton, in dem ich bis jetzt immer das Wort »Jude« gehört hatte, »Neger stinken wie die Pest.« Die Deckpassagiere kochten ihre eigenen Gerichte, ein süßlich-schwerer Geruch breitete sich aus. Ich rührte die Speise, die mir eine Frau anbot, nicht an, weil ich damals ja nur koscher aß. Im Speisesaal hatte man, erstaunlicherweise, koschere Konservendosen für uns bereit.

Ich weiß nicht, wie die Erwachsenen die Zeit verbrachten: sechs lange Wochen. Ich las jedes einzelne Buch in der Bibliothek, mit dem Ergebnis, dass ich völlig anti-britisch, anti-imperialistisch und glühend begeistert für die Buren und ihren Burenkriegs-Präsidenten »Ohm« Paul Krüger war. Schließlich war die Literatur der Bibliothek für »Deutsch-Südwester« ausgesucht worden, die noch in den 30er Jahren Kaiser- und Vaterlandstreu waren. Ich lernte, dass 1884 eine wichtige Konferenz in Berlin stattgefunden hatte, die Afrika der Zivilisation nahebrachte, und stellte fest, dass Adolf Lüderitz in Deutsch-Südwest – nach 1918 Südwest und, nach langem Guerillakampf, ab 1980 endlich Namibia – die erste Kolonie gegründet hatte. Ich erfuhr, dass der Burenkrieg 100 Jahre britisches Unrecht gegen die Buren besiegelte und dass der Kaiser diese tapferen Buren wenn auch nicht mit Tat, so doch mit Rat und Herzlichkeit unterstützt hatte. Viel später, 1984, schrieb ich mit einem Freund ein Buch über die Berliner Konferenz – vielleicht war das Interesse dafür schon damals durch die Bordlektüre geweckt worden.

Über die »Neger« erfuhr ich wenig; nur einiges über die sogenannten Hottentotten, die Khoi, und über Hereros, die es gewagt hatten, sich gegen das Deutschtum aufzulehnen – so dass Hermann Görings Vater sich bei Nacht und Nebel zu den Briten in Walvisbay retten musste, doch das stand damals natürlich nicht in dem Buch. Ferner las ich über die San, die Buschmänner; jemand hatte ihre Märchen gesammelt, die meist von Tieren handelten, die ich noch nicht kennen konnte. Diese Geschichten las ich mit Begeisterung, auch weil sie mir in meiner Beziehung zu meiner Schwester halfen. Immer schon erzählte ich ihr Geschichten, nie war sie zufrieden. Wenn ich aufhörte, weil ich müde oder die Geschichte zu Ende war, schubste sie mich und fragte: »Und dann?« Nun, die Buschmannmärchen befriedigten sie lange. Wir hatten auf dem Schiff auch Englischunterricht, und das brachte durchaus seine Probleme mit sich. Als wir zum Beispiel in Dakar anlegten, dauerte es einige Zeit, bis die »Neger« die Seile so angezogen hatten, wie es richtig war. »Damn it«, hörte ich jemanden sagen und freute mich: »Das bedeutet ›Verdammt‹!« dachte ich. Der dies sagte, war ein eleganter Engländer, der, in Tropenhut und weißen Shorts, darauf wartete, von Bord zu gehen. »Why don't these foreigners hurry up?« fragte er weiter, und diesmal war ich verblüfft. Dieses Wort hatte ich soeben gelernt, es heißt »Ausländer«. Aber: Waren nicht die Engländer hier die Ausländer? Oder war Dakar eine britische Kolonie? Nein, das konnte nicht sein. Ich hatte gelernt, dass hier die Franzosen regierten. Schwierig. Damals konnte ich ja noch nicht wissen, dass die Briten nach ihrem Verständnis immer noch die Herren der Welt waren und nicht viel vom Rest der Menschheit hielten, vor allem nichts von »wogs« (alles, was schwarz oder braun war), »frogs« (Franzosen) oder »krauts« (Deutsche). Letzteres war wenigstens etwas verständlicher für mich. Was die »krauts« anging, so bereitete mir meine sonderbare Lektüre andere Probleme: Da las ich zum Beispiel ein Buch über die »Million-Mark-Verschwörung«, in der ein Brite behauptete, dass die deutschen Bankiers den Briten das reiche südafrikanische Gebiet wegnehmen wollten; dabei las ich Namen, die mir recht »undeutsch« vorkamen, wie Fritz Hirschhorn, Sigmund Neumann oder Ernst Oppenheimer. Außerdem erfuhr ich, dass Letzterer in Friedberg, Hessen, geboren war, in London als Diamantenhändler ausgebildet wurde und später in Südafrika eine riesige Gesellschaft besaß. Hämisch berichtet der Autor, dass Oppenheimer während des 1. Weltkrieges überfallen wurde, obwohl er in Kimberley Bürgermeister war, denn schließlich war er ein »Kraut«. Er musste sein Amt niederlegen. Nun, damals waren Juden noch Deutsche, ich brauchte nur an meinen Vater und sein Eisernes Kreuz zu denken.

Ich konnte mit niemandem über meine Lektüre sprechen. Die Erwachsenen waren sehr vorsichtig, sie sprachen über nichts, was irgendwie heikel war. So blieb Sir Ernest Oppenheimer für mich jahrelang eine schwer durchschaubare Figur. Erst viel später lernte ich ihn kennen, als ich bereits wusste, dass er einer der letzten »Randlords«, der südafrikanischen Pioniere im Industrie- und Goldgebiet, dem Witwatersrand, gewesen war und Gründer des größten südafrikanischen Multis, Anglo American Corportion, der lange etwa 60% der dortigen Wirtschaft kontrolliert. Nach dem Ende der Apartheid verlegte die Gesellschaft den Hauptsitz nach England. Oppenheimer war Kunde in einem Buchladen, in dem ich arbeitete und in dem er gelegentlich Bücher für seine bekannt gewordene »Afrika-Sammlung« bestellte. Er war einer der deutschen Juden, die um die Jahrhundertwende nach Südafrika ausgewandert waren. Auch einige Mitglieder unserer Familie waren darunter, und einige hatten wirklich, wenn auch nicht in dem Maße wie Oppenheimer, ihr Glück gemacht. Unter den jüdischen Immigranten waren die deutschen Juden in der Minderheit, die meisten stammten aus Osteuropa, sie entflohen dem Elend und den Pogromen des Zarenreichs.

Eine unserer Tanten wartete bei unserer Ankunft in Kapstadt auf uns: eine schöne, dunkelhaarige Frau mit Sonnenschirm. Als sie meine Schwester und mich begrüßte, kniff sie die Augen zusammen und sagte: »Ganz nett ... Gute weiße Haut. Ich werde Euch sofort Sonnenhüte kaufen, damit Ihr nicht braun werdet! Hier schätzt man weiße Haut sehr!« Du meine Güte. Da hatte ich – vergeblich – die ganze lange Reise hindurch versucht, so braun zu werden wie die eleganten Damen aus der 1. Klasse. Warum war weiße Haut so wichtig? Ob unsere Tante bereits daran dachte, dass wir, Flüchtlinge und somit arm, keine »Mitgift« haben würden und so keinen reichen Mann bekommen könnten, uns sozusagen auf unsere eigene Haut verlassen müssten?

Damals gab es keine Antworten auf Fragen. Vor allem traute ich mich nicht, derartige Fragen überhaupt zu stellen, wie zum Beispiel in Walvisbay: eine trostlose Gegend, Sand, stinkendes Meer, die »Tanganyika«, die nicht auslaufen konnte, weil der britische König gestorben war. Die Mannschaft spielte Fußball, viele Passagiere waren bereits dort von Bord gegangen, andere fuhren nach Swakopmund. Wir mussten an Bord bleiben, bis die paar jüdischen Familien in Walvisbay von uns hörten und uns zu sich einluden. Ihre Häuser waren auf Stelzen gebaut, um die Wohnungen vor dem Sand zu schützen. Eine Familie hieß Cohen wie mein Großvater. Sie waren reich, gastfreundlich und sprachen uns auf jiddisch an, das ich zum ersten Mal hörte. In diesem Haus oder an Bord gab es nun eine »Verschwörung«. Die jüngeren Flüchtlinge, vor allem die Männer, waren natürlich gelangweilt. Und so erzählten sie einem jungen Mann, dass man ihn nicht weiterfahren lasse. Er sei auserkoren, der Bräutigam eines der wenigen jüdischen Mädchen in Südwest zu werden. Er glaubte es. Ich auch. Und verbrachte daraufhin schlaflose Nächte. Ob »sie« davon wusste oder ob nur die Älteren das alles ausgeheckt hatten? Ob »sie« einen anderen liebte? Ob »er« sich wirklich wegen einer großen Mitgift überreden lassen würde? Leider sollte nichts daraus werden. Der junge Mann war der Erste auf dem Schiff, als wir weiterfahren sollten, und das Mädchen hatte sicher überhaupt nicht existiert. Meine nicht gestellten Fragen wurden niemals beantwortet.

1992, ich war kaum in meine Wohnung auf der Insel Wight eingezogen, meldete sich am Telefon eine männliche Stimme: Ob ich mich an die »Tanganyika« erinnere, er sei ein Bekannter meiner Schwester. Eben jener junge Mann, nun ein Großvater, erkundigte sich nach meinem Wohlergehen. Auch bei dieser Gelegenheit fragte ich nicht nach der Braut von Walvisbay.

Und nun waren wir da, in Kapstadt. Vom Schiff aus sahen wir den Tafelberg, lernten ihn aber nicht weiter kennen. Die Tante, die so viel auf unsere weiße Haut setzte, erwartete uns bereits mit den Zugfahrkarten nach Johannesburg. Unser Vater hatte geschrieben, er habe dort ein Geschäft, daneben ein Häuschen, und er würde am Bahnhof sein. Alles Liebe und Gute, es grüßt und umarmt Euch Euer Vati. Nun lag nur noch eine Zugfahrt von zwei Tagen und drei Nächten zwischen uns.

Wir wohnten in Johannesburg auf der falschen Seite der Stadt: in Mayfair. Dieser Vorort hatte nur den Namen mit dem vornehmen Londoner Stadtteil gemeinsam. Unser Mayfair lag im Süden der Stadt, es bestand aus kleinen Reihen einzelner Häuser, die alle eine Veranda und einen winzigen Garten sowie einen kleinen Hinterhof besaßen. Dort war oft auch ein Verdeck für Kohlen und immer ein kleines Gebäude, das Zimmer für das »girl« oder meistens den »boy«, den schwarzen Dienstboten. Die Wäsche wurde von »girls« jeden Montag zusammen mit einem langen Stück gelber Seife abgeholt und am Donnerstag fein gebügelt wieder abgegeben. Keine der Hausfrauen schien sich jemals Gedanken zu machen, wo die Wäsche eigentlich in den schwarzen Vororten gewaschen und aufgehängt wurde. Ich selbst sah die schmutzigen Bäche in den verwahrlosten Slums erst viel später.

Für Mayfair hatten sich die Stadtplaner nicht viel einfallen lassen. Die Straßen verliefen symmetrisch im Quadrat. Die längs laufenden

Straßen hatten Nummern, die Querverbindungen Namen. So wohnten wir in der Sixth Avenue, Ecke Princess Street, und die Princess Street war genauso wenig mit den britischen Prinzessinnen verwandt wie unser Mayfair mit dem in London.

Als ich 1990 zum ersten Mal nach 25 Jahren wieder in Johannesburg weilte, war Mayfair auch dort ein begehrter Wohnort geworden, vor allem für Inder. Im Lauf der 80er Jahre wurde der Bezirk zur Grauzone, in der »Nicht-Weiße« Häuser zu hohen Preisen von »Armen Weißen« im Namen einer Gesellschaft oder eines Weißen kauften, obwohl es noch bis 1991 gesetzlich »whites only« erlaubt war, dort zu wohnen. Das Mayfair der 90er Jahre, wie Johannesburg überhaupt, hatte mit dem der 30er Jahre nur noch wenig gemein, nur unser Haus mit dem Laden an der Ecke schien unverändert. Bei einem späteren Besuch an einem Abend, überraschte mich das rege Leben auf den Straßen, das ganze Viertel schien wie der Orient in Afrika.

Die Sprache jenes Mayfair, in das wir damals kamen, war Afrikaans, die Sprache der Buren, für deren Anerkennung neben der Landessprache Englisch sie die britische Verwaltung bekämpft hatten. Auch ich lernte zuerst Afrikaans, weil es leicht und dem Deutschen ähnlich war. Fast alle unsere Nachbarn waren Buren, Minenarbeiter, kleine Leute. Die Unterrichtsprache unsrer Schule war Englisch. In Mayfair und in dem noch älteren benachbarten Vorort Fordsburg wohnten viele Arme Weiße, in Fordsburg auch Farbige und Inder. Unweit der Sixth Avenue lag Vrededorp, für unsere Nachbarn die Hölle, die nur mit Ehrfurcht und Angst erwähnt wurde. Dort wohnten die reichen Inder, deren Geschäfte man trotz allem am Samstag besuchte, um hübsche, billige Seidenstoffe zu kaufen. Aber angeblich lebten dort Schwarze, die nicht so zahm waren wie die Bergarbeiter, man erzählte von Straßenschlachten, von den »Amalaitas«, den Kriminellen, die dort ihr Unwesen trieben. Dort wohnten angeblich auch die Hehler, die das Diebesgut wieder auf den Markt brachten. Im Zuge der »Säuberung« der schwarzen Flecke in den 50er Jahren wurde Vrededorp geräumt und sollte ein weißes Siedlungsgebiet werden. Doch 1990 sah ich dort nur einige Siedlungshäuser, offenes Feld und eine Moschee.

Für uns war Vrededorp damals Sperrgebiet, Fordsburg gerade noch erlaubt. Wenn man in die Stadt wollte, fuhr man mit der Straßenbahn bergab die Main Street entlang durch Fordsburg. Die Straßenbahnlinie gibt es längst nicht mehr, Fordsburg hat überlebt, obwohl es wie Vrededorp zum Teil geräumt war. In Fordsburg hatten sich im Jahre

1922 weiße Bergarbeiter unter der kuriosen Parole »Workers of the world unite keep South Africa white!« bittere Kämpfe mit der Armee geliefert. 200 Menschen starben, die Rädelsführer wurden gehängt, andere »Rote« deportiert. Und paradox, wie eben die südafrikanische Geschichte ist: Nachdem der Minenaufstand niedergeschlagen war, erließ die Regierung eben das Gesetz, das nur Weiße berechtigte, technische Arbeiten im Bergbau zu verrichten. Die alte Parole flackerte im Jahr 1979 noch einmal auf. Im Laufe eines kurzatmigen Streiks einiger Weißer, aber nach der nicht mehr abbrechenden Streikwelle schwarzer Industriearbeiter gelang es auch den schwarzen Bergarbeitern in den 80er Jahren, eine Gewerkschaft zu gründen. Das war der Anfang vom Ende der Trennung zwischen weißen Facharbeitern und schwarzen Handlangern, die bei miserablen Löhnen 90% der Minenarbeiter stellten. Noch 1965 war die Spanne zwischen weißen und schwarzen Löhnen etwa 16,5 zu eins. Es ist kein Zufall, dass Cyril Ramaphosa – ab 1991 Generalsekretär des African National Congress (ANC), der in der Apartheidära verboten war und nach 1994 die Regierung bildete – der ehemalige Generalsekretär der schwarzen Bergarbeitergewerkschaft war. Im Jahr 2012 war Ramaphosa weiter ein wichtiger ANC Führer, aber inzwischen Geschäftsmann und einer der reichsten Männer des Landes. Unter anderem besaß seine Firma Anteile an einer Platinmine, an der im September 2012 ein Streik zu 44 Toten und vielen Verletzten führte, der die Debatte über die Zukunft des Bergbausektors und dessen möglicher Nationalisierung anheizte. 2016 war er Vize-Präsident des Landes.

Derartiges kannte ich noch nicht, aber ich stellte schnell fest, dass es in Südafrika gleiches Recht für alle gab, nur nicht für Schwarze, genau wie es in Fürth nur gleiches Recht für Arier gegeben hatte. Bereits nach zwei Tagen wurde ich aufgeklärt. Es ging dabei um unser »girl«.

Wir wohnten, wie gesagt, in dem kleinen Eckhaus an der Sixth Avenue, das Erdgeschoß war unser Laden, ein sogenannter »General Dealer«. Mein Vater hatte das Geschäft übernommen, seine alteingewanderte Verwandtschaft hatte es für uns ausfindig gemacht. Die verschiedenen Onkel glaubten, dies sei für einen jungen Mann – mein Vater war etwa 36 Jahre alt, als er auswanderte – der geeignete Platz, seinen Lebensunterhalt zu verdienen.

Meine Mutter sollte auch im Laden arbeiten, so dass sie im Haus halt ein »girl« brauchte. Die Frau hieß Jenny, und als sie sich vorstellte, hatte sie ein kleines Kind in einem Tuch auf den Rücken gebunden. Das fanden wir ganz aufregend, außerdem hatte das Baby eine glänzende Haut und die wunderschönsten braunen Augen, die wir jemals gesehen hatten.

Das Gespräch mit Jenny fand auf der Veranda statt. Sie löste das Tuch und breitete es, das Baby mit einer Hand haltend, auf der rotpolierten Veranda aus. Dann knieten meine Schwester und ich uns hin und spielten mit dem Kind, es strampelte vor Vergnügen, wie alle Kinder es nun mal tun. Meine Mutter hob es zuletzt auf und hielt es auf dem Arm, bis Jenny es wieder an sich nahm. Das war auch schon alles.

Aber eine Stunde später hatten wir Besuch von vier Damen. Sie waren alle im Mantel und hatten Hüte auf, so wie ich sie später auch immer sonntags in die Kirche gehen sah. Sie sprachen langsam, auf Englisch, mein Vater kam aus dem Laden in das Haus, um zu dolmetschen. Sie sagten, sie seien jetzt schon gekommen, wenn wir auch erst zwei Tage in Johannesburg seien.

»Das ist sehr nett«, meinte meine Mutter.

Ja, und sie seien natürlich überzeugt, dass meine Mutter noch nicht auf Teebesuch eingestellt sei, deswegen hätten sie einen Kuchen mitgebracht. Dieser wurde nun ausgepackt, und so sah ich zum ersten Mal einen Melktert, einen einfachen Kuchen, der aussieht wie die arme Schwester des Käsekuchens und auch so schmeckt. Eine typische Burenspeise, man ehrte uns damit. Wir bedankten uns. Ich machte Tee, wusste nicht genau, wie viel man davon nahm, auch war ich nicht an den eisernen Kochherd gewöhnt. Es dauerte lange, aber nicht so lange, dass ich nicht verstehen konnte, worum es ging.

Vater übersetzte, was die Damen meiner Mutter zu sagen hatten.

»Sie sind also früher als geplant gekommen, denn sie hätten gesehen, dass wir sehr fremd seien. Also, in fremden Ländern gibt es stets Sitten, die man nicht kennt.«

»Selbstverständlich wird es uns eine Ehre sein, diese Sitten kennenzulernen«, erwiderte meine Mutter.

»So? Dann wird wohl bald alles in Ordnung sein.«

»In Ordnung? Aber natürlich!«

Die Damen nahmen also an, wir wüssten, was sie meinten. Ich kam mit dem Tee. Es war still im Zimmer. Man saß auf zwei Stühlen, die mein Vater vom Vorbesitzer gekauft hatte, und auf zwei groben Kisten, die aus dem Laden kamen. Eine kleinere Kiste diente als Tisch.

»Was meinen sie denn?« fragte ich meinen Vater. Er war verlegen, schließlich lebte er schon fast drei Jahre hier und wusste wirklich, worum es ging.

»Man fasst kein schwarzes Kind an«, sagte er, »das gehört sich nicht. Das ist hier ein Verstoß gegen die Sitten.«

Wieder Stille.

»Sie haben es verstanden«, sagte mein Vater zu unserem Besuch. Die Damen erhoben sich, vielleicht war der Tee zu stark.

»Im Dorf durften die Schulbankfreundinnen auch nicht mehr mit mir spielen«, sagte ich, »das war dort gegen die guten Sitten.«

Meine Eltern widersprachen mir nicht. Sie haben sich überhaupt nicht mit den Apartheidsitten angefreundet, auch später nicht, als ich ihnen mit meinen radikalen Ansichten so manchen Kummer machte. Ich sagte ja schon, ich hatte viel Glück.

Die Verständigung mit Jenny war nicht schwer. Meine Mutter lernte zwar nie richtig Englisch, Jenny dafür umso schneller Deutsch, so dass sie bereits in der zweiten Woche sagen konnte: »Also, lassen Se des, ich komm scho' mit de' Besen ...«

Der Laden meines Vaters war dunkel und klein, aber sauber. Er behauptete, nicht viel verändert zu haben, als er ihn übernahm, und das konnte man ihm glauben. Die Regale waren alt und bogen sich unter dem Gewicht der Beutel mit Maismehl, Zucker und Weizenmehl, der Waren, die immer benötigt wurden. Auf der Theke standen gewaltige Gläser mit Lollies, und ein paar Süßigkeiten und ein Päckchen mit »Five-Roses«-Tee stapelten sich ordentlich neben der Konfitüre. Brot wurde täglich vom Bäcker geliefert und war, wenn ich zur Schule musste, meist schon ausverkauft. So half ich hierbei, bevor ich ging, noch meiner Mutter, die im Umgang mit dem uns unvertrauten Geld noch Schwierigkeiten hatte.

Margots Metier war es, die »girls« oder ihre »madams« zu bedienen, die hereinkamen, um Arbeitskleidung zu kaufen. Die Kleiderstange war direkt bei der Tür, und wir führten alle Größen, aber »XO«, die spezielle Größe, war der Bestseller. Die meisten »girls« waren sehr füllig, eine Folge der Maisfladen und Marmeladenbrote. Ebenso kauften sie »tackies«, weiße Sportschuhe, die billig und angenehm zu tragen waren. Diese mussten allerdings täglich mit weißer Politur bearbeitet werden. Wir verkauften eine Menge Sportschuhe und weiße Politur.

Vater war kein guter Kaufmann. Er gab den Kunden, wonach sie fragten, und teilte Butter in Viertelportionen, obwohl er dabei Geld verlor; das letzte Viertel war immer zu klein, und entweder aßen wir es selbst oder es wurde ranzig. Aber er wusste, dass seine Kunden kein Geld mehr hatten, kurz vor dem Zahltag, und wenn sie nach einem Viertel Butter fragten, bekamen sie es.

Vor der Schule hatte ich maßlose Angst: fremde Kinder, fremde Leute, eine fremde Umgebung. Der Lehrer bat einen riesengroßen Holländer, uns zu helfen – er dachte sicher, dass ein Ausländer dieselbe Sprache spricht wie ein anderer. Nun, er war wirklich sehr nett zu uns, vor allem zu meiner Schwester. Aber das war ja auch kein Wunder. Es gab nur wenige Jungen, die nicht nett zu ihr waren. Später traf ich diesen Holländer einmal wieder, er war inzwischen Psychologie-Professor geworden und lachte, als ich ihn an seine Zeit als Kindermädchen erinnerte.

Meine Klassenlehrerin hieß Miss Schlesin. Später las ich, dass eine gewisse Sonia Schlesin die Sekretärin von Mahatma Gandhi gewesen war. Der große Gandhi, der 1893 aus Indien nach Südafrika kam, wollte lediglich die Verteidigung in einem Prozess führen. Dadurch hatte er mit einem deutschen Architekten Kallenbach zu tun. In Durban, wo die große indische Gemeinde den damals schon ziemlich bekannten Rechtsgelehrten herzlich empfing, kaufte er sich eine Fahrkarte 1. Klasse nach Johannesburg und setzte sich in ein entsprechendes Abteil. Aus diesem wurde er buchstäblich hinausgeworfen, denn ein »coolie«, wie Inder in Südafrika genannt wurden, durfte nicht in der privilegierten 1. Klasse reisen. Gandhi, der zwar in Indien schon einiges erlebt hatte, war jedoch als Mitglied einer vornehmen Kaste noch nie zuvor einer solchen Rassendiskriminierung ausgesetzt gewesen. In Johannesburg erzählte er Kallenbach aufgeregt sein Erlebnis und wurde über die »Sitten« des Landes aufgeklärt, hörte, dass Inder nur mit spezieller Erlaubnis aus Natal in ein anderes Gebiet reisen durften und in die Provinz Oranje-Freistaat überhaupt nicht hereingelassen wurden. Man bereute, dass die indischen Arbeiter nicht sofort nach dem Ende ihres Arbeitsvertrages abgeschoben worden waren.

Der empörte Gandhi begann unverzüglich, zu organisieren, gründete bereits 1894 den Natal Indian Congress, blieb bis 1914 in Südafrika und führte eine indische Demonstration »illegal« über die Grenze Natals. Er wurde inhaftiert, worauf seine politische Laufbahn begann.

»Meine« Miss Schlesin hatte das richtige Alter und den richtigen Vornamen, um identisch mit Sonia Schlesin, der Nichte Kallenbachs, zu sein, aber das blieb mir verborgen. Ich erfuhr von Sonia Schlesin erst, als ich bereits den Kontakt zu meiner Lehrerin verloren hatte. Meine spätere Freundin Nadine Gordimer erzählte mir, dass sie sich 1978 auf die Spuren von Sonia Schlesin gemacht hatte, nur um festzustellen, dass diese schon 1956 gestorben war und dass ihre Schwester alle Papiere, auch die aus der Gandhi-Periode, verbrannt hatte. »Meine« Miss Schlesin war für mich eine Wohltat. Sie bemühte sich, mir meine alberne Schüchternheit abzugewöhnen. Ich sprach nur, wenn ich angesprochen wurde, trieb im Gegensatz zu meiner Schwester keinen Sport und saß meistens allein in der Pause und las. Später, ohne dass ich etwas davon wusste, setzte sich Miss Schlesin für mich ein, so dass ich eine »High School« besuchen durfte. Die Mayfair-Schule, die sich in einer unterprivilegierten Gegend befand, war eine »Intermediate School«, man konnte von dieser entweder mit einem Abschlussexamen oder im Alter von 15 Jahren abgehen. Die Kinder, die das Examen nicht schafften und noch nicht 15 waren, mussten ebensolange in der Schule bleiben, bis sie das Alter erreicht hatten. Es war eigentlich kein Wechseln möglich von einer »Intermediate« auf eine »High School«. In meinem Fall wurde der Schuldirektor überredet, eine Sondererlaubnis bei der Behörde zu beantragen. Doch zuerst musste ich mit der Mayfair-Schule fertig werden, und das war gar nicht so einfach.

Es gab einige jüdische Schüler, meist Mädchen, denn Jungen besuchten nur die unteren Klassen, bevor sie umgeschult wurden. Eine jüdische Mutter will überall auf der Welt, dass ihr Kind, vor allem ihr Sohn, etwas lernt; das ist das Erbteil des wandernden Juden. Was man im Kopf hat, kann man nicht verlieren, behauptet man. Bei der Massenauswanderung der 30er Jahre ging diese Rechnung nicht immer auf. Unser Hausarzt, der mit der Straßenbahn nach Mayfair gefahren kam, um sich meine Mandelentzündung und das kaputte Knie meiner Schwester anzusehen, war ein Professor gewesen, der aber in Johannesburg noch einmal studieren musste. Um etwas Geld zu verdienen, behandelte er illegal deutsche Juden und verlangte dafür nur ein Viertel des normalen Honorars. Mehr hätten wir auch nicht zahlen können.

Also, die jüdischen Kinder: Als die ersten jüdischen Einwanderer ankamen, zogen viele nach Mayfair. Kaum ging es ihnen finanziell besser, zogen sie um nach Doornfontein oder Berea, andere Vororte, die später, in den 90er Jahren, zu beliebten Wohnvierteln der politisierten weißen und schwarzen Elite werden sollten. Die Juden, die zu unserer Zeit noch in Mayfair oder Fordsburg lebten, waren Geschäftsleute oder waren noch nicht »aufgestiegen«. Ich erinnere mich an eine Familie Skikne, aus dieser stammte Larry Skikne, der später als Lawrence Harvey in Hollywood bekannt wurde. Seine Kusine Bettie war in meiner Klasse, sie gehörte zum Kreis der Freundinnen, die ich ziemlich schnell fand. Es gab auch eine Synagoge, aber als ich am

Schabbath zum ersten Mal dorthin ging, war ich das einzige Mädchen. Ich hielt mich noch an Fürther Sitten und war entsetzt, festzustellen, dass die jüdischen Kinder am Schabbath genauso ins Schwimmbad oder zum Tennisspielen gingen, wie andere Kinder. Ich fuhr an diesen Tagen selbstverständlich nie mit der Straßenbahn, nicht einmal zum Gottesdienst.

Englisch lernten meine Schwester und ich schnell, man hatte uns zuerst in niedrigere Klassen eingestuft, was etwas lächerlich war. Selbst in der Klasse, die unserem Alter angemessen war, waren wir den anderen weit voraus. Zum einen, weil die Israelitische Schule in der Tat sehr gut gewesen war, und zum anderen, weil es ja fast ausschließlich Kinder der »Armen Weißen« waren. Dort gab es keine Bücher zu Hause, keine Eltern, die sich für die Erziehung der Kinder einsetzten und keine sonstigen Anregungen. Mit 15 oder nach dem »Junior Matric« gingen unsere Mitschüler arbeiten, die Mädchen machten selten eine Ausbildung. Sie arbeiteten als ungelernte Bürokräfte oder als Laufmädchen in einem Laden. Der größte Ehrgeiz war, Friseuse zu werden, während die Jungen im Bergwerk arbeiteten, Polizisten oder Lehrlinge in einer Garage oder Fabrik wurden. Ihr Englisch verlernten sie dort sofort, denn fast alle Handwerker waren Buren, und somit war Afrikaans die übliche Sprache.

Ich habe diesen Jahren in Mayfair viel zu verdanken. Ich habe nicht nur, was für meine Generation unüblich war, Afrikaans gelernt, sondern verstand auch die Komplexe der Buren, ihren Ehrgeiz, es den »Briten«, den englischsprachigen Weißen, gleich zu tun. Die Niederlage des Burenkrieges war noch spürbar, man merkte, dass sie eines Tages Rache an den Briten nehmen wollten und würden. Für mich war der Sieg der Burenpartei, der Nationalen Partei (NP), im Jahr 1948 nicht derselbe Schock wie für die Anhänger der »United Party«, bis dahin die Regierungspartei des General Smuts. Dies war für die Buren nur der Auftakt zum Sieg. Es sollte der NP 45 Jahre lang gelingen, einzige Regierungspartei des Landes zu bleiben.

Ich war für die Einstellung der Burennachkommen, der Afrikaaner, für ihre Wut und Entschlossenheit, in Mayfair und Fordsburg sensibilisiert worden. Da gab es zum Beispiel unseren Nachbarn, der zwar einen englischen Namen hatte, aber Bure und ein »jüngerer Bruder« war. Dies bedeutete, dass für ihn auf der elterlichen Farm kein Platz mehr war. Er arbeitete deswegen in einer Mine, verdiente, verglichen mit den Schwarzen, nicht wenig, aber mit diesen verglich er sich ja nicht. Japie Robertson war ungebildet, aber nicht dumm. Es war ihm klar, dass jeder seiner Vorgesetzten englischer Abstammung oder gar geborener Brite war, vom Facharbeiter bis zum Mitglied des Aufsichtsrates. Damals erfand die afrikaanssprachige Presse die Karikatur des »Hoggenheimer«. Sie stellte den kapitalistischen Ausbeuter dar, und natürlich war das ein Jude deutscher Abstammung. Damit wollte man den bereits erwähnten Ernst »Sir Ernest« Oppenheimer treffen. Unser Nachbar kümmerte sich jedoch nicht um die Hoggenheimers oder deren Bankhäuser, die Deutsche oder die Dresdner Bank, die beim Goldrausch vor 1914 genauso dabei waren wie die britischen Banken. Japie ärgerte sich, dass selbst sein Versicherungsagent aus London kam und eine britische Gesellschaft vertrat. Seine Tochter Lettie erzählte mir, ihr Vater sei mit einem Ochsenwagen nach Mayfair gekommen, um Obst von der Farm zu verkaufen und entschloss sich zu bleiben; das Leben des »Bywoner« behagte ihm nicht, das heißt, er wollte nicht als Armer Weißer auf einer Farm wohnen, ein kleines Stück Land für sich bebauen und dem Großfarmer, selbst dem eigenen Bruder, lediglich behilflich sein.

Wir kauften fast alles Obst – Pfirsiche, Papayas, Bananen – von derartigen Bywoner. Ihre Wagen standen am Stadtrand, nicht weit von der Sixth Avenue entfernt, ihre Frauen und Kinder trugen das Obst durch die Straßen. Die ganze Familie schlief im Wagen, bis alles verkauft war, genau wie die Buren während des Großen Trecks in ihren Planwagen gelebt hatten. Manchmal fuhr die Familie Robertson auf die Farm. Letti erzählte, wie es dort aussah: »Alles ist so groß, du kannst das ganze Land, das dazugehört, gar nicht übersehen. Da gibt es viel Mais und Hühner und Vieh und eine Milchkuh für die Kaffern.« – »Warum eine besondere Kuh?« Sie zuckte mit den Achseln. »Na, das muss so sein. Meine Großmutter sagt, sie sollen nicht Milch von derselben Kuh haben wie wir. Es sind doch Kaffern!«

Lettie berichtete, wie es am Sonntag dort war: Der Onkel im schwarzen Anzug stand auf der stoep, der Veranda, und las aus der großen Familienbibel. Neben ihm standen seine ältesten Söhne, vor ihm die anderen Verwandten, zuerst die Männer, dann die Frauen, dann die Jungen, dahinter die Mädchen, und in gehörigem Abstand dahinter knieten die Schwarzen. Es war immer das Gleiche.

Eines Nachts wurden wir von Japie geweckt; es wurde oft im Laden eingebrochen. Nach dem fünften Einbruch nahm ihn keine Versicherung mehr auf. Japie kam aus einer Bar zurück, da entdeckte er, dass wir schon wieder ein Loch in einem Fenster hatten. Nun lag ein großer Stein und sonst nichts mehr darin.

»Ich finde ihn«, sagte Robertson, »ich finde den Saukaffer schon.« Mein Vater bedankte sich und meldete den Einbruch bei der Polizei, meine Schwester stöhnte nur im Halbschlaf: »Einbruch? Ist das alles?« und schlief weiter. Eine halbe Stunde später klingelte es wiederum Sturm.

Draußen stand der große Japie, in einer Hand hielt er ein armes Bündel Mensch, von dem das Blut nur so herunterlief, aus den Ohren, aus der Nase, aus dem Mund. Ich kam gerade noch ins Badezimmer, bevor ich mich übergab.

Mein Vater fragte Robertson: »Woher weißt du, dass er es war?«

»Natürlich war er es, ich hab' dir doch gesagt, ich erwische ihn, den Saukerl ... ich hab' eben gewartet, ich wusste, da kommt schon jemand zurück, um zu sehen, ob noch was zu holen ist.«

Es war meinem Vater nicht möglich, Robertson davon zurückzuhalten, noch einmal die Polizei anzurufen. Diesmal kamen sie und nahmen den armen »Kaffer« mit. Am nächsten Tag musste mein Vater zur Polizei. Er weigerte sich, eine Anzeige zu machen. Er könne nicht behaupten, dass dieser Mann bei ihm eingebrochen habe. Es gebe doch keine Beweise.

»Aber er hat's zugegeben!«

»Auch ich bin bei Verdun aus dem Graben in die Schlacht gerannt«, sagte mein Vater später. »Erstens haben die uns so viel zu trinken gegeben, dass wir so voll waren wie Japie gestern, zweitens hatten wir Angst ... und dieser Mensch, der hatte auch Angst und deswegen zu allem nur noch Ja und Amen gesagt.«

Meine Eltern hatten sich niemals die Unsitte angewöhnt, von Schwarzen so zu sprechen, als wären sie keine Menschen. Die Geschichte mit dem Nachbarn und dem blutenden Mann ging meinem Vater sehr nah. »Er hat sicher einen bleibenden Schaden«, erzählte er, »er konnte nichts mehr verstehen, man musste alles zweimal sagen. Sie haben ihm aufs Ohr geschlagen, die Polizei oder Japie. Was ist das für ein Land?«

Es war ein Land, in dem dieser Mensch zwei Wochen im Gefängnis saß, ohne etwas getan zu haben. Mein Vater erklärte es mir. »Du weißt, man muss Jenny immer einen Zettel schreiben, wenn sie Ausgang hat. >Pass< schreibt man und darunter: »please pass Jenny« und die Einzelheiten, wo sie wohnt, wo sie hin will, wann sie wieder hier sein muss. Schwarze haben nach 18 Uhr keinen Ausgang. Also hatte dieser Mann kein Recht, nachts auf der Straße zu sein, verstehst du?«

Ja, jetzt wusste ich es. Aber wissen und verstehen ist zweierlei. Ich wusste auch, dass Jenny keinen Mann bei sich haben durfte, selbst wenn es ihr Ehemann war. Die Männer mussten ja ihre Pässe stets bei sich haben, und wehe dem »boy«, der ohne Pass auf der Straße von einem Polizisten angehalten wurde! Manchmal schien es, als ob die Polizei nichts anderes zu tun hatte, als diese Schwarzen ohne Pässe festzunehmen. Man sah die »boys« an den Straßenecken, barfuß, zerlumpt, aneinander gefesselt, während die Polizisten immer neue brachten.

»Warum brauchst du keinen Pass?« fragte ich Jenny. Sie wusste es nicht. Später erfuhr ich die Antwort: weil eine außergewöhnliche Frau, Charlotte Maxeke, sich bereits 1913 dagegen gewehrt hatte. Es gelang ihr, in Bloemfontein, der Hauptstadt des Oranje-Freistaates, mit anderen Frauen erfolgreich gegen ein solches Gesetz zu demonstrieren. Erst 1952 wurden die neuen Passgesetze auch für die Frauen eingeführt, im Zuge der gesetzlichen Apartheid der NP.

Meine Schwester war weniger aufgeregt als ich, wenn die Polizei nachts bei uns im Hinterhof wieder einmal Razzia machte. Sie suchten entweder unerlaubte Besucher oder »skokiaan«, illegales »Bier«. Wir konnten hören, wie sie im Dunkeln über die Kohlen stolperten und dabei auf den »verdomde Jood« fluchten.

»Shebeen queens« hießen die Frauen, die aus Mais »Kaffernbier« brauten. Es gab Brauereien, Shebeens, in Vororthinterhöfen, in Hochhausgaragen, aber vor allem in den schwarzen Slums. Es war gesetzlich verboten, Afrikanern Alkohol zu geben. Schwarze galten ja als »Wilde«, die durch Alkohol gefährlich wurden, so lautete die Theorie. Traditionell brauten Frauen Bier für die Feste auf dem Dorf, und das war in den Reservaten weiterhin erlaubt. Die neuen Townships hingegen wurden dadurch erhalten, dass die weißen Behörden Bierhallen eröffneten, in denen »Kafferbier« offiziell ausgeschenkt wurde. Somit waren die Shebeens unerwünschte Konkurrenz. Außerdem gab es dort Prostitution, Messerstechereien und – Politik. Trotz der Verbote wurden die Shebeen queens zur Macht in den schwarzen Vororten, bestachen natürlich Polizisten und erhielten später, in den 80er Jahren, endlich ihre Lizenzen. Im Kap war das anders. Dort durften Farbige nicht nur Wein trinken, sie wurden nahezu zu Alkoholikern gemacht, denn die Farmer zahlten den Lohn zum Teil mit Wein. Aber das Kap und die Transvaal-Provinz waren und sind ganz verschieden, landschaftlich, gesellschaftlich und politisch. Im Transvaal waren die Afrikaaner engstirniger. Es ist kein Zufall, dass die rechtsextremen

Gruppen der 90er Jahre ihre Hochburg und die geheimen Militärlager im ehemaligen Nordtransvaal hatten.

In der Schule hatte ich, wie gesagt, Probleme, weil ich zuviel las und nicht am Sport teilnahm. Meine Schwester spielte Hockey und wurde »Führerin« unseres »Hauses«. Ich begriff nie die Faszination ehemaliger britischer Kolonien für das britische Schulsystem. Selbst in unserer Mayfair-Schule tat man so, als sei es ein hochherrschaftliches Pensionat. Man benannte die »Häuser«, in denen wir symbolisch »wohnten«, nach wichtigen Persönlichkeiten der englischen Geschichte. Jeder wurde beim Eintritt in die Schule einem Haus zugewiesen, für das man dann Punkte erwarb, jedoch nur beim Sport, so dass mein armes Haus wenig von mir hatte. Einmal, meiner Schwester zuliebe, nahm ich sogar an einem Wettrennen teil, bei dem man mit Löffel und Ei mit anderen Läufern um die Wette rennen sollte. Leider fiel mein Ei so oft hin, und ich rannte so langsam, dass ich noch lief, als die nächste Runde bereits begonnen hatte. Ich war also recht erstaunt, als mich jemand am Arm fasste und »Erste!« schrie: ein Irrtum, der sich leider rasch aufklärte.

Außerdem fand ich die britische Schuluniform, die wir tragen mussten, ziemlich albern: lange schwarze Strümpfe, Faltenrock, weiße Bluse und Strohhut. Ein Blödsinn in dem heißen Klima, aber alle hielten es für richtig. Selbst in später unabhängigen Ländern wie Zimbabwe erhielt man dieses System mitsamt der Schuluniform, den Häusern und einer speziellen Liebe zum Sport. Nur Nellie, eine meiner Klassenkameradinnen, kicherte, als ich darüber schimpfte. Nellie hatte außer mir keine Freundin, obwohl sie nett, hübsch und auch recht fleißig war. Manchmal, wenn wir zusammen nach Hause gingen, liefen Jungen hinter uns her. Nellie drehte sich dann um und schrie »voetsack!« – ein Schimpfwort, das man Hunden zurief und das eigentlich nie von einem weiblichen Wesen in den Mund genommen wurde.

Nellie kam oft zu mir nach Hause, lud mich jedoch niemals zu sich ein. Eines Tages ging ich doch zu ihr. Das kam, weil mein Vater eben sein Geschäft nicht richtig verstand. In einem kleinen Laden wie dem unseren, verdiente man sehr wenig. Nur der Umsatz machte den Gewinn aus. Mein Vater aber gab, wie bereits erwähnt, Kredite. Unsere Kunden gehörten keineswegs zu den treuen Zahlern. Als mein Vater einem jüdischen Bekannten sein Leid klagte, lachte der: »Man kann den Armen Weißen keinen Kredit geben. Sie kaufen so viel bei dir, wie du ihnen leihst. Wenn du dann >Nein< sagst, nehmen sie, was sie dir schulden und kaufen davon billig im >OK-Bazaar< ein.«

Eines Tages bat Vater mich also, zu Nellies Mutter zu gehen, sie hatte versprochen, etwas abzuzahlen. Ich nahm einen Apfel für Nellie mit und klopfte. Es dauerte eine Weile, dann öffnete sich die Tür. Eine ältere Frau blickte mich an, eine »Farbige«, eine Mischlingsfrau vom Kap. Ihr Gesicht war tief durchfurcht, sie blickte mich fragend an. »Es tut mir leid, dass ich störe«, sagte ich. Weiter kam ich nicht. Plötzlich stürzte Nellie wie eine kleine Furie den Gang entlang, ich sehe noch heute, wie sauber poliert das Linoleum war, beinahe wäre sie ausgerutscht. Die alte Frau sagte nichts und verschwand. Nelli zog mich heftig am Arm, die Tür schlug hinter uns zu.

»Um Gottes Willen, Nellie ...«, stammelte ich. Sie schwieg, nahm mir die Rechnung aus der Hand und steckte sie in den schwarzen Faltenrock. Schweigend ging sie mit mir nach Hause. Zu meinem Vater sagte sie, ihre Mutter würde das Geld vorbeibringen. Meine Schwester löste das Rätsel. Sie hatte das Geheimnis von einem Mädchen aus ihrer Klasse erfahren. »Nellie darf eigentlich nicht in unsere Schule. Sie ist keine Weiße.« – »Versteh ich nicht ...« – »Ich auch nicht. Aber sie sagen, deswegen spielt niemand mit ihr. Es gibt noch andere, von denen man glaubt, dass sie nicht weiß sind. Aber bei Nellie wissen sie es!«

Am nächsten Tag, in der kleinen Pause, suchte ich Nellie. Sie war nicht da. Eines der Mädchen, die ich nach ihr fragte, schrie mich an: »Warum gehst du mit der?« Hinter ihr tauchten zwei weitere Gesichter auf, andere Mädchen kamen dazu. Ich machte einen Schritt rückwärts, gegen den Zaun; ich kam mir vor wie in dem nasskalten Keller in Fürth.

»Sie ist meine Freundin!«

Sie lachten alle, komisch, wie das klang, es war nicht das Lachen von Kindern; auch ich hatte das Lachen verlernt, mehrere Jahre zuvor, aber diese Gesichter, die mir hier entgegen glotzen, waren Masken. Das Gelächter war kein Gekicher junger Mädchen, es klang hämisch und böse.

»Kafferboetie!« Es war das erste, aber keineswegs das letzte Mal, dass mir dieses Schimpfwort ins Gesicht geschleudert wurde.

Boetie, das afrikaanse Wort für »kleiner Bruder« – ich war eine Person, die »den Schwarzen wie einen kleinen Bruder behandelte«. »Was ist mit Nellie? Lasst mich in Ruhe, lasst mich los!«

Ich schlug um mich, mit Händen und Füßen, das hatten sie nicht erwartet. Sie wollten nichts von mir, sie wollten mir nur erklären, dass ich nicht mehr mit Nellie spielen sollte. Ich flog gegen den Zaun, hörte, wie jemand hinfiel, verspürte einen scharfen Schmerz am Arm, griff an die Stelle, Blut rann durch meine Finger. Im selben Augenblick ging die Glocke. In wenigen Sekunden war der Spielplatz leer und ich allein. Ich ging in die Toilette, um mich sauber zu machen. Der Schnitt an meinem Arm war lang und tief. Ich wusste, was geschehen war.

Unsere Schultische waren alt, aus Holz, und jeder, der je daran gesessen hatte, gravierte etwas darauf – ein Herz mit Namen, einen Fluch, eine Karikatur des Lehrers. Einmal im Monat mussten wir unsere Tische sauber machen. Das konnte man nur, indem man sie mit einer Rasierklinge abschabte. Jemand hatte wohl eine solche Klinge in der Hand gehabt, und ich wurde irgendwie damit gekratzt, noch heute glaube ich, dass es Zufall war. Die Hausmeisterin kam, jemand hatte ihr gesagt, wo ich war. Sie goss Jod auf die Wunde, verband sie, und der große Holländer ging mit mir nach Hause.

Es war das einzige Mal, dass Miss Schlesin bei uns einen Hausbesuch machte. Dadurch erfuhr ich, dass sie Deutsch sprach, ich hörte ihre vorsichtige Altmädchenstimme, als sie mit meiner Mutter sprach. Man hatte mich ins Schlafzimmer meiner Eltern gelegt; wenn wir krank waren, galt dies als eine Art Trost. Das Zimmer war etwas größer als das Hinterzimmer, in dem ich sonst schlief. Es stand ein wunderschöner alter Bauernschrank darin, den meine Mutter mitgebracht hatte, er war zerlegbar und eine Erinnerung an das Elternhaus meines Vaters.

»Warum darf ich nicht mit Nellie spielen, Miss Schlesin?«

»Du wirst es nicht mehr können, mein Kind Nellie ist schon 15, sie wird nicht mehr in die Klasse zurückkommen. Sie hat einen Job bekommen, und ihr Vater kam heute, um sie abzumelden.«

»Aber sie wollte doch ihr Junior-Matric machen?«

»Das ist nicht unbedingt nötig. Es ist ein guter Job. Meneer van Niekerk ist bei der Stadt, als Straßenbahnschaffner, Nellie hat im Büro dort eine Stelle bekommen.«

Ich war enttäuscht. »Aber wenn ich wieder auf bin, kann ich sie besuchen?« Miss Schlesin sah mich an und sagte leise: »Das wird nicht gehen. Die van Niekerks sind umgezogen, nach Vrededorp.«

»Aber warum denn ...«

Sie versuchte, es mir zu erklären: »Meneer van Niekerk hat eine Farbige geheiratet, jemanden aus dem Kap. Sie sieht aus wie eine Weiße, oder nicht?« Ich nickte. »Doch vor wenigen Wochen kam ihre Mutter zu Besuch, Frau van Niekerk war krank und da ... ja, du bist im verkehrten Moment gekommen, sie hatten vorgehabt, die alte Dame bei sich zu behalten, sie als ihr >girl< anzunehmen.«

»Aber ich wusste doch nicht ...«

»Nellie denkt das aber. Sie denkt, es stand ihr im Gesicht geschrieben, dass es ihre Großmutter war; sie dachte, nachdem du sie gesehen hast, gibt es einen Beweis. Sie glaubt, man würde sie deshalb aus der Schule geworfen haben, deshalb ging sie lieber selbst.«

»Ist es denn gesetzlich verboten, Farbige zu heiraten?« Sie antwortete zögernd. »Noch nicht.« Sie hatte recht mit dieser Wahl ihrer Worte. 1927 wurde der außereheliche Geschlechtsverkehr zwischen Weißen und Schwarzen zum ersten Mal verboten. Nach dem Wahlsieg der Nationalen Partei kam 1950 das Verbot der Eheschließung zwischen Personen verschiedener Rassengruppen, der »Mixed Marriages Act«, und dann noch eine Verschärfung, ein Verbot des Geschlechtsverkehrs zwischen Weißen und anderen Rassengruppen, der sogenannte »Immorality Act«, der der Polizei die Schlafzimmertüren öffnete.

Und Nellie? Ich sah sie nie wieder. Vielleicht ist sie später in der weißen Gesellschaft untergetaucht, wie so viele Farbige. »Passing for white«, so tun, als sei man weiß, oder auch: »catching the Kimberley train«, »den Kimberley-Zug nehmen«. Kimberley, berühmt für seine Diamanten, war die größte Stadt nach Kapstadt. Die Farbigen, die hellhäutig waren und als Weiße leben wollten, setzten sich von ihrer Familie ab und fuhren nach Kimberley, um dort ein neues Leben zu beginnen.

Ja, in Mayfair wurde ich über vieles früh aufgeklärt, auch über Dinge, die man in dem vornehmen Stadtteil, in dem meine spätere »High-School« lag, nicht wusste und nicht wissen wollte.

In Mayfair merkte man zum Beispiel auch, dass Johannesburg eine Goldstadt war. Um uns herum lagen Sandberge, weiß und gelb, die man aus den Gruben heraufgeholt hatte. Der Sand drang in die Häuser ein, blieb im Hals, auf der Haut, an der Kleidung kleben. Es gab sogar Höhlen, in denen sich Chinesen versteckt hielten, die man geholt hatte, um in den Minen zu arbeiten. Sie machten sich unbeliebt, waren Spieler, immer gab es Streit. Man schickte sie zurück nach China, aber einigen gelang es, sich dem zu entziehen. In Mayfair bekam man solche Zustände hautnah mit.

Aber auch sonst merkte man, dass wir zwischen Menschen lebten, deren Dasein und Träume von den enormen Reichtümern der Erde abhingen.

Da gab es die Familie Katz: Herr Katz war Inhaber eines ganz gewöhnlichen »fish and chips-shop« in der Main Street unseres Vorortes, eine der typischen Institutionen, die Johannesburg von den britischen

Bergwerksleuten geerbt hatte. Herr Katz stand am Ofen, Frau Katz wickelte das Zeug in Zeitungspapier, es kostete drei Pence, später sechs. Herr Katz sah aus wie ein Glücksschweinchen, nur nicht so niedlich. Er war rund, rosig, mit so hellem Haar und Wimpern, dass man dachte, er hätte beides nicht. Er war ein litauischer Jude. Frau Katz war einen Kopf größer als ihr Mann, hager, verhärmt und arisch, eine Frau aus Deutsch-Südwest. Wie bei uns gab es zwei Kinder, ein Mädchen, ernst und unsicher, und einen kleinen Jungen, an den ich mich nur schwach erinnere. Das Mädchen mochte mich, und ich konnte eine Portion Verehrung gut vertragen, also ließ ich sie mich besuchen, auch wenn ich Hausarbeiten machte oder las. Eines Tages, als wir in den Laden gingen, um die Familie Katz zu uns einzuladen, war da nur Frau Katz, die am Ofen stand und auch die anderen Arbeiten allein machte. Es war Freitagnachmittag, und die Kunden standen Schlange. Meine Mutter ging hinter den Ladentisch und half, ich spielte im Hinterzimmer mit dem kleinen Mädchen. Noch heute, wenn ich in England an einem Fischladen vorbeigehe, denke ich an den Katz-Laden in der Main Street.

»Er ist wieder weg«, erzählte Frau Katz beim Kaffeetrinken am nächsten Tag. Sie hatte eine Warze auf der Wange und stets einen Tropfen an der Nase.

»Weg? Was meinen Sie damit ...« Meine Mutter wusste, dass es keine heile Welt mehr gab, aber sie hielt viel von Familieneinheit. »Er kommt schon wieder. Wenn das Geld aus ist. Das ist immer so, Sie brauchen sich keine Sorgen zu machen«, beruhigte Frau Katz sie. »Aber meinen Sie, Ihre Mädchen könnten mir am nächsten Freitag im Laden helfen?«

Natürlich konnten wir. Ich zerplatzte fast vor Neugierde am Freitag darauf.

»Wo ist denn Herr Katz?« Frau Katz sah mich an, der Tropfen an der Nase schien noch größer als sonst. »Hat dir deine Mutter nichts erzählt? Ach so – naja, er ist in der Wüste. Sucht Diamanten. Er sagt, er weiß, wo es welche gibt.«

So hatten sie sich kennengelernt, wie ich später erfuhr. Herr Katz war in Windhuk in einer Bar am Ausschank gewesen, einen anderen Job hatte er nicht finden können, er war Ende der 20er Jahre nach Südafrika gekommen. Ein Kunde konnte seine Zeche nicht bezahlen, er stritt sich heftig mit einem Kumpel, dann ging er zu Katz.

»Ich hab was, das wird dir mehr helfen als jedes Trinkgeld – wenn du das Geld für mich in die Kasse legst!«

Katz war nicht besonders interessiert, bis er sah, worum es ging. Es war eine »Prospecting Licence«, eine Lizenz, die dem Eigentümer erlaubte, an einem bestimmten Ort Diamanten zu suchen. Katz kannte sich mit so etwas aus. Deswegen war er ja nach Südwest gekommen, weil er eine Theorie hatte, dass es außerhalb des bekannten Sperrgebietes an der Küste, das inzwischen der De Beers-Gesellschaft gehörte – deren Vorsitzender Oppenheimer war –, noch mehr Diamanten geben musste. Katz war ein geborener Spieler. Er legte die Scheine in die Kasse, nahm sein »Trinkgeld«, nachdem ein Notar ihm beglaubigen musste, dass es ihm gehörte, und kündigte seinen Job. Einige Tage später war er mit zwei Mauleseln auf dem Weg in die Wüste. Er fand sein Gebiet, aber auch Zeichen, dass andere bereits gebuddelt und aufgegeben hatten. In der Nähe des Geländes lag eine Farm, sie gehörte den Eltern seiner späteren Frau. Sie war in ihrem Leben bisher nur einmal in Windhuk gewesen, viermal in Lüderitzbucht, wo die Deutschen mit der Annektierung von Südwest begonnen hatten, und noch irgendwo anders. Sie war über 30, nicht gerade schön und hatte es sich abgewöhnt, ans Heiraten zu denken. Bis Katz kam. Sie zogen in die Lüderitzbucht, wo Katz weiterhin als Kellner arbeitete. Gelegentlich fand er jemanden, der ihm glaubte, dass in »seiner« Mine Diamanten steckten, und ihm Geld lieh, das ihm für einige Monate erlaubte, dort zu arbeiten. Aber es war nie genug, um durchzuhalten.

Katz überredete seine Frau, nach Johannesburg zu ziehen, dort gebe es Banken, Finanziers, die das Minengeschäft kannten. Die gab es auch, aber Frau Katz legte ihr eigenes Geld in dem Fischladen an, denn sie war überzeugt, dass die Herren Bankiers in Johannesburg nicht weniger knauserig waren als die in Windhuk. Doch ab und zu traf Katz in Johannesburg in seinem Klub jemanden, der bereit war, ein Risiko einzugehen. Wenn er dann wieder einige hundert Pfund hatte, verschwand er, manchmal monatelang. Wir gewöhnten uns daran, genau wie seine Familie dies getan hatte. Eines Tages aber war es anders.

Es war bereits spät, als es bei uns klopfte. Ich lag schon im Bett, las aber noch. Wieder ein Einbruch? Ich hörte, wie mein Vater den Riegel der Tür zurückschob und erstaunt Herrn Katz begrüßte.

Er blieb lange. Am nächsten Tag erzählte mir mein Vater, worum es ging. »Diamanten! Er hatte einen kleinen Beutel, warf ihn auf den Tisch und sagte, ich sei ein gelernter Kaufmann und solle sein Geschäftsführer werden, solle heute mit ihm in die Stadt gehen. Er sei der Fachmann, aber ich könnte von ihm Aktien kaufen und mit den Leuten verhandeln.«

Ich wagte kaum zu atmen. »Und dann?«

»Ach was, das ist doch alles dummes Geschwätz. Diamanten! Du weißt doch, was Frau Katz gesagt hat: Er ist verrückt.«

Dies war die einzige Chance in meines Vaters Leben, reich zu werden. Naja, wenige Tage später ging ich zu dem Laden, um mit der Kleinen zu spielen. Er war verschlossen. Ich lief zum Haus, in dem die Familie Katz wohnte. Auch das war verschlossen. Ich sah durchs Fenster, dass alles beim Alten war, der alte Sessel von der Farm stand in seiner Ecke, der Hocker daneben, nur war das Zimmer leer. Es blieb auch so. Sie waren über Nacht ausgezogen. Katz hatte am Tag nach dem Besuch bei meinem Vater eine Gesellschaft gegründet und die Aktien sofort verkauft. Am selben Tag unterschrieb er bereits einen Kaufvertrag für ein großes Haus im teuersten Johannesburger Vorort Houghton. Er kaufte nicht nur jeden Strauch im Garten, sondern auch die Möbel und Bücher in der Bibliothek. Der bisherige Inhaber war einer der frühen jüdischen Emigranten, die nach Palästina gingen.

Katz hatte in der Tat Diamanten gefunden. Die neue Gesellschaft stellte Arbeiter an, baute Häuser, sogar eine Straße. Er erlaubte seiner Familie nicht, noch einmal nach Mayfair zurückzugehen, dieses Kapitel war für ihn abgeschlossen. Das Mädchen kam in ein Internat, der kleine George in eine vornehme Tagesschule. Katz selbst kam selten in das Haus in Houghton, das von seiner Frau aber so geführt werden musste, dass jederzeit mindestens fünf Gäste untergebracht werden konnten. Er wohnte entweder auf der Mine oder in Windhuk. Seine Frau ist mit all dem Geld nicht gerade glücklich geworden.

Eines Tages hielt neben meiner Mutter in der Main Street ein Rolls Royce. Die Tür öffnete sich, und eine Dame winkte ihr begeistert zu. Meine Mutter ging zögernd an den Wagen heran, dann erkannte sie Frau Katz.

Die Warze war wegoperiert, der Tropfen verschwunden, ihr Haar gut frisiert.

»Wollen Sie mich nicht einmal besuchen? Am Sonntag, ich schicke den Fahrer ...«

Meine Mutter musste uns alles erzählen, jede Einzelheit des Hauses beschreiben. Ich kannte es, ein riesiges Haus, das sich hinter Bougainvillea-Sträuchern und anderen tropischen Pflanzen versteckte.

Meine ehemalige Freundin sei in der Schweiz auf einer Schule, der Sohn in England, erzählte meine Mutter. Frau Katz sei ganz allein im Haus, die Nachbarn hätten sie in all den Jahren nie besucht, sie gehöre nun mal nicht in diese feine Gegend. Aber ihr Mann bestand darauf, dass sie kein kleineres Haus mieteten. Er behauptete, das gehöre zu seinem neuen Vermögen.

Die Geschichte hatte kein Happy-End. Das erfuhr ich erst, als wir selbst längst aus Mayfair weggezogen waren und ich auch nicht mehr bei meinen Eltern wohnte. Es war um die Weihnachtszeit, als ich das Ende der Katz-Saga hörte. Weihnachten bedeutete in Südafrika eine komische Mischung aus britischer Tradition und Tropenluxus. Meistens gab es Parties am Swimmingpool, und das hieß: viel zu trinken, schwarze Diener mit weißen Handschuhen und roter Schärpe auf weißer Uniform, meistens ein Barbecue, »braai« genannt. Man wanderte von einer Party zur anderen. So war es auch an jenem Weihnachtstag, als ein Bekannter vorschlug, dass wir in ein Haus gehen sollten, wo es keine Party gebe. Die Eigentümer seien in Europa, er habe den Schlüssel. Ich war einverstanden. Die Lust an Parties war schon seit langem vergangen, ich konnte das Luxusleben nicht ohne Zorn ansehen.

Also gingen wir. Als mein Bekannter das Gartentor aufschloss, sagte ich verwundert: »Das ist doch das Katz-Haus?« Er drehte sich um. »Kennst du sie? Das Mädchen nimmt Malunterricht bei mir.«

Ich schüttelte den Kopf: »Ich kannte sie – ach, vor Tausenden von Jahren ...«

So erfuhr ich die Geschichte.

Der Vater verwöhnte die Kinder, vor allem die Tochter, die sofort ihre eigene Wohnung bekam, zusammen mit einem Sportwagen, sie hatte alles, was man sich nur als junges Mädchen wünschen konnte. Er lud sie auch ein, auf die Mine nach Südwest zu kommen, er wollte mit ihr eine Safari machen. Seine Frau wurde nie eingeladen. Eines Tages wachte das Mädchen neben einem Mann auf, den es heiraten wollte. Er war schön, gierig auf das Leben, auf ihr Geld und hatte einen Körper wie ein griechischer Gott. Aber sie war noch unmündig. So fuhr sie zum Vater auf die Mine, was sich als unnötig herausstellte: Herr Katz wohnte im selben Hotel in Windhuk, in dem seine Tochter abgestiegen war, er hatte eine Dauerwohnung dort. Nur lebte jemand bei ihm, ein junges Mädchen im Alter seiner Tochter, gierig auf das Leben und sein Geld; höchstwahrscheinlich hatte auch sie einen Körper wie eine griechische Göttin. So erfuhr Frau Katz, wie ihr Mann sie betrog. Sie reichte die Scheidung ein.

Die Tochter heiratete, der Sohn besuchte seinen Vater niemals wieder. Eines Tages erblindete Katz, eine Art Wüstenkrankheit, erzeugt durch das grausam blendende Licht. Er wollte das junge Mädchen heiraten. Sie lachte ihn aus: Wie könne er erwarten, dass sie das Leben an der Seite eines hässlichen kleinen Juden verbringen würde? Kurz darauf flog Katz zum Arzt nach Johannesburg; er war noch nicht ganz erblindet, saß hinten im Wagen, als sein Fahrer tankte. Ein junges weißes Mädchen, eine Tankhostess, fragte, ob der Herr noch etwas wünsche, ein Sandwich vielleicht?

Katz fragte: »Wie alt sind Sie?« Sie sagte es ihm, sie war mündig. »Wollen Sie mich heiraten? Heute noch? Ich bin sehr reich!«

Sie war sprachlos. Sie kam aus Verhältnissen, wie ich sie aus Fordsburg und Mayfair kannte. Sie zog ihre Schürze aus, gab sie an der Tankstelle ab und fuhr mit Katz zum Standesamt.

Ich interessierte mich mehr für Frau Katz. Anscheinend wohnte sie noch immer in diesem Haus, mit ihrem Sohn. Die Tochter war geschieden und hatte sich der Kunst zugewandt. Katz erblindete ganz und arbeitete weiter auf dem Minengelände. Die Aktien standen noch sehr lange gut.

Ich bin zwar in ihrem Schwimmbad geschwommen, aber ins Haus ging ich nie. Ich wollte nicht in ihr Leben eindringen. Ich konnte mich noch genau erinnern, wie es war, als Frau Katz einmal sagte: »Es ist verrückt, aber ich hab' ihn doch lieb.« Das war an dem ersten Freitag, als ich ihr half, fish and chips in Zeitungspapier zu wickeln.

Man darf die Gegenwart nicht mit der Vergangenheit verwechseln, das wusste ich schon immer. Ich wollte nicht, dass Frau Katz sich in die Main Street zurückversetzt sah, nur durch einen Besuch von mir.

ARM UND REICH

Meine High School hieß »Parktown Girls High« und stand in einem feinen Stadtteil. Parktown war einer der älteren nördlichen sogenannten Gartenvororte. Dort gab es bereits in den 30er Jahren Schwimmbäder und Autos für die älteren Kinder, von den beiden Autos der Eltern natürlich abgesehen.

Ich beneidete diese Mitschüler aus den reichen Häusern nicht, sie schüchterten mich jedoch ein. Aber zumindest waren wir gleich gekleidet. Ich konnte meine Bluse und sogar die alten schwarzen Unterhosen und Strümpfe weiter tragen. Der Rock war anders und natürlich das Abzeichen. Dennoch gab es Unterschiede: Die anderen besaßen alle Uhren, silberne Armbänder, ihre Röcke glänzten nicht wie meiner vom vielen Bügeln, sie hatten eben mehr als den einen.

Das Schlimmste für mich war, als Außenseiter in eine geschlossene Gruppe gekommen zu sein. Die Mädchen kannten sich fast alle vom ersten Schuljahr an, spätestens vom ersten Jahr in der höheren Schule. Sie hatten ihre Freunde und Feinde, ich hatte nur mich. Das sollte sich durch zwei Begebenheiten jedoch ändern.

Erstens kümmerte sich eine Lehrerin um mich. Wohl deshalb, weil ich ziemlich gut in ihrem Fach Mathematik war. Sie hatte eine tiefe Stimme, sprach mit einem warmen schottischen Akzent und war stets von einem Anbeterschwarm umgeben, den sie ganz mies behandelte. Sie war für die Theatergruppe verantwortlich und gab mir dann tatsächlich eine wichtige Rolle in einem Stück, um meine Schüchternheit zu bewältigen. Zur Sarah Bernhardt hatte ich wohl kaum das Zeug, aber wenigstens lernte ich dadurch ein paar der Mädchen außerhalb der Schule kennen. Das hatte den Nachteil, dass ich manchmal abends in die Schule zurückkommen musste, also das doppelte Fahrgeld brauchte. Zweimal war es mir deswegen nicht möglich, zur Probe zu kommen, aber das konnte ich niemandem erklären.

Die zweite Sache war die mit dem Tennisspiel. Das konnte ich genausowenig wie Französisch; da man annahm, ich könnte innerhalb der zwei Jahre bis zum Abitur nicht genügend Französisch lernen, eine Tatsache, die mich noch heute betrübt, denn später hatte ich dazu nie mehr die Zeit, war ich »entschuldigt«. Statt dessen machte ich Deutsch, brauchte dafür keinen Unterricht und saß während der Stunden in der Schulbibliothek, um die vorgeschriebenen Bücher zu lesen.

Mit dem Tennis war das anders: Man dachte, ich würde es lernen. Naja, es fehlte an allem, an Begabung, Interesse und einem

Tennisschläger. Ich wusste, meine Eltern würden mir einen kaufen, wusste aber auch, wie schlecht es ihnen ging. Also fragte ich gar nicht erst danach, sondern versuchte es in der Schule mit Ausreden. Zuerst ging es gut. Ich war eben die Neue, die etwas komisch war und so oft Kopfweh hatte. Bis die Tennislehrerin merkte, dass Kopf- und Halsweh sowie Übelkeit sich regelmäßig dienstags und donnerstags zum Nachmittag hin einstellten. Sie zitierte mich zu sich. Tennis gehöre zum Pflichtunterricht. Ihr Sohn war ein »Springbock-Tennisstar« und ich zitterte vor ihn. Außerdem, wo seien eigentlich Schläger und Schuhe? Tja, was sollte ich darauf sagen? Plötzlich öffnete sich die Tür und eine Klassenkameradin kam herein. Bis ich erschien, war sie stets die Klassenbeste gewesen. Ich wusste nicht genau, welchen Rang ich einnahm, aber weit stand ich ihr nun nicht nach. Sie war groß und schlank, ihre Eltern kamen aus Osteuropa. Wir hatten noch nie ein Wort miteinander gewechselt.

»Ich wollte nur sagen«, sprach sie, ohne sich für ihr Eindringen zu entschuldigen, »wir brauchen eine Vierte. Ich habe zufällig heute zwei Schläger dabei und meine alten Tennisschuhe. Könnten Sie bitte unsere neue Klassenkameradin mit uns spielen lassen?« Ich war sprachlos. Die Lehrerin ebenfalls. Meine neue Freundin gab mir die Sachen, schob mich in eine Kabine und meinte, ich solle mich schnell umziehen. Tennis habe ich trotzdem nicht gespielt. Ich machte mich gut als Balljunge. Nur wenn die Lehrerin kam, stand ich, wo man mich hinstellte. Ich glaube, nachdem sie einige Male versucht hatte, meine Arme in die richtige Stellung zu biegen, gab sie mich als hoffnungslosen Fall auf.

Meine neue Freundin hieß Tania. Sie ging an jenem ersten Tennistag mit mir zur Bushaltestelle am Zoo Lake. Wir beobachteten die Schwäne auf dem Teich, die uns ignorierten, als sie merkten, dass wir nichts für sie hatten. Weiden beugten sich über das Wasser, sogar eine Insel gab es. Das Bootshaus, in dem man – nur als Weißer – ein Ruderboot ausleihen konnte, war geschlossen.

Unwillkürlich musste ich an unsere Mayfair »pan« denken, wo das Wasser schmuddelig und nicht ungefährlich war, wo keine Stadtbehörde Bänke aufstellte, im Gegenteil, wo nur ein unleserliches Schild behauptete, dass Schwimmen verboten sei.

Als ob sie meine Gedanken lesen könnte, fragte Tania: »Du warst noch nie hier? Es ist schöner hier als in eurem Vorort, nehme ich an. Hier gibt es fast keine Wellblechdächer mehr.«

Das musste ja wohl selbst eine Blinde gemerkt haben. Wenn es zu

Hause auf das Wellblechdach regnete, dachte man, das ganze Haus stürze ein. Hagel war eine Strafe, der ich mich stets entzog, indem ich, zu welcher Tageszeit auch immer, unter die Bettdecke kroch. Ich sagte: »Bei den alten Wellblechdachhäusern gibt es verzierte Decken, weißt du? So nachgemacht, als ob man in einem hochherrschaftlichen Haus aus dem 18. Jahrhundert wohnt.«

Sie nickte. »Ja. Meine Großeltern wohnten in Doornfontein, an der Eisenbahnlinie, da war das Klo noch draußen. Jetzt wohnen wir zweistöckig mit Ziegeln und zwei Klos.« Sie sah mich von der Seite an. »Du weißt, man mag mich nicht in der Klasse.«

Ich errötete. Seit dem Vorfall mit der Tennislehrerin gehörte mein ganzes Herz ihr. Natürlich wusste ich, dass sie unbeliebt war. Ihre Zunge war zu scharf, sie hatte fast nie Unrecht. Sie war unmusikalisch, hatte deswegen eine schlechte französische Aussprache und war trotzdem die Beste, weil sie die unregelmäßigen Verben spielend lernte. Ich hatte ab und zu Gelegenheit, neben ihr zu stehen, wenn wir morgens in der Aula eine Hymne singen mussten. Das konnte sie nun wirklich nicht, bestand aber darauf, also stellte sich niemand in ihre Nähe. »Ich singe nur, um sie zu ärgern«, sagte sie, stand auf, reckte sich und warf einen Stein ins Wasser. Ein Hund, ein Ridgeback, sprang dem vermeintlichen Spielzeug nach. Tania kicherte. Erstaunlich, ein Lachen von ihr zu hören, sie war so seltsam erwachsen.

»Was macht dein Vater?« – Ich erzählte ihr von zu Hause, und sie hörte aufmerksam zu. »Das dachte ich mir. Weißt du, ich bin Kommunistin.« Nun musste ich kichern, aber sie blieb ernst. »Du denkst, das geht nicht, weil wir reich sind? Quatsch. Leute wie dein Vater verstehen nur nicht, wie das kapitalistische System funktioniert.« Ich widersprach. »Nein, es geht ihm schlecht, weil er Kredite gibt und selbst alle 30 Tage seine Schulden beim Großhändler begleichen muss.«

»Ich sage doch, er versteht es nicht. Wenn man das Pech hat, unter dem Imperialismus zu leben, muss man eben mitziehen. Er sollte seine Kunden ausbeuten, und wenn es nicht anders geht, soll er weiter Kredite geben, aber dann muss er eben die Preise erhöhen, weniger Gewicht geben und mindestens einmal in der Woche etwas zu ganz niedrigen Preisen vor die Tür stellen, um die Leute anzuziehen. Er muss eben mit Tricks arbeiten.«

Ich seufzte, dachte an die vielen Abende, an denen wir hinter verschlossener Tür Zucker, Mehl und Maismehl aufwogen und mein Vater sorgfältig darauf achtete, dass auch jedes Kilo stimmte. Nein, so würde ich meinen Vater nicht überzeugen können, »Kommunist« zu werden.

Tania sagte: »Lassen wir das. Ich nehme an, mit deinem Vater ist es hoffnungslos. Aber du musst es verstehen lernen. Ich bin sicher, du hast Goethe, Schiller und solchen Quatsch gelesen, ich kenne euch doch. Aber von Karl Marx weißt du nichts, oder? Naja. Sieh mal, mein Vater wurde vor der Revolution in Russland geboren; seine Eltern wanderten aus. Sie schafften es nicht, nach Amerika zu kommen, also kamen sie hierher. Heute ist mein Vater im Großhandel, wir sind reich, aber er wäre heute am liebsten dort zu Hause, in Russland.«

Für mich war es etwas schwierig, zu begreifen, wie man Kommunist sein konnte, aber überzeugt war, dass man Leute ausbeuten müsse. »Es geht nicht um den Einzelnen, es geht um das System. Hast du nicht gemerkt, dass das hier der Ausbund alles Hässlichen des kapitalistischen Systems ist? Der Weiße gehört zur bürgerlichen Mittelschicht, selbst der arme Weiße. Es wird ihnen bald besser gehen. Dem schwarzen Lumpenproletariat wird es nie besser gehen, das System achtet schon darauf.«

Ich hatte noch nicht versucht, die Situation so zu analysieren. Ich war nur stets empört über die Ungerechtigkeit.

»Die Diamanten und das Gold zogen das Kapital an; da die Gesellschaftsnormen bereits festgelegt waren, wurden die Schwarzen zu Proleten. Das wird so bleiben, bis die Revolution kommt. Und sie wird kommen, das ist klar. In zehn Jahren ist alles vorbei.«

Tania sah mich an. »Du bist erst 1936 hierhin gekommen, vor drei Jahren. Weißt du eigentlich, dass das ein wichtiges Jahr war?« Zu ihrer Befriedigung und dank Miss Schlesin wusste ich es. Es war das Jahr, in dem das Wahlrecht für »Eingeborene« abgeschafft wurde. Nun gab es weiße Abgeordnete im Unterhaus, die indirekt von den Schwarzen gewählt wurden und deren Interessen vertraten.

Tania war befriedigt. »Gut, Kleine, du wirst es schon schaffen. Da kommt dein Bus.«

Ich war nie bei Tania zu Hause, aber nach dem Tennis unterhielten wir uns über vieles, nicht nur über »Das Kapital«. Sie war so selbstsicher, gerade das Gegenteil von mir. Aber ich vermied Vergleiche zwischen ihrem Elternhaus und meinem, wollte keine Kritik an meinem Vater üben, das war das einzig Sichere in meinem Leben: die Elternliebe, und diese wollte ich nicht mit Politik vermischen. Ich hatte schon viel zu verkraften, der Unterschied zwischen Fordsburg/Mayfair und Parkview, Parktown, Northcliff, Illovo, Dunkeld und den anderen Vororten war zu krass. Selbst die wenigen Gärten in Mayfair konnte man nicht mit denen vergleichen, die ich täglich vom Bus aus sah – riesige Rasenflächen, Pavillons, richtige Parkanlagen waren dabei.

Dort wurden Kinder meistens von schwarzen Dienstboten begleitet. Ich wusste, der Durchschnittshaushalt hatte mindestens vier schwarze Angestellte, ein Kindermädchen, ein Hausmädchen, einen Koch und einen Gärtner, das war die kleinste »Garnitur«.

Ich erzählte Tania von Jenny, unserem Hausmädchen. Jenny war mir fast zur Freundin geworden, nachdem ich mit ihr Afrikaans sprechen konnte. Sie erzählte gerne von ihrem Heimatdorf im Norden des Landes. Sie gehörte zu einem kleinen Zweig der Shona, die hauptsächlich in Rhodesien, dem späteren Zimbabwe, ansässig waren. Jenny war rund, lustig und lachte viel. Ihr Kind hatte sie nach Hause geschickt, als es zwei Jahre alt wurde. Die Großmutter sollte es erziehen. Im Grunde war Jenny noch Landfrau, sie glaubte fest an die traditionelle Ordnung, obwohl es, weiß Gott, keine Ordnung in ihrem eigenen Leben mehr gab. Ich habe nie erfahren, ob sie einen Mann hatte; sie hatte viele Freunde, und sie braute einen sehr starken »skokiaan« in unserer Kohlenscheune, das wusste ich. Meine Mutter glaubte in ihrer kindlichen Naivität nur, dass Jenny sehr beliebt war, da sie so viel Besuch hatte. Von Jennys Shebeen erfuhr sie nie etwas. Es war auch besser so.

Eines Tages, kurz nachdem ich in die neue Schule gekommen war, wurde Jenny krank. Unser illegaler Arzt stellte fest, dass sie eine Entzündung im Unterleib hatte und schlug vor, dass sie in ein Krankenhaus gehen sollte, eventuell sei eine Operation unumgänglich. Er selbst konnte das nicht arrangieren, aber er gab uns den Namen eines Bekannten, der neben seiner etablierten Praxis in der exklusiven Jeppe Street noch eine »Eingeborenenpraxis« in Fordsburg hatte.

Da »Eingeborene« in der Mehrheit und ziemlich oft krank waren, es aber ungenügende Gesundheitsvorrichtungen gab, bedeutete diese Art Praxis, von denen es nicht viele gab, ein gutes Geschäft. In einer Sprechstunde konnten mehr schwarze als weiße Patienten abgefertigt werden, sie zahlten ihre zwei Schillinge für einige Minuten Aufmerksamkeit und ein Rezept.

Jenny weigerte sich, zu einem Arzt zu gehen. Sie kündigte, zum Entsetzen meiner Mutter und zu meiner Enttäuschung. Sie erklärte, sie müsse nach Hause, sie sei nicht verheiratet, und so müsse die Familie entscheiden, ob sie operiert werden solle oder nicht. Als Tania das hörte, hob sie den Kopf wie ein Pferd, das Futter schnuppert.

»Natürlich! Warum sollte sie auch? Sie will nach Hause, zurück in die Geborgenheit. Sie ist vielleicht schwer krank und sucht die Wärme, wie ein Tier.« Dann fügte sie hinzu: »Sie wird zum traditionellen Arzt gegangen sein, zum Zauberdoktor. Wenn sie Glück hat, kennt er wirklich einige Kräuter, die helfen. Wenn er ein Scharlatan ist - und nicht alle Heiler kennen die Kräuter im Busch - oder wenn sie Krebs hat, so stirbt sie.«

Ich beneidete Tania. Sie war so selbstsicher, verstand so viel. Später verlor ich den Kontakt zu ihr, wie zu fast allen aus der Schulzeit.

Nur mit einem Mädchen, Rosa, blieb ich befreundet. Sie heiratete später Walter, einen meiner deutsch-jüdischen Freunde. Im Lauf der 80er Jahre trafen wir uns wieder, ich wohnte bei ihnen während meiner Besuche in Johannesburg nach 1990. Die beiden besuchten mich 1993 auf »meiner« Insel, der Isle of Wight. Es waren schöne Tage, fast so, als ob die Jahre dazwischen nicht vergangen wären.

Rosa wurde Apothekerin. Ich studierte nicht, aus finanziellen Gründen, zog mich von meinen Altersgenossen zurück und hängte mich einer Gruppe deutscher Emigranten an, die ich 1942 kennenlernte.

JOHANNESBURG, JEWBURG, GOLI

Johannesburg wurde im Jahre 1886 gegründet. Wie bereits nach Kimberley, der Diamantenstadt, strömten Menschen in Massen nach Johannesburg, nachdem die drei »Georges«, drei Goldgräber, die alle den Vornamen »George« trugen, auf dem Hochveld im Transvaal in der damaligen Südafrikanischen Republik Gold gefunden hatten. Die drei Pioniere hatten jedoch selbst nichts mehr davon, die gewaltigsten Goldreserven der westlichen Welt entdeckt zu haben. Es kamen alle: Abenteurer wie seriöse Finanziers, kleine Goldgräber wie große Experten. Für die Regierung in Pretoria waren es ohne Ausnahmen verhasste Ausländer, »uitlanders«. Der engstirnige Präsident Paul Kruger, der immer noch glaubte, die Erde sei flach, verabscheute das Gold, auch wenn es ihn vor dem Bankrott rettete, und empfand es als Blendwerk des Teufels; am liebsten hätte er die Gruben wieder geschlossen.

Unter den »uitlanders« gab es einige Ostjuden, jedoch nur wenige deutsche Juden. Die große Welle der deutsch-jüdischen Emigration mit etwa 6.000 Menschen kam erst 1933 bis 1936, danach wurde das Einwanderungsgesetz geändert, so dass nur noch Menschen mit Angehörigen in Südafrika einwandern durften.

Es war eine schwierige Emigration, komplizierter als die nach Großbritannien oder Amerika. Ich berichtete darüber im Jahr 1992 im Jüdischen Museum in Frankfurt. Ein Zuhörer erzählte, auch er sei Emigrant in Südafrika gewesen, aber seine Erfahrungen waren etwas anders. Er kam nach dem Krieg als Kleinkind mit seinen Eltern. Sie waren holländische Juden, die es geschafft hatten, den Krieg zu überleben, die sich jedoch als Christen ausgaben, um einwandern zu dürfen. Das Gesetz von 1936 galt noch und diskriminierte eben Juden. Der Sohn wurde auf eine Niederländisch-Reformierte Schule geschickt und litt unter der Verheimlichung seiner Identität, die Eltern sprachen nie davon. In den 60er Jahren, während er Medizin studierte, wurde er politisiert und musste wie viele andere damals Südafrika verlassen. Er ging nach Deutschland.

Diesem Mann fehlte die Wärme der Beziehungen, die es unter uns Emigranten gab – bei den kleinbürgerlichen Juden, zum Beispiel bei meinen Eltern, wie auch bei den Intellektuellen und »Politischen« von anderem Niveau.

Vor allem in Johannesburg fand man sich zusammen. Von dieser Stadt erzählte man ähnliche Witze wie von New York: Gebt den

Juden ihr Jerusalem, sofern sie uns Johannesburg wiedergeben! Johannesburg wurde nicht zu Unrecht »Jewburg« genannt; es war die Stadt der Diamantenschleifer und Händler, der Börse, des internationalen Kapitals.

Die Emigranten aus Deutschland unterschieden sich in vielen Dingen von den Ostjuden. Sie brachten ihre eigenen Sitten mit. Sie sprachen kein Jiddisch und zuerst kein Englisch, also verstand man sich nur schlecht mit den Glaubensgenossen. Man lebte gewöhnlicherweise hier in Eigentumshäusern, das konnten sich die deutschen Emigranten in der Regel nicht leisten. Sie zogen in die einzige Gegend, in der es Hochhäuser mit Mietwohnungen gab: Hillbrow und Hospital Hill, zwei eng beieinanderliegende Vororte, die man vom Zentrum aus zu Fuß erreichen konnte. Es zogen mehrere Junggesellen, des öfteren auch Familien, in eine Wohnung. Wie Hampstead in London, so Hillbrow in Johannesburg. Es wurden Pensionen eröffnet, von deutschen Emigranten für ihresgleichen, ein einfaches, aber koscheres Restaurant, eine kleine Wurstfabrik sowie ein Delikatessengeschäft, in dem jeder, auch die schwarzen Angestellten, nur deutsch sprach.

Für uns Kinder gab es Hebräisch-Unterricht im Haus einer Verwandten meines Vaters und hinterher Kaffee und Kuchen. Ich machte die Bekanntschaft eines Mädchens, deren Vater später einer der Reichsten unter den Emigranten wurde; sie war bildschön, ihre beiden Ehemänner gehörten ebenfalls zur Millionärsklasse. Unser gemeinsames Interesse galt ihren Kurzgeschichten und meinen Gedichten.

Ich brauchte diese Kontakte. In der Mayfair School war ich ein exotischer Vogel, weil ich freiwillig Bücher las, auch in der Synagoge war ich allein.

Es wurde eine deutsch-jüdische Gemeinde gegründet, »Ez Chaim«. Man konnte sich nicht an die Litanei, an das ungezwungene »ostjüdische« Benehmen gewöhnen: Wir waren bereits zu sehr westlich angepasst, hatten »zivilisierte« Hemmungen entwickelt.

Südafrika war ein Entwicklungsland, doch die Neuankömmlinge lieferten einige wichtige Beiträge zur Änderung. Frühere Ärztinnen erfanden Kosmetika, es gab neue Berufe wie Heilgymnastikerinnen, Masseusen, Dekorateure. Im Joubert Park in Hillbrow gab es das Stadtmuseum, dort entdeckte ich die »Cassirer-Sammlung«. Eine der »Cassirer«-Frauen aus dieser bekannten Familie, Lotte Fürstenberg, hatte alle Schätze, die sie mitnehmen konnte, dem Museum anvertraut. So sah ich meine ersten Impressionisten, Maler wie Paul Klee, Bildhauer wie Brock. Gusti Hecht, einst Redakteurin beim »Berliner

Tageblatt« und ehemalige Freundin von Carl von Ossietzky, eröffnete ein Café, in dem es echte Sachertorte und Kaffee mit Sahne gab.

Zwei Emigranten gründeten eine Leihbibliothek. Die Gebühr war niedrig, die Bücher wurden ins Haus gebracht, und da wir so weit entfernt von allen anderen wohnten, blieben die Herren meist bei uns zum Kaffee. Hier hatte ich 1992 bei dem Vortrag in Frankfurt wie schon so manches Mal eine Begegnung mit der Vergangenheit: Unter den Zuhörern waren Klaus Kaminsky und seine Frau. Er war einer der beiden Leihbibliothekspartner gewesen, der andere war sein Schwager Alfred Futran, der in den 50er Jahren nach Deutschland zurückging. Futrans Vater war während des Kapp-Putsches ermordet worden. Er selbst war KPD-Mitglied und, wie viele Mitglieder der »UKV«, deren Bedeutung ich im Folgenden noch erläutere, aus politischen und »rassischen« Gründen geflüchtet.

Die Alteingesessenen fanden eigentlich, dass wir uns anpassen sollten. Nicht auffallen. Doch auch sie hatten ihre Persönlichkeiten. Unter ihnen war »Onkel Adolf« stadtbekannt. Ich nannte ihn so, wie ein Dutzend andere es taten, ich habe keine Ahnung, ob und wie wir mit ihm verwandt waren. Er war alt, altmodisch und Junggeselle. Er hatte bereits mit 40 genug verdient, um sich zur Ruhe zu setzen, und lebte in einer Zweizimmerwohnung in der Nähe des Joubert Park, das heißt, er lebte nur in einem der beiden Zimmer, im anderen stapelte er Zeitungen säuberlich auf. Jeden Tag legte er die Neue oben auf und nahm die Älteste zum Gebrauch heraus: als Putzlappen, Tischtuch oder zu anderer Verwendung. Onkel Adolf lebte sehr sparsam und gab ungern Geld unnötig aus.

Mein Vater war als einer der ersten Emigranten häufiger bei Onkel Adolf zu Besuch. Der alte Herr stellte ihn den indischen Großhändlern vor und half ihm so, den Laden aufzubauen. Jeden Mittwochnachmittag gingen die beiden zum Einkaufen. Nur einmal nicht. Onkel Adolf war umgezogen, von einer Wohnung in eine andere, gleich groß und direkt daneben. Er könne nicht ausgehen, erklärte er, er müsse sich erst an das »Klima« seiner neuen Wohnung gewöhnen. Jeder hatte immer eine neue Onkel-Adolf-Geschichte parat. Die alten Damen bestrickten ihn, häkelten Tischdecken, stickten Servietten. Er bedankte sich stets mit den Worten: »Du stehst auf Seite soundso in meinem Testament.« Sie glaubten alle fest daran. Als er dann unerwartet starb – er war eine Institution und keiner glaubte so recht an seine Sterblichkeit –, stellte sich heraus, dass er kein Testament gemacht hatte, aus Angst, damit sein Todesurteil zu unterschreiben. Also gingen all die älteren Damen leer aus, und sein reicher Bruder beerbte ihn.

Ebenfalls etwas merkwürdig war Tante Eva, eine Verwandte meines Vaters. Zwei Brüder aus Hessen, die sich in Südafrika niedergelassen hatten, wollten heiraten und dachten, erst sollte einer, dann der andere in Deutschland eine Braut suchen. Tante Eva war jung, hübsch und lebenslustig, kam aus einer armen Familie, und so nahm man den Antrag für sie an, es wurde keine Mitgift verlangt. Sie war zwar nicht von ihrem Zukünftigen begeistert, aber sie fügte sich in ihr Schicksal. Monate später traf ihr Zug im Park Station, dem Hauptbahnhof von Johannesburg, ein.

Sie beugte sich aus dem Fenster und winkte. Ihr entgegen winkten zwei Männer, klein, mit Glatze, die sich sehr ähnlich sahen. Als sie aus dem Zug sprang, hatte sie keine Ahnung, wer ihr Verlobter und wer ihr zukünftiger Schwager war; sie küsste beide auf die Wange, umhalste sie und ging zwischen ihnen nach Hause.

Dabei blieb es auch. Sie heiratete den Älteren, der Jüngere zog niemals aus und fuhr auch nicht nach Deutschland, um auch für sich eine Braut zu suchen. Tante Eva versorgte eben beide. Kinder gab es keine, aber eines Tages stellte sich ihren beiden Männern ein junger, gutaussehender Untermieter vor. Die beiden meinten, sie bräuchten doch das Geld nicht, aber Tante Eva lachte nur. Alle Einwände wurden abgelehnt, der junge Mann zog ein. Wenn Tante Eva irgendwo eingeladen war, deckte man seither für vier Personen. Der Schwager starb zuerst, sie pflegte ihn mit derselben Herzlichkeit, die sie einige Jahre später ihrem eigenen Mann zukommen ließ. Sie überlebte auch den Untermieter, konnte jedoch mit ihm noch einige Reisen durch die Welt machen.

Es dauerte Jahre, bis aus Emigranten Südafrikaner wurden. Im Lauf der Jahrzehnte wurde »Ez Chaim« in das jüdische Gemeindeleben integriert, ebenfalls das damals gegründete Elternheim »Our Parents Home«. Es war sehr schwierig, wenn drei Generationen unter einem Dach leben mussten, unter jenen Bedingungen. Im jüdischen Altersheim lebten jedoch fast nur Ostjuden, und wie in der Synagoge wollten die deutschen Juden unter sich sein.

Es kamen nicht nur Juden aus kleineren Verhältnissen und engen Kleinstädten, sondern auch Intellektuelle aus den Großstädten, vor allem aus Berlin. Unter ihnen gab es Schriftsteller, Künstler, Schauspieler und Musiker wie auch Akademiker, Mediziner und Rechtsanwälte. Viele hatten gedacht, die Machtergreifung der Nazis wäre ein

Regierungswechsel für eine kurze Zeit. Als der Ernst der Situation klar wurde, gab es nur noch einige Zufluchtsländer, darunter das unbekannte Südafrika, sofern sie eben dort Verwandte besaßen oder auf der »Stuttgart«, dem vorletzten Schiff, einen der über 600 Plätze bekommen konnten.

In unserer Familie gab es fast keine Studierten. Ein Vetter meiner Mutter war Rechtsanwalt geworden, der sich stets mit »Herr Dr. Dr.« vorstellte, was meine Mutter als junges Mädchen veranlasste, hinzuzufügen: »Entschuldigen Sie, er stottert« oder noch schlimmer: »Der dritte Doktor ist in Bearbeitung!«

Für Großstadt-Emigranten war das Studium fast obligatorisch. Kaum einer von ihnen wurde Mitglied der »Ez Chaim«. Viele waren assimiliert, andere nur »Halb-« oder »Viertel-Juden«.

Zu den »Studierten« gehörten auch die »Politischen«. Vor diesen hatten meine Eltern noch mehr Angst. Waren sie schon besorgt, dass ich mich mit dem Bauhaus-Architekten Steffen Ahrends über Architektur unterhielt – konnte man sich dafür interessieren, wo man doch niemals ein Haus bauen würde? – so setzten sie »politisch« sofort mit »kommunistisch« gleich. Ich sollte mich nicht in Dinge einmischen, die mich nichts angingen.

Die Politischen waren nebenbei nur jüdischer Herkunft - bis 1933 und auch danach war das kein Thema für die meisten von ihnen. Sie waren Sozis, auch Kommis und vor allem Deutsche. In Johannesburg, einer kulturellen Wüste, fanden sie sich schnell zusammen. Johannesburg, das war eine Stadt, in der man Geld machte. Sie jedoch machten Musik, Theater. Sie diskutierten, hielten Vorträge, regten sich über die gesellschaftliche Klassentrennung auf, über die Löhne der schwarzen Arbeiter, über deren nicht existierende soziale Absicherung und über die sogenannte »Labour Party«, die keine war, weil sie nur das Interesse des weißen Arbeiters vertrat und die zu Beginn der 40er Jahre spurlos verschwand. Die weißen Arbeiter hatten inzwischen gemerkt, dass ihr Interesse mit dem ihrer Bosse identisch war und dass beide von der Regierung wohl behütet wurden.

Colin Legum, der bekannte ehemalige Observer-Redakteur, war damals lange Chefredakteur der Labour-Party-Zeitung; so lange schon lagen einige meiner Bekanntschaften in der Afrika-Berichterstattung zurück. Legum emigrierte nach dem Krieg nach London, wo es ihm unter großer Mühe gelang, erstmals einen kurzen Afrika-Artikel im »Observer« zu veröffentlichen. Er wurde zum »Vater« des Afrika-Journalismus in Europa, wo Afrika bis zu diesem Zeitpunkt kaum zu existieren schien. Später schrieb ich jahrzehntelang regelmäßig für sein Jahrbuch „Africa Contemporary Record", das ein gefragtes Nachschlagewerk war in vor-Computerzeiten.

Afrika war in den 30er Jahren nicht »in«. Das spürten auch die Politischen. Sie sahen den Krieg kommen, erlebten ihn aus zweiter Hand, die Grausamkeiten, das Chaos, die politische wie menschliche Verwirrung, und sie fanden sich abseits, in einer Seitenstraße. Weil sie aber Deutsche waren, die jüdisches Blut in den Adern hatten, so gründeten sie 1936 zuerst einmal einen Klub. Er hieß: »Unabhängige Kultur-Vereinigung« – UKV. Einer ihrer Mitglieder organisierte eine Jugendgruppe, zu der ich mehr oder weniger aus Zufall stieß, in meiner Suche nach einer Identität und einer Gruppe, die mich akzeptierte und in der ich, zusammen mit anderen Außenseitern, ein Insider werden konnte, eigentlich stoßen musste.

Alle Emigranten hatten Sorgen; manche wollten geliebte Menschen aus Deutschland herausholen, was wegen der neuen Gesetze nicht einfach war. Also gab es Scheinehen. Männer wurden gesucht, für Verwandte und für Freunde. Man versprach alles: Geld, schnellstmögliche Scheidung, getrennte Wohnungen, alles, nur um wenigstens eine Ehe auf dem Papier zu haben - für die Aufenthaltsgenehmigung. Jüdische Männer, die zusagten, taten es wohl nicht wegen des Geldes; es lag ihnen daran, jemandem eine Lebenschance zu geben: An andere traute man sich sowieso nicht heran. Die Polizei wurde natürlich misstrauisch wegen der erstaunlich hohen Anzahl von Bräuten, deren Bräutigame anscheinend schon ihr Leben lang in Südafrika waren. Sie machten Razzien auf junge Paare, um festzustellen, ob diese auch wirklich miteinander lebten. Es gab zwar noch keinen Computer, aber jemand rechnete aus, dass die Scheidungsquote unter den Emigranten wirklich immens in die Höhe gegangen war.

Die Geschichten, die um diese Vorgänge kreisten, sorgten für Unterhaltung. Es hatte etwas Komisches, wenn eine Angebetete von ihrem Liebhaber als Gegenleistung für das Jawort eine vorhergehende halbjährige Heirat mit ihrer Schwester forderte.

Doch manche Fälle waren auch trauriger. Einer trug sich in unserer Familie zu: Ein Südafrikaner inserierte im »Jüdischen Familienblatt«, er suche eine Frau aus Deutschland. Er ertrank in Zuschriften und entschied sich für eine, deren Bild ihm besonders gefiel, die Dame saß hinter einem Schreibtisch und lächelte. Er telegrafierte sein »Ja!«, sie reiste ab Hamburg und aß fast nichts auf der ganzen langen Fahrt. Ein Steward sorgte sich um sie, doch sie sagte nur: »Nein danke , ich möchte etwas abnehmen ...«, wofür der Steward durchaus Verständnis zeigen konnte, obwohl er nicht glaubte, dass das eine oder andere Pfund weniger so viel ausmachen könnte. Sie war wirklich äußerst korpulent gebaut, mit Diät war da nicht viel zu machen. Deshalb auch das Foto im Sitzen. Als das Schiff in Kapstadt anlegte, bat die Braut eine andere schwergewichtige Dame, eine Riesin aus Holland, vor ihr von Bord zu gehen. Sie hoffte, dass im Vergleich ... – Es nutzte nichts. Die Braut verliebte sich sofort unsterblich in den Bräutigam, doch der ließ vor Entsetzen den Blumenstrauß fallen. Dennoch wurde drei Monate später geheiratet, jedoch zog er es vor, seine Hochzeitsnacht und die Flitterwochen zu versäumen. Die verbrachte die arme Frau bei uns, er hingegen in einer ihr unbekannten Adresse. Jahre später ließen sie sich scheiden, ihren »Mann« hatte sie nie wieder gesehen.

Die Emigranten gründeten auch einen Kinderferienklub. Johannesburg liegt 1.800 Meter über dem Meeresspiegel, da war gelegentliche Luftveränderung schon angebracht. Unsere Eltern konnten sich aber keine Ferien leisten. So war ich mehrere Male auf einer Ferienfarm in der Nähe von Parys am VaalFluss und auch auf einer Farm unweit des White River im Nordtransvaal. Das war herrlich. Herr Rosen, der Farmbesitzer, war Mitglied der Richthofen-Staffel gewesen, aber »jüdisch verseucht«. So baute er nun Orangen an und nahm Emigrantenkinder auf. Er erzählte großartige Geschichten und fuhr mit uns sogar in den Kruger-Nationalpark. Dumm, wie ich war, fand ich das keineswegs so aufschlussreich wie damals bei Hagenbeck: Dort hatte man die Giraffen aus nächster Nähe gesehen, nicht nur wie hierzulande als einen langen Hals in der Ferne. Vom »outdoor life« war ich eben schon damals nicht zu begeistern.

Herrn Rosens Sohn, Flieger wie er, stürzte am Tag vor D-day, dem Datum der Invasion in der Normandie, ab. Sein Vater konnte diesen Schmerz nie überwinden. Er selbst flog fast jeden Tag in seinem Segelflugzeug, doch eines Tages saß er am Start, als ein Anfänger einen Fehler machte und zu tief in die Landeposition ging. Rosen wurde buchstäblich geköpft. Ein grausiger Tod, aber für einen Mann wie ihn war es wohl richtig, im Flugzeug zu sterben. Menschen wie Rosen waren typische UKV-Mitglieder. Sie hatten viel geleistet, besaßen Erfahrung und Ideale. Ich lernte viele begabte Menschen kennen, wie Franz Wallerstein, der Cello spielte, aber hier in einer Gesellschaft arbeitete, oder Joseph Trauneck, der die UKV-Konzerte organisierte. Später war er einer der ersten Weißen, die sich für afrikanische Musik interessierten und mit schwarzen Kindern in den Townships musizierten.

Nach dem Krieg kehrte er nach Deutschland zurück, konnte zuerst nur eine Dirigentenstelle in Ostdeutschland finden, wanderte wieder aus und starb in Wien.

Künstler, Musiker, Chansonsänger, Schauspieler, Schriftsteller – es gab schon viele interessante UKV-Mitglieder, Frauen wie Männer. Natürlich wurde auch viel erzählt, Schauspieler waren natürlich alle einst bei der UFA gewesen, Angestellte selbstverständlich, jeder Abteilungsleiter bei Tietz. Man erzählte sich im »Joubert Park«, auch »Schubert Park« genannt, dass ein Ridgeback einen Dackel anbellte, er sei so klein. In Deutschland hättest du mich sehen sollen, bellte der Dackel zurück, da war ich ein Bernhardiner!

Nun, die meisten Geschichten stimmten jedoch. Ich erinnere mich an Persönlichkeiten wie zum Beispiel Bruno Vogel, kein Jude. Er war Schriftsteller, stammte aus einer Leipziger Arbeiterfamilie. Als junger Mann veröffentlichte er nach dem 1. Weltkrieg sein erstes Buch mit dem zynischen Titel »Es lebe der Krieg«. Es wurde ein Renner. Auch Bruno gelang der Durchbruch zur schwarzen Gesellschaft. Seine afrikanischen Kurzgeschichten befassten sich mit dieser Welt, hier veröffentlichte er jedoch nur wenig. Später emigrierte er wiederum aus politischen Gründen nach London. Nachdem ich zu Beginn des 21. Jahrhunderts in Deutschland lebte, erhielt ich eine E-mail von Raimund Wolfert, der Bruno „entdeckt" hatte und über den er eine Biografie „Nirgendwo daheim" 2012 veröffentlichte.

Jede und jeder hatte eine Geschichte, vor wie nach der Emigration. Nur ein Beispiel: Ilse Prager. Sie war eine der »Linken« und die geschiedene Frau des Fotografen Fred Prager, der später meine liebe Freundin Ruth, Witwe des Künstlers Harms Ludwig Katz, heiratete. Ilse wurde die Frau von Dr. Yusuf Dadoo, Mitglied des South African Indian Congress, im Exil Präsident der südafrikanischen KP und ein wichtiger Anti-Apartheid-Kämpfer. Nach ihrer Scheidung von Dadoo kehrte Ilse mit ihrer Tochter Shireen in die damalige DDR zurück, wo sie den geschiedenen Mann von Doris Lessing kennen lernte. Bald heirateten sie. Lessing, der Botschafter der DDR wurde, kam mit Ilse unter mysteriösen Umständen in den 70er Jahren im Uganda des Idi Amin ums Leben. Shireen, eine wunderschöne Frau, ging nach England, wo wir uns in den 80er Jahren trafen und anfreundeten. Einer der Kreise, die sich schließen.

Die UKV war als Kulturvereinigung aktiv. Bereits in den 30er Jahren übersetzte ein Gründungsmitglied, Hans Leopold Weiss, zusammen mit einem Südafrikaner Brechts Dreigroschenoper ins Englische. Selbst meine Eltern gingen zu solchen ausgezeichneten Theater- und Kabarettvorstellungen, wenn auch nicht zu Konzerten, Vorträgen oder Diskussionen. Für mich waren nicht nur die geistigen Anregungen wichtig, die mir zu Hause gefehlt hatten, sondern auch die menschlichen Beziehungen. Bis dahin hatte ich nur biedere Ehen gekannt, in der UKV hingegen traf ich Homosexuelle beider Geschlechter sowie Paare, die geschieden waren und mit anderen Partnern lebten. Für meine Eltern war das alles schockierend und bedrohlich, was ich erst später nachvollziehen konnte. Damals war ich einfach von allem Unkonventionellen begeistert. Die Zielsetzung der UKV wird vielleicht aus einem Satz heraus deutlich, der von Dr. Hans Oskar Simon stammt. Dr. Simon, Rechtsanwalt, Junggeselle und Sprecher der deutschen Emigranten, war quasi die »Seele« der UKV. 1944 sagte er, zurückblickend: »Das haben wir doch bewiesen – und wir haben keinen Anlass, es zu verleugnen –, dass nicht der geistig Wurzellose, der kulturell Heimatlose sich ökonomisch, psychologisch und menschlich in eine neue Umwelt hineinfindet und ihr als Zuwachs am wertvollsten ist, sondern der, der ein Stück der ererbten und erworbenen Kultur und Zivilisation in die neue Heimat mitbringt.«

Mit zwei jungen Männern, Fred Plaat und Walter Meyer, schloss ich enge Freundschaft, auch Franz Auerbach gehörte dazu, der später in der jüdischen Gemeinde eine große Rolle spielte, zusammen schrieben wir die Jugendzeitschrift »Molecule«. Fred arbeitete später bei Penguin, er starb schon früh. Wie erwähnt heiratete Walter, der Ingenieur wurde, meine Schulfreundin Rosa. Im November 2015 wurde ich an diese Tage erinnert. Ein Mann namens David Lewis bat im Internet um Information über „Die Blätter der Union", die er entdeckt hatte und die in den 30er und 40er Jahre in Johannesburg veröffentlicht wurden. Ich konnte etwas dazu sagen, über den UKV Präsidenten Dr. Simon und Journalisten Hans Weiss, denn bei den „Blättern" handelte es sich um die UKV Publikation, die wie Lewis schrieb, der NY Emigranten Zeitschrift „Aufbau" ähnlich war. Lewis ging es um das Copyright, er möchte die „Blätter" digitalisieren und ins Netz stellen. Er hält sie für eine wichtige Zeitzeugenveröffentlichung.

Fred, Walter und ich wurden Dauergäste einer Wohngemeinschaft im Geraldine Court in Hillbrow. Hans Weiss lebte dort – ohne Heiratsurkunde, die kam viel später – mit Margot Biermann zusammen und mit zwei Junggesellen, Ulli Simon und Erwin Reissmann.

Letzterer gründete die UKV-Jugendgruppe und war für mich nicht nur ein lustiger, zierlich gebauter Mann, sondern eine Respektsperson: Er war mit Rosa Luxemburg verwandt und hatte bei dieser Großen als Kind auf dem Schoß gesessen! Er heiratete nach dem Krieg eine Deutsche, Tochter von Werner Ackermann, ein bekannter Schriftsteller der damaligen Zeit, und zog nach Swaziland, wo er 1978 starb. Hans Mayer, mein Ko-Autor eines Buches über die 1884 Afrika Konferenz (Afrika Den Europäern 1984), veröffentlichte 2015 eine lesenswerte Ackermann-Biographie.

Gelegentlich hörte ich in den vergangenen Jahren von ehemaligen UKV-Freunden, die aus Südafrika ausgewandert waren: So stellten Parrys, die nach Freiburg gegangen waren und mich zufällig in einer »Frühschoppen«-Sendung sahen, den Kontakt mit Walter Baumgärtel, einem anderen alten Freund, wieder her. Dieser hatte mit einem Partner einst eines der ersten Musikgeschäfte Südafrikas eröffnet, bevor er dort in die Armee eintrat. Nach dem Krieg kehrte er nach München zurück, versuchte sich in seiner alten Branche – dem Theater – zurechtzufinden, aber es zog ihn wieder zurück nach Afrika.

Diesmal ging er nach Uganda und führte in den entlegenen Bergen an der Grenze Kongo-Zaire ein Hotel. Er begann, die großen Menschenaffen zu beobachten und zog internationale Forscher in die Gegend, musste während der Amin-Zeit fliehen und sich abermals in Deutschland zurechtfinden. Es war schwierig, er schrieb mir zornige und resignierte Briefe über die Welt der 80er Jahre, vor allem, weil er die deutsche Staatsbürgerschaft nicht erhielt.

Es stellte sich heraus, dass ich nicht auf die Universität gehen konnte. Ich erhielt dank eines guten Schlussexamens im Jahr 1941 ein Stipendium, aber das reichte nur für die Universitätsgebühren. So stellte ich einen Antrag ans Erziehungsministerium für eine Anleihe, die mich zu einem Beamtendienst von fünf Jahren verpflichtet hätte. Ich plante, während dieser Jahre abends Jura zu studieren. So schrieb ich mich also an der Universität ein. Ich war kaum zu Hause, da rief jemand aus dem Erziehungsministerium an und fragte, ob ich Südafrikanerin sei. Nein, erklärte ich, wir konnten uns wegen des Krieges nicht nationalisieren. Wir waren von den Deutschen zwar ausgebürgert worden, aber nach internationalem Recht noch immer deutsche Staatsbürger.

»Sorry«, erklärte die Stimme, »dann können wir Ihnen keine Anleihe geben ...«

Ich war verzweifelt, mein Vater hilflos. Später wusste ich, er hätte zu den Verwandten oder zu einer jüdischen Organisation gehen können, aber er schämte sich für seine Armut. Da beantwortete ich ein Inserat für einen »articled clerk«, sie suchten jemanden mit einer ordentlichen Immatrikulation. Ich wusste nicht, was ein »articled clerk« war, doch zu meinem Erstaunen und riesiger Freude erhielt ich den Job. Dies bedeutete, dass ich fünf Jahre lang bei einem Rechtsanwalt arbeiten und während dieser Zeit abends auf der Technischen Hochschule studieren sollte. Ich war begeistert, obwohl ich nur drei Pfund im Monat verdiente. Als meine beiden Chefs – Sachs und Berman hießen sie – hörten, dass ich bereits an der Uni gemeldet war, akzeptierten sie es, denn ein Uni-Abschluss war eine bessere Qualifikation als der an der TH. Ich schrieb mich für Latein, Deutsch und Englisch ein, ich brauchte nur ein Jahr Universitäts-Latein für das Rechtsstudium. Dem Professor gestand ich den Grund, er lachte und sagte, ich würde zwar kein Latein lernen, aber das Examen könnte ich bestehen, wenn ich einiges auswendig lernen würde. So lernte ich außer Ovid und Homer auch den lateinischen Struwwelpeter und machte das Examen am Jahresende mit einer drei, worauf ich lange sehr stolz war.

Aber inzwischen war eine weitere Panne passiert. Das Rechtsanwaltsbüro hatte noch nie ein Mädchen eingestellt, also war ich zuerst sechs Monate auf Probe dort. Danach sollten die Dokumente bei Gericht unterschrieben werden, denn als »articled clerk« war ich diesem gegenüber verantwortlich. Als es soweit war, stellte sich heraus, dass ich als Ausländerin dem britischen König keinen Eid leisten konnte – also war der Traumjob doch bloß ein Traum. Die Chefs meinten jedoch, der Krieg würde nicht ewig dauern, ich solle weiter abends studieren und bei ihnen als Bürokraft arbeiten.

Ich war UKV-Mitglied geworden dank einer Bekanntschaft, die ich auf der Hochzeit meiner Schwester schloss. Diese war ja als 15-Jährige von der Schule gegangen, um mir die High-School zu ermöglichen, arbeitete als Dekorateurin und heiratete bereits mit 18 Jahren.

Mit den anderen UKV-Mitgliedern besprach ich also das Dilemma mit meinem Job. Hans Weiss war Mittelpunkt der Gruppe. Er hatte keine Universitätsausbildung, war bereits mit 13 Kommunist geworden und nach der mittleren Reife aus seinem gutbürgerlichen Eltern haus in den Wedding zu Genossen gezogen. Danach hielt er sich mit Gelegenheitsjobs über Wasser, bis er durch Zufall als Laufjunge beim Berliner Tageblatt eingestellt wurde – und dank Begabung, rasante Karriere machte und Redakteur wurde. Hans wurde von allen wegen seines phänomenalen Wissens respektiert. Mit Ahrens konnte er über Architektur sprechen, mit Nadine Gordimer über Literatur diskutieren, mit Psychoanalytikern sich über Freud und Jung auseinandersetzen – und er wusste natürlich gut in der Politik Bescheid. Seine Analysen waren stets scharf und oft seiner Zeit voraus.

Hans hielt nichts von meiner Idee, die fünf Jahre Abendstudium durchzuhalten. Er meinte, ich hätte keine Kindheit gehabt, womit er ja Recht hatte. Wollte ich nun mich selbst auch meiner Jugend berauben? Sicher würde ich bald heiraten, und was würde mir dann ein Studium helfen? Ich sollte etwas Handfestes lernen, sollte eine erstklassige Sekretärin werden und damit mehr Geld verdienen.

Wenige Frauen arbeiteten in Südafrika nach der Ehe, die Emigranten waren Ausnahmen – und wir würden schließlich nicht immer »Emigranten« bleiben. Ich nahm seinen Rat ernst, was ich später bitter bereute – aber jeder ist letztlich für seine eigenen Fehler verantwortlich. Meine Chefs waren mit meiner Entscheidung nicht glücklich, ich blieb noch ein weiteres Jahr bei ihnen und lernte noch so einiges hinzu.

Danach nahm ich einen Posten in einem neuen Buchladen an, der zwei Partnern gehörte, Hans Weiss und Dr. Hans Oscar Simon, nicht verwandt mit meinem Freund Ulli Simon. Dr. Simon hatte es derweil erzielt, dass wir als »freundliche Feindesangehörige« klassifiziert wurden, so dass die Männer nicht, wie die deutschen Juden in England, interniert wurden. Wir mussten uns lediglich regelmäßig bei der Ausländerpolizei im Balgownie-Haus melden.

Einmal musste ich außer der Reihe dorthin:

Zu Beginn des Krieges wohnten wir noch in Mayfair. Der südafrikanische Zensor wusste natürlich nicht, wie Juden zu ihren Namen gekommen waren und identifizierte »Löwenthal« mit »Deutsch«, nicht mit einem jüdischen Namen, und so machte er sich an unsere Post. Jeder Brief kam verspätet an, mit dem Vermerk »opened by the censor«, worüber ich mich natürlich ärgerte. Ulli Simon war damals ein guter Freund und lud mich fast jeden Samstagabend ins Kino ein.

Dabei machte ich meinem Zorn über die Zensur eines Abends Luft. »Wenn nur etwas Interessantes in meiner Post wäre«, klagte ich, »aber der Herr muss sich doch eigentlich zu Tode langweilen!« Ulli meinte, man sollte den Zensor vielleicht etwas aufheitern, und ich stimmte ihm zu. Am folgenden Samstag erschien Ulli wieder und blickte mich dauernd lächelnd an, ich wusste nicht genau, was das zu bedeuten hatte.

»Hast du den Brief denn nicht gelesen?« platzte er endlich heraus. »Brief?« – In dieser Woche hatte ich keine Post erhalten. Ulli wurde ernst. »Du tust doch nur so, du hast doch meinen Brief ...« Nein, ich hatte tatsächlich nichts erhalten.

Am Montag kam dann die Polizei. Als ich nach Hause kam, war meine Mutter verweint, mein Vater kreidebleich. Was ich angestellt hätte; ich solle am nächsten Tag um 8 Uhr bei der Ausländerpolizei sein. Mein Gott. Ich rief Ulli an. Ja, sagte er kleinlaut, wahrscheinlich hätte es etwas mit dem Brief zu tun ... es sollte nur ein Witz sein. Er versprach, Dr. Simon anzurufen, und der verabredete sich mit mir. Ich wusste, nun war ich in besten Händen. Neben seinen anderen »Ämtern« war er auch Leiter einer Hilfsorganisation für Emigranten, wo man sich kostenlos Rat holen konnte. Der Herr Doktor, vor dem ich riesigen Respekt hatte, war groß, hager, mit einem Gesicht, das einem Totenschädel nicht unähnlich war, seine Augen lagen tief in den Höhlen. Immerfort zog er an einer Zigarre. Später musste ich ihn jeden Tag vom Buchladen auf die Straße bringen, um sicher zu sein, dass er auch richtig zu seinem Morgenkaffee lief; er hatte nun mal keinen guten Ortssinn.

An jenem Tag war ich verängstigt, ich wollte nicht eingesperrt werden. Die Herren bei der Polizei waren erstaunt, als wir zu zweit ankamen. Man führte mich in ein hässlich grünes leeres Zimmer, nur mit einem Tisch und zwei Stühlen möbliert, darin ein Polizist.

»Also, du spionierst?« – »Nein!«

Aber ich hätte Freunde unter Armeeangehörigen? Natürlich, mehrere unserer Freunde waren in Potchefstroom in der Militärausbildung. Nicht jeder Südafrikaner musste zum Militär, man meldete sich freiwillig. Fast die Hälfte der weißen Wähler war gegen den Krieg. Die Regierung von General Smuts war für viele Buren die Regierung eines Verräters, der sie den Briten auslieferte. Im Laufe der 30er Jahre hatte die »gesäuberte« Nationalpartei bereits viel Erfolg.

In der Regierung stimmten nur sieben Kabinettsmitglieder im September 1939 für eine Kriegserklärung, sechs für Neutralität. Damals gab es nicht nur die bereits erwähnten Grauhemden, sondern die diesen nahestehenden »Ossewabrandwag«, den »Ochsenwagenposten«, eine Sabotagegruppe. John Vorster, später Premierminister 1966 bis 1978, war ein Ossewabrandwag-General und saß mehrere Jahre im Internierungslager. Der Gedanke, mit derartigen Menschen zusammen zu sein, war grauenhaft.

»Also, du bist keine Spionin. Du hast deinen Freunden keine Geheimnisse abgelauscht.«

»Nein. Außerdem glaube ich nicht, dass die Jungen, die ich kenne, viel wissen.«

Einer war mein Vetter Joachim, 15 Jahre alt. Er hatte sich als älter ausgegeben und es tatsächlich geschafft, in die Luftwaffe zu kommen.

»Wenn du sie nicht gefragt hast, wieso weißt du dann, dass sie nichts wissen?«

Ich sagte: »Es geht um den Brief, oder nicht? Der Ulli hat mir irgendeinen dummen Brief geschrieben – um den Mann bei der Zensur zu ärgern ...« Nebenan sagte der Herr Doktor genau dasselbe. Vor dem Polizisten bei mir im grünen Zimmer lag eine Mappe. Ich sah Ullis Schrift.

»Wenn es nur ein Witz war, weißt du, was er geschrieben hat?«
»Nur vage, er hat etwas gesagt von einem Treffen, wenn die Uhr zwölf schlägt – und Grüße mit ›Heil, Blut und Boden‹.«

»Was soll das bedeuten?« – Ich erklärte, es sei eben nur dummer Nazijargon.

Hmm. Der Polizist verschwand mit der Mappe, er fuhr zu Ullis Arbeitsplatz und ließ sich von ihm sagen, was er geschrieben hätte und warum. Dann durfte ich gehen. Den Brief werde man mir mit der Post schicken. Schade, ich habe ihn nie erhalten, er wäre ein nettes Andenken gewesen.

Ulli sah ich im Jahr 1991 überraschend wieder. Ich war mit Nadine ins Market-Theatre gefahren, wo sie einen Vortrag hielt, da rief mich jemand an einen Nachbartisch. Ein älterer Mann lächelte mich an und stellte mir seine Frau vor. Es war Ulli. Am nächsten Tag gingen wir zusammen Mittagessen. »Sag mal«, fragte er, »warum hast du mir eigentlich nie eine Antwort auf meinen Heiratsantrag gegeben?«

Ich blickte ihn an. Erinnerte mich. Kurz nachdem ich im Buchladen anfing, hatte er mich gefragt, ob ich ihn heiraten würde. Ich wusste nicht, was ich tun sollte. Als ich bedrückt so vor mich hin arbeitete, fragte Hans, was los sei. Ich erzählte ihm von meiner Unentschiedenheit und – genau wie beim Studium – erklärte er, ich solle es nicht tun. »Du bist noch so jung, so unerfahren. Wenn du einen Fehler machst wirst du es bereuen. Wenn du nun richtig verliebt wärest, würdest du nicht zögern.« Wahrscheinlich hat er damit recht gehabt. Ulli war kurz darauf aus Geraldine Court ausgezogen, hatte andere Freundschaften geknüpft. Bis zu diesem Moment war mir nicht klar, dass ich ihm nie eine Antwort gegeben hatte.

Ich erzählte ihm von meiner Beziehung zu Hans, in die ich fast unbewusst hineingezogen worden war, von meinem Leben mit ihm und den Folgen. Es wurde ein langer Nachmittag.

»Ich glaube, er wusste von Anfang an, dass er mit dir zusammen sein wollte. Noch bevor ich mit meiner Frau ausging, lud Hans sie einmal zum Kaffee ein und erzählte ihr, was ich für ein netter Mann sei.« Als er mich im Hotel ablieferte, meinte er, ich hätte mich damals mit ihm wahrscheinlich bloß gelangweilt. Das war in der Zeit jedoch kaum ausschlaggebend. Ich suchte Sicherheit und fühlte mich deshalb zu einem älteren erfahrenen Mann hingezogen.

Ich weiß nicht, ob es stimmte, dass Hans von Anfang an eine Beziehung mit mir plante. Ich weiß heute nur, dass er mir den Halt, den ich suchte, letztlich niemals hatte geben können. Er war ein sensibler, aber neurotischer Mann, feinfühlig, aber gleichzeitig egozentrisch. Er brauchte mich, erzog mich, machte mich zu seinem Geschöpf. Ich lernte alles von ihm, selbst das Lieben. Fast 20 Jahre lang gab es für mich nur eine Autorität, und die war er.

1926, als Hans – mit 18 Jahren – Redakteur wurde, heiratete er zum ersten Mal. Seine Frau Grete war KP-Genossin, sie kam später, während der Nazi-Zeit, ums Leben.

Es war eine Kameradschaftsehe, die nicht lange hielt. Seine zweite Frau hieß Gertrude Schwarz. Sie kam aus einem ähnlichen Elternhaus wie Hans, jüdisch, assimiliert, reich. Unkonventionell, wie Hans nun mal war, bat er sie, auf dem Weg zur Trauung die Scheidungsurkunde seiner ersten Ehe abzuholen. Die beiden lebten bis 1933 in Deutschland, bis zur Nacht des Reichstagsbrandes. Hans und sein älterer Kollege Wolfgang Brettholz, wie er beim Berliner Tageblatt, hatten in jener Nacht am 28. Februar Dienst gehabt, als sie hörten, dass der Reichstag brenne. Sie glaubten es zuerst nicht, doch als sie auf die Friedrichstraße traten, sahen sie das Rot am Himmel und quetschten sich durch die Menge der Schaulustigen. Ein Polizist ließ sie durch, als er den Ruf »Presse« hörte, und erklärte ihnen, der Brand sei von den Kommunisten gelegt und der Brandstifter bereits in Haft genommen worden. Nun hatte Hans ja seine Laufbahn als Laufbursche begonnen und zerrte seinen Kollegen zu einem ihm daher noch bekannten Hintereingang. Dort war noch alles ruhig, doch als sie eine kleine Seitentür öffnen wollten, wurde das Tor aufgestoßen und eine Anzahl junger Männer in Mützen und Lodenmänteln rannte im Marschschritt auf einen Lastwagen zu, schwang sich hinauf und fuhr ab. Die beiden Journalisten hatten die Stiefel unter den Mänteln sehen können, es waren keine Arbeiter, sondern Nazis. Sie rannten in das Gebäude und rochen das Benzin. Also schnell zurück in die Redaktion. Chefredakteur Theodor Wolff war bereits da. Die Pressen drehten sich schon, da kam eine Anweisung - von Goebbels persönlich - dass nichts außer den offiziellen Erklärungen gedruckt werden dürfe. Hans gab Wolff den Schrieb. Wolffs Hände zitterten, als er sagte: »Ich kann nicht. Sag du es ihnen ...« Es sollte das Ende der Zeitung werden, und es war Hans, der die Pressen stilllegen ließ.

Am nächsten Tag reiste er dann mit Gertie über die tschechische Grenze, »zum Skilaufen«. Eine Woche später kam er zurück, um Brettholz zu holen; er hatte erfahren, dass die Zeitung Druckverbot hatte wegen eines Artikels seines Freundes. Er machte ihn ausfindig, ging zuvor zum letzten Mal zu Wolff, um offiziell zu kündigen und um sich zu verabschieden, dann brachte er Brettholz über das Riesengebirge in Sicherheit. Es war nicht einfach, Brettholz war nicht so sportlich wie Hans; man schoss auf sie, aber Brettholz landete lediglich mit schweren Frostbeulen im Krankenhaus.

Die nächsten Jahre lebten Hans und Gertie in verschiedenen europäischen Ländern, bis sie durch einen Verwandten die Einreisegenehmigung nach Südafrika erhielten. Das Land behagte Hans nicht, er ging kurz darauf nach Europa zurück und kehrte erst kurz vor Kriegsausbruch nach Johannesburg zurück. Nun zog er aber nicht mehr zu Gertie, sondern zu Margot. Er hat sich zeitlebens nicht an Südafrika angepasst.

Für uns Freunde war er ein Orakel. Das Wohnzimmer im Geraldine Court, vollgestopft mit Büchern, war unser Treffpunkt. Wir genossen die anregenden Gespräche, die Musik, die Literatur, die uns Hans zu lesen gab. Meist saß ich auf meinem Lieblingsplatz unter einem Glastisch und hörte allen zu. Diese Jahre waren sehr wichtig für uns, vor allem für mich, denn sie bestimmten mein Leben.

Der Krieg nahm natürlich auch Einfluss auf die südafrikanische Entwicklung. Aus einer Agrar- und Bergbauwirtschaft wurde eine Industriegesellschaft. Das Kapital floh aus Europa nach Südafrika, wo es sicherer war und dafür sorgte, dass die Wirtschaft florierte.

Südafrikaner hatten eigentlich den Krieg kaum erlebt, nur Mitglieder der Streitkräfte und die Emigranten hatten die Nuancen des Kriegsverlaufes erfasst; selbst die Atombombe war es kaum wert gewesen, Gesprächsthema durchschnittlicher Südafrikaner zu sein.

So wussten auch nur wenige weiße Südafrikaner etwas von der schwarzen Opposition im Lande, Politik spielte sich ja angeblich lediglich in der weißen Arena ab.

Im Januar 1912 hatten in Bloemfontein einige progressive Afrikaner, unter ihnen John Dube, Solomon Plaatje und der junge Rechtsanwalt Pixley Seme, den »South African Native National Congress« gegründet, den direkten Vorläufer des »African National Congress« (ANC), dessen Führer bereits 1909 durch die neue Verfassung alarmiert gewesen waren und die Landreformen von 1913 voraussahen. Der ANC wurde zur außerparlamentarischen Stimme der Schwarzen.

Anfang der 40er Jahre vollzog sich innerhalb des ANC eine Wende. Die »Jungen Löwen«, unter ihnen Nelson Mandela, Robert Sobukwe, Oliver Tambo und Walter Sisulu, gründeten 1944 die ANC-Jugendgruppe, die »Youth League«, um die elitäre Führergarde zum Handeln zu zwingen und die bisherige Politik der Bittschriften an die Behörden zu beenden. Ihnen war klar, dass sich das Land im Wandel befand. Immer mehr Schwarze wurden mit der Industrialisierung in die weißen Gebiete gezogen und stießen in allen Lebenslagen noch mehr als bisher an die Rassengrenzen.

Diese Entwicklung brachte einen ersten Streik schwarzer Bergarbeiter mit sich und die ersten Busboykotte, als Tausende Bewohner des Alexandra Township sich weigerten, den um einen Penny erhöhten Fahrpreis zu zahlen und aus Protest täglich 15 km zum Arbeitsplatz und zurück liefen. Liberale Weiße hielten ihre Autos an und wurden daraufhin ihrerseits von Polizisten aufgehalten.

Zukünftige Auseinandersetzungen warfen ihre Schatten voraus. Im Jahr 1934 hatte Dr. Daniel François Malan die »gesäuberte« Nationale Partei NP gegründet, nachdem die vorherige NP zusammen mit der South African Party die United Party gebildet hatte. 1948 schrieb sich Malans NP die Parole der »Apartheid« aufs Banner und kandidierte erfolgreich gegen die »swart gevaar«, die schwarze Gefahr. Smuts ging, die NP blieb 45 Jahre und setzte nach dem Wahlsieg das verhängnisvolle Vorhaben in die Tat um, die bereits bestehende Rassentrennung gesetzlich zu verankern.

Ich kündigte im August 1944 den Job im Rechtsanwaltsbüro nicht nur, weil der Posten bei Simon und Weiss in der Buchhandlung interessanter schien. Es gab auch einen politischen Grund. Nachdem ich im Büro Mädchen für alles geworden war, kümmerte ich mich vor allem um das Kassieren von Zahlungen für Hypotheken, die für Baukosten an Schwarze verliehen wurden. Eine unserer Klienten war der Nachlass einer Frau, ein riesiges Grundstück außerhalb der westlichen Stadtgrenze. Dies wurde in viele kleine Parzellen aufgeteilt, die an Schwarze verkauft wurden, die Anleihen für winzige Häuser erhielten. Der Zinssatz war hoch, Raten mussten pünktlich bezahlt werden. Zuerst verstand ich das Geschäft nicht. Ich wusste nur, dass wir einen Sonderwarteraum für Schwarze hatten und dass Hunderte von Akten in einem gesonderten Raum aufbewahrt wurden. Ich war intensiv mit den Akten beschäftigt und kannte nach und nach alle Formulare, lernte auch die Kunden selbst gut kennen: John Tshabalala, Philemon Dhlamini, Frank Mgubi, Herzog Mbatha ... Ich wusste, wo sie wohnten und arbeiteten.

Freitags war Zahltag und Hochbetrieb. Ich lernte, Verträge zu schreiben und verstand schnell, dass man hier die Ärmsten der Armen ausbeutete. Hypotheken wurden nur bewilligt, wenn ein von den Partnern anerkannter Baumeister die Arbeit übernahm, das waren natürlich in der Regel Verwandte und Bekannte des Chefs. Die einfachen Häuschen waren sehr teuer: im Durchschnitt 500 Pfund zuzüglich der Zinsen. Die ungelernten Arbeiter verdienten sehr wenig. Unser »girl« in Mayfair hatte ihr Essen, das Zimmer im Hinterhof und drei Pfund im Monat; Wäscherinnen, die zweimal pro Woche den weiten Weg machten aus Pimville, Orlando, Western Native Township und wie ihre Wohnorte eben hießen, erhielten dafür zwei Schillinge und sechs Pennies. Seife wurde gestellt, jedoch schimpfte die »Missis« stets, dass die Wäscherin zuviel davon verbrauchte. Regelmäßig gab es Streit, und der war dann wieder Gesprächsstoff für die Nachbarschaft: »Sie sind alle Diebe, sicher waschen sie mit der Seife ihre eigene Wäsche. Dabei sollten sie sich vielleicht selbst etwas besser waschen, sie stinken ja wie die Pest, ach, alle Kaffern stinken ...« und so fort.

Das Stück Land, das unser Büro verwaltete, war ein Teil jenes Alexandra Townships im Westen von Johannesburg, in dem einige der bekanntesten ANC-Führer zuhause waren, wie der langjährige Generalsekretär im Exil, Alfred Nzo, mit dem ich später befreundet war. Alexandra, das einzige schwarze Gebiet innerhalb der Stadt, wurde hoch politisiert und in den 80er und 90er Jahren eines der grauenhaftesten Slums. In den 80er Jahren war »Alex« einer der Schauplätze der Polizeibrutalität gegen Jugendliche, später Kampfplatz zwischen ANC und Mitgliedern der Zulu Inkatha Freedom Party (IFP). Die Saat wurde schon damals, zum Teil eben auch durch meine Arbeitgeber, gelegt.

Das begann ich zu verstehen, als ich einmal eine »Bauinspektion« mitmachte. Der Baumeister führte regelmäßig solche Inspektionen durch, um zu bestätigen, dass Geld freigestellt werden durfte für den Bau einer Wand oder eines Daches. Die Firma, nicht der Hausbesitzer, verwaltete das Geld, das man diesem für den Bau geliehen hatte. Einmal fuhr ich also mit, bei einem Verwandten des Chefs, einem jungen Mann, der weder sein Abitur bestanden noch das Baugeschäft gelernt hatte.

Wir fuhren in seinem Lastwagen die Louis Botha Avenue entlang durch Orange Grove, einen alten Vorort, in dem die Minenmagnaten zuerst ihre Häuser gebaut hatten, bevor das rapide Wachstum der Stadt sie weiter hinausdrängte. Wir bogen von der Straße ab und überquerten einen breiten holperigen Weg in die »Siedlung«, wie Alex genannt wurde.

Die Straßen wurden zu Gassen, die Häuser standen eng aneinandergepresst, als ob sie sich in ihrer Armseligkeit zusammendrängten.

Manche hatten einen kleinen Garten, sogar mit Zaun, aber die Kinder spielten in den staubigen Straßen, Kleinkinder mit den aufgeblähten Bäuchen der Unterernährung. Neugierig liefen sie uns nach, ein weißes Mädchen in Alex war ein Ereignis. Mein Begleiter machte die Inspektion, ging um ein halb fertiges Haus herum, und ich schrieb auf, was er sagte. Der ältere Hausbesitzer zog demütig die Mütze und stand gebeugt vor uns. Es irritierte mich, zu sehen, wie die Menschen durch ihre unterwürfige Haltung ihre Demut den Weißen gegenüber zeigten, was ihnen ihre Kinder in den 70er Jahren vorwarfen, als sie schrien: »Besser auf den Füßen sterben, als auf den Knien leben!« – Damals war diese Zeit noch lange nicht angebrochen.

Zwei Häuser weiter entdeckte ich ein bekanntes Gesicht, eine Frau, die regelmäßig zum Zahlen zu mir kam. Sie erkannte mich auch, aber sie murmelte etwas Unverständliches; als ich auf sie zuging und sie begrüßte, hielt sie sich ängstlich an der verkratzten Holztür fest. Ich konnte kein Gespräch zustandebringen. »Na komm«, sagte der junge

Mann, »wir müssen noch zwei andere Häuser inspizieren. Das war übrigens Kai Mbitsi. Ihre Shebeen geht gut, sie hat schon zwei Häuser gekauft.«

Ich dachte an Jenny und ihre illegale Brauerei in unserem Hinterhof. Offensichtlich war dies eine der wenigen Tätigkeiten neben der Prostitution, durch die eine Stadtfrau sich ernähren konnte.

Alex wurde wie die anderen Townships zum Saatbeet für alle Arten von Kriminalität. Es gärte. Bereits 1944 schrieb ich einen Roman über Unruhen in einem schwarzen Vorort und hatte dabei Alex im Kopf. Mehrmals noch hatte ich später mit diesem Ort zu tun. In den 70er Jahren versuchte man, Alex zu räumen, indem man riesige Baracken für sogenannte Wanderarbeiter baute. 1979 nahm der WDR in Köln eine Idee von mir an, einen Film über südafrikanische Frauen, mit dem Titel »Weint nicht, wenn sie unsere Hütten abreißen« zu drehen. Da ich keine Einreiseerlaubnis erhielt, führten zwei Freunde den Auftrag aus, ich schrieb das Buch und half beim Schnitt. Im Studio sah ich dann die Bilder aus der Wohnkaserne, in der eine »unserer« Frauen mit 2.000 anderen wohnte – in Schlafkammern, in denen niemand allein und kein Besuch möglich war, nicht einmal von Kindern, in Küchen mit kleinen Spiritusöfen und winzigen Fächern für das Blechgeschirr der Frauen. Ein Rezept für Trostlosigkeit, Frust und Aggressionen. Kein Wunder, dass eine Zelle unten beim Wachpersonal eingebaut war.

Elf Jahre später, im Dezember 1992, besuchte ich als Mitglied der ersten Monitorgruppe des Weltkirchenrates eine ähnliche Kaserne für Männer, ebenfalls in Alex, die ein Jahr zuvor zur Festung der Inkatha geworden war. Über diese eindrucksvolle und erschreckende Reise werde ich später noch berichten.

Je mehr ich damals über meinen ersten Besuch dort nachdachte und mit den Freunden darüber sprach, desto unangenehmer wurde es mir, gerade in diesem Büro zu arbeiten. Ich half den Laufburschen, Dienstmädchen und Handlangern, sich eine Schuldenlast aufzubürden, die sie, wenn überhaupt, nur schlecht ertragen konnten.

Ich war überzeugt, dass man unmöglich über längere Zeit so viele Unzufriedene gewaltsam in Schach halten könne. »In fünf Jahren gibt es eine Revolution!« erklärte ich in meiner Überheblichkeit. Ich wusste noch nichts von der Tiefe des Minderwertigkeitsgefühls der schwarzen Mehrheit, noch weniger über ihr traditionelles Verhalten und Leben und unterschätzte die Entschlossenheit der NP, die Apartheid auf jedem Gebiet, am Arbeitsplatz, Wohnort, Landbesitz, mit Gewalt zu erzwingen.

Hans Weiss lächelte über meinen Eifer, er selbst war, zu Recht, wie sich herausstellte, von der Sturheit der Afrikaaner überzeugt.

Hans meinte auch, dass ich kein Talent zum Schreiben hätte. Nach dem ich ihm mein Manuskript über die Township-Unruhen gezeigt hatte, sagte er nur: »Du bist keine Nadine.« Unsere Freundin Nadine Gordimer hatte bereits ihr erstes Buch veröffentlicht und zählte damit auf Anhieb zu den »Großen«. Ich akzeptierte sein Urteil, obwohl es mich stark deprimierte. Es dauerte fast zehn Jahre, bis ich wieder etwas »Kreatives« schrieb. Meine Gabe, schnell über etwas zu berichten, also journalistisch zu arbeiten, sollte ich bald entdecken.

In einem anderen Fall hatte Hans mit seinem Rat recht: Er hielt mich ab, der Kommunistischen Partei beizutreten. Er war selbst in Deutschland KP-Mitglied gewesen, lehnte diese aber seit langem ab und meinte, ich würde mich nicht in der linken Geographie auskennen, es gebe Trotzkisten, Stalinisten, Liberale und Splittergruppen, und jeder bekämpfe jeden, nur nicht den eigentlichen Feind. Ich solle mich also heraushalten, was ich dann auch tat. Speziell von der südafrikanischen KP-Politik hielt Hans gar nichts. Er meinte, man solle schwarze Politik den schwarzen Nationalisten überlassen, alles andere sei Bevormundung durch die weißen Kommunisten. »Die brauchen keine Europäer, die ihnen wieder mal vorschreiben, was sie zu tun haben. Sie könnten dadurch von einer Abhängigkeit in eine andere hineingeraten. Du musst genau wissen, was du tust und warum. Du bist zu impulsiv, zu naiv, zu ungebildet.« Es stimmte. Aber meine Begeisterung für Ideale bestand weiter. Ich war nicht mehr so fromm wie in Fürth, auch der Zionismus erfüllte meine Träume nicht mehr wie einst.

Während meiner Schulzeit hatte ich kurz dem Habonim, einer zionistischen Bewegung angehört und als ich nun bei der Rechtsanwaltsfirma arbeitete, trat ich dem Hashomer Hazair bei. Dieser vertrat eine Kombination des Sozialismus mit dem Zionismus.

Hier traf ich – zum vorerst letzten Mal, denn danach hatte ich kaum noch direkten Kontakt zu Gleichaltrigen – Altersgenossen.Wir tanzten, unterhielten uns und diskutierten über den Krieg, der so weit entfernt schien; wir versuchten uns über das Schicksal unserer Glaubensgenossen zu informieren, was Anfang der 40er Jahre schwierig war. Wir debattierten die Rolle Englands in der Palästinafrage und fühlten uns schuldig, weil wir in Sicherheit lebten. Die meisten jungen Juden, die ich kannte, dienten in der Armee, was mir meine Eltern nicht erlaubten. Sie dachten, Mädchen würden bloß »Freudenmädchen« für die Soldaten, Krieg sei eben Männersache. Ich war noch immer zu unsicher, meinen eigenen Weg zu gehen und meldete mich also nicht.

Einige der UKV-Freunde schworen, sich das Leben zu nehmen, sollte Hitler gewinnen. Sie kauften ein kleines Schiff und planten, auf diesem zu flüchten. Ich wusste nicht, ob sie es ernst meinten. Wohin wären sie denn gesegelt?

Beim Hashomer Hazair gab es heftige politische Auseinandersetzungen: Wo gehören wir hin, wo liegt unsere Loyalität? Keiner meiner zionistischen Freunde hatte eine religiöse Kindheit wie die meine erlebt – und auch ich war begeistert von der Idee, in einem Kibbuz alles zu teilen, nichts allein zu besitzen, für das Gesamtwohl einer Gesellschaft zu arbeiten. Wie fest glaubten wir an die Vorstellung, aus den jüdischen Händlern, Kaufleuten und Bankiers eine neue Nation zu bilden, in der man im Schweiße seines Angesichts auf dem Land arbeitete, aus der Wüste einen Garten baute.

Im Judenstaat würden wir Frieden finden. Uns gegenseitig helfen, sich von der Feindseligkeit, die uns entgegenwehte, abzuschirmen.

Hans amüsierte sich über meine Begeisterung: »Quatsch. Man kann keinen Fremdkörper in ein Nahostgebiet einsetzen, das führt zu Neid, zu Krieg, zu unendlich langen Auseinandersetzungen. Eigentlich sollte es ja keine Juden mehr geben, sie sind ein Fossil der Zeit. Sie hätten Christen werden sollen oder Muslime. Aber als Juden ohne Staat haben sie keine Stellung mehr.«

Ich erklärte, dass es deswegen wieder jüdische Bauern und Handwerker geben müsse, aber er meinte, das sei nicht in Palästina zu machen. »Man kann nach zigtausend Jahren keinen Anspruch mehr auf ein Land erheben.« Ich konnte ihm nicht erklären, wie ich mich fühlte, wenn wir am Pessach sangen: »Im nächsten Jahr in Jerusalem ...« und dass Großvater einen Beutel Erde aus Palästina besaß, mit der er sicher auch beerdigt wurde. Hans hatte wenig übrig für derartige Emotionen.

Wie immer leuchtete mir ein, was Hans sagte. Ich war nicht die Einzige, die ihn hörte, aber die Einzige, die ihm hörig wurde. Es geschah langsam. Ich verschlang alles, was er mir zu lesen gab, und lauschte seinen Erzählungen. Er erklärte mir zum Beispiel, wie Theodor Herzl und Theodor Wolff über den Dreyfus-Fall berichteten und unterschiedliche Schlüsse daraus zogen. Herzl entwickelte seine Theorie des Judenstaates, Wolff glaubte an die Assimilation der Juden. »Sie hatten beide unrecht ...« Damals wusste Hans noch nichts vom KZ-Tod seines ehemaligen verehrten Chefredakteurs Wolff.

Meine Eltern zogen endlich aus Mayfair fort, zuerst nach Dornfontein, dann nach Brakpan, einer kleinen Minenstadt in der Nähe von Johannesburg, wo mein Schwager sein Geschäft und mein Vater dadurch Arbeit hatte. Kurz bevor wir auszogen, gab es an der Eisenbahnbrücke unweit der Princess Street ein furchtbares Unglück. Ein Zug aus Orlando entgleiste, ein Zug aus der anderen Richtung geriet ebenfalls ins Schleudern. Als ich an der Unglücksstelle ankam, hörte ich das herzerbarmende Geschrei der Verletzten, sah den Rauch, das Gewühl und Blut überall. Plötzlich schlug die Stimmung der Überlebenden um, sie rasten die Böschung empor und griffen alles an, was weiß war, eine überraschende Kurzschlussreaktion. Noch heute glaube ich manchmal, die gepeinigte Angst in den Schreien zu hören, das Sterben, die Schüsse, die von Polizisten abgefeuert wurden. Schon damals waren die Züge überfüllt, der Zugführer grundsätzlich ein Weißer. Das war ja einer der für Weiße reservierten Jobs. Und obwohl bei diesem Unfall der Zugführer sicher als erster starb, so galt ihm trotzdem die ohnmächtige Wut der Fahrgäste, die in dem Unglück nur ein weiteres Beispiel der weißen Grausamkeit sahen. Auf derselben Strecke geschahen in den 90iger Jahren grausige Brutalitäten, durch Sicherheitskräfte inspirierte Massaker der Zuggäste untereinander, die Hunderte Opfer forderten und diesen Weg zur Arbeit in einen täglichen Kreuzzug verwandelten.

Meine Emigrantenfreunde kümmerten sich damals um andere Probleme. Dr. Simon arbeitete weiter in seiner Beratungsstelle, und durch diese Tätigkeit freundeten wir uns mit einer Gruppe junger Deutscher aus einem Internierungslager an. Dort waren auch einige Universitätsprofessoren interniert, sie unterrichteten die Jungen, die dadurch im Lager ihr Abitur machen konnten. Darunter waren zum Beispiel ein ehemaliger Nazi, Angestellter einer Wollhandlung, ein Matrose, der sich als begabter Maler entpuppte, und einige Jungen aus der Arbeiterschicht, die sich geweigert hatten, ihren Kölner Wandervogelverband aufzulösen und sich der Hitler-Jugend gleichzuschalten. Die Gruppe traf sich regelmäßig in einer alten Burg. Die Brüder Oelbermann führten sie. An einem Wochenende wurde die Burg gestürmt. Robert Oelbermann, Gründer der Nerother Wandervogelgruppe kam zusammen mit den Jungen ins KZ; sie wurden mit einer Ausnahme wieder entlassen, doch Oelbermann wurde zu Tode geprügelt. Sein Zwillingsbruder Karl und die übrigen Jungen flüchteten und schlugen sich quer durch Europa nach Afrika durch, mit Wandervogelliedern und einer Aufführung des »Jedermann«. In Südafrika wurden sie als Deutsche nach Kriegsausbruch interniert.

Wir sammelten Bücher für sie, Dr. Simon sandte diese ins Lager, wir korrespondierten und später besuchten sie den Buchladen und kamen in den Geraldine Court.

Der Krieg war beendet. Zuletzt hörte man unablässig Radio, diskutierte wieder einmal endlos über die Bombe, über die Zerstörung und über die Rolle, die wir, am Rande der Ereignisse, spielen sollten. Dann kamen die ersten Berichte über die KZs wie Bergen-Belsen, wir waren erstarrt vor Grauen. Wieder lastete das Gefühl der Schuld auf meinen Schultern. Wir hätten dabei sein sollen. Uns hat man auch damit gemeint. Darf mir die Not der Schwarzen näher gehen als das Elend, das Ungeheuerliche, das in Europa mit Juden geschah?

Es kamen die ersten Briefe, Pakete wurden abgeschickt. Die ersten Frauen meldeten sich für die Flüchtlingsorganisationen der Vereinten Nationen und gingen nach Osteuropa.

Ich blieb. Empfand mich als hilflos, hatte keine Ausbildung, um irgendetwas Vernünftiges zu tun. Hans meinte, man könne die Probleme der Welt nicht auf sich nehmen. Man würde der Welt mehr geben, wenn man selbst glücklich und erfüllt sei, dann würde man Ruhe um sich verbreiten, könnte auf diese Weise helfen.

Konnte man das? Glücklich? War ich das jemals? Vielleicht, einmal, als ich in die Dorfschule ging und auf dem Fahrrad durch den Wald fahren konnte, meinen Hund Prinz bei mir.

In Südafrika war ich verängstigt, hatte stets das Gefühl, es dürfe mir nicht so gut gehen, wie es mir ging. Auch angesichts der immer offensichtlicheren Diskriminierung der Schwarzen hatte ich stets das Gefühl, versagt zu haben.

Ich hatte mein Schicksal, meinen Krieg, im Exil überlebt. Ob die Belastung dieses Schuldgefühls mich abhielt, mich wie andere Mädchen zu verlieben? In Ulli oder in den jungen Deutschen aus dem Internierungslager, der mir nach einigen Wochen einen Heiratsantrag machte? Wobei bemerkt werden muss, dass er sagte, er hätte zuvor lange mit sich gekämpft, denn er sei mit der Rassentheorie aufgewachsen und habe festgestellt, dass mein Kopf eine nichtarische Form hätte. Keine sehr gelungene Form eines Antrags ...

Ich ging nun auch nicht mehr zum Hashomer Hazair, ließ eine Gruppe der Freunde gar ohne mich nach Palästina auswandern. Ob ich dort das Glück gefunden hätte?

Hans wurde mir immer wichtiger. Ich zog aus dem Elternhaus zu Ruth Katz, teilte ihre Zweizimmerwohnung in Hillbrow, wo ich umgeben war von den Bildern ihres inzwischen verstorbenen Mannes und ihren eigenen Skulpturen. Die Bilder sah ich dann 50 Jahre später im Jüdischen Museum in Frankfurt zum ersten Mal wieder.

Ich weiß nicht mehr, wann genau ich mich in das eiserne Gefängnis der Zweierbeziehung mit Hans begab. Es war ein langsamer Vorgang. Ich war bei der Eheschließung von Hans und Margot dabei, wusste aber noch nicht, dass sie bereits nicht mehr so eng zusammengehörten, wie es schien. Hans hatte bereits andere Freundinnen, er war kein Mann für immer. Einmal sagte Margot zu mir: »Als ich Heinz verließ, um mit Hans zusammen zu sein, wusste ich, es würde nicht für immer sein. Aber ich glaubte, dass jeder Tag mit ihm mehr wert sei als Wochen mit anderen.«

Ich glaube heute, dass sie ihn bis zu ihrem Lebensende liebte. Sie wollte, dass er glücklich würde, und wusste nicht, dass ihm die Fähigkeit dazu fehlte.

Hans schätzte Margot sehr, und sicher hat er sie geliebt, auf seine Art. Ich glaubte nicht, dass eine kurze Zeit mit Hans alles wert sei. Zuerst dachte ich an keine intime Beziehung, ich gehörte zur Gruppe, Margot war eine zweite Mutter, eine ältere Schwester. Sie war es auch, die mich »aufklärte«, die einem jungen Mann, der sich für mich interessierte, sagte, dass ich unreif sei und er sich nicht an mich binden könne, denn er könne als Soldat keine ernste Beziehung eingehen und ich sei noch zu keiner anderen fähig. Er war Norweger, ein großartig aussehender Mann, der mit mehreren Frauen, die ich kannte, Liebesbeziehungen hatte. Mich nannte er seine »schwarze Lilie«, und er wusste nicht, dass ich nachts von ihm träumte.

Margot kaufte mir meinen ersten Lippenstift, und Hans gab mir Bücher zu lesen. Das mit der Liebe ergab sich; es dauerte seine Zeit, denn ich war eben unaufgeklärt, wenn ich auch noch so frei über Adler, Jung und Freud sprechen konnte. Für Hans war sexueller Kontakt nur eine Fortführung der Beziehung, der Gespräche.

Er war keineswegs ein Macho-Mensch oder gar ein Adonis. Klein und gebückt, erinnerte er in Johannesburg schon nicht mehr an den strahlenden Jüngling auf den Bildern seiner Jugend. Aber er hatte ausdrucksvolle, sanfte Augen, gepflegte, schön geformte Hände, hielt viel von persönlicher Sauberkeit, war penibel – die Hemdkragen und Manschetten mussten stets haarscharf gebügelt sein –, und ohne die immer sorgfältig geknüpfte Fliege und seinen Hut konnte ich ihn mir nicht vorstellen. Das gehörte einfach zu ihm, Mode war etwas für andere Wesen.

Er war ein Bündel von Widersprüchen: eigensinnig und feinfühlig, egozentrisch und sensibel, weitsichtig, aber weltfremd. Sein Erfolg bei Frauen war auch seinen femininen Eigenschaften zuzuschreiben, der Zärtlichkeit und Aufmerksamkeit, mit der er sich auf andere konzentrierte. Er vermittelte dem Gesprächspartner das Gefühl, außer ihr oder ihm gäbe es niemanden für ihn. Sich ganz auf jemanden zu konzentrieren kann aber auch Schattenseiten haben. Als die jungen Deutschen aus dem Internierungslager in den Geraldine Court kamen, ließ er für sie die alten UKV-Freunde fallen. Später geschah es ebenfalls mit dieser Gruppe. Plötzlich langweilten ihn die Gespräche über die Bombe oder über Existenzialismus. Er brauchte immer neue Anregungen. Er sagte, er würde mich nicht heiraten. Die Ehe sei der Anfang der Scheidung. Ehen seien bürgerlich, genau wie Kinder. »Ich will keine Kinder. Ich kann keine Verantwortung für Kinder übernehmen.«

Kalt, unfähig, jemand anderen als nur sich selbst zu lieben? Vielleicht. Mich machte er zu einem Teil seines Ichs. Ich war fortan fast 20 Jahre mit ihm zusammen, lebte ganz in seinem Schatten, es gab außer ihm keine Welt. Einmal versuchte ich, die Nabelschnur zu zertrennen, es gelang mir nicht. Wir stritten uns nur einmal, nicht um mich, sondern um jemanden, den er verletzt hatte. Aber – glücklich war ich nie. Hans war der Begriff »Glück« fremd, er hielt es für ein »kleinbürgerliches Konzept«. Er lebte ohne jede Hoffnung auf eine bessere Zukunft, kannte keine Vorfreude. Der einzige Grund, warum er keinen Selbstmord begangen habe, meinte er später einmal achselzuckend, sei der, dass er ein Feigling sei. Er fürchtete sich vor Schmerzen und vor dem Ungewissen. Lange nach unserer Zeit sagte mir ein Arzt, Hans sei manisch-depressiv gewesen. Das erklärte seine Hyperaktivität, seine Kapazität, sich die Nächte um die Ohren zu schlagen, sowie die spätere plötzliche Flucht in nie erklärbare Krankheiten, während derer er mit niemandem sprach, tagelang mit dem Kopf zur Wand lag, sich weigerte, sich zu rasieren oder gar zu essen.

Ich arbeitete vier Jahre lang bei »Selected Books«, dem Weiss-Simon Buchladen, der neue wie alte Bücher verkaufte und eine der schönsten Buchhandlungen in Johannesburg war. Es war eine schwere Schule. Die nun enge Beziehung zu Hans schloss mich von Freunden und auch von meiner Familie ab, ich schwieg über meine Gefühle. Nur einmal brachte mich Ruth Katz zum sprechen, als sie mich weinend in meinem Zimmer fand.

Hans wollte mich für sich haben. Niemand sollte etwas davon wissen, nicht nur, weil er noch mit Margot zusammen war. »Man soll sich der Welt nicht preisgeben«, dies war seine Meinung, und einmal sagte er, der wichtigste Spruch für ihn sei, dass niemand wisse, dass er Rumpelstilzchen hieß.

»Selected Books« war kein Erfolg. Der Laden lag im ersten Stock und war auf Stammkunden angewiesen, die zwar gerne kamen, aber eben nicht ausreichten. Die Besitzer waren unterkapitalisiert, so dass sie keine allzu große Auswahl an Büchern bereithalten konnten. Damals wurden die meisten Bücher aus Großbritannien bestellt, es dauerte lange, bis sie ankamen, und wenn ein Buch zum Bestseller wurde, musste man es schnell auf Lager haben. Bestellte man zuviel, so war es falsch investiertes Kapital. Die Herren waren, so beliebt sie auch waren, keine Geschäftsleute, aber sie konnten sich stundenlang mit ihren Kunden über ein gutes Buch unterhalten.

Wir arbeiteten Tag und Nacht, ich hatte nie Zeit, ins Kino oder zu Freunden zu gehen. Ich lernte die Branche kennen sowie Organisation, Buchführung, Verkauf und war mal wieder Mädchen für alles. Das Ende kam plötzlich. Eines Tages im verhängnisvollen Jahr 1948 fühlte Hans sich unwohl und sagte, er würde nach Hause gehen. Ich sehe noch heute, wie er langsam den unvermeidlichen Hut aufsetzte und die Treppe hinunterging. Er überließ alles mir: „Schließ den Laden“, sagte er: „Verkauf ihn.“ Ich war gerade 19 ½.

Er kam nie wieder in seinen Laden. Ich fand einen Käufer in Swakopmund im ehemaligen Deutsch-Südwest, schließlich hatten wir eine große Anzahl deutscher Bücher. Es war das Ende einer Phase, aber keineswegs das Ende meiner Beziehung zu Hans.

ERFAHRUNGEN MIT DEN BUREN

Die Wahlen des Jahres 1948 besiegelten die Zukunft Südafrikas. Der Traum der zurückkehrenden Soldaten, ein demokratisches Südafrika zu bilden, sowie das Ziel der ANC-Führer, gewaltlos Bürgerrechte für die schwarze Mehrheit zu erkämpfen, wurde damit zunichte gemacht.

Südafrika wurde unter der NP-Regierung zum Einparteienstaat. 1958 wurde der fanatische Dr. Hendrik Verwoerd Premierminister: er wollte die totale Macht des Burentums erwirken und damit die ewige Erniedrigung der Schwarzen. Die Buren waren noch immer auf dem Marsch gegen die Briten.

Bereits 1918 hatte eine kleine Gruppe den sogenannten »Broederbond« gegründet, eine Geheimorganisation, die Buren in strategisch wichtige Positionen in jeder Institution etablierte, im Staatsapparat wie in der Niederländisch-Reformierten Kirche.

Zum Ende der 40er Jahre waren die führenden NP-Mitglieder alle in diesem Geheimbund, und noch in den 90ern waren fast alle Mitglieder von De Klerks Kabinett »Broederbonders«. Jeder »broeder« folgte den Befehlen der Führer, Apostel genannt. Der Broederbond beherrschte die staatlichen Medien, vor allem den Hörfunk, das Beamtentum und die Polizei, selbst Richter waren »broeder«.

Die Organisation, von der ich bereits in den 50er Jahren erfuhr, hatte die Manipulation des Staatsapparates vorbereitet. Die politische Macht ermöglichte nun die Einführung der gesetzlichen Apartheid. Die NP wollte auch die Kolonialzeit beenden, die Bande mit Großbritannien lösen und eine Republik einführen. Man hatte den Burenkrieg nicht vergessen.

In den 60er Jahren wurde der Broederbond entlarvt, 20 Jahre später ging er an die Öffentlichkeit, als er das Versagen der Apartheid akzeptierte und für die neue Reformpolitik des Präsidenten De Klerk verantwortlich war.

Ich hatte ja damals in Mayfair Afrikaaner kennengelernt und konnte Afrikaans sprechen. Als ich nun, nachdem der Buchladen verkauft war, eine neue Stellung suchte, fand ich einen ungewöhnlichen Posten. Ich wollte nur halbtags arbeiten, das heißt, Hans wollte dies. Er hatte einen Spezialbuchversand angefangen und brauchte meine unbezahlte Arbeitskraft. Aber auch dieses Geschäft war nur ein kurzfristiger Erfolg.

Ich beantwortete also ein Inserat für eine Halbtagssekretärin, die Buchhaltung verstehen und Afrikaans sprechen sollte. Das Gespräch war erfolgreich, und ich wurde von einem alten Mann angestellt, der eine interessante Geschichte hatte.

Er hieß John Adriaan Fourie, gehörte zur Elite des Kap-Burentums und war durch seine Frau mit General Smuts verwandt; einer seiner Vettern war Minenminister geworden, er selbst war mit dem ehemaligen Finanzminister »Klasie« Havenga gut befreundet.

Fourie wuchs auf einer Farm auf. Erst mit elf Jahren lernte er lesen und schreiben, weil bis dahin kein Lehrer dort aufgetaucht war. Innerhalb von vier Jahren schaffte er es vom Analphabeten zum Abitur, wurde in einem Rechtsanwaltsbüro als »articled clerk« angestellt, aber beendete sein Studium nicht, da er mit den nördlichen Buren im Anglo-Burenkrieg der Jahre 1899 bis 1902 gegen die Briten kämpfte. Nach der Niederlage ließ er sich im Oranje-Freistaat nieder, unterrichtete Kinder auf entlegenen Farmen und heiratete eine Farmerstochter. Dann ging er nach Johannesburg, eine seiner Schwestern hatte einen Briten geheiratet. Fourie bat seinen Schwager um Rat und Hilfe, er brauchte einen Job. Der Brite arbeitete bei einer Versicherungsgesellschaft. Es fiel ihm nichts ein, womit er dem Schwager helfen konnte. Um ihn loszuwerden, drückte er ihm etwa 50 Versicherungsformulare in die Hand und erklärte, wie man diese auszufüllen habe.

»Du musst die Leute davon überzeugen, dass es eine gute Sache ist. Diese Police versichert einen Arbeiter, wenn er krank ist oder einen Unfall am Arbeitsplatz hat.« Das war Jahrzehnte vor der Gesetzgebung, die den Arbeitnehmer staatlich versicherte. Wie viel ausgezahlt wurde, hing davon ab, wie hoch der Arbeiter sich versichert hatte. Das war der einzige Unterricht, den Fourie jemals über Versicherungen erhielt. Er setzte sich auf sein Fahrrad und fuhr nach Germiston, einer der kleinen Bergwerksstädte rings um Johannesburg. Am nächsten Abend erschien er wieder bei dem Schwager und fragte: »Was soll ich jetzt machen?«

Der Schwager, ungehalten, dass Fourie ihn schon wieder belästigte, sagte: »Ich hab dir doch erklärt, was du zu tun hast ...«

Fourie antwortete: »Ja sicher, aber ich hab' keine leeren Formulare mehr.« Sein Schwager riss ihm das Paket aus der Hand und musste sich setzen. Es stimmte, Fourie hatte an einem einzigen Tag 50 Minenarbeiter versichert. Wenn es hoch kam, gelang es dem Spitzenmann seiner Firma, zwei derartige Verkäufe am Tag zu tätigen. Am nächsten Tag unterzeichnete die Firma mit Fourie einen Vertrag. Damit hatte 1913 Fouries Karriere als Versicherungsagent schlagartig begonnen.

Sein Erfolg war leicht zu klären. Er war kein Brite. Er klopfte an die Türen von Menschen, zu denen er gehörte. Sie glaubten ihm, was sie einem englischsprachigen Mann nie geglaubt hätten. Er war jung, gutaussehend, hatte Zeit für einen Schwatz und eine Tasse Kaffee und kam auch abends wieder oder am Wochenende, wenn der Mann zu Hause war, inzwischen unterhielt er sich mit den Frauen über die Ungerechtigkeiten des Lebens. Er war ein Riese, in dessen Hand meine eigene ganz verschwand, als er sie mir zu meinem Dienstantritt schüttelte. Noch damals sah er gut aus mit seinem schneeweißen Haar, den scharfen, etwas rot angelaufenen Augen und der kernigen Stimme; er verkörperte den kantigen Buren, den gottesfürchtigen Patriarchen, der in seinem Ochsenwagen mit Familie, Gewehr und Bibel einst ins Innere des Landes gezogen war.

Fourie war tüchtig. Er wusste, wie man organisierte, und in kurzer Zeit baute er ein Netzwerk von Versicherungsagenten in den Bergwerkstädten auf. Obwohl er für die Gesellschaft arbeitete, kannte diese seine Agenten nicht, die Minenarbeiter, die für ihn am Zahltag die Prämien einkassierten. Diese Unteragenten gaben bald die Arbeit unter Tage auf und wurden Angestellte von Fourie. Er bestand auch darauf, dass er fällige Kompensationen persönlich und in bar auszahlte, was in der Branche kaum üblich war. Wenn einer seiner Kunden krank war oder sich in den Gruben zu Tode gestürzt hatte, erschien Fourie im Krankenhaus oder bei der Witwe vor versammelter Familie und blätterte das Geld langsam auf den Tisch. Das machte einen hervorragenden Eindruck und brachte viele neue Kunden. Da diese meistens weder lesen noch schreiben konnten, half er bei den lästigen Formularen, die er später selbst entwarf, ohne die üblichen Floskeln und die er natürlich nicht mehr auf englisch, sondern auf afrikaans drucken ließ.

Dank dieser Organisation konnte er es sich leisten, sich mehrere Male mit den Gesellschaften zu verkrachen; er wechselte nach Auflösung eines Vertrages einfach mit Kundenliste und Unteragenten zu einer anderen Firma, der alten Gesellschaft blieb nur das Nachsehen. Fourie war jähzornig, eigenwillig und stur. Mit ihm zu arbeiten war nicht einfach.

Zu Beginn der 40er Jahre wechselte er also wieder einmal seine Gesellschaft. Diesmal ging er zu einer kleinen Firma, die der Gewerkschaft gehörte. Der Geschäftsführer bemerkte ihm gegenüber, dass es nicht lange dauern würde, bis sie das Geschäft übernehmen könnten. Sie müssten lediglich die 5.000 Pfund bei der Regierung hinterlegen.

»5.000 Pfund? Wofür?«

Der Geschäftsführer erklärte: »Wie Sie wissen, gibt es in Ihrer Versicherungspolice eine Klausel, die eine Auszahlung von mindestens 500 Pfund vorsieht, wenn der Todesfall eintritt; das fällt unter die Sparte ›Lebensversicherung‹. Bis jetzt haben wir keine Abteilung dafür, das bringen wir jetzt in Ordnung.«

»Indem Sie der Regierung 5.000 Pfund zahlen?«

»Nicht zahlen, sondern als Reserve hinterlegen; für jede Kategorie gibt es laut Versicherungsgesetz solch eine offizielle Reserve.«

Mit solchen langweiligen Dingen wie den Gesetzen hatte sich Fourie nie beschäftigt. Das tat er auch jetzt nicht. Aber er setzte sich in sein Auto und fuhr nach Pretoria ins Union Building, dieses wunderschöne Verwaltungsgebäude, das auf einem großen Hügel steht und stolz auf die kleine Hauptstadt mit ihren berühmten Jacaranda-Bäumen herunterblickt. Er ging schnurstracks zum Finanzminister.

»Klasie«, sagte er, »stimmt es, dass ich nur 5.000 Pfund bei Euch hinterlegen muss, um selber Lebensversicherungspolicen ausstellen zu dürfen? Und weitere 5.000 Pfund für jede andere Kategorie?« Havenga bejahte die Frage, erklärte die Situation und redete von Rückversicherung, Risiko und ähnlichem, aber Fourie hatte genug gehört. Er gründete seine eigene Versicherungsgesellschaft, die »Suidafrikaanse Myn en Algemene Versekeringsmaatskappy«, hinterlegte einen Scheck von 15.000 Pfund bei der Verwaltung, schrieb die Policen von den vorigen ab und eröffnete sein Büro.

Es ging alles gut, nur musste er als Manager und Abteilungsleiter stets Briten holen, das waren die Experten, die City of London beherrschte den Markt. Für Fourie war dies natürlich unerträglich. Einer nach dem anderen wurde verschlissen; als ich auftauchte, war gerade der Vierte in einem Jahr im Begriff, zu gehen. Die Firma war da genau vier Jahre alt.

Als ich mich vorstellte, war ich zu meinem Erstaunen zu einem Termin um 7.30 Uhr bestellt, also eine gute Stunde vor dem normalen Geschäftsbeginn. Fourie hatte die Angewohnheit, um 4.30 Uhr aufzustehen und, als ob er auf einer seiner Farmen wäre, eine Stunde später bereits im Büro zu sein.

Es war niemand außer uns dort, außer einem hageren Manager, der das Interview mit mir auf Englisch führte. Fourie sagte eine halbe Stunde lang kein Wort, doch plötzlich fuhr er dem Briten über den Mund: »Rubbish!« – Quatsch, sagte er und fragte mich auf Afrikaans: »Waneer kan U begin te werk, eh?« Wann können Sie anfangen?

Ich antwortete, ebenfalls auf Afrikaans, Anfang nächster Woche. Er lehnte sich zurück, sah den Briten zornig an und meinte, damit sei nun alles klar.

Am nächsten Tag um 5 Uhr in der Frühe ging das Telefon: »Môre! Gaan dit goed?« Der Alte. Ich nannte ihn zukünftig nur den »Alten«, er lachte, als er es erfuhr. Es ginge mir gut, antwortete ich verschlafen, und ihm? – »As ek weet, U kom seker, gaan dit my baaie goed.« Wenn ich sicher sein kann, dass Sie wirklich zu uns kommen, geht es mir gut. Nun, ein merkwürdiger Anfang für einen Job, aber was sollte es. »Natuurlik kom ek.« – »Goed. Maandag, 7.30.«

Als ich dann also pünktlich erschien, arbeitete der verdrossene Manager bereits an seinem Pult, und der Alte wartete auf mich. Er schob mir einen Haufen Papier über den Schreibtisch und erklärte mir, das seien die Privatangelegenheiten, es ginge um einige Farmen, seine Gefolgsleute seien nicht zuverlässig und er müsse seine Steuererklärung machen, er brauche jemanden, dem er Vertrauen schenken könne.

»Mit Juden kam ich immer gut aus«, lachte er, als ich ein verdutztes Gesicht machte. »Die Viehjuden haben meinen Vater nie betrogen. Weißt du« – das formelle »U« für »Sie« hatte er fallengelassen –, »mein Vater hat sich eines Tages so wahnsinnig geärgert über einen Viehhändler, der ihn betrogen hatte, dass er nach der Auktion seinen Ochsen in die Höhe hielt, bis der Jood, dem er vertraute und der ihm das Tier zu einem fairen Preis abnehmen sollte, gerannt kam und das Gitter öffnete. Lach nicht, mein Vater war stark. Er konnte den Jukskei, eine Art Diskus, im ganzen Bezirk am weitesten werfen!« Er seufzte. »Mit 75 hat er das dritte Mal geheiratet. Meine letzte Stiefmutter war 20 Jahre jünger als ich. Ich war der Älteste, von der Zweiten.«

Ich lachte, nahm den Haufen Papier und versuchte eine Woche lang, etwas Ordnung darin zu schaffen. Es war nicht leicht. Die Hälfte der Belege fehlte, Anrufe waren schwierig, die Verbindungen mit den Farmen kompliziert. Aber irgendwie schaffte ich es und legte dem Alten die Quittung vom Steueramt auf den Schreibtisch. Das war der Anfang einer zehnjährigen Tätigkeit, die nur durch ein Jahr Aufenthalt im Ausland unterbrochen wurde. Ich machte weiter seine Privatbuchführung, aber innerhalb eines Monats arbeitete ich in der Versicherungsgesellschaft, in der Buchführung, und lernte innerhalb weiterer sechs Monate jede Abteilung kennen.

Dann wurde ich quasi die zweite Kraft nach dem Alten in der Firma. Ich erhielt den Titel »Company Secretary«, das hieß, ich war Prokuristin, nur meine Unterschrift war beim Registrator für Versicherungswesen in Pretoria gültig. Es war eine enorme Verantwortung, die ich auf meinen jungen Schultern trug. Nun studierte ich doch abends. Als Frau und Ausländerin hatte ich maßloses Glück, in eine Branche hineinzukommen, in der es damals noch überhaupt keine Frauen gab außer Sekretärinnen und Buchhalterinnen oder eben den Mädchen in den Vorzimmern.

Das hatte ich alles dem Alten zu verdanken, dem es nichts machte, sich Blößen vor mir geben zu müssen. Er selber konnte die Afrikaans-Presse nicht lesen; als er auf der Farm in die Schule ging, lernte er nur Holländisch. Er sprach zwar Afrikaans, konnte es aber eben nie lesen. Die »verdammte« englische Presse las er natürlich selber. Er ließ sich von mir auch die Gesetzgebung erklären oder neue Klauseln, die von anderen Versicherungsgesellschaften verlangt wurden.

Es waren schwierige, aber auch befriedigende Jahre, täglich lernte ich Neues und war stolz auf meinen Job, schließlich war ich erst 25.

Damals plante ich jedoch bereits auszuwandern. Die Apartheid setzte mir zu – und ich konnte den Druck des ungeklärten Verhältnisses mit Hans nicht ertragen, das Schuldgefühl gegenüber meinen Eltern und Margot war schwer. Ich verstand es nicht, warum Hans keine klaren Verhältnisse schaffen konnte, warum er nicht mit mir zusammenleben wollte, obwohl er täglich seine Liebe beteuerte und diese auch immer wieder zeigte – durch kleine Geschenke, Aufmerksamkeiten, Anteilnahme. Ich sei die ideale Frau für ihn, behauptete er, und Margot bestätigte es mir.

Warum also diese Heimlichtuerei? Ich war abends immer allein, wir verbrachten niemals mehrere Tage zusammen, dazu hatten wir kein Geld und er nicht den Mut. Selbst seine Ehe mit Margot verheimlichte er seinen Eltern, die erstaunlicherweise aus dem KZ zurückgekehrt waren und nun in Bad Nauheim lebten. Er schrieb ihnen Briefe, die brav von Gertie, seiner früheren Frau, unterschrieben wurden.

Da geschah das Unerwartete: Ich gewann 100 Pfund in der rhodesischen Lotterie, ein wahres Vermögen. Eine Bekannte hatte mir das Los verkauft, in Südafrika gab es natürlich keine Lotterie, der Calvinismus verbot derartige Laster.

Ich hatte etwa drei Monate Urlaub gut und kaufte mir eine Schiffskarte nach England für 49 Pfund. Zuerst wollte ich nicht kündigen, tat es aber dann doch, nachdem sich etwas ereignete, was mich bestürzte.

Mit dem Alten gab es oft Auseinandersetzungen wegen meiner »Kaffernboetie«-Einstellung. Es lebten also zwei Seelen in meiner

Brust. Auf der einen Seite war ich die kühle Geschäftsfrau, auf der anderen eine empörte Liberale, die mit Entsetzen beobachtete, wie sich die Apartheidsgesellschaft entfaltete. Der Auslöser für meine Abreise geschah, als ich mit dem Alten im Büro saß und wir plötzlich ein starkes Erdbeben spürten.

Johannesburg entstand auf dem Boden, unter dem die ersten Bergwerke gegraben worden waren; mit der Zeit wurden die Gruben leer und der Betrieb eingestellt.

Es bollerte häufig, da sich die Erde »zurechtrückte«, es gab einen kleinen Ruck, dann war der Erdboden wieder still. Das gehörte zum täglichen Leben, man bemerkte etwas, dass das Badewasser überschwappte oder das Glas bei einer Cocktailparty neben den Mund ging. Einmal wurden Ruth und ich von einem Gast, der das nicht kannte, aus dem Bett geholt, er wollte uns retten und verstand nicht, dass es unnötig war, im Nachthemd auf die Straße zu fliehen. Wir zeigten ihm die leere Straße, er hielt uns für verrückt oder lebensmüde. Am nächsten Tag reiste er ab.

Aber manchmal zitterte die Erde doch etwas heftiger, was einen Erdrutsch innerhalb der Gruben, die noch in Betrieb waren, bedeutete. So geschah es auch an jenem Tag. Unser Büro war im ersten Stock eines Bankgebäudes, es schwankte bedenklich. 20 Minuten später erschien einer unserer Agenten, Jan Verster, ein freundlicher junger Mann. »Bei Robinson Deep ist ein Unglück passiert. Ein Schacht ist zusammengestürzt!« berichtete er. »Hinter dem Gestein ist ein Feuer entstanden.«

Ich rief: »Wie furchtbar!« Da wandte er sich zu mir um und sagte beschwichtigend: »Moenie worry nie, Juffrou« – »Fräulein, Sie brauchen sich keine Sorgen zu machen. «Daar is geen mense daar nie, net twintig kaffer!« Also keine Menschen waren in dem zusammengebrochenen Schacht, nur 20 Kaffern.

Für mich gab diese Sache den Ausschlag. Ich musste aus diesem Land weg. Nur 20 Kaffern ...

Ich war umso mehr erschüttert, da ich erst wenige Tage zuvor Verster beobachtet hatte, als er sich in fließendem Zulu mit einem Schwarzen unterhielt. Ich war sehr beeindruckt. Ich muss zu meiner Schande gestehen, dass ich in 50 Jahren meines Lebens in Afrika keine afrikanische Sprache gelernt habe. In Südafrika sprach man Englisch und Afrikaans mit allen, in den anderen Ländern, die ich nun kennen und lieben lernte, hatte ich nie Zeit zum lernen. Ich arbeitete. Immer.

Verster kam aus Zululand, wie er mir daraufhin erzählte. Sein Vater hatte auf einer Zuckerplantage gearbeitet, und seine ersten Freunde waren kleine Zulus gewesen. Nun hatte er in unserem Bankgebäude einen dieser alten Freunde getroffen – einen „home-boy", der, wie viele andere Zulu-Wanderarbeiter, für eine bestimmte Zeit in der Stadt arbeitete und in kleinen Zimmerchen auf dem flachen Dach des Gebäudes hauste. Am Tag sah man sie nie, frühmorgens arbeiteten sie unter Aufsicht, und nachts waren sie dort oben eingeschlossen. Manchmal, in der Mittagspause, stieg ich zu ihnen auf das Dach hinauf und setzte mich in die Sonne. Die Zulus, gutaussehende Männer, konnten kein Englisch, wir lächelten uns zu, während sie ihre Kleider wuschen oder Essen kochten. Sie gehörten nicht zum Stadtproletariat, sie lebten nicht in den schwarzen Ghettos, selbst von diesen waren sie ausgeschlossen, was ja später zu den Auseinandersetzungen zwischen ihnen und den Ghettobewohnern führte, nachdem man sie von den Dächern geholt und an die Township-Grenzen verpflanzt und in sogenannten Junggesellenbaracken untergebracht hatte.

Und auch für diesen Jan Verster, der mit Afrikanern groß geworden war, waren nun Schwarze keine Menschen, sondern nur Kaffern, Zahlen einer Statistik, die im Minen-Jahrbuch erscheinen würden. Wie viele Seelen wohnten wohl in seiner Brust?

Ich kündigte. Der Alte nahm die Kündigung nicht an, und er sollte Recht behalten; ein Jahr später erschien ich wieder und blieb für weitere Jahre. Dann, 1962, sollte ich mich, endlich erwachsen, der Beziehung zu Hans entziehen können wie 1966 auch der Apartheidsgesellschaft. Bis dahin war es jedoch noch ein langer, oft harter Weg.

Die 50er Jahre waren nicht minder unruhig wie die Zeit davor. Es war das Jahrzehnt, in dem die NP-Regierung die Apartheidstheorie vehement in die Praxis umsetzte. Die schwarzen »Nationen«, wie die verschiedenen Ethnien nun hießen, sollten in »ihren Stammesgebieten« leben. Diese nannte man »Homelands«, ehemalige Reservate, die für die Millionen Menschen zu klein und deren Wirtschaften nicht lebensfähig waren. Die Arbeiter wurden ja weiterhin in »Weiß-Südafrika« gebraucht.

Aber die Apartheidsideologie hatte sich ja noch nie an Tatsachen gestört. Jeder Schwarze wurde nun einem der zehn neuen Homelands zugeteilt, selbst Afrikaner, die in städtischen Townships geboren worden waren. Jede »Nation« sollte sich nach eigenen Kulturwerten entwickeln, Afrikaner sollten ihre »Bürgerrechte« in diesen »Heimatgebieten«, von Apartheidsgegnern verächtlich »Bantustans« genannt, finden.

Diese Bantustans erhielten also ihre eigene Verwaltung, die einen Übergang zur »Unabhängigkeit« bilden sollte. Nur die Transkei war ein wirkliches »Heimatland«, ein Gebiet, das an die Kapprovinz grenzt und in dem nur Xhosa-sprachige Gruppen lebten. KwaZulu in Natal zum Beispiel besteht auch heute noch aus verschiedenen Landstreifen, statt ein einheitliches Gebiet zu bilden.

Die Strategie der Umsiedlung ging einher mit der Räumung der schwarzen Flecken, wie etwa des Johannesburger Vorortes Sophiatown, der dem Erdboden gleichgemacht wurde. Dort hatte der Pater und spätere Bischof Trevor Huddleston seine Gemeinde. Sophia, ein ehemaliger weißer Vorort, hatte seine eigene Atmosphäre, seine Kultur entwickelt, unter anderem den Township-Jazz mit der schwarzen Nachtigall Miriam Makeba und dem Musiker Hugh Masekela. Hier lebten junge Schriftsteller und Dichter, die dank der Zeitschrift »Drum« unter der Redaktion von Anthony Sampson reüssieren konnten, wie etwa Dorsay Can Themba, Bloke Modisane, Nat Nkasa und Ezekiel Mphahlele.

Das pulsierende Leben Sophiatowns wurde durch die Säuberung getötet. Der Vorort gehörte nun wieder den Weißen und erhielt den neuen Namen »Triomf«.

In den Bantustans führte die Politik zur Entwicklung von korrupten Führerschichten und ermöglichte so auch die Herrschsucht des KwaZulu-Premierministers Gatsha Buthelezi, was zur blutigen

Polarisierung seiner IFP und des ANC führen sollte. Apartheid schuf Fakten, die nach 1990 nicht einfach mit Federstrichen zu beseitigen war. Doch das Endziel, dass es keine schwarzen Südafrikaner mehr geben sollte, sondern nur Zulu, Xhosa, Ndebele, Tswana, Pedi, Venda, Sotho oder Shona, das schaffte die Apartheid nie.

Im Jahre 1950 wurde die kleine Kommunistische Partei, die für die Schwarzen eingetreten war, verboten. »Kommunismus« wurde weit definiert. Der Justizminister war ermächtigt, Publikationen, Organisationen, Versammlungen und Einzelpersonen zu verbieten beziehungsweise unter Bann zu stellen, wenn sie nach seinem Ermessen den Kommunismus förderten. Jeder Gegner der Apartheid wurde mit diesem Gesetz mundtot gemacht. Die KP ging in den Untergrund, und die Geheimpolizei lernte neue Methoden hinzu, zum Teil dank französischer Trainer in Algerien.

Der »Immorality Act«, das Gesetz, das Liebe zwischen Mitgliedern verschiedener Rasse verbot, sowie ein anderes Gesetz, das Mischehen zum Vergehen stempelte, fiel in dieselbe Zeit. Menschen an einer Rassengrenze, die weder ganz schwarz noch ganz weiß waren, wurden von Beamten einer Gruppe zugeteilt, Familien wurden zerrissen, Menschenleben zerstört. Ehepaare, die bereits in Mischehe lebten, mussten wählen, welches Leben sie fortan führen wollten. Die Passgesetze wurden zu immer schärferen Kontrollmaßnahmen, und ab 1956 mussten dann auch schwarze Frauen Pässe tragen.

Der ANC und eine multirassische Frauenorganisation planten daraufhin Frauendemonstrationen und Widerstand. Als Teil der von Nelson Mandela geführten Widerstandskampagne des ANC gingen Tausende Frauen singend, ihre Kinder auf dem Rücken tragend, in die Gefängnisse. Sie wussten, der »Dompas« war eine Strategie der Versklavung und gab der Verwaltung die Handhabe, sie jederzeit – wie bisher die Männer – festzunehmen. Und wer würde sich dann um die Kinder kümmern, für die ja sowieso wenig Zeit blieb zwischen den langen Fahrten zur Arbeit und den noch längeren Arbeitsstunden? Die Ereignisse der 70er Jahre sollten zeigen, wie recht sie hatten: Ihre Kinder hatten sich selbst erzogen, hatten sich von den Eltern entfremdet.

Die ANC-Kampagnen der 50er Jahre waren gewaltlos. Schwarze benutzten »Nur-für-Europäer«-Türen, setzten sich im Park auf »Nur für-Europäer«-Bänke, ließen ihre Pässe zu Hause, bereit, ohne Zahlung einer eventuellen Geldstrafe ins Gefängnis zu gehen. Der ANC bildete eine Kongress-Allianz mit dem »South African Indian Congress«, dem

»Coloured People Congress«, dem neuen »Congress of Democrats«, der zum Teil aus Mitgliedern der verbotenen KP bestand, und dem »South African Trade Union Congress«, zusammen veröffentlichten sie die Freiheits-Charta. Die Demonstrationen wurden mit Gewalt unterdrückt, und 1956 wurden 157 Menschen aller Rassen des Hochverrats angeklagt. Nach vier Jahren wurden alle, die noch unter Anklage standen, freigesprochen. Unter den Angeklagten befanden sich Menschen wie der Häuptling, ANC-Präsident und Friedensnobelpreisträger Albert Luthuli, Nelson Mandela, die Weiße Helen Joseph, eine gläubige Christin, und Lilian Ngoyi, die temperamentvolle Frauenführerin.

Die Regierung griff die Opposition immer schärfer an und festigte die eigene Macht. Viele weiße Liberale emigrierten.

Auch ich wollte mich diesen bedrückenden Verhältnissen entziehen. Ich erlebte das meiste mit – die Demonstrationen der Frauen, die Verbannung von Politischen in ihnen fremde Gebiete, die Verhaftungen, den Bann, den man Aktivisten wie Frau Joseph und Frau Ngoyi auferlegte, wodurch sie von der Umwelt, vom Freundes- wie vom Arbeitskreis abgeschnitten wurden und kein normales Leben mehr führen konnten. Ich wollte nur noch weg von alledem, denn ich glaubte, jeder Weiße sei ein Teil des Problems.

Mein Lotteriegewinn ermöglichte mir nun die Fahrt nach England. An Bord war ich viel allein, weil ich Angst hatte, Geld auszugeben, das ich nicht besaß. Ich dachte viel an Hans. Ich war mit dem »blauen Zug«, dem Luxuszug, nach Kapstadt gefahren, die Karte war ein Geschenk von ihm. Er stand blass, klein wirkend, vor meinem Fenster. Ich fing an zu weinen, er ebenfalls, ich versuchte, das Fenster zu öffnen, aber in diesem feinen Zug ging das natürlich nicht. Wir fuhren ab, und er blieb stehen, immer kleiner werdend, und ich heulte bis zum Abendessen, das ich ins Abteil bestellt hatte.

Als wir an einem Tag im Januar 1953 in den Hafen von London einfuhren, wartete ich bereits ungeduldig an Deck. Es war grau und dunstig, pausenlos hörte man die Schiffssirenen. Um uns herum tauchten die alten Lagerhäuser von Greenwich geisterhaft aus dem Nebel. London: die große Welt! Am Nachmittag fuhr uns die Schiffahrtsgesellschaft in die Stadt hinein, mich setzte man in einem kleinen Hotel in der Nähe von Marble Arch ab.

In meinem Zimmer standen schon Blumen. Typisch Hans. Er hatte nie Geld, aber für derartige Sachen gab er es aus. Ich erhielt nun jede Woche Blumen, sobald er meine Adresse kannte. In den folgenden Monaten kamen fast täglich Briefe an, traurige Liebesbriefe, in denen er unentwegt sagte, wie unglücklich er ohne mich sei. Seine Schrift wurde im Laufe der Zeit immer kleiner.

In London registrierte ich mich bei einer Agentur, arbeitete als Aushilfskraft bei verschiedenen Firmen und erhielt ein Pfund pro Tag, weniger als die Agentur selbst. Mit Hilfe einer Bekannten, deren Adresse ich aus Südafrika hatte, fand ich ein kleines Zimmer in der Nähe vom Hyde Park, für drei Pfund in der Woche. Ostern machte ich einen Volkswirtschaftskurs, lernte dort ein Mädchen kennen, das ein Auto hatte und wegen einer Kriegsverletzung nicht selbst fahren konnte. Sie lud mich ein, mit ihr zusammen Südengland anzusehen, sie wollte ihre Schwester besuchen. Es war herrlich: Wir bummelten durch das Land, fuhren nie mehr als 50 Kilometer am Tag, kochten unser Essen am Straßenrand, kehrten in billigen Unterkünften ein. In Penzance sollte die Reise enden, aber die Schwester meiner Begleiterin war auf die Scilly-Inseln gefahren, so ließen wir uns ebenfalls mit der Fähre hinübersetzen. Es war ein wunderschönes Erlebnis, damals waren die Inseln noch kein Touristenziel.

In diesem Jahr war ich zum ersten Mal fröhlich, genoss es, jung zu sein und versuchte, an keine Vergangenheit und keine Zukunft zu denken.

Es gelang natürlich nicht. Vor allem beschäftigte ich mich doch intensiv mit Ereignissen in Südafrika. In der ersten Zeit verkehrte ich nur mit Leuten, die genauso oder besser über die Probleme Bescheid wussten als ich; später, mit neuen Freunden, sprach ich oft über die Apartheid. Wahrscheinlich nervte ich sogar alle damit. Man wusste damals fast nichts von Afrika und nur wenig über Südafrika im Speziellen. Europa litt unter den Nachwehen der Nazizeit, des Krieges. Wir hingegen hatten nicht gehungert, waren nicht ausgebombt worden, man nahm also meine Sorgen nicht ernst.

Der kleine Verlag, in dem ich schließlich eine feste Stelle finden sollte, gehörte einem ungarischen Juden, Paul Elek, dessen Namen mir aus meiner Zeit bei Selected Books bekannt war. An meinem ersten Tag als Aushilfe diktierte er Briefe an einen Autor namens Richard Pape in Johannesburg sowie an eine dort erscheinende Zeitung und an einen Buchladen. Pape hatte ein Kriegsbuch geschrieben, Elek war – mit Recht, wie sich zeigen sollte – überzeugt, dass es ein Bestseller werden würde. Ich verbesserte das Englisch meines neuen Chefs, schrieb alle Adressen richtig und wurde von ihm am Nachmittag misstrauisch beschnuppert.

»Sie sind nicht typisch für eine Aushilfskraft.«

Ich nickte. Dachte an meine Versicherungsfirma, wo ich etwa 50 Büroangestellte unter meiner Fuchtel gehabt hatte. Hier im Verlag wurde mir an diesem ersten Tag die Tür von einer hochnäsigen jungen Dame geöffnet, die den Rest des Tages am Telefon verbrachte und sich ab und zu die Nägel polierte. Später erfuhr ich, dass es für Leute aus der Oberschicht in jenem Jahr »in« gewesen war, im Verlagswesen zu arbeiten.

»Ich komme aus Nürnberg, via Johannesburg.«

Der Verleger lachte und verstand. Als ungarischer Jude war er ebenfalls Emigrant. Eigentlich sollte ich nur seine Sekretärin, die in Urlaub war, zwei Wochen vertreten, doch nun bot er mir einen festen Job an, den ich sofort annahm. Mit der Sekretärin verband mich schnell eine feste Freundschaft, wir hatten viel gemeinsam und zogen bald zusammen in eine Hamstead Wohnung. So verging fast ein ganzes Jahr intensiver Arbeit in London, ein Jahr, in dem es mir nicht gelingen sollte, den dringend benötigten Abstand zu meinem Leben in Südafrika zu finden.

Hans kam zu Besuch und überredete mich, mit ihm nach Frankfurt zu seinen Eltern zu fliegen. Ich hatte ihn nach den ersten sechs Monaten London geschrieben, dass wir unsere Beziehung beenden müssten, und war froh gewesen über diese Entscheidung. Aber die Schwermut und Verzweiflung von Hans über diesen Schritt nach vorn konnte ich nicht ertragen. Dies bedeutete nun also, dass ich zu ihm zurückkam, und ich kann niemanden außer mir selbst und meine Sentimentalität dafür verantwortlich machen. Weder Hans, der mir viel versprach – die Ausreise aus Südafrika, Ehe, Kinder, Studium –, noch seine Mutter, die mir sagte, sie hätte es nicht mit ansehen können, wie traurig er war. Sie wusste, es sei »wegen der jungen Frau in London« und ihn ermunterte, mich anzurufen und zu besuchen. Später machte sie sich dafür Vorwürfe. Zuerst wirkte sie einschüchternd auf mich, doch je besser ich sie kannte, desto mehr bewunderte ich ihren Mut und ihre Intelligenz, wie ich auch die Klugheit und den Humor des Vaters schätzen lernte.

Hans' Beziehung zu den Eltern war kompliziert und färbte ihn stark. Es ist ein Klischee zu sagen, wir leben mit dem Erbe unserer Kindheit, aber leider war diese Realität für Hans stärker als für die meisten Menschen, obwohl er das nie zugegeben hätte.

Er hatte nicht damit gerechnet, dass seine Eltern den Krieg überleben würden. Sein Vater war 1867, die Mutter 1887 geboren, sie waren also bei Ausbruch des Krieges alt und ihre Überlebenschancen minimal. Seine Erleichterung und Freude über die Nachricht ihres Überlebens war groß gewesen. Fast zwei Jahre nach dem Krieg kam jemand vom Roten Kreuz und fragte, ob er der Sohn einer Elisabeth Weiss sei, was er verneinte, seine Mutter hieß Hannah. Nach weiteren sechs Monaten kam die zweite Nachricht, diesmal mit seinem vollen Namen, Geburtsdatum und den Namen beider Eltern. 1948 flog er dann zum ersten Mal zu ihnen. Die Mutter arbeitete bei den Amerikanern in Friedberg, sie wohnten in einer netten Wohnung in Bad Nauheim, in der sich erstaunlicherweise viele der alten Möbel, selbst Teppiche und Bilder befanden. Offensichtlich hatten »arische« Freunde diese Sachen aufbewahrt.

Ich erfuhr nur Bruchstücke über das Schicksal der Eltern, sie erzählten nicht viel, wie Hans.

Der Vater war als 17-jähriger aus Ungarn nach Berlin gekommen und sprach noch mit 94 Jahren gut ungarisch. Er sprach denselben Akzent wie Elek. Er stammte aus einer typischen »Gründerfamilie«, sein Urgroßvater war Trödler gewesen, baute eine große Firma auf und gründete eine Dynastie. Ein Teil der Familie trat zum Christentum über, wurde geadelt, hielt aber den Kontakt zur jüdischen Familie, zu der auch der Vater von Hans gehörte. Er war ein erfolgreicher Geschäftsmann, der lieber Gelehrter geworden wäre. Mit 40 heiratete er eine deutsche Jüdin.

Nach dem 1. Weltkrieg studierte die Mutter, der Vater setzte sich früh zur Ruhe. Hans hatte, wie es sich für diese Kreise ziemte, ein irisches Kindermädchen, später eine Gouvernante. Er weigerte sich jedoch, diese zu akzeptieren, es fehlte ihm die Mutter, er glaubte, sie liebe ihn nicht, war bockig und lernte wenig.

»Ich dachte, er sei dumm«, sagte sie einmal bekümmert zu mir. »Hans und dumm – komisch, was?« Nein, nicht komisch. Tragisch. Für uns alle, die ihm nahestanden. Er bestrafte ja die Mutter durch seine Frauen, irgendwie blieb er immer das Kind, das Wärme suchte und beschützt werden wollte.

Als er von zu Hause weglief, stellte Hans seine Eltern vor die Wahl: Sie könnten ihn entweder von der Polizei holen lassen oder aber ihm erlauben, sein eigenes Leben zu führen. Dann würde er regelmäßig und sauber angezogen sonntags bei ihnen erscheinen. Das wäre doch besser für sie, für die Familie und ihre »bürgerlichen Freunde«.

Die Mutter sprach nie darüber, ich habe nur Hans' Bericht über diese merkwürdige Wende in seinem Leben. Die Eltern nahmen den Kompromiss an, Hans zog in den »Roten Wedding« und arbeitete, wo er gerade etwas fand: in einer Fabrik, wo er sich den Arm schwer verletzte, und im Kieler Hafen als Kohlenträger, doch als er am Zahltag eine Runde Bier ausgeben musste, torkelte er anschließend mit seinem Kohlensack ins Meer, und aus war es mit diesem Job. Zurück in Berlin wurde er Laufbursche im Mosse-Verlag für das »Berliner Tageblatt«, bei dem er es schaffte, wie gesagt, sich in kurzer Zeit zum politischen Redakteur hochzuarbeiten.

Für die Eltern war es schlimm, dass ihr Sohn Kommunist war, aber es rettete ihnen das Leben, da ihr Gesuch für die deutsche Staatsangehörigkeit deswegen abgelehnt wurde. Als ungarische Bürger wurden sie nicht sofort nach 1940 verschleppt, konnten nach Frankfurt flüchten, wo sie ein Haus besaßen, und dort Unterschlupf in einer Dachkammer fanden.

Die Mutter erzählte, wie sie dort dann eines Tages verhaftet wurde: »Von der Polizei, nicht von der Gestapo, das war das Merkwürdige. Die Polizei glaubte, ich sei Mitglied einer Gruppe, die Juden über die ungarische Grenze brachte. Ich bestand darauf, dass mein Mann mitgenommen wurde, er war ja schon alt und krank und kam ins Gefängniskrankenhaus.«

Er hörte zu, als sie die Geschichte erzählte, ein alter, hoch aufgerichteter Greis, und berichtete seinerseits, dass man ihm sagte, seine Frau hätte alles gestanden, er sollte ihr Vergehen bestätigen. Er weigerte sich. Sie war sechs Monate in Einzelhaft, wurde immer wieder verhört und einmal sogar an die Wand gestellt, aber wieder zurück in die Zelle gebracht. Ein hoher Beamter schien sich für sie zu interessieren. Sie war keine schöne, aber eine faszinierende kluge Frau, und dieser Polizist war offensichtlich kein Nazi. Als er ihr sagte, sie würden auf freien Fuß gesetzt, weil er keine Beweise erbringen könne, sagte sie, das wäre ihr Todesurteil. Die Gestapo würde beide sofort verhaften.

In der Nacht ließ der Mann sie an die ungarische Grenze bringen und rettete ihnen das Leben. Sie kamen nach Budapest, später in ein Lager, konnten aber während eines Luftangriffs entfliehen. Auf der Flucht ruhten sie sich in einer Dorfkirche aus, gestanden dem Priester ihre Lage. Er brachte sie zu Bauern, und frühmorgens stellte er ihnen dann Taufscheine aus, deshalb hatte das Rote Kreuz zuerst den verwirrenden Namen »Elisabeth« in den Papieren. Es kamen andere Verhaftungen, andere Lager, sie wurden getrennt und fanden erst nach dem Krieg wieder zueinander und endlich auch ihren Sohn. Eine erstaunliche Geschichte.

Die Mutter wurde dann später von einem amerikanischen Soldaten auf der Straße in Bad Nauheim angesprochen. Er war erfreut, dass sie nicht nur Englisch konnte, sondern eine »DP« war, eine »displaced person«, verschaffte ihnen die Wohnung und ihr einen Posten. Sie arbeitete lange als Treuhänderin für jüdisches Gut, wurde später Geschäftsführerin für die »Groedel-Stiftung« und verantwortlich für die Gründung der dazugehörigen Klinik. Dort arbeitete sie bis zu ihrem Tod.

Im Jahr 1957 besuchten wir die beiden noch einmal zusammen, zum 90. Geburtstag des alten Herrn. Der Flug war beschwerlich und dauerte damals noch sehr viel länger als heute, mit Zwischenlandungen auf holperigen Pisten und anderen Unannehmlichkeiten. Der Geburtstag war bereits am Tag nach unserer Ankunft, und mir war noch immer ganz elend zumute. Ich zog ein Kostüm an, mein bestes Stück, das Hans auf einer Geschäftsreise nach Italien gekauft hatte. Es war natürlich viel zu teuer für unsere Verhältnisse, aber ganz nach seinem Geschmack. Ich dachte, ehe die Gäste kämen, würde ich mir noch ein anderes Kleid anziehen können. Kaum hatten wir uns in die Küche zum Frühstück gesetzt, klingelte es. Ich öffnete und kam mit einem riesigen Blumenstrauß zurück. »Komm schon«, sagte Mutter, »ich hab' die Vasen nebenan. Wenn die anderen Sträuße kommen, kannst du sie dort unterbringen.«

Die anderen? Noch mehr Blumen? Jawohl, noch viel mehr sollten kommen. Bis zu diesem Zeitpunkt hatte ich keine Ahnung, wie wichtig ein Geburtstag in Deutschland war. Afrikaner feiern keinen Geburtstag, ich hatte meinen auch nie richtig feiern können, nicht einmal meinen 21.

Ich wurde auf Trab gehalten: Blumen, Blumen, Blumen. Das ganze Zimmer war voll davon, ich räumte Stühle weg, musste Vasen auf den Fußboden stellen. »Morgen bringen wir sie in die Krankenhäuser, doch heute müssen die Gäste sie sehen«, sagte Mutter.

Gäste? Es war doch noch so früh ... Doch da erschienen sie, allesamt fein angezogen, Familien aus Amerika, aus Israel, großer Bahnhof. Ich nahm die Sträuße an, reichte Wein und konnte kaum vorgestellt werden. »Gefällt dir das Kleid meiner Nichte?« fragte die Mutter. Ich hatte es kaum bemerkt und sagte verwundert, es sei hübsch. Ein Kind ging zum Vater, er thronte lächelnd in einem hohen Sessel, seinen kleinen Lieblingsvogel neben sich. Das Kind sagte mit einem Knicks ein Gedicht auf, jemand vom Roten Kreuz hielt eine Rede, ein Herr Staatssekretär ebenfalls. Da sah sich der alte Herr um. Die Augen waren klarer als sonst, jetzt lächelte er nicht.

»Meine Damen und Herren, lieber Sohn, liebe Ruth, meine lieben Verwandten und du, meine Liebe ... Herr Staatssekretär, Herr Bürgermeister ... Ich freue mich, ich weiß, Sie sind hier meiner großartigen Frau zuliebe, mehr als mir. Und wenn ich mir so diesen Raum ansehe, dann muss ich überlegen, ob Sie auch alle gekommen wären, wenn ich meinen Neunzigsten im Lager in Ungarn verbracht hätte?« – Stille. Keiner rührte sich.

»Gott war uns gnädig. Millionen erlitten ein anderes Schicksal. An sie sollten wir denken. Sie sollen geehrt werden. Meine Damen, meine Herren – die Toten.« Er trank und jeder trank mit ihm.

Drei Tage nach dem Geburtstag fuhren wir nach Frankfurt, ins Theater. Als wir uns verabschiedeten, sagte meine Schwiegermutter: »Du hast also doch ein Kleid?« – »Ja. Warum soll ich keins haben?« Sie war gekränkt. »Du hast an Vaters Geburtstag aber nur ein Kostüm angehabt ...« Ich musste lachen. Für mich waren derartige Äußerlichkeiten unwichtig, aber nun verstand ich die Frage nach dem Kleid ihrer Nichte. Ich erklärte ihr, dass ich dachte, ich hätte noch Zeit gefunden, mich umzuziehen. Sie küsste mich: »So war es nun auch wieder nicht gemeint. Aber ich habe die Schneiderin bestellt, ich will dir Kleider schenken.«

Wir mochten uns, obwohl wir ganz verschiedene Menschen waren, das war nicht nur eine Frage des Altersunterschiedes. Der Vater starb vier Jahre später, ohne von den Problemen zwischen Hans und mir zu wissen, sie wusste und akzeptierte alles. Ich rief sie später noch des Öfteren an, wenn ich in Europa war. Als ich von ihrem Tod hörte, wusste ich, dass Hans sehr darunter leiden würde. Auch ich trauerte um sie. Durch dieses alte Paar hatte ich einen vergangenen Lebensstil kennengelernt.

Hans hatte immer Schwierigkeiten, zuzugeben, wie viel ihm seine Eltern bedeuteten. Ein Psychologe, mit dem ich später einmal über Hans sprach, sagte mir: »Er hatte Pech. Wir wollen alle von zu Hause weg, wenn wir 13 sind. Sein Unglück war es, dass es ihm tatsächlich gelang: Dadurch kam er nie richtig dort weg. Er versucht es immer noch.«

Nach dem Tod seines Vaters im Jahre 1962 schrieb er mir täglich Briefe, die seinen Seelenzustand wie selten erklärten: »Vater war so appetitlich, selbst in seinem grauenhaften hohen Alter. Er roch nie nach altem Mann, und während er starb, verlor er nichts von seiner Eleganz, kein Todesschweiß, keine Grimassen, der Gesichtsausdruck war ernst, gefasst. In den letzten Tagen konnte er nicht mehr ins Bad, das machte ihn unglücklich, er bestand darauf, von Kopf bis Fuß gewaschen zu werden, in der Klinik am Tag vor seinem Tod musste er rasiert werden. Nun, da er physisch nicht mehr da ist, besteht keine Verbindung mehr mit ihm. Er war ein Heuchler, erwählte sich selbst zum Richter über alles, bewies seine Unzulänglichkeit, indem er bereit war – und es vielleicht glaubte –, die Rolle des partriarchalen Weisen zu spielen, die ihm Mutter aufdiktierte. Das machte ihn zu einem für sie als regierende Königin geeigneten Konsort.«

Hässliche Worte, die mich damals erschütterten und es wieder taten, als ich diese alten Papiere vor kurzem fand. In einem der ersten Briefe schrieb er, dass der Vater noch bei Bewusstsein war, als er ankam, fragte: »Wo ist Ruth?«, und die Hand von Hans festhielt und nicht mehr losließ, bis er in das letzte Koma fiel.

Das Flugzeug hatte Verspätung gehabt, der alte Mann lag bereits seit Stunden im Sterben, aber er schaffte es, solange zu warten, bis sie sich die Hände geben konnten.

Ich glaubte an alle die Versprechen, die Hans mir bei meinem ersten Besuch bei seinen Eltern gemacht hatte, gab Wohnung und Stelle in London auf, hörte nicht auf die Bedenken meiner Freunde dort und kehrte – für kurze Zeit, wie ich dachte – nach Johannesburg zurück. Am Flughafen wurden wir von Ruth Katz und einem Freund abgeholt, sie sagten, sie würden mich ins Hotel fahren, sie hätten dort ein Zimmer reserviert.

»Und Hans?« fragte ich.

Ruth war erstaunt. »Ja, aber er muss doch nach Hause!«

Das hieß Geraldine Court, er hatte sich also noch nicht von Margot getrennt, wie ich angenommen hatte. Ich war verblüfft und verletzt, wollte sofort wieder abfliegen, was aber leider nicht ging, schließlich musste ich doch meine Eltern besuchen.

Im Hotelzimmer stand ein großer Blumenstrauß. Rote Rosen. Eine Karte: »Love, Margot.«

Love. Sie liebte mich wirklich, wie ich sie auch. Weil sie die Einzige war, die meine Schwächen erkannte? Ich glaube, es war mehr als nur das. Als 1978 Ruth Katz nach einem kurzen Leiden in Wien starb, hatte ich nur ein Verlangen: mit Margot sprechen. Sie wusste sofort, wer dran war, als ich sie nach langer Zeit an diesem Tag anrief. »Sie hat nicht viel gelitten«, sagte sie mit altvertrauter forscher Stimme, »sie hatte kein glückliches Leben mehr.« Ich weinte in den Telefonhörer hinein, war verzweifelt: »Ich habe sie nicht mehr besucht ... ich war nur einmal in Wien, als sich Vorster mit Vance ...« – »Du brauchst dir keine Vorwürfe zu machen«, sagte sie, und da schlüpfte mir heraus, was ich vorher nie zu ihr sagen konnte: »Du... ich hab dich lieb.«

»Ich dich auch«, sagte sie. Wir legten auf. Es hatte den Tod einer Freundin benötigt, ihr zu sagen, dass ich sie liebe – nach fast 35 Jahren.

Wir korrespondierten noch all die Jahre hindurch, bis zu ihrem plötzlichen Tod während einer Deutschlandreise in den 80er Jahren.

Hans überredete mich also, doch in Johannesburg zu bleiben. Aus den Versprechen wurde natürlich nichts, abgesehen davon, dass wir heirateten. Natürlich nicht konventionell. Ich erhielt sofort meinen alten Posten bei Fourie zurück, wir zogen zuerst in eine kleine Wohnung in Berea, doch das behagte Hans nicht. So suchte und fand ich ein Minihäuschen, das ich mit Hilfe meiner Arbeitgeber kaufte. Es gesellten sich von selbst noch fünf Katzen hinzu, und so besaß ich nun zum ersten Mal mein eigenes Heim.

An einem Freitag rief Hans an. Ob ich mit dem Alten in der Mittagspause zum Gericht kommen könnte? Es sei der 13. Januar, und an einem Freitag dem Dreizehnten würden nicht viele Paare heiraten. Er hatte eine Sonderlizenz besorgt.

Also fuhr ich mit Fourie als Trauzeuge zum Gericht und kam kurz darauf mit einer Orchidee am Kostüm zurück.

Mir war das Stück Papier vor allem für meine Eltern wichtig, für die es furchtbar war, dass ich in wilder Ehe lebte.

»Du kannst es ihnen noch nicht sagen«, meinte Hans jedoch. »Ich will Margot nicht weh tun. Ich habe die Scheidung erst diese Woche erhalten!« Auch das hatte ich nicht gewusst.

Sechs Monate später bat Hans mich, Orangen zu kaufen. »Champagner habe ich schon ...«Wofür denn?» «Na, für das Hochzeitsfrühstück!« Ich war verwundert. »Wer heiratet?«

Er schmunzelte. »Geheiratet haben wir schon. Gefeiert noch nicht.« Er hatte einige gute Freunde eingeladen wie Ruth Katz, Nadine und ihren Mann Reinhold Cassirer. Und ich konnte endlich meinen Eltern sagen, Hans hätte eine ehrbare Frau aus mir gemacht.

Warum Hans der Mann meines Lebens war, weiß ich nicht, aber er war es, als Freund, Liebhaber und Lehrer. Er füllte mein Leben, aber verliebt war ich nie. Ich liebte, tief, zu tief, keine Liebe, mit der ein Partner den anderen liebt. Ich liebte aus Verzweiflung, brauchte einen Anker, Bestätigung. Es dauerte eben sehr lange, bis ich erwachsen war.

Mit meiner Rückkehr fing ein neuer Lebensabschnitt an. In den ersten Jahren unserer Beziehung wollte Hans mich für sich haben, nun konnte er nicht genug mit Freunden zusammen sein oder ausgehen, ins Theater, zu Konzerten und Kunstausstellungen. Immer hatten wir Besuch, nichts als Partys. Ich trank keinen Alkohol, ein Erbe meiner Erziehung und nun Schutz gegen den Luxuskonsum unserer neuen Bekannten. Margot, Ruth und andere alte Freundinnen traf ich meistens allein. Hans arbeitete in einem Buchladen, verdiente noch immer viel weniger als ich, es war mein Auto, mit dem wir fuhren, mein Haus, in dem wir wohnten.

Es war kein leichtes Zusammenleben. Genauso plötzlich, wie wir aus der Wohnung in Berea ausgezogen waren, weil Hans sie nicht leiden konnte, verließen wir auch unser Häuschen. Ich hätte es wissen sollen. Ein kleines verträumtes Haus hinter großen Hecken, Blumen, die Katzen: das war nicht sein Stil. »Ich kann es nicht mehr ertragen«, erklärte er eines Tages. Er war wieder krank gewesen, ich hatte sofort seine Arbeit übernommen. Er hatte wieder mit dem Journalismus angefangen und schrieb nebenbei für deutsche Zeitungen. Wenn er krank war, machte ich das, so gut ich konnte. Alle wirtschaftlichen Berichte schrieb ich sowieso auf sein Bitten. Geschäftlichen Sachen, wie Steuer und Schulden, waren meine Aufgabe. Manchmal konnte ich vor Sorgen nicht schlafen. Hans war großzügig, unsere Freunde alle wohlhabend, wir hatten nichts außer unserem Monatsgehalt und Schulden.

»Das Haus ist zu bürgerlich. Ich will keinen Besitz, Besitz erdrückt, ist nur eine Belastung.« Er zog in ein Hotel in der Nähe, ich fand eine Frau im Büro, eine Deutsche, die das Haus mietete. Leider war das ein Fehlgriff: Als wir von einer Reise zurückkamen, war das Haus leer, die Möbel waren verkauft und meine Katzen blieben verschwunden. Fourie rief mich zu sich: »Ich höre, du hast Probleme?« Ich erzählte es ihm. Er trommelte mit seinen Riesenfäusten auf die Schreibtischplatte. Dann bemerkte er, dass die Frau nicht, wie sie mir gesagt hatte, allein war, sondern mit einem Buren zusammenlebte. Beide tranken viel. »Sie war ein BDM-Mädchen, wusstest du das?«

Nein, natürlich nicht. Ich hatte nie mit ihr über die Vergangenheit gesprochen. »Ja, und sie sagte mir, du seiest Mitglied eines afrikanischen Klubs.« Ich wusste nicht, was er meinte. – »African National Congress«, sagte er, »sie hat deine Mitgliedskarte gefunden.« – »Weiße können kein Mitglied des ANC werden«, erwiderte ich, »das ist kein Klub, sondern eine Partei.« Sie wollte mich einfach nur in Schwierigkeiten bringen, denn was sie gefunden hatte, war meine Fürther Esra-Mitgliedskarte.

Ich erhielt weder Miete noch Geld für die verschwundenen Sachen. Das Haus verkaufte ich in der Eile weit unter dem Marktpreis. Besitz erdrückt, hatte Hans gesagt. Nun hatten wir keinen mehr.

Ich zog ebenfalls ins Hotel und wartete auf seinen nächsten Wunsch. Meine Arbeit bei der Versicherungsgesellschaft machte mir immer weniger Spaß. Hans empfand sie als Konkurrenz und forderte, ich solle nur halbtags arbeiten; so fing ich früh um 7 Uhr an, um nachmittags für ihn da zu sein und oft »nebenbei« noch seine Arbeit zu schreiben. Zeit hatte ich eigentlich nie. Oft musste ich zudem Arbeit mit nach Hause nehmen und mich, bevor wir ins Hotel zogen wie auch später wieder, als wir eine – viel zu teure – Wohnung in Parktown mieteten, um den Haushalt kümmern. Die endlosen Parties ermüdeten mich. Unsere Freunde beachteten mich kaum. Ich war eine graue Maus, die Kaffee kochte, neben Hans saß, manchmal auch einschlief, weil ich mich nicht darauf konzentrieren konnte, heftige Gespräche über Impressionismus, Existenzialismus, Kommunismus oder einen anderen -ismus zu führen.

Man nahm mich nicht ernst. Hans war, wie immer, die Attraktion. Gleichzeitig war ich, als Frau, wohl vielen meiner Generation voraus. Durch Zufall war ich in eine Männerwelt hineingeraten, verhandelte auf gleicher Ebene mit anderen Versicherungsexperten, fuhr in die City of London, einmal war ich bei der Züricher Rückversicherung eingeladen, schloss große Verträge ab, kümmerte mich um Gerichtsverfahren. Einmal war ich bei einer Rückversicherungskonferenz in Monte Carlo und, abgesehen von einer beratenden Rechtsanwältin, die einzige gleichberechtigte Frau unter etwa tausend Männern. Die normalen verheirateten weißen Südafrikanerinnen hatten es nicht nötig, zu arbeiten, spielten Golf und Bridge, organisierten Kleidersammlungen für karitative Zwecke und schimpften auf die schwarze Belegschaft.

Ich gehörte nicht dazu. Ich musste arbeiten, es ging nicht anders. Das störte Hans, er hätte mich gerne ganz als Spielzeug gehabt. So aber entwickelte ich mich, wurde trotz allem zu meiner eigenen Persönlichkeit. Und gleichzeitig bedrückte es mich zunehmend, bei einer Afrikaaner Firma zu arbeiten.

Dem Alten verdankte ich meinen Aufstieg in die Männerwelt, wir waren längst Freunde geworden. Er erzählte viel von sich, vor allem, als er wieder heiratete, nachdem seine Frau gestorben war. Es war eine kleine, traurige Liebesgeschichte, die nun folgte. Nach dem Tod seiner ersten Frau wurde er fast sofort ein ziemlich lustiger Witwer. Es war leicht für eine charmante Frau, ihn zu bezaubern. Sie war Witwe, ebenfalls Afrikaanerin, aber anglisiert. Sie heirateten schon kurz nachdem sie sich kennenlernten, was für seine Söhne sicher zu früh nach dem Tod ihrer Mutter war. Er liebte sie heiß und innig. Kaum im Büro angekommen, rief er sie schon an, war außerordentlich eifersüchtig und überzeugt, jeder Mann würde sie begehren. Die Ehe konnte nicht gut gehen, und in der Tat ließen sie sich nach einigen Jahren scheiden.

Die neue Ehefrau hatte eine Tochter, die in England einen gewissen Richard Aubrey heiratete und mit ihm nach Wales ging, wo er einen Dokumentarfilm drehen wollte. Das Geld ging ihm aus, die Mutter bat Fourie um Hilfe. Er wandte sich für eine Anleihe an mich als Prokuristin, und ich musste ihm wieder einmal erklären, dass er Geschäfts- und Familienangelegenheiten nicht vermischen könne. Wir einigten uns, eine Police über 3.000 Pfund als Garantie auszustellen; ich versicherte 90% davon bei Lloyds. Der Ehemann fuhr mit der Police nach London, löste diese ein und verschwand. Fourie musste die Rückreise der neuen Stieftochter nach Johannesburg bezahlen. Nun, diese Geschichte sollte Jahre später noch ein Nachspiel haben.

In jenen Tagen erzählte der Alte viel von seiner Jugend. Er war seines Vaters Lieblingssohn gewesen, und eines Tages, kurz nach dem Tod der Mutter, ritt er mit ihm auf eine Nachbarfarm. Der Vater sollte wieder heiraten, der Familienrat hatte es so beschlossen. Außer John gab es noch andere Kleinkinder, man wollte wieder Ordnung im Haushalt schaffen.

»Er wollte nicht so recht«, sagte der Alte. »Es war ihm gesagt worden, da gibt es diese Frau, die ist Witwe, seit drei Jahren allein, sie ist die Richtige für dich. Man hatte ihm auch andere Frauen genannt, allesamt brave tüchtige Frauen, aber alle über 35. Mein Vater war auch nicht mehr der Jüngste.

Also, er zog sich den Sonntagsanzug an, schwarz, mit schwarzem Hut. Ich glaube, ich sollte eine Art Zeuge sein. Als wir auf der Nachbarfarm ankamen, gab es Kaffee und Kuchen; als man uns kommen sah, ging uns der Bruder der Witwe entgegen. ›Oom‹, sagte mein Vater – du weißt, wir nennen ältere Leute aus Respekt immer Onkel und Tante – ›Oom, da bin ich. ›Ja‹, sagte der Bruder, ›ich sehe das.‹ – ›Du weißt, warum ich hier bin‹, sagte mein Vater, stand auf der Veranda, aber setzte sich nicht. ›Ich bin hier, weil ich einen Heiratsantrag machen will.‹ Nun sagte der Bruder: ›Setz dich, Oom.‹ Mein Vater schüttelte den Kopf. ›Nein, ich werde dir sagen, was ich zu sagen habe, ohne viel Zeit zu verlieren. Gut, ich werde eine Tasse Kaffee trinken und eine Pfeife rauchen.‹

Der Vater erklärte nun in dieser uns heute eigenartig vorkommenden Art, er würde Tante Lettie heiraten – aber die zwei Farmen müssten zusammengelegt werden und sein ältester Sohn sollte der Erbe sein; die anderen Kinder sollten ausgezahlt werden.

»Unmöglich, natürlich«, grinste Fourie, »das konnten sie nicht annehmen. Mein Vater sagte, er würde nicht verhandeln, er hätte seinen Antrag nun gestellt. In einer Woche würden wir wieder zum Kaffee kommen, um die Antwort zu hören. Du weißt, Land ist für uns Buren alles. Also, die Witwe hatte drei Söhne, die wollten doch kein Geld, die wollten ihre Farm. So. Da kamen wir wieder, genau eine Woche später, pünktlich auf die Minute, zum Kaffee. Mein Vater fragte, ob Oom und die Familie sich über seinen Antrag Gedanken gemacht hätten. ›Ja‹, war die Antwort. ›Und?‹ fragte er, ›nehmt ihr an?‹ – ›Ja, aber ...‹ Mein Vater lächelte. ›Kein aber‹, sagte er. ›Ich möchte ein Ja oder ein Nein, nichts anderes.‹ Also: Nein. Wir fuhren in unserem kleinen Wagen wieder ab. Am nächsten Tag erschien mein Vater mit einem jungen Mädchen, sie war gerade mal 16 Jahre alt. Die Tochter eines ›bywoners‹, eines armen Weißen, der sich einige Wochen zuvor auf einem entlegenen Teil unserer Farm angesiedelt hatte. Das Mädchen war hübsch. ›So‹, sagte mein Vater. Er hatte eine Peitsche in der Hand und sah in die Gesichter meiner erwachsenen Geschwister. ›Das ist eure neue Stiefmutter. Und wer sie nicht Mutter nennt und ihr keinen Respekt zeigt, der wird mit meiner Peitsche Bekanntschaft machen ...‹ Mein Vater, der war ein Mann, ein echter Mann.«

Wie gesagt, auch der Alte war ein Patriarch. Während er mit seiner neuen Ehe beschäftigt war, vergrößerte sich das Geschäft. Bis 1948 war die Gesellschaft für Fourie überschaubar gewesen; er kannte noch immer die meisten Kunden mit Namen und bestand darauf, dass man ihm von den Unfällen berichtete, wenn sie alte Unterlagen betrafen. Aber der Sieg der Nationalen Partei führte zu größerem Interesse an von Buren geführten Unternehmen, so wurden wir fast über Nacht zu einer großen Gesellschaft. Der Alte verlor die Übersicht, unser Buchhaltungssystem war veraltet, wir brauchten Büromaschinen und hatten nur ungenügend ausgebildetes Personal.

Ein ehemaliger Lehrer, Chris Bischoff, gründete eine Vereinigung für Autofahrer. Weil er erfolgreich war, brauchte er bald eine Versicherungsfirma. Er verhandelte mit dem Alten, der sich zuerst nur ungern mit der Idee anfreundete, sein Geschäft zu verkaufen. Aber endlich sah er selbst ein, dass er es so nicht mehr schaffen konnte. Außerdem wollte seine neue Frau, dass er mehr Zeit – und natürlich

Geld – für sie haben sollte, schließlich war er kaum mehr der Jüngste. Als Bischoff eines Tages hereinkam, saß ich im Büro, wusste, worum es ging und sagte: »Goeie môre.«

»Good morning«, antwortete er schroff und setzte sich. »Also«, sagte er auf Englisch, »dass wir uns richtig verstehen: Ich weiß, Sie sprechen meine Sprache. Aber mit Ihnen spreche ich Englisch. Es ist für Sie leichter. Ich will etwas von Ihnen, nicht umgekehrt.« Ich sagte nichts. Er fuhr fort. »Ich werde die Aktien dieser Gesellschaft erwerben. Es ist eine Frage der Zeit, von Wochen, vielleicht von zwei Monaten. Dann wird sie eine Tochtergesellschaft der ›Rondalia‹ sein.« So hieß seine Firma, um an die »rondavel«, die runden Strohhütten zu erinnern, die er auf der ersten Erholungsfarm des Automobilclubs gebaut hatte.

»Ich weiß«, sagte ich. Er hörte nicht zu. »Von Ihnen will ich wissen, wie man eine Versicherungsfirma führt. Ach ja, natürlich weiß ich, dass Sie Jüdin sind, wahrscheinlich liberal, gegen unsere Apartheid. Das macht mir nichts aus. Und Ihnen?« – Ich überlegte. »Doch, sehr viel. Ich möchte am liebsten auswandern, aber mein Mann ... es geht eben nicht. Ich mag Ihr System nicht, ich glaube, es ist ein Unrechtsystem. Vielleicht verstehen Sie das als Nationalist. Der Afrikaner ist ebenfalls Nationalist, eben ein schwarzer.«

Er lachte. »Schüchtern sind Sie nicht, das muss ich sagen. Ihre politischen Ansichten interessieren mich einen Dreck. Es geht mir um Ihr Wissen. Ich werde ab morgen einige meiner jungen Leute herschicken, Sie können inzwischen ein Ausbildungsprogramm ausarbeiten. Es sind alles Universitätsabsolventen – komisch, was? Die Briten hielten es nie für notwendig, auf die Uni zu gehen, um Geschäftsmann zu werden. Wir sind ehrgeizig, jeder Bure wünscht, dass sein Sohn studiert. Und wenn er nur Lehrer wird, so wie ich.«

»Wie bei uns Juden«, entgegnete ich. »Wir denken, man kann nicht weggenommen bekommen, was man im Kopf hat. Obwohl wir gesehen haben, dass einem das am Ende auch passieren kann, durch Gewalt.« Er zuckte die Schultern. »Wir haben auch unsere KZ-Erfahrungen. Unsere Mütter, unsere Kinder – sie starben in britischen KZs im Burenkrieg. Aber sie haben nicht gelernt, dass wir sie deswegen hassen – wir werden sie immer hassen, die Briten.«

Ich war erschrocken. Sein Gesicht war verzerrt vor Wut. »Mr. Bischoff, Sie waren nicht einmal geboren, als das geschah. Man kann doch nicht Hass und Sühne von einer Generation auf die andere übertragen.«

Er schlug mit der Faust auf meinen Schreibtisch. »Warum nicht, hey? Mann – das ist doch euer Fehler, ihr seid wie die Schafe in die Gaskammern gelaufen – weil Ihr so viel Verständnis habt. Kannst du nicht einmal richtig hassen?« Er sah mich verächtlich an: »Ich weiß, du wirst sagen, alles ist verständlich – Ich sag dir, nichts ist mir verständlich zu machen, was die Briten angeht. Sie haben mein Volk geknechtet. Wir kämpfen noch immer den Burenkrieg, verstehst du? Er wird erst zu Ende sein, wenn wir unseren gerechten Anteil am nationalen Einkommen haben.«

So viel Emotion, so viel Gefühlswallungen hatte ich bei Fourie nie gesehen, dabei hatte er den Burenkrieg miterlebt. Aber Chris meinte es ernst. Mit mir sprach er immer Englisch, wie er es versprochen hatte und ich führte ihn in die Branche ein.

Nach einiger Zeit verlegte er das Hauptbüro nach Pretoria, »weil dort das Herz unseres Volkes schlägt«, wie er sagte, und ich hatte weiterhin die Geschäfte in Johannesburg zu betreuen.

Als ich eines Tages nach einem Urlaub zurückkam, stellte ich fest, dass er keine Anweisung gegeben hatte, die Statistik für den Registrator vorzubereiten. Ich rief ihn an, er sagte sofort, er würde einen Antrag auf verspätete Einreichung stellen. Inzwischen sollte ich so viele Mädchen einstellen, wie ich für nötig hielt. Dies tat ich also. Bei einem Mädchen merkte ich, dass sie französisch konnte und außerdem ein Buchhaltungsdiplom besaß. Sie war 18 Jahre alt und gefiel mir. Sie wollte nach England, zur weiteren Ausbildung. Eine meiner Kolleginnen musste ins Krankenhaus, und ich brauchte dringend jemanden zur Vertretung in der Buchhaltungsabteilung. Also fragte ich das Mädchen, ob sie drei Monate bei uns bleiben wolle. Sie war hoch erfreut und sagte zu. Am nächsten Tag erschienen mehrere junge Männer von der Hauptfirma aus Pretoria, einige hatte ich noch in der Ausbildung. Ich merkte, dass einer mich jedes Mal ansah, wenn ich vorbeiging, einmal kam er an meine Tür, ging jedoch wieder. Am Nachmittag erschien er wieder. »Also«, sagte er, »wieso haben Sie so viele Engländerinnen eingestellt?«

Ich blickte ihn an. Eigentlich hatte ich diesem Buchhalter gegenüber keine Rechenschaft abzulegen, außerdem war er jünger als ich. »Tja«, meinte ich gelassen, » wissen Sie, Herr Viljoen, ich stelle nur Südafrikaner ein. Ich habe keine Engländer hier.« Ungeduldig machte er eine wegwerfende Handbewegung. »Also, englischsprechende Südafrikaner, das ist doch alles das Gleiche. Warum also?« – Ich zögerte. Dann antwortete ich ihm: »Mr. Bischoff weiß, warum. Es ist egal, welche Sprache die Mädchen sprechen, solange sie wissen, wie man mit einer Schreibmaschine umgeht.« Er brummte: »Na gut. Aber – was ist mit der da?« Er drehte sich um und zeigte mit dem Finger auf eben jenes Mädchen in der Buchhaltungsabteilung. Ich war ehrlich erstaunt. »Was soll mit ihr sein?« Er murmelte etwas Unverständliches und ging.

Am nächsten Morgen war Chris bereits früh am Telefon. »Was ist mit den Engländerinnen?« Viljoen hatte Bericht erstattet. Ich erklärte es. Er lachte.

»Dachte ich es mir doch. Wir haben schließlich unsere Abmachung. Ich wusste, ich kann mich auf dich verlassen.« Unsere Abmachung war, dass niemand, der nicht Afrikaans sprach, in Berührung mit dem Publikum kam und dass ich, wenn möglich, nur Afrikaaner Mädchen in der Buchhaltungsabteilung anstellte.

Er fuhr fort: »Aber dieses Mädchen – ja, die muss wirklich fort.« – »Was ist denn nur mit ihr?« Unwirsch sagte er: »Egal. Schmeiß sie raus. Heute noch.« Es war ihm peinlich, das hörte ich und legte auf. Ich dachte nach und ging dann eine Treppe höher, zu unserem Rückversicherungsexperten, einem Briten von Lloyds. Er war am längsten beim Alten und verstand sich gut mit Chris. Als ich den Gang entlangkam, hörte ich, wie dieser Mr. Willis telefonierte, offensichtlich mit Chris. »Ach, sie wird's schon verstehen«, hörte ich ihn sagen. »Ich muss sie mir mal ansehen, sie ist bestimmt hübsch – du weißt doch, wie es mit den ›frogs‹ ist ...« Er sah mich an der Tür und beendete schnell das Gespräch.

»Du musst sie entlassen, sofort.« – »So?« Jetzt war es ihm unangenehm. »Es geht nicht anders. Die Mädchen haben sich bei Viljoen beschwert. Sie wollen nicht dieselbe – Toilette benutzen. Bei den Mauritiern kann man nie wissen ...« Ich überlegte. Es war möglich, dass sie tatsächlich ein Mischlingskind war, da in ihrem Antrag stand, dass sie aus Mauritius sei. »Aber sie ging hier in ein College!«

Er seufzte. »Das hat nichts zu sagen. Du weißt doch, die Buren riechen es, wenn jemand schwarzes Blut in den Adern hat.« Plötzlich sah ich wieder Nellies blasses Gesicht vor mir und ihre Wut, als sie mich damals von ihrer »Mischlingsgroßmutter« wegzog. Ich nickte. »Gut. Darf ich telefonieren?« Ohne ein weiteres Wort wählte ich die Nummer von Chris. »Also, sie ist nicht ganz weiß. Chris, ich glaube, unter deinen Leuten gibt es viele, die eine ähnliche Vergangenheit haben. Weißt du, das ist mir zu viel. Du sagtest mir einmal, ich sollte das Hassen lernen. Das kann ich nicht. Aber ich habe gelernt, Vorurteile zu hassen. Außerdem: Das Ganze erinnert mich zu sehr an meine eigene Geschichte. Ja, ich werde dafür sorgen, dass sie geht. Aber ich werde ihr diesen und den nächsten Monat voll bezahlen und mit ihr auf Geschäftskosten essen gehen. Meine Kündigung werde ich sofort abschicken.«

Er antwortete, zum ersten Mal auf Afrikaans: »Tu's nicht. Ich brauche dich. Du weißt, ich hab' dem Aufsichtsrat vorgeschlagen, dich als meine persönliche Assistentin einzustellen.«

»Chris! Du weißt, irgend so etwas musste einmal passieren. Jetzt ist es passiert!«

»Du hast recht. Kommst du morgen?«

Also fuhr ich nach Pretoria, reichte meine Kündigung ein und ging nach drei Monaten, aber nicht zur Konkurrenz, wie Chris es befürchtet hatte. Ich hörte im Versicherungsgeschäft ganz auf und stieg nun, im Jahr 1960, in den Journalismus ein. Es fiel mir kaum schwer. Ich hatte durch meine Arbeit viele Beziehungen, vor allem unter Geschäftsleuten, aber auch bei der Regierung.

Ich arbeitete zuerst bei einer kleinen Zeitschrift, »Newscheck«, die vergeblich versuchte, eine südafrikanische »Time« zu werden. Von dort aus kam ich zu der Wochenwirtschaftszeitung »Financial Mail«.

Mit den alten Freunden hielt ich Kontakt, vor allem mit Chris. Er war jünger als ich, ein „verkrampter" wie die konservativen Politiker genannt wurden, trotzdem verstanden wir uns. Ich besuchte ihn, so oft ich in Pretoria war. Wir gingen dann zusammen Mittagessen und stritten uns heftig über Politik.

Einmal, als wir an eine Ampel kamen und das Licht gerade von Grün auf Rot wechselte, liefen zwei junge Schwarze lachend an uns vorbei, schnell bei Gelb noch über die Fahrbahn. Da bemerkte ich einen Mann neben uns, Schlapphut auf dem Kopf, nicht viel älter als ich. Er wollte auch über die Straße, war unschlüssig, blieb mit einem Fuß auf dem Bordstein stehen. Das Licht wurde rot. »Siehst du«, sagte Chris, »deswegen haben wir Apartheid. Wegen diesem Mann. Er versteht nicht einmal, was wir sagen, weil wir schnell englisch sprechen. Du siehst, er kommt vom Land, er war noch nicht oft hier in der Stadt. Aber – ich kann jederzeit, überall auf der Welt, einen Job bekommen. Seine Kinder bestimmt nicht, von ihm selbst ganz zu schweigen. Es ist meine Pflicht, seine Kinder vor denen da zu beschützen ...« Er deutete auf die schwarzen Jungen, die schon längst an der nächsten Ecke angekommen waren.

Für Chris Bischoff mag das Grund genug gewesen sein, die Apartheid zu verteidigen. Für mich war es nur wieder einmal ein Zeichen der Blindheit, mit der die Nationalisten geschlagen waren.

Ich hatte Freunde, deren Schicksal die ganze Tragödie dieser Gesellschaft verkörperte. Zum Beispiel ein Inder, der aus Mauritius stammte. Er hatte in Schottland Medizin studiert und dort geheiratet. Sie hatten einen Sohn, der also im südafrikanischen Jargon ein »Farbiger« war. Auch dieser Sohn wurde Arzt, studierte und heiratete in Schottland. Ihr einziges Kind, eine Tochter, war immer noch ein Mischling nach südafrikanischer Definition. Sie war recht attraktiv und sah weißer aus als viele der sogenannten »reinen Weißen« burischer Abstammung.

Vater und Sohn waren gute Ärzte, sie wohnten in einem großen Haus in der Jeppe Street. Ihre Wartezimmer waren gedrängt voll mit Afrikaanern. Oben lebten die Familien in zwei getrennten Wohnungen. Wir besuchten sie oft, aber wir konnten niemals zusammen in einem Restaurant essen gehen, niemals mit ihnen ins Kino oder ins Theater. »Das Haus gehört unseren Frauen«, erklärte unser Freund, »sonst hätten wir Schwierigkeiten mit dem ›Group Areas Act‹.« Es wurde auch ein Haus in einem der nördlichen Vororte gekauft, aber sie zogen nie dahin, sie wussten, die Nachbarn würden das nicht akzeptieren. Dieses Gruppengebietsgesetz wurde erst im Zuge der Reformen 1991 abgeschafft.

Bei abendlichen Hausbesuchen nahm der Arzt meist Frau und Tochter mit, damit sie spazieren fuhren. Sie gehörten zu keiner der getrennten Welten.

Die Tochter ging auf eine Privatschule, lernte Sprachen, bekam eine »normale« Stelle bei einer Fluggesellschaft. Sie wurde natürlich von Kollegen eingeladen, ging ab und zu mit jungen Männern aus. Nur einmal brachte sie einen Bekannten mit nach Hause, hatte ihn zum Essen eingeladen.

»Er war sehr nett, wir verstanden uns gut. Wir unterhielten uns auch etwas über Politik.« Sie war jung, und dieses Thema interessierte sie eigentlich nicht. Ich fragte: »Und dann?«

Sie zitterte. »Er wusste, dass wir in der Stadt wohnten, er hatte nur nicht verstanden, warum. Er dachte vielleicht, es sei wegen der Praxis. An einem Abend lernte er zuerst meine Mutter kennen, das war okay. Wir haben unseren eigenen Eingang, um die Patienten nicht zu stören. Doch dann, als Daddy aus dem Sprechzimmer kam, war mein Freund schon etwas erstaunt. Dann gingen wir zum Essen.« Ich sah, dass sie geweint hatte und fragte: »Was passierte, als dein Großvater kam?« Sie sah mich traurig an. »Er wurde ohnmächtig. Fiel regelrecht vom Stuhl. Mein Freund, nicht mein Großvater.«

Man wollte die Familie loswerden und schaffte es auch. Eine

Patientin meldete sich an, wurde untersucht und machte einen neuen Termin. Am nächsten Tag rief sie an. Ihr Mann sei sehr böse. Wegen dem, was geschehen sei.

Leider hatte unser Freund den Hörer nicht aufgelegt, hatte nicht sofort begriffen, dass es um Erpressung ging, um eine Verleumdung. Er hätte angeblich die Frau angefasst ... Es war nichts anderes als eine Taktik, ihn zum Auswandern zu zwingen. Eine in Harmonie lebende multirassische Familie war eine Bedrohung für diesen Staat. Die Frau drohte, ihr Mann würde zur Polizei gehen. »Er lässt seine Frau nicht von einem schmierigen Inder vergewaltigen.«

Der Arzt war bei der Untersuchung leider allein gewesen. Das Telefonat wurde selbstverständlich aufgezeichnet. Er wurde verhaftet, ein befreundeter Rechtsanwalt zahlte die Kaution. Natürlich hielt die Familie zu ihm. Wir alle redeten ihnen zu, sie sollten auswandern. Als Freund konnte man nur für sie da sein, helfen, zuhören, beraten. Handeln mussten sie selbst. Am Ende gingen sie, erst die Tochter, dann das jüngere Ehepaar. Die Alten waren inzwischen zum Auswandern zu betagt.

Diese Jahre waren vollgestopft mit Arbeit, Politik und endlosen komplizierten Liebesgeschichten unserer jungen Freunde, mit denen ich nicht konkurrieren konnte, nicht einmal beim Kochen – ich beschränkte mich auf Hausmannkost und Phantasie. Die Frauen, die dies nicht täglich machen mussten, entwickelten die Angelegenheit zu einem gemütlichen Hobby.

Es waren interessante Freunde, von denen später viele bekannt wurden, wie etwa der Maler Douglas Portway, der 1993 in England starb, der Bildhauer Edouardo Villa, die Autorin Jilian Becker, später Verfasserin von »Hitlers Kinder«. Einem zu recht umstrittenen Buch über die RAF. Sie wurde später in England Direktorin eines rechtsgerichteten Institutes, welches sich mit dem Terrorismus beschäftigte.

Ich legte nie großen Wert auf mein Aussehen. Hans ging mit mir Kleider einkaufen, er hatte einen guten Geschmack, leider meistens zu teuer. Nur einmal standen Kleider und unser Budget im Einklang miteinander. Eine unserer Freundinnen war die Frau eines Architekten, der für den Millionär John Schlesinger arbeitete. Vater Schlesinger war in der Pionierzeit aus Amerika eingewandert; er hatte durch Versicherungsgesellschaften und Kinos eine Multi gegründet. John, der einzige Sohn, war mehr Playboy als Geschäftsmann. Ihm gehörte auch das Polana-Hotel im ehemaligen Lourenço Marques, heute Maputo. Einmal stieg er selbst dort ab, fand die Möbel abscheulich und beförderte sie, ohne Rücksicht auf die anderen Gäste, schwungvoll aus dem Fenster.

Nun, unsere Freundin, die Frau des Architekten, tat uns allen einen großen Gefallen. Sie fragte Johns damalige Freundin Claire, ob sie einige Kleider zum Verkauf an Afrikanerinnen hätte, um Geld für irgendeinen wohltätigen Zweck zu sammeln. Ein Chauffeur brachte ihr daraufhin einige Koffer mit »alten« Kleidern. Alles war fast neu, Abendkleider, Sommerkleider, Badeanzüge, selbst Schuhe, kaum oder nie getragen. Unsere Freundin war überwältigt: »Keine schwarze Frau kann so etwas kaufen«, sagte sie zu uns. Claire hatte in der Textilbranche als Modell gearbeitet, ehe sie Johnny kennenlernte. Wir hatten einen Riesenspass, probierten die Sachen an und fragten nach den Preisen. Keiner wusste, was das Zeug einmal gekostet hatte. Wir zahlten somit einige Pfund für Kleider, die wahrscheinlich einmalige Modelle waren. Ich erinnere mich an ein weißes Kleid, das aussah, als ob es für eine griechische Szene in einem Film geschneidert worden wäre, es passte mir wie angegossen.

Am nächsten Tag erschien Claire und erkundigte sich, was aus ihren Kleidern geworden sei. Als sie hörte, dass insgesamt etwa 50 Pfund zusammengekommen waren, fragte sie zögernd, ob wir an regelmäßigen »Lieferungen« interessiert seien. Und ob! Aber wieso?

Claire erklärte: »Johnny bezahlt alles, meine Wohnung, meinen Unterhalt. Ich habe aber nur wenig bares Geld. Er gibt mir jeden Monat 200 Pfund für Kleidung und besteht darauf, dass ich es dafür ausgebe. Es ist unmöglich! Wie oft kann ich schon einen Pelzmantel kaufen? Oder Schuhe, die bekomme ich umsonst von den Fabrikanten geschickt. Ihr wisst ja nicht, wie schwer es ist, jeden Monat so viel Geld für Kleidung auszugeben – außerdem: Johnny will nicht, dass ich ein Kleid öfter als zweimal anziehe ...«

Arme Claire. Sie war bereits fünf Jahre mit Schlesinger zusammen. Naja, wir nahmen also dankend die »Lieferungen« an, fast ein ganzes Jahr lang war ich erstklassig gekleidet, und ich habe heute noch, Jahrzehnte danach, einige Blusen dieser »Lieferungen«.

Zu einer Neujahrsparty auf Schlesingers Farm trug ich das weiße Kleid. Als wir von den Gastgebern begrüßt wurden, war mir klar, dass keiner der beiden sich an das Kleid erinnern konnte; unsere anderen Bekannten kamen ebenfalls in Kleidern von Claire.

Ich war an diesem Abend bestürzt über den Luxus, den Überfluss, in dem ein Mann wie Schlesinger schwelgte. Gemessen an anderen internationalen Feten, von denen ich später hörte, war das luxuriöse

Leben südafrikanischer Millionäre gerade mal durchschnittlich. Ich empfand dies alles so empörend verschwenderisch in einem Land mit so viel Armut – die Band, die um Mitternacht »Auld Lang Syne« und dann bis in die Morgenstunden zum Tanz spielte, das Feuerwerk, das um Mitternacht den Himmel erhellte, das üppige Essen, die Bar – und die versteckten Hängematten im Busch für die besonderen Zwecke.

Sie waren reich, diese Reichen. Und verspielt. Auf einer Fete, bei der fünf Millionäre anwesend waren, unterhielt ich mich mit einer Frau, die sich überlegte, ob sie nach New York fliegen sollte, nur für einen Abend, sie wollte »Funny Girl« am Broadway sehen.

Damals verkaufte Schlesinger das historische »Carlton«, ein Luxushotel aus der Pionierzeit oder vielmehr das Grundstück. Das Hotel wurde abgerissen. Er gab einen Ball am Abend, bevor die Demolierung begann, er blieb als letzter im Saal, betrank sich, kam zu uns und weinte – über eine vergangene Pracht, über sich selbst vielleicht, ich kannte ihn zu wenig, um das einschätzen zu können. Als ich 1990 wieder in Johannesburg war, sah ich zum ersten Mal das prunkvolle Carlton-Zentrum, das nichts mehr mit Schlesinger zu tun hat, ein Überbleibsel einer ehemals weißen Stadt. Internationale Besucher stiegen dort ab, aber der Kern der Goldstadt ist schwarz geworden, Weiße fühlen sich außerhalb der üppigen Hotelhallen unsicher. Das Carlton-Zentrum sowie das Hotel wurden zum weißen Elefanten.

Heute weiß ich, dass die Hektik jener Jahre, die endlosen Partys, die Reisen und selbst die Liebesaffären auf die politische Spannung zurückzuführen waren. Niemand fühlte sich wirklich wohl, jedenfalls die meisten, mit denen ich zu tun hatte. In den 60er Jahren war, dank Dr. Vervoerd, nur noch der Bure der älteren Generation sich ganz sicher, gestützt von seinem Glauben, dass Gott ihn zum Vormund seiner schwarzen Kinder gemacht hatte.

Die Mitglieder der Liberalen Partei, geführt von dem Schriftsteller Alan Paton und die der etwas konservativen Progressiven Partei, der die bekannte Politikerin Helen Suzman angehörte, wollten eine multirassische Gesellschaft. Aber der zwischenmenschliche Kontakt konnte nicht entstehen. Man traf sich heimlich, schlich sich in die Shebeens, nach Sophia, ehe es abgerissen wurde. Die Liberalen luden Schwarze, Inder, Farbige ein, aber natürlich nur die Elite, Schriftsteller, Akademiker und Rechtsanwälte. Die neue schwarze Stadtkultur wurde mit Jubel begrüßt, schwarze Musiker kamen zu den Partys, spielten den neuen »Township Jazz«, den »Kwela«, den »Patta-Patta«, tanzten inmitten und mit den Weißen, womit beide Gruppen ja die Gesetze verletzten.

Der Buchladen, in dem Hans halbtags arbeitete – später hatte er im selben Haus ein Büro –, lag in der Loveday Street, unweit der Stadthalle, deren Stufen für Johannesburg das waren, was für London Hyde Park Corner ist: ein Ort, an dem man Ansprachen halten konnte.

Eines Abends standen dort zum ersten Mal Frauen des »Black Sash« und hielten Wache bei einer Fackel. Die Organisation wurde von Frauen aus der Mittelschicht gegründet, um die Politiker anzuklagen, weil sie die Demokratie ermordet hatten. Der Black Sash, die schwarze Schärpe der Frauen, symbolisierte Trauer. »Black Sash« besteht immer noch. Die Organisation breitete sich aus, wurde zur Beratungsstelle für Millionen, die im Netz der Apartheidsgesetze hängen blieben.

Damals war diese Zukunft noch nicht abzusehen. An jenem Abend griff plötzlich eine Horde junger Burschen die Frauen an, sie bewarfen sie mit faulen Eiern, Tomaten, Stinkbomben. Die wilden Rufe »Vrystaat!« hatte ich schon häufig gehört, das riefen weiße Südafrikaner – Afrikaaner genau gesagt - beim Fußballspiel. Polizisten standen daneben und lachten.

Der Angriff auf die Frauen war erstaunlich. Südafrikaner respektierten Frauen, nun waren diese zur Zielscheibe geworden. Sie waren eben »Kafferboeties«, verstießen gegen das Bild der sich im Hintergrund haltenden weiblichen Göttin.

Ich fand mich mittendrin im Gemenge, roch die Angst, die im Schweiß der Schwarzen lag, die von der Polizei zurückgedrängt wurden. Sie machten Platz für die kreischenden Angreifer, eine Frau sackte zusammen, um mich herum Trubel, Handgemenge, Wut und Ohnmacht.

Am nächsten Tag standen die Frauen wieder an, mit einigen starken Männern hinter ihnen. Ein Ereignis unter so vielen: man wusste kaum, was man nicht berichten sollte, aber wir waren uns bewusst, dass deutsche Zeitungen wenig Platz für südafrikanische Ereignisse hatten. Wirtschaftsnachrichten waren inzwischen etwas anderes, die südafrikanisch-deutschen Beziehungen wurden stärker. Die Buren, die sich zunehmend in der Wirtschaft betätigten, wollten lieber Geschäfte mit Nicht-Briten abwickeln, dazu waren die Deutschen ideal. Und immer wieder sagten uns deutsche Besucher: »Ein Stück Europa, mit idealem Klima. Ein herrliches Land, hier kann man leben.«

DIE 60ER JAHRE

Die 50er Jahre waren lediglich der Prolog des Apartheidsschauspiels gewesen, der eigentlich erste Akt spielte in den 60er Jahren.

Der Prolog hatte 1950 mit dem Verbot der Kommunistischen Partei begonnen, hatte die Apartheidspfeiler der Gesetzgebung und Verfassungsänderung gesetzt, die gewaltlose Opposition der Kongressallianz herausgefordert, deren Freiheits-Charta zu dem bereits erwähnten Hochverratsprozess führte.

Die 60er Jahre jedoch begannen mit der berühmten Rede von den »Winden der Veränderung«, die der britische konservative Premierminister Harold Macmillan im Februar in Kapstadt hielt. Doch die Weißen im südlichen Afrika stellten sich dagegen.

Einen Monat nach Macmillans Besuch, am 21. März 1960, schossen Polizisten in dem Transvaal-Township Sharpeville auf friedliche Demonstranten, die gegen die Passgesetze protestierten. 69 Tote und 180 Verletzte lenkten zum ersten Mal die Aufmerksamkeit der Weltöffentlichkeit auf die Apartheid.

Die britische Zentralafrikanische Föderation von Süd- und Nordrhodesien und Njassaland wurde 1962 aufgelöst, dies führte zur Unabhängigkeit von Nordrhodesien (Zambia) und Njassaland (Malawi), jedoch in Südrhodesien zum Sieg der rechten weißen Partei Rhodesian Front (RF) und deren illegaler Unabhängigkeitserklärung im Jahr 1965. Damals jubelte Südafrika, endlich hatten die rhodesischen Briten gezeigt, dass auch sie Mut genug hatten, um zu beweisen, dass der weiße Mann in Afrika noch nicht ausgespielt hatte.

In den portugiesischen Territorien Angola und Mosambik begannen Anfang der 60er Jahre die Kolonialkriege gegen Lissabon. Weiß-Südafrika, Südrhodesien und Portugal bildeten eine Allianz gegen den schwarzen Mann, die erst 1974 durch den Putsch in Lissabon und 1980 durch die Unabhängigkeit Zimbabwes gestürzt werden sollte.

In den 60er Jahren benutzte Südafrika die Eiserne Faust. Nach dem Ereignis von Sharpeville wurde der ANC ebenso verboten wie dessen Abspaltung, der Pan-Africanist Congress (PAC), der 1959 von dem Akademiker Robert Sobukwe gegründet worden war, weil er die Kongresspolitik des ANC ablehnte. Erst 1990 legalisierte Präsident Frederik Willem de Klerk diese Parteien erneut, wie auch die KP. 1961 trat Südafrika aus dem Commonwealth aus und wurde zur Republik. Neue Sicherheitsgesetze wurden erlassen, die die Polizei unter anderem ermächtigte, jede Person, die sich eventuell im Besitz von

Informationen befinden könnte, zu verhaften und sie zuerst 90, dann 180 Tage in Einzelhaft ohne Anklage zu verhören. Hausarrest und andere Bannmaßnahmen wurden eingeführt.

Als erste wurde Helen Joseph, eine der Hochverratsangeklagten der 50er Jahre, unter Arrest gestellt, in dem sie neun Jahre lang ausharrte. Sie weigerte sich, wie so manch anderer Weißer unter Bann, das Land zu verlassen. Sie blieb bis ins hohe Alter als ein Symbol des Widerstands aktiv, wurde gefeiert und verehrt und war noch in den 90er Jahren an dem Prozess beteiligt, eine neue Demokratie zu schaffen. Sie starb im Januar 1993, ihr Begräbnis wurde zum nationalen Ereignis.

Der Geheimdienst wurde in den 60er Jahren verstärkt. ANC und PAC entsandten Führer ins Exil, bildeten Untergrundbewegungen und militärische Flügel. Am 16. Dezember 1961 explodierten die ersten Bomben des gemeinsamen ANC/KP-Flügels Umkhonto we Sizwe (MK – Speer der Nation). PACs »Pogo« (was so viel bedeutet wie rein, d.h. von weißen Mitgliedern gereinigt) begann, Weiße zu ermorden. Eine weitere Bewegung, die Armed Resistance Movement (ARM), wurde von weißen Liberalen ins Leben gerufen.

Der Geheimdienst infiltrierte die Untergrundbewegungen wie auch die Anti-Apartheidsbewegungen im Ausland und baute ein Informantennetz auf.

Die starken Maßnahmen ermunterten das Kapital, das nach Sharpeville die Flucht ergriffen hatte, zur Rückkehr. Die Dekade der 60er Jahre wurde eine Zeit der wirtschaftlichen Hochkonjunktur.

1960 hielt Nelson Mandela, der die vorhergegangene Trotzkampagne des ANC geleitet hatte und Angeklagter sowie Verteidiger des Hochverratsprozesses gewesen war, eine öffentliche Rede und tauchte sofort danach unter. Er wurde nach 18 Monaten verraten und 1962 zu einer Gefängnisstrafe verurteilt, weil er ohne Pass ins Ausland gereist – und wieder zurückgekehrt war.

Ein Jahr später, am 11. Juni 1963, wurden wichtige MK-Führer auf der Lillisleaf-Farm im Johannesburger Vorort Rivonia verhaftet. Im spektakulären sogenanntren »Rivonia-Prozess« war der bereits inhaftierte Mandela Hauptangeklagter. Zwei Gefangene konnten fliehen, einer wurde freigesprochen, die anderen wurden zu lebenslanger Haft verurteilt und kamen auf die berüchtigte Robben-Insel, der einzige Weiße, Denis Goldberg kam nach Pretoria. Mit seiner Frau Esme freundete ich mich später in London an, mit ihm nach seiner Entlassung nach 22 Jahren. Die Proteste gegen diese Urteile rissen nie ab. Drei Jahrzehnte später, im November 1989, wurden die meisten Rivonia-Angeklagten und im Februar darauf Mandela selbst unter größter Anteilnahme der Weltöffentlichkeit freigelassen.

Danach schien die Opposition zerstört. Das politische Vakuum wurde erst 1968 von der von Steve Biko gegründete schwarze Studentenbewegung »South African Students Organisation« (SASO) und der damit entstehenden Bewegung des schwarzen Bewusstseins gefüllt. Diese politisierte die Stadt jugend, deren neues Selbstbewusstsein zu den Protesten der 70er Jahre und zum Aufstand der Jugend am 16. Juni 1976 führen sollte.

Unser Leben ging im alten Trott weiter. Wir waren in die Parktown-Wohnung gezogen, in die obere Etage eines vornehmen Hauses, obwohl wir nach meiner Ansicht woanders billiger hätten wohnen können. Hans meinte jedoch, die Wohnung sei schön, was durchaus stimmte, aber ich musste nun eben noch mehr arbeiten, um die Miete zu zahlen.

In diesen Jahren begann ich mit der journalistischen Arbeit unter meinem eigenen Namen, obwohl ich weiterhin für Hans für deutsche Zeitungen schrieb, wenn er wieder krank wurde oder eine Wirtschaftsmeldung senden wollte. Ich arbeitete gerne selbstständig, reite, recherchierte und begann neben den Artikeln auch wieder eigene Geschichten zu schreiben. Hans half natürlich immer mit Rat und Analyse.

Um diese Zeit lernten wir das Ehepaar Lang näher kennen. Sie waren reich, jung und beide sehr gutaussehend. Wir hatten sie vorher schon einmal besucht, kurz nachdem ich meine Führerscheinprüfung bestanden hatte und wir in Begleitung von vier Freunden an die Küste in der Nähe von Durban gefahren waren. Dort hatten die Eltern von Joan Lang ein Strandhäuschen, wie sie es beschrieb, das sich als ein Luxushaus mit vielen Zimmern entpuppte. Das Ehepaar wohnte dort vorübergehend mit ihrem ersten Kind, damals noch ein Baby. Joans Ehemann Robert, ein Engländer, hatte seinen Posten beim Rundfunk aufgegeben. Eigentlich aufgeben müssen, weil es schwer für ihn war, pünktlich aufzustehen, und die Verwaltung es nicht richtig fand, dass anstatt Mr. Lang gelegentlich ein Elektriker die Nachrichten lesen musste.

Die Langs gefielen mir nicht. Joan schmiegte sich wie eine Katze an alle Männer und kümmerte sich nicht um deren Frauen. Er schien geistesabwesend, unkonzentriert und erklärte mir mit großem Ernst, dass kein Kind in einer Schule, sondern zu Hause unterrichtet werden müsse.

Zwischendurch hatte ich die beiden vergessen, sie waren nach Livingstone in Nordrhodesien gezogen, ab und zu trafen wir sie auf Partys wenn sie in Johannesburg waren. Er unterhielt sich dann wieder mit mir über Erziehung und über ihr zweites Kind, sie tanzte mit vielen Partnern.

Nun besuchten sie wieder Johannesburg, wobei Hans viel Zeit mit den beiden verbrachte. Er arbeitete kaum, und als sie nach Hause fuhren, wurde er krank.

Im März 1960 hatten wir Besuch aus Bonn, einen FAZ-Wirtschaftskorrespondenten, der immer schon mal nach Südafrika reisen wollte. Seine Redaktion war nicht überzeugt: »Apartheid – das kennt man doch schon. Unser Mann dort kann an überhaupt nichts anderes mehr denken ...« Aber endlich erlaubte man ihm die Reise und sagte zum Abschied: »Also, du bist doch Wirtschaftsmensch. Denk an all das Gold und an die Diamanten. Außerdem soll das Klima wunderschön sein. Schreib halt etwas Buntes!«

Am Samstag, dem 19. März 1960, fuhren wir nach Orlando, später Teil von Soweto. Andere Journalisten waren ebenfalls dort. Wir wollten alle wissen, was am folgenden Tag geschehen würde, da Robert Sobukwe angekündigt hatte, PAC Mitglieder würden an diesem Tag demonstrativ keine Pässe tragen als Teil einer geplanten 5tägigen Kampagne gegen die Passgesetze.

Am Montag stellte sich Robert Sobukwe mit anderen PAC-Führern der Polizei und erklärte, er hätte seinen Pass verbrannt. Sie wurden für einige Stunden festgenommen, dann wieder freigelassen. Die Polizei hatte Anweisungen, die Proteste zu entschärfen. Fast überall gelang es nur nicht in Sharpeville.

Die Ereignisse in diesem Township an jenem Tag haben Geschichte geschrieben. Nur wenige Leute konnten zur Arbeit gehen, denn die Busse fuhren nicht, und es war zu weit zu laufen. Um die Mittagszeit gab es ein Gerücht, dass ein Beamter eine Ansprache halten würde, also begaben sich mehrere tausend Menschen zur Polizeistation. Die Polizisten, angesichts der Versammlung verängstigt, riefen nach Verstärkung. Ein Panzerwagen kam näher, die Menge teilte sich und ließ ihn hindurch, man wartete geduldig, zwischen den Menschen spielten die Kinder. Es verging einige Zeit, bis plötzlich ein Stein flog. Da war es um die Nerven eines jungen Polizisten geschehen: Er feuerte ohne Kommando in die Menge, seine Kameraden schossen ebenfalls sofort, das Maschinengewehr begann zu bellen. Etwa 700 Schüsse wurden in kurzer Zeit abgegeben. Schreiend liefen die Menschen weg, einige lachten anfangs noch, sie dachten, die Polizisten würden nur über ihre Köpfe zielen. Schließlich blieben 69 Tote und etwa 180 Schwerverwundete, unter ihnen einige Kinder, auf dem Platz zurück.

Die Polizei versuchte bei der späteren Untersuchung zu erklären, sie sei angegriffen worden, die Menge sei bewaffnet gewesen und sie hätten sich verteidigen müssen, aber diese Aussagen mussten dann doch revidiert werden. Der anglikanische Bischof von Johannesburg, Ambrose Reeves, hatte selbst Zeugenaussagen gesammelt. Er konnte dem Untersuchungsrichter Fotos vorlegen, die bewiesen, dass die Polizisten erst aus einer Seite ihres Wagens, dann aus der anderen geschossen hatten und zwar gezielt von hinten auf fliehende Frauen, die Kinder auf dem Rücken trugen.

Die Bilder waren die Arbeit von Ian Berry, einem Fotografen der Zeitschrift »Drum«, der zufällig vor Ort war und sich auf den Boden geworfen hatte, als das Schießen begann. Diese Fotos gingen um die Welt. Hans und der Kollege von der FAZ berichteten. Sie flogen nach Kapstadt, standen auf den Parlamentsstufen, als man hörte, die Männer von Langa seien auf dem Marsch. Die FAZ druckte Berichte auf der ersten Seite, »von unserem Mann« – einmal fragte er zu Hause an, ob er vielleicht etwas Buntes über die schöne Sonne schreiben solle ... Sharpeville besuchte ich 1992 ebenfalls, auf meiner Reise als Monitorin. Ein besonderes Erlebnis, von dem ich später berichten werde.

Langa. Ein schwarzer Vorort von Kapstadt. Dort hausten Tausende Männer ohne Familien in den sogenannten Junggesellenbaracken. 3.000 von ihnen zogen an jenem Tag im März 1960 in die Stadt, marschierten stumm, ohne zu singen, was für schwarze Demonstrationen unüblich war. An der Spitze ging ein Student in kurzen Hosen: Philip Kgosane, der Held, aber auch der Verlierer des Tages.

Auch vom Hafen kamen die Arbeiter herauf und schlossen sich der Prozession an. Innerhalb des Parlamentsgebäudes war die Stimmung geladen. Berittene Polizisten sperrten den Weg ab. Da standen sie sich gegenüber, die Männer von Langa und die Polizei. Ein Offizier rief durch sein Megaphon:

»Was wollt ihr?«

»Zum Justizminister. Unsere Petition abgeben!«

»Das geht nicht!«

»Wir marschieren weiter!«

»Wir werden schießen!«

»Das habt ihr schon getan ...«

Auch hier in Langa hatte es schon Tote gegeben. Die Polizisten berieten sich. Wieder wurde das Megaphon benutzt:

»Die Anführer sollen kommen. Wir werden mit ihnen verhandeln.«

Kgosane schritt furchtlos auf die Polizisten zu, begleitet von einigen älteren Männer.

»Sorg dafür, dass deine Leute zurückgehen.«

»Nein. Wir wollen den Justizminister sprechen.«

»Das kannst du. Morgen. Wir müssen das in die Wege leiten.«

»Ist das ein Versprechen?«

Es war eins. Man versprach ihm, dass er am nächsten Tag, sollten die Demonstranten ruhig zurückgehen, mit den anderen Männern zu Meneer Erasmus, dem Justizminister, vorgelassen werde.

Philip ging zurück. Nun beriet man sich auf Seiten der Demonstranten. Konnte man den Weißen glauben? Durfte man das Leben dieser Menschen aufs Spiel setzen? Die Polizisten würden schießen, da machte man sich keine Illusionen. Erreichte man nun nicht mehr, wenn man Disziplin bewiese und das Angebot annähme?

Die älteren Männer hoben Philip auf ihre Schultern. Er sprach zu der Menge. Erzählte, was die Polizei ihm versprochen hatte. Morgen würde der Justizminister zuhören, zuhören müssen, wie sollte es anders sein, sie hätten als Bürger das Recht, von ihm gehört zu werden. Es gab Murren in der Menge. Philip sprach weiter. Stille. Dann, ohne ein weiteres Wort, machten die Männer kehrt. Die Führer hatten es so entschieden. Ihre Stimmen sollten gehört werden.

In derselben Nacht noch wurden Philip Kgosane und die anderen PAC-Führer verhaftet.

Wann immer ich in der Bundesrepublik bei Versammlungen gefragt wurde, ob man nicht langsam vorgehen müsse, ob der Wandel nicht friedlich durchzuführen sei, ob man den Schwarzen nicht klar machen könne, dass sie Geduld haben müssten, dachte ich an Langa. Ohne zu zögern brach der Weiße sein Wort. In den letzten Jahren gab es viele Anti-Apartheid-Gruppen, die alles unterstützten, nur nicht Gewalt. Der Kampf sollte gewaltlos geführt werden. Ein unmögliches Verlangen, wenn man die Macht des äußerst gewalttätigen Staatsapparates sah, der schließlich, wie er noch nach 1990 bewies, bereit war, ohne Rücksicht zuzuschlagen, um die weißen Privilegien zu verteidigen.

Zwischen dem 2. März und dem 9. April hatte es insgesamt 83 Tote und 365 Verwundete gegeben; ein kleines Massaker, verglichen mit anderen, behaupteten damals die Zyniker. Und nicht zu vergleichen mit den 8.000 Toten der zweieinhalb Jahre zwischen 1990 und Sommer 1992, die nach Mandelas Entlassung in den Townships starben, mehr als in den gesamten 40 Jahren der NP-Regierung bis zu jenem Zeitpunkt. Späte Opfer des Erbes der Apartheid.

Sharpeville: Zuerst reagierte Paul Sauer, stellvertretender Premierminister in Abwesenheit von Dr. Hendrik Verwoerd. Er erklärte, die Passgesetze würden für unbestimmte Zeit aufgehoben. Man würde die Gesetzgebung überprüfen. Triumph! Die weißen Liberalen waren außer sich vor Freude, doch zu früh. Verwoerd kehrte zurück und machte das Wort seines Stellvertreters ungültig. Verwoerd, der Mann, der 1936 die weitere Einwanderung der Juden aus Deutschland zu verhindern wusste, der glaubte, Gott selber hätte ihm die Zügel in die Hand gegeben, ihm, dem Erfinder der Bantu-Erziehung, deren Aufgabe es sein sollte, den Schwarzen für seinen Platz als ewig Untergeordneter in der gottgeschaffenen Ordnung vorzubereiten. Er sagte einmal, dass man Schwarze nicht weiter ausbilden sollte als für die Arbeit, die ihnen zustand – also als Handlanger und Dienstboten.

Leute, die dem Streikaufruf des ANC, dem Aufruf für den Tag der Trauer, folgten, wurden aufgegriffen und zur Arbeit gezwungen. Viele Schwarze verschwanden, einige starben an »Pneumonia«, an Lungenentzündung. Oder an einem Unfall, verursacht durch Ausrutschen beim Duschen… So wurde das genannt.

Am 5. Oktober 1960 kam Premier Verwoerd nach Johannesburg, um im Stadion eine Rede zu halten. Er hatte sich bereits gesetzt, die Journalisten hatten schon ihre Notizen, die Fotografen ihre Kameras weggepackt, da knallte es. Von der Stelle aus, an der ich stand, hörte es sich an wie ein Geschoß aus einem Luftgewehr für Kinder. Dann merkte ich, wie man sich plötzlich auf dem Podium um Verwoerd kümmerte, wie jemand schrie, wie Bewegung in die ersten Reihen kam. Man hatte auf Verwoerd geschossen. Wer? Es waren keine Schwarzen auf dem Gelände, das mit Sicherheitsbeamten übersät war.

So schnell ich konnte, fuhr ich ins Büro des Newscheck, für den ich arbeitete, und sah gerade noch, wie ein kleiner Volkswagen an dem Gebäude, in dem die liberale Tageszeitung Rand Daily Mail gedruckt wurde, vorbeifuhr. Die burische Volksseele war entbrannt. Die Passagiere des Wagens schossen im Vorbeifahren in die Glastüren. Es war Samstagnachmittag. Ein Portier konnte sich gerade noch ducken.

Kollegen stürzten herein. Verwoerd war noch nicht tot, er wurde von einem weißen Farmer angeschossen, ein Einzelner, der nur seine Wut abreagieren wollte.

Die Reporter, die für Sonntagszeitungen arbeiteten, rissen sich um die Telefonleitungen. Warum ... wie ... was wird ... kann er es überleben? Noch in der Nacht wurde der schwerverwundete Mann nach Pretoria transportiert und dort operiert.

Am späten Nachmittag erschien beim Portier ein schüchterner Mann. Er hätte da etwas, er wüßte nicht, wahrscheinlich interessiere es niemanden, aber ...

Ein Journalist, der gerade durch den Raum ging, sah die Kamera in der Hand des Besuchers. Es war keinem einzigen professionellen Fotografen ein Bild gelungen, alle hatten ja bereits ihr Zeug zusammengepackt.

Ob es sich vielleicht um ein Bild handele, fragte er. Ja, sagte der schüchterne Besucher, er hätte die Kamera einfach über seinen Kopf gehalten und weitergeknipst, als er merkte, da sei was los ... Innerhalb von wenigen Minuten stand eine Gruppe Journalisten um ihn herum, aus allen Taschen zog man Bargeld. Sie sammelten etwa 800 Pfund und kauften dem Mann die Rechte ab, der vergnügt und verdutzt abzog.

Dann entwickelten sie den Film, Bilder oder vielmehr ein Bild, das um die Welt ging, auf jedem Bildschirm erschien: der südafrikanische Premier, zusammengesunken auf einem Stuhl, das Gesicht blutüberströmt.

Beim Journalismus ist es manchmal so wie bei der Suche nach Gold oder Diamanten: der Amateur hat mehr Glück als der Profi.

Am Abend klopfte es bei uns. Ich arbeitete noch und öffnete die Tür. Draußen stand einer meiner alten Bekannten aus der Versicherungszeit, ein Afrikaaner, der mit seinem kantigen Gesicht und den kleinen Augen Verwoerd nicht unähnlich sah.

»Darf ich reinkommen?« fragte er. »Ich bleib nicht lange.«

Er setzte sich, blickte schaudernd auf ein abstraktes Bild von unserem Freund, dem Maler Douglas Portway, das Hans vor ein paar Tagen gekauft hatte, und sagte: »Ich wollte dir eine Waffe bringen. Eine Gaspistole. Dafür brauchst du keine Lizenz.« Er drückte sie mir in die Hand.

»Doch, nimm sie nur. Du hast mir auch ab und zu geholfen. Weißt du, ihr seid nicht mehr sicher, ihr Linken. Wenn Verwoerd stirbt ... dann gibt's ein Blutbad, sag ich dir. Ich wollte dich warnen.« Er ließ sich nicht bitten, länger zu bleiben, schüttelte mir die Hand und ging.

Die Gaspistole habe ich lange behalten, zur Erinnerung. Verwoerd starb nicht. Das wurde natürlich als Wunder ausgelegt und stärkte

nur no [illegible] ott ihn aus-
erwähl [illegible] lten. Seinen
Tod fa [illegible] sein Leben.
Im Jahr [illegible] im Parlament von einem weißen Boten, einem Griechen, erstochen.

Der erste Attentäter erdrosselte sich im Irrenhaus angeblich mit einem Bettlaken. Der Zweite behauptete nun im Gerichtssaal, er hätte einen Fisch im Magen, der ihm immer sage, was er tun müsse. Auch er verrückt? Oder sollte man, wie bei Kennedy, eines Tages eine »Verschwörungstheorie« zu recherchieren haben? Zwei Attentate auf einen Mann – zwei »Verrückte«? War Verwoerd seiner eigenen Partei zu stur gewesen, oder war er ein Opfer der Linken geworden? Es wurde nie aufgeklärt. Der ehemalige Ossewabrandwag-General mit Nazi-Symphatien und spätere Justizminister John Vorster wurde Nachfolger Verwoerds.

Doch zurück ins Jahr 1961. Man hatte so viel zu berichten. Weitere Bombenanschläge, Verhaftungen, die Republik: Aus der Union von Südafrika wurde unter dem Jubel der afrikaans-sprachigen Bevölkerung am 31. Mai eine unabhängige Republik. Wenige Tage danach wurden bereits die Kronen aus den Teppichen im Parlament sowie die britischen Königsbilder entfernt. Auch zu dieser Feier erschienen Auslandskorrespondenten. Für Hans war das ein großes Ereignis. Es kam sein alter Kollege Wolfgang Brettholz für das Schweizer Wochenblatt: Die Weltwoche. Hans hatte mir die Geschichte mit dem Reichstagsbrand ja schon erzählt, nun bestätigte Brettholz dies alles.

Sie hatten sich fast drei Jahrzehnte nicht mehr gesehen, und es war ein schönes Erlebnis mit den beiden. Wir unternahmen zusammen mit den Langs und Margot Reisen, vor allem im Nordtransvaal, suchten die neue »Busch-Universität« Turfloop auf, erlebten einen Schlangentanz junger Venda-Mädchen und nahmen zusammen mit Tausenden Frauen aus Johannesburg an einem Gottesdienst der Massensekte »Church of Zion« teil, eine der über 8.000 Sekten Südafrikas, die so gut als Blitzableiter politischer Spannungen dienten.

Und dann besuchten wir Modjadji, die Regenkönigin der Lovedu. Die Lovedu waren mit dem Lunda-Königreich des Kongo verwandt. Von Modjadji erzählt man sich viele Legenden. Modjadji die Erste soll bereits Anfang des 19. Jahrhunderts aus dem heutigen Zimbabwe in diese Gegend gezogen sein.

Nach der Legende war Modjadji Nachfahrin eines mächtigen Häuptlings, der mit einer seiner Töchter ein Kind gezeugt hatte; das

Mädchen floh zusammen mit seiner Mutter, nachdem diese die magischen Ketten des schlafenden Königs an sich genommen hatte. Sie flüchteten in das Gebirge des heutigen Nordtransvaal. Dort bewies die junge Modjadji ihre magischen Kräfte, ihre Fähigkeiten zu regieren und – ihre Unsterblichkeit. Sie wurde als Göttin und Regentin verehrt, durfte nicht heiraten und war umgeben von einem Stab Ratgeber. Die Kinder, die im königlichen Kraal aufwuchsen, kamen angeblich von Modjadjis Frauen. Die Häuptlinge zollten ihr Tribut, wie es sich für ein großes Oberhaupt gehörte, und so wurden ihr auch einige Mädchen geschenkt. Manchmal gab Modjadji einem Mann eine »ihrer« Frauen zur Braut, das galt natürlich als hohe Ehre. Wenn eine Modjadji merkte, ihre Kräfte ließen nach, so nahm sie den Giftbecher, kurz darauf wurde ihrem Volk eine jüngere Ausgabe der Königin vorgestellt, eine Verjüngung ihrer selbst. Modjadji IV., die Vorgängerin der Königin, die wir besuchen durften, war die erste, die eines natürlichen Todes starb. Die Nachfolgerin wurde von ihren Ratgebern unter ihren Kindern ausgesucht, keiner, weder die Kinder noch das Volk, wusste im Voraus, wer die nächste Verkörperung der Königin sein würde.

Wir fuhren also immer weiter in die Berge und legten den letzten Teil der Reise zu Fuß zurück. Am Fluss versteckten sich einige Frauen, Modjadjis Bräute. Der Kraal der Königin war von einem Holzzaun umgeben, jeder einzelne Pfosten ein Totempfahl, großartig geschnitzt. Es grinsten uns die phantastischsten Masken an. Ehrfürchtig empfingen uns vier Ratgeber am Eingang, wir spürten die Blicke vieler Menschen im Rücken.

Die Königin wohnte in einem Haus aus Stein, saß auf der Veranda und erteilte uns eine Audienz, von einem Interview konnte man eigentlich nicht sprechen. Sie war eine Frau mittleren Alters mit schönen klaren Zügen. Die Männer hatten sich die Schuhe ausgezogen, als sie ins Haus traten, wir wurden daran gehindert, diesem Beispiel zu folgen. Wir breiteten Geschenke aus, die sie würdig mit dankender Geste annahm. Als Frau durfte ich etwas später mit einer der alten Frauen den Hang hinaufklettern, zum heiligen Hain der Modjadji. Dort spricht sie jedes Jahr die Zauberformeln, wenn es Zeit wird, Regen zu machen. Wenn Dürre herrscht, kommen die Menschen aus allen Teilen des Landes hierher und beten, bis die Regenkönigin sich erhebt und allein zu diesem Hain geht, um dort den Himmel und die Ahnengeister anzuflehen. Sie soll noch nie eine Dürre nicht beendet haben; nur wenn Gott zürnt und die Ahnen zornig sind, gibt es eine derartige trockene Zeit. Modjadji weiß, wie man das Herz der Ahnen erreicht, so dass diese ihre Stimmen erheben und Gott bitten, das Leiden zu beenden. Selbst der große Zulukönig Shaka soll Modjadji Tribut gezollt haben.

Für die südafrikanische Regierung war Modjadji ein Häuptling wie jeder andere, ihr Berg gehört theoretisch zum Homeland Lebowa.

In unserer Audienz erzählte sie über das Kommen der Weißen, ein Begleiter übersetzte es für uns:

»Zur Zeit, als die ersten Buren hier waren und das Volk der Sothos bekämpften, da zogen diese sich zurück in die Berge. Modjadjis Volk wurde niemals besiegt, musste niemals einem anderen Volk Tribut bringen. Doch ein weißer Führer wollte das Gesicht von Modjadji sehen und damit das Volk demütigen. Immer wieder kamen Boten, immer wieder wurden sie nach gebührender Ehrenbezeugung fortgeschickt. Eines Tages kamen Männer auf Pferden. Sie wollten Modjadji mit Gewalt zu ihrem Führer bringen. Darauf gingen die Ratgeber zu ihrer Königin und fragten, was sie tun sollten. Modjadji sagte ihnen, sie sollten tapfer bleiben und niemals an ihr zweifeln. Nach einiger Zeit erschien eine verschleierte Frau, sie trug die Kleider der Königin. Die weißen Männer zogen mit ihr den Berg hinab. Sie brachten die Frau zum Führer, der schlug den Schleier zurück. ›Ich bin hier, Herr‹, sagte sie, der Führer aber erkannte die Wahrheit. Dies war nicht die echte Herrscherin, sie trug nicht die Zeichen, die nur ein Häuptling trägt. ›Ihr habt mich betrogen‹, sagte er zu seinen Leuten, aber er sandte keine weiteren Boten auf Modjadjis Berg, denn als er in seine Hütte zurückkam, da lag die Frau, die als Modjadji gekommen war, tot am Boden.«

Wir hatten die Geschichte bereits gehört. Es soll sich um einen Führer zur Zeit des großen Burentreks aus dem Kap nach 1838 gehandelt haben, um Piet Retief vielleicht, der später von den Zulus getötet wurde.

Die Vertreter von Modjadji in den städtischen Vororten waren Männer, wurden aber »Mütter« genannt, denn sie vertraten eine Königin. Als wir den Berg hinabgingen, sah ich eine Wolke tief auf dem Gipfel hängen. »Die ist immer da«, erklärte der Eingeborenenkommissar. »Der Berg heißt der Wolkenberg.« Eine passende Heimat für eine Regenkönigin.

Der weiße Südafrikaner kannte seine schwarzen Mitmenschen nicht, interessierte sich nicht für ihre Geschichte, ihre Tradition, abgesehen von den wilden Tänzen, die von schwarzen Bergarbeitern sonntags für Touristen auf dem Minengelände aufgeführt werden. Die Apartheid zerstörte durch das System der Wanderarbeit das traditionelle Leben, doch trotz allem wurde Kultur schließlich zu einer wichtigen Waffe des Widerstandes.

Der Job bei Newscheck war meine erste feste Beschäftigung als Journalistin, ich begann ihn im Jahre 1960, kurz nach meiner Kündigung bei der Versicherung.

Otto Krause, Besitzer und Chefredakteur dieser Zeitung, war lange der einzige »salonfähige Nationalist« bei den Liberalen, wie er selbst behauptete. Ich arbeitete gerne für und mit ihm. Ein anderer Kollege war der junge Harald Pakendorf, der aus einer deutschen Missionarsfamilie stammte. Später wurde er Chefredakteur der einflussreichen Zeitung »Vaderland«, war einer der ersten afrikaans-sprachigen Befürworter von Gesprächen mit Mandela und dem ANC und musste schließlich deshalb gehen. In den 90er Jahren wurde er einer der wichtigsten Journalisten, wie andere, die aus ähnlichen Gründen ihre Zeitungen bereits früher als er verließen. Zum Beispiel Allister Sparks, Korrespondent der »Washington Post« und des »Observer«, einst Chefredakteur der »Rand Daily Mail«.

Es war anregend, Menschen wie diese als Freunde zu haben. Ich erinnere mich an eine amüsante Geschichte mit Pakendorf. Er war noch bei Newscheck, als er heiratete und ein Haus mieten wollte. Zufällig wusste ich eines. Pakendorf war glücklich; das Haus war billig, winzig klein, aber hübsch und lag in einem Vorort, in dem fast nur afrikaans-sprachige Nachbarn wohnten. Kurz nach seiner Hochzeit ging ich auf eine Dienstreise. Als ich zurückkam, schien Harald mir etwas sagen zu wollen, rückte aber nicht richtig mit der Sprache heraus. Also lächelte ich ihn an und fragte: »Ist etwas nicht in Ordnung mit dem Häuschen?« Er sah mich an. Ich wartete.

Dann platzte er heraus: »Wer hat eigentlich da gewohnt, hey? Wem gehört das Haus?«

»Na, du hast doch den Mietvertrag unterschrieben.«

»Jaja, aber wer ist diese Eigentümerin?«

Die Besitzerin war verheiratet gewesen, hatte also den Vertrag mit diesem Namen aufsetzen lassen. Ich wusste, dass ich ihr nicht mehr schaden konnte. Die Miete bekam sie so oder so nicht, die wurde auf ein Sperrkonto eingezahlt.

»Ihr Mädchenname ist Bettie du Toit.«

Er atmete erleichtert auf. »Du Toit ... dann ist sie eine der unseren ...« Doch dann erinnerte er sich. »... Bettie du Toit – Jetzt verstehe ich.«

Bettie, einige Jahre älter als ich, wurde als Waise in einem Internat für Burenkinder erzogen und hatte sich erstaunlicherweise bereits als junges Mädchen Gedanken über die Ungerechtigkeiten der Gesellschaft gemacht. Erst arbeitete sie in einer Fabrik, dann für die Gewerkschaft, setzte sich für die unterbezahlten Burinnen in der Textilbranche ein. Sie war als Kommunistin verschrien. Sie arbeitete später in Natal, unter den indischen Zuckerplantagenarbeitern, und war bereits als Textilgewerkschafterin inhaftiert worden. Sie wurde immer militanter, nahm als eine der wenigen Weißen an der Trotzkampagne der 50er Jahre aktiv teil, wanderte immer häufiger ins Gefängnis, wurde gebannt, aber nicht einmal das schüchterte sie ein. Nadine, unsere gemeinsame Freundin, nahm Bettie als Vorbild für eine ihrer wichtigsten Frauenfiguren und zollte ihr auch große Achtung in dem Vorwort zu einem Buch, das Bettie 1978 in London veröffentlichte. 1963 musste Bettie aus Südafrika fliehen – deswegen war ihr Haus also zu vermieten.

Pakendorf erzählte: »Es sind komische Dinge geschehen in diesem Haus.«

»So?« – Es schien schwer für ihn, der damals noch die Apartheid verteidigte, zuzugeben, dass Menschen wie Bettie du Toit in Südafrika verachtet wurden.

»Am ersten Tag, vielmehr in der Nacht, schmissen unsere Nachbarn Steine auf unser Dach. Lettie wurde, als sie einkaufen ging, von jemandem im Laden beleidigt.« Lettie, Haralds Frau, war Redakteurin bei einer afrikaans-sprachigen Tageszeitung.

»Und dann hatten wir erstaunlich viele schwarze Bewerber um Jobs für so ein kleines Haus.«

»Nun«, meinte ich, »es könnte sich herumgesprochen haben, dass ihr neu in der Gegend seid.«

»Könnte«, antwortete er, »aber wir haben doch bereits jemanden. Außerdem blieb keiner lange genug, um sich auszuweisen.«

Das konnte ich mir denken. Es handelte sich sicher um Bekannte von Bettie, die nicht wussten, dass sie nicht mehr im Lande war.

»Und dann hatten wir Probleme mit dem Telefon. Zuerst ging es nicht. Dann beschwerte ich mich bei der Post, und es wurde daran gearbeitet. Später hörte ich manchmal merkwürdige Geräusche. Es wurde oft angerufen, ohne dass sich jemand meldete. Nur das Atmen eines Menschen konnte man hören. Bis ... ja, bis sich dann doch jemand meldete. Er sei von der Polizei, sagte er, ob ich mich bitte gelegentlich bei ihm melden würde.«

»Wo? In Greys?« So hieß das Gebäude, in dem die Geheimpolizei, der »Special Branch«, der später zum »BOSS« (Bureau of State Security) umfunktioniert wurde, ihr Hauptquartier hatte.

»Nein. Ich ging zur Polizeistation bei uns in der Nähe.« Er erzählte nur langsam, überlegte sich offensichtlich, wie viel er mir sagen könnte. »Wir einigten uns.« Sicher hatte auch die Polizei gemerkt, dass Pakendorf gewiss keine »linken« Schwenks gemacht hatte. Ich fragte: »Hat man dich gebeten, ihnen zu sagen, ob Post, Telefonanrufe oder eben Besuch kommt?« Er sagte widerwillig: »Ja.« Dann lachte er, es war wohl wie ein Abenteuer für ihn, dass ausgerechnet er in dem Haus einer Staatsfeindin lebte.

Im Oktober 1976 trafen wir uns zum ersten Mal wieder, in Genf, bei der Konferenz über Rhodesien. Er erinnerte mich an die Geschichte. Ich erzählte ihm, dass Bettie erst in Tanzania, dann in Ghana lebte und durch eine seltene Krankheit erblindet war. Sie wurde nach Großbritannien gebracht, wohnte einige Zeit bei mir, machte viele Operationen durch und wohnte zuletzt in einer kleinen Wohnung in London. Mit Nadines Hilfe konnte sie 1992 nach Johannesburg zurückkehren.

Zu der Zeit, als Brettholz uns besuchte, kamen die Langs wieder nach Johannesburg. Hans war monatelang krank gewesen, nun fühlte er sich besser, und nachdem Brettholz abgereist war, ging er täglich mit Robert und Joan aus. Mittags rief er mich meistens an: »Wir sind im Country Club. Hast du Lust, mit uns essen zu gehen?« Diese Lust hatte ich nur einmal, dann verging sie mir. Genauso hatte ich mir diesen Club vorgestellt. Schlanke, braungebrannte Frauen, junge Männer, die alle aussahen, als ob sie soeben einer bekannten Tabakreklame für die große weite Welt entsprungen wären. Außerdem konnte ich nicht zwei Stunden für Lunch benutzen. Das war nichts für mich, ich hatte zu arbeiten.

An einem Abend sagte Robert bewundernd zu mir: »Du weißt gar nicht, wie gut du es hast, dass dir das Arbeiten Spaß macht. Mir macht überhaupt nichts Spaß.« Ich antwortete darauf etwas scharf: »Ich habe keine Wahl, oder?«

Er sagte nichts. Wie auch? Er war der Mann einer reichen Frau. Sein Schwiegervater war einer der Minenmagnaten. Ich verstand Hans nicht.

Ein Jahr zuvor, im Jahr des Massakers von Sharpeville, als wir zusammen einige Tage in Lugano Ferien machten, nachdem wir bei den Schwiegereltern gewesen waren, gab er mir seine Post. Ich sollte sie wie immer beantworten und die Abrechnungen in Ordnung bringen. Er ging aus.

Ich machte mich an die Arbeit. Drei Briefe legte ich zur Seite. Sie waren an ihn adressiert, aber kamen mir merkwürdig vor, fast so, als ob sich jemand einen Witz erlaubte. Sie hätten eine neue Abteilung aufgemacht, hieß es im ersten Brief. Sie warteten noch immer auf die ersten Sendungen, im zweiten. Beim dritten fiel es mir wie Schuppen von den Augen. Es hieß nämlich in einem P.S.: »... iss bitte keine Seezunge, Liebling.« Ich wurde blass, zitterte. Seezunge ... Liebling. Im vergangenen Jahr hatte sich Hans in London von einer Seezunge im Savoy-Grill eine schwere Vergiftung geholt. Es wussten nur wenige Leute davon. Ich sah mir die Briefumschläge genauer an: Livingstone, Nordrhodesien. Natürlich, Joan Lang – Hans hatte mit ihr eine Affäre.

Ich war wie erstarrt. Fühlte mich verraten. Wie oft hatte er zu mir gesagt, dass ich alles für ihn bedeute. dass andere Frauen für ihn unwichtig geworden seien. Und wie sehr er gelitten hätte, als ich mit ihm brechen wollte und ihm schrieb, dass das Ungewisse, das Geheime, das Unehrliche unserer Beziehung nicht mehr aushalten könne.

Damals, als ich zu ihm zurückkam, hatte ich es getan im Gefühl meiner Ohnmacht gegenüber der Ausstrahlung, die er für mich hatte, und auch mit dem Gefühl, dass er mich wirklich liebte. Ich hatte ihn gebeten, es mir zu sagen, wenn er eine Freundin haben wollte. Er hatte es versprochen und dies auch gehalten, als er mir erzählte, er wolle in Paris eine alte Freundin besuchen. Es machte mir nichts aus. Aber diese Sache mit Joan legte ich anders aus. Heimliche Briefe. Geheime Treffen. Ich las die Briefe noch einmal. Steckte sie in meine Tasche. Meine Sachen waren fast alle gepackt, wir wollten am folgenden Tag zurückfliegen. Ich verließ die Pension, keiner sah mich gehen. Ich ging zum Bahnhof, doch kein Zug fuhr bis zum Abend. Ich setzte mich in ein Café, bestellte irgendetwas. Ein Mann sprach mich an. Ob er etwas für mich tun könne, ich sähe traurig aus. Worauf ich anfing zu weinen und ins Hotel zurückging.

Es war mir etwas eingefallen. Wie gesagt, wir waren in Lugano, wo wir nur Ferien verbrachten, weil Hans zufällig jemanden aus der Emigrantenzeit in Frankreich ausfindig gemacht hatte. Eine Frau von Röchling, Vilma von Röchling. Sie hatte uns eingeladen.

Frau von Röchling gehörte zum Jet-Set der 20er Jahre. Als ich sie nun kennenlernte, war sie eine alte Dame, die eine Dienerin hatte, sehr auf ihr Äußeres bedacht war und etwa drei Stunden für ihre tägliche Toilette benötigte.

Ihretwegen ging ich zurück. Es war mir eingefallen, dass wir an diesem letzten Abend mit ihr verabredet waren, und ich wollte keine Aufregung verursachen. Sie war dafür zu alt, zu zerbrechlich: Immer, wenn ich an sie denke, sehe ich Dresdner Porzellan vor mir, klein, zierlich, perfekt. Sie muss als junge Frau wunderschön gewesen sein. Sie konnte sich nicht vorstellen, dass eine Frau ohne Mann leben könne oder dass sich nicht alles im Leben einer Frau um Männer drehe. Sie meinte, ich sei eine nette »Kleine«, ungeschickt, weil ich mich nicht weiblich genug verhielt. Sie fand mich zu scheu, Hans zu offensichtlich treu und meinte, eine Beziehung bekäme nur durch Stress, Leidenschaft und Eifersucht die richtige Bedeutung.

Als ich ankam, fand ich Hans total aufgelöst vor, er hatte mich gesucht, quälte mich nun mit Fragen, ich weigerte mich, etwas zu erklären und sagte, ich sei nur wegen Frau von Röchling gekommen und würde am nächsten Tag nach London fahren, ohne ihn.

Er beschwor mich, ihm zu sagen, was los sei. Es war schwer, zu schweigen. Schließlich hatte ich seit meinem 16. Lebensjahr alles mit ihm besprochen. Also erzählte ich ihm von den Briefen. Er nahm sie, aber las sie nicht. »Du siehst doch, ich habe sie dir gegeben, als Geschäftspost, ich habe sie nicht einmal aufgemacht.« Ich gab es zu. »Aber, sie erwartet, dass du den Briefwechsel fortsetzt ...«

Er fing an zu lachen. »Sie erwartet ... Aber ich habe ihr nicht geschrieben. Oder? Sicher, wir unterhalten uns – sie holt sich Rat. Du denkst doch nicht, dass ich mich der Gefahr aussetze, dich zu verlieren? Wegen einer kleinen reichen ›bitch‹, die jede Woche einen neuen ›thrill‹ braucht? Sie ist noch nicht mal 30 Jahre alt ...«

Es leuchtete mir ein. Die Briefe zerriss er, ohne sie zu lesen. Damals hatte ich ihm also geglaubt.

Doch diesmal blieben Langs länger. Sie hatten einige unserer Reisen mitgemacht, ich hatte gemerkt, wie Joan sich an Brettholz schmiegte, und gesehen, wie Robert darunter litt.

Ich lebte nun so, als ob ich nicht verheiratet sei. Ich sah Hans kaum. Meine Schwester bot mir an, mir Geld zu schenken oder zu leihen, wenn ich nach London zurückgehen wollte, aber ich lehnte ab. Ich traf mich oft mit Freundinnen, Ruth Katz und Nadine, die versuchten, mich abzulenken.

In Nadines Haus, einem herrlichen alten zweistöckigen Gebäude in einem der weniger feudalen nördlichen Vororte, fühlte ich mich stets wohl. Der gepflegte Garten mit seiner einmaligen Aussicht reflektiert noch heute die Ruhe, die sie braucht. Nadine arbeitet in einem winzigen Zimmerchen, schreibt ihre Bücher auf einer alten Schreibmaschine, arbeitet täglich vormittags und kann während dieser Zeit auf keinen Fall gestört werden.

Ihre Tochter aus erster Ehe war noch ein Kleinkind, als Nadine, bereits geschieden, ihr erstes sofort erfolgreiches Buch schrieb. Später heiratete sie Reinhold Cassirer, Mitglied der Berliner Cassirer-Familie. Als ich zum ersten Mal bei ihnen war und noch nichts von Paul Cassirer, dem Kunsthändler, wusste, bewunderte ich ein kleines Bild über dem Kamin und meinte, das sei ja ein herrlicher Daumier, ich hätte noch nie einen so guten Druck gesehen. Hans lachte nur. Es war das Original.

Als ich noch im Buchladen arbeitete, half ich Lottchen Fürstenberg, Reinholds Mutter, bei ihrer Korrespondenz. Jeder Verdienst war mir willkommen. Einmal sagte sie: Jedes Mal, wenn einer meiner Söhne sich wieder scheiden lässt, kostet mich das einen Cézanne ...« Sie war eine großartige Persönlichkeit, schwierig, launisch, ganz die Salonherrin der Jahrhundertwende. Ich habe weder bei den Cassirers noch bei Nadine jemals das Gefühl gehabt, dass ich mit »wichtigen« Menschen zusammen war. Sie lebten einfach, das Haus war damals noch voll Kinder – auch Reinhold hatte Kinder aus einer anderen Ehe, zusammen hatten sie einen Sohn. Sie kannten Hans, mochten ihn, aber verstanden auch seine Depressionen. Man brauchte sich weder zu entschuldigen noch darüber zu reden.

Als ich 1990 nach 25 Jahren wieder in Johannesburg war und einige Tage bei Cassirers wohnte, war es schön festzustellen, dass sich nichts im Haus verändert hatte, wo doch alles in der Stadt anders geworden war.

Freundschaft: In jeder Lage meines Lebens habe ich das Glück gehabt, gute Freunde zu haben, die besorgt waren und die da waren, wenn ich sie brauchte. Ob ich dasselbe für andere tun konnte? Selbst weiß man das nie so genau. Sicher, immer kamen Menschen zu mir, sie tun es heute noch, wollen Rat, sich aussprechen, einfach da sein; ich glaube jedoch, dass ich nie genug gab. Wärme ja, aber ich war einfach immer zu sehr in den Tageskampf eingespannt, um viel Zeit zu haben, mich so für andere einzusetzen, wie ich es eigentlich gerne getan hätte. Im Ruhestand auf der Isle of Wight, finge ich an, mich um alte Menschen zu kümmern, dachte, vielleicht kann ich doch am Ende noch etwas nachholen. Später, als ich doch wieder in Deutchland lebte, kam ich Einladungen nach, in Schulen oder Seminaren und verschiedene Veranstaltungen zu sprechen oder zu lesen – man muss eben tun, was man kann, so lange man kann.

Die Langs blieben bis Neujahr. Wir gingen zusammen aus, in das Nachtlokal, in dem ein guter Freund, Adam Leslie, als Chansonsänger auftrat. Er hatte nur wenige Monate vorher seine Frau verloren, auch sie war eine gute Freundin, er bat mich zu kommen, wollte in dieser Nacht nicht allein sein. Der Auftritt muss ihm viel Schmerzen bereitet haben, aber: the show must go on. Judith Gluckmann, seine Frau, war Malerin gewesen. Mein Lieblingsbild, ein Aquarell von ihr, hing in unserem Wohnzimmer. Sie und Ruth Katz waren nicht nur gute Kolleginnen, sondern auch gute Freunde gewesen. So gingen wir nun zusammen in das Lokal, Hans, die Langs, Ruth und ein Bekannter, Margot, meine Schwester und Schwager mit einigen Freunden, und ich. Es war für mich eines der traurigsten Neujahrsfeste, die ich je erlebt hatte.

Hans tanzte kein einziges Mal mit mir, ohne Erklärung – aber mehrmals mit Joan. Wir frühstückten bei Adam. Fuhren nach Hause. Ich schlief noch am späten Vormittag, als Hans aufstand, zur Tür ging, mit jemandem sprach und zurückkam.

»Wer war das?« – »Langs. Sie fahren zurück nach Livingstone.«

Das konnte für mich nicht früh genug sein. Ich drehte mich um und schlief weiter. Dachte, es war also wie so oft eine vorübergehende Phase: wie damals bei der Musik, als Hans nur in Konzerte gehen wollte oder später, als er sich ausschließlich für moderne Kunst interessierte. Langs fuhren also ab. Ende.

Es war das Ende aber nicht so, wie ich es mir an jenem 1. Januar gedacht hatte.

Wenige Tage, nachdem Langs abgefahren waren, erkrankte Hans. Fast gleichzeitig erreichte uns ein Telegramm, dass sein Vater im Sterben lag. Ich packte für Hans, kaufte den Flugschein, fuhr ihn zum Flughafen und, wie ich schon erzählte, er kam noch an, bevor sein Vater das Bewusstsein verlor. Sie hatten sich nie richtig verstanden, diese beiden so verschiedenen Menschen, aber geliebt haben sie sich. Die nun folgenden täglichen Briefe von Hans waren trotz und wegen der erschreckenden Offenheit eine Wohltat, er teilte mir seine Gedanken mit, etwas, das er seit Monaten nicht getan hatte. Ich las jedes Wort, jeden Brief zweimal und glaubte, dass die Phase der Lang-Freundschaft vorüber war.

Ich hoffte, ihn jetzt überzeugen zu können, auszuwandern. Unser Verbleib in Südafrika hatte ja nichts mit einem besonderen Lebensstandard zu tun, sondern eher mit der Hans eigenen Angst vor Veränderung. So wie in Südafrika hätte ich woanders auch arbeiten können. In einem anderen Land hätte ich mich nicht mitschuldig gefühlt, hätte nicht in einer Gesellschaft gelebt, in der zuerst mal die Hautfarbe stimmen musste. Ständig hatte ich dieses Gesetz vor Augen, Paragraph 61 des Population Amendment Act von 1962: »Eine weiße Person ist eine Person, die a) offensichtlich nach dem Aussehen weiß ist und im allgemeinen nicht als Farbiger angesehen wird, und b) generell als weiße Person angesehen ist und nach dem Aussehen nicht ein Nichtweißer ist.«

Zwei Tage nach dem Tod des Vaters weckte mich das Telefon um ein Uhr früh. Die Stimme eines Bekannten sagte, ganz schnell: »Ich muss dich sprechen. Mach die Tür auf, wenn du den Wagen hörst.«

Douglas Portway, aus dem Künstlerkreis, er lebte nicht mehr in Johannesburg, hatte nur einen Besuch bei seiner Mutter gemacht. Nach wenigen Minuten hörte ich ein Auto unten vor dem Haus, der Kaffee war schon fertig.

»Tut mir leid, dich zu wecken. Sie haben bei Hans das Büro durchsucht. Ich bin angerufen worden, Gerrit, der unten den Buchladen hat, hat sie gesehen. Er dachte, Hans hätte das Licht angelassen, wollte hinauf, der Portier torkelte ihm entgegen, er war völlig betrunken. Er sagte: ›Gehn Sie nicht rauf, die Polizei ist oben.‹ Vielleicht verhaften sie dich. Hans darf nicht zurückkommen!« Der Meinung war ich auch. Wir hatten uns nicht direkt politisch betätigt, aber viel geschrieben und Kontakt gehabt mit Schwarzen. Das genügte vollkommen.

Ich wusste, wie ich mit Hans in Kontakt kommen konnte, über die Privatadresse seines Freundes Werner Holzer, dem damaligen Chef vom Dienst der Frankfurter Rundschau. Ich war sicher, dass die Polizei die Adresse der Rundschau und die seiner Mutter haben würde. Ich schrieb ihm, sagte, er solle bleiben, wo er war, ich würde alles abwickeln. Ich würde einen Job bekommen, er wahrscheinlich auch, sollte er bereit sein, in Deutschland zu bleiben. Sonst würde ich es auch in London schaffen.

Hans antwortete nicht. Die täglichen Briefe hörten auf. Er hatte meine Nachricht erhalten, denn nach einer Woche kam ein Telegramm: »Fahre einige Tage in die Schweiz. Zum Entspannen. Tod des Vaters hat mich sehr mitgenommen.« Das wusste ich. Aber – in die Schweiz? Und wer sollte das bezahlen? Wahrscheinlich Mutter. Ob sie dabei war?

Ich rief Douglas an. »Er kommt zurück!«

Wir holten ihn nach dem Schweizer Aufenthalt vom Flughafen ab. Ich hatte einen Rechtsanwalt benachrichtigt, aber er wurde nicht gebraucht. Es fand keine Verhaftung statt, aber einige Tage später wurde Hans ins Grey-Gebäude beordert und gefragt, für welche Zeitungen er tätig sei und warum er noch immer die deutsche Staatsangehörigkeit hätte. Eine Warnung, ein Einschüchterungsmanöver.

An dem Tag, an dem Hans zurückkehrte, war er verändert. Er unterhielt sich weder mit mir noch mit Douglas, den er lange nicht gesehen hatte. Er zog sich sofort ins Schlafzimmer zurück, ich erwartete wieder eine lange Depression. Einige Tage nach seiner Ankunft tauchte er unerwartet bei einer Kunstausstellung von Edourdao Villa auf, kurz nachdem ich erklärt hatte, er sei krank. Nun war er da, wie immer der Mittelpunkt, gut aufgelegt und gesprächig.

Am nächsten Tag lud er mich zum Essen ein. Wir gingen in ein Restaurant, in dem auch getanzt wurde. Er meinte, selbst weiße Afrikaner könnten besser tanzen als Europäer. Dann sagte er: »Vaters Tod beschäftigt mich noch immer.« – »Ich weiß ...«

Er sprach weiter, als ob wir uns lange über das Thema unterhalten hätten. »Jeder Mensch ist von der Wiege bis zum Tod allein. Es hat keinen Zweck zu versuchen, durch jemand anderen zu leben. Ich hab das mit dir versucht. Nun musst du dich daran gewöhnen, dass auch du allein bist. Ich denke, man hat keinerlei Verantwortungen gegenüber irgendeinem Menschen.«

Ich war bestürzt und verwirrt. »Wie soll ich das verstehen?«

Er seufzte, bestellte Kaffee, meinte, er hätte sich gedacht, dass ich es nicht verstehen würde, und fügte hinzu: »Aber natürlich habe ich nicht die Absicht, mich je von dir scheiden zu lassen.«

Ich war den Tränen nahe. Was bedeutete das alles? Sicher, die letzten Monate waren schwer gewesen, das pausenlose Zusammensein mit Robert und Joan, der Tod des Vaters ... Aber was hatte das mit unserer Ehe zu tun? Ja, er hatte durch mich gelebt und hatte mir die Möglichkeit gegeben, als Frau im Geschäftsleben zu stehen. Was hatte sich nun geändert?

Ohne dass ich es wollte, liefen mir die Tränen über das Gesicht. Das mit der Scheidung hatte mich hart getroffen.

»Was willst du eigentlich?« fragte ich hilflos.

»Frei sein. Jeder Mensch hat das Recht, frei zu sein.«

Dabei blieb es. Ich fuhr langsam, es regnete, die Straße war kaum zu sehen, das Restaurant lag am Stadtrand, wo es keine Straßenbeleuchtung gab.

Etwa eine Woche später erschien Joan im Büro. Ob sie Hans sprechen könne? Sie sei unerwartet aus Nordrhodesien abgereist, weil sich Robert auf Geschäftsreise befinde und es nicht gut sei, sich in der augenblicklichen politischen Situation dort aufzuhalten. Ich sagte ihr, Hans würde in wenigen Minuten anrufen, wie jeden Mittag. Sie verabredeten sich. Ja und dann fing alles wieder so an, wie es am Januar aufgehört hatte: Hans kam jeden Abend spät nach Hause und schlief noch, wenn ich aufstand. Er wurde von Joan abgeholt wie früher von den beiden zusammen. Ein Gespräch zwischen uns war nicht mehr möglich. Es war, als ob wir nicht einmal im selben Haus wohnten. Nach einigen Monaten war ich absolut zermürbt.

Margot wollte sechs Wochen nach Europa fahren, sie bot mir ihre Wohnung an, und ich sagte sofort zu. Da Hans wie immer schlief, als ich wegging, legte ich ihm einen Zettel hin, dass ich es mir überlegt hätte, was er damit meinte, frei zu sein, aber dass ich es immer noch nicht verstanden hätte. Er jedenfalls scheine es so aufzufassen, dass er nicht arbeiten müsse und die Zeit dazu benutzen könne, mit jemand anderem zusammen zu sein, um endlose Gespräche zu führen. Ich würde die Situation unmöglich finden und ausziehen, in Margots Wohnung, sie würde erst in sechs Wochen wiederkommen.

Dieser Zettel trieb Hans zu mir ins Büro. Ich sah ihn zum ersten Mal seit Wochen nicht schlafend, er war blass, die scharfen Falten schienen tiefer geworden zu sein. »Ich will nicht, dass du ausziehst«, sagte er, »ich möchte nicht, dass man denkt, unsere Ehe sei nicht in Ordnung.«

Ich war so erstaunt, dass ich nicht einmal lachen konnte. Er war ärgerlich. »Wenn du ausziehen würdest, so wäre das konkret – und ich brauche nun mal jemanden, der da ist. Du arbeitest.« Das klang ironisch. Wovon sollte wohl sonst die Miete bezahlt werden?

»Wenn du darauf bestehst, dann ziehe ich aus«, fuhr er fort. »Du kannst sagen, ich sei verreist, wenn jemand anruft. In sechs Wochen sei ich wieder da.«

Ich war fassungslos. »Sechs Wochen?«

»Na, du hast doch gesagt, du wolltest sechs Wochen allein sein.«

Ich war viel zu deprimiert, um seinen Irrtum aufzuklären. Er mietete für diese Zeit eine Wohnung, ich half ihm umzuziehen. Fragte ihn zögernd, ob das Verhältnis zu Joan inzwischen physisch geworden sei. Er verneinte es, sagte, das interessiere ihn augenblicklich gar nicht, er sei krank und deprimiert. Das Erstaunliche war, dass er annahm, ich würde weiter für ihn arbeiten. Nun, noch erstaunlicher war vielleicht, dass ich das wirklich tat. Er brachte mir Material, erklärte, was er schreiben würde, und überließ den Rest mir.

Einige Tage nach dieser Trennung, von der niemand etwas wissen durfte, erhielt ich einen Anruf. Robert. Aus Livingstone. Er wusste offensichtlich, dass Hans ausgezogen war.

»Ich fliege morgen nach Johannesburg. Ich werde Joan und Hans erschießen. Und die Kinder. Und natürlich mich selbst auch!«

Ich hielt krampfhaft den Hörer fest.

»Robert, das ist doch Unsinn. Du musst unbedingt mit mir sprechen. Hans ist kompliziert und krank, er ...«

Er überhörte alles, was ich sagte. »Ich komme morgen Abend an.«

Ich wurde wieder sachlich. »Wann? Gut. Ich werde dich abholen.« Mir war schwindelig. Nach wenigen Minuten klingelte es wieder. Es war eine Freundin, der ich von unseren Problemen erzählt hatte. »Robert hat dich angerufen? Das dachte ich mir. Er rief auch bei mir an, und als er hörte, ihr seid getrennt, sagte er, darauf hätte er gewartet, jetzt würde er sich das Leben nehmen.«

Ich atmete auf. »Zu mir sagte er, er würde sie erschießen, die Kinder auch. Das ist doch alles unmöglich – er muss krank sein, viel kräker noch als Hans.«

Sie sagte: »Du kennst Robert eigentlich nicht, oder? Er ist Waise, Halbwaise oder so, Joan war sein erstes Erlebnis und die Ehe sein erstes Zuhause; wenn sie ihm nun die Liebe entzieht und auch die Kinder, dann ist das ganz schlimm für ihn.«

»Ich werde ihn morgen vom Flughafen abholen.«

Ihre Stimme wurde ruhiger. »Gut. Bring ihn doch zu uns, ja?«

»Vielleicht. Ich werde in Rivonia wohnen.« Ich hatte dort eine Bekannte, die ebenfalls nach Europa fliegen wollte, sie hatte mir das Haus für das Wochenende angeboten.

In der Nacht schlief ich kaum, Kopfschmerzen stellten sich ein, dann heftige Zahnschmerzen. Als ich mich bei Tagesanbruch ins Badezimmer schleppte, erkannte ich mein Gesicht kaum wieder. Ich sah aus wie die Witzfiguren in den Sprechzimmern der Zahnärzte. Anstatt ins Büro, ging ich zu meiner Zahnärztin, einer alten Freundin, die entsetzt war, als sie mich sah. Als sie mir auf den Zahn fühlte, ging ich fast an die Decke.

Irgendwie überstand ich die Behandlung, wurde in ein Nebenzimmer geführt und in eine Decke gehüllt. Ich bekam eine Pille. »Schlaf nur. Wenn du aufwachst, musst du nach Hause.« Sie legte ihre Hand auf meine Stirn. »Du bist unglücklich? Naja, wir kennen unseren Hans.« Auch sie gehörte zu der Gruppe ehemaliger Emigranten. »So, wenn du aufwachst, wird dir die Schwester Pillen geben, eine gegen die Schmerzen, zwei zum Schlafen. Mehr wären gefährlich.«

Als ich aufwachte, konnte ich die Schmerzen tatsächlich aushalten und ohne Tabletten selbst nach Rivonia fahren. Dort war meine Freundin bereits reisefertig. Angesichts meines Zustands machten wir einen Kompromiss. Ihr Fahrer sollte uns zum Flughafen bringen, auf meinen Besuch warten und uns zurück nach Rivonia bringen. »Er wohnt in Alex, ich möchte nicht, dass er spät nach Hause kommt; du weißt, wie gefährlich das ist.« Freitags abends war es am schlimmsten, da warteten die »tsotsis«, die jungen Kriminellen, auf die Arbeiter und ihren Wochenlohn.

Meine Freundin aus Rivonia war Witwe, jung, geschäftstüchtig, elegant. Am Flughafen entdeckte sie ein bekanntes Gesicht, eine Erzfeindin, sie hatten sich wegen eines Mannes entzweit. Da ich diese Frau auch kannte, begrüßten wir uns. Auch sie war eine schöne Frau, eine der vielen, mit denen Hans während meines Londoner Aufenthaltes befreundet gewesen war – weil er, wie er mir sagte, verzweifelt war und nicht wusste, wie er ohne mich leben sollte.

Sie erwähnten auch sofort Hans' Namen. »Seid ihr beide hier wegen der Feier? Ich habe Hans eben gesagt, du seiest mit der da hier.« Hans auf dem Flughafen? wusste er, dass Robert kommen wollte? Ich erschrak. Dachte an die Möglichkeit, einer öffentlichen Szene. Vielleicht hatte Robert ja wirklich einen Revolver dabei.

»Wo hast du ihn gesehen?«

Sie sah sich um, schauderte, als sie meine Freundin erblickte.

»Ich weiß nicht, wie ihr mit der da befreundet sein könnt. – Hans? Na, bei der Party, Lufthansas erster Flug oder so etwas.«

Er wusste also nichts von Robert. Es war wieder einmal einer dieser dummen Zufälle. Ich wollte Hans nicht sehen und hoffte, dass er mich nicht suchen würde.

Mein Zahn schmerzte, ich sah furchtbar aus und wartete nach dem Abflug meiner Freundinnen zwei weitere Stunden auf das Flugzeug aus Livingstone. Dann kam Robert, er ging langsam, hatte einen Regenmantel über die Schultern geworfen, hager, groß, der typische Engländer. Er sah normal aus. Ich atmete erleichtert auf.

»Hello« – was gab es sonst zu sagen?

»Ich habe einen Wagen, mit Fahrer. Er sollte schon vor Stunden zu Hause sein.«

Doch wie am Telefon hörte er mir kaum zu.

»Können wir zu den Bertrams fahren?« Ein Ehepaar aus unserem Kreis. »Der Fahrer ...« – Er ging auf das Auto zu und bat den Fahrer höflich, uns zu den Freunden zu fahren. Ich entschuldigte mich und fragte, ob er anstatt jetzt noch nach Alex zu fahren, bei uns in Rivonia übernachten wolle. Er schien zu verstehen, dass das für uns alle kein normaler Abend war.

Bei unseren Bekannten benahm sich Robert tadellos. Er erzählte von den politischen Entwicklungen in Nordrhodesien, über Kenneth Kaunda, der die Führerrolle vom Altpräsidenten Harry Nkumbula übernommen hatte und sicher der erste schwarze Premierminister des Landes werden würde. Ich stimmte ihm zu, ich hatte im vorigen Jahr meine erste afrikanische Reise gemacht, nach Blantyre, wo ich Präsident Banda kennenlernte, nach Salisbury, wo mich Sir Roy Welensky empfing, damals noch Premierminister der sterbenden Zentralafrikanischen Föderation, Weiße und Schwarze kennengelernt hatte. Ich überlegte: Robert musste am Telefon Spaß gemacht haben. Kein unruhiges Wort, keinerlei Spannung, er sprach animiert, es würde also keine Auseinandersetzung stattfinden. Erleichtert dachte ich, wir sollten nach Rivonia fahren, eine Tasse Tee trinken, sicher hatte Robert ein Hotelzimmer gebucht und würde bald gehen.

Wir fuhren wirklich nach Rivonia, tranken wirklich Tee und unterhielten uns weiter über Politik. Robert machte sich über das Essen her, das man für mich warmgehalten hatte. Mein Kopf schmerzte. »Also«, sagte ich, »du kannst meinen kleinen Wagen nehmen und morgen wiederkommen, wie wäre es mit 11 Uhr? Wir werden im Garten zu Mittag essen. Wo wohnst du?«

Er sagte tonlos: »Ich wohne doch immer in Illovo.«

Ich erschrak. Illovo war der Vorort, wo seine Schwiegereltern wohnten, wo Joan und die Kinder waren. »Ich dachte sie wissen nicht, dass du hier bist.«

Seine Hände flatterten, er legte den Löffel hin.

»Nein nein, sie sollen es nicht wissen. Ich will sie doch erschießen.«

Ich goß ihm eine Tasse Tee ein und ging durch das dunkle Haus. Der Gästetrakt war abgesperrt, ich fand den Schlüssel, aber nicht den passenden für das Gästebadezimmer. Ich ging ins Wohnzimmer zurück. Robert saß auf einer Fensterbank und starrte in die dunkle Nacht.

»Du kannst hier schlafen«, sagte ich. »Aber du musst das Bad hier neben meinem Schlafzimmer benutzen. Ich warte, bis du fertig bist.« Er stand auf wie ein braves Kind und ging sofort ins Bad. Ich zog mich im Wohnzimmer um, schlüpfte in einen Kimono und wartete. Meine Zahnschmerzen wurden zu tausend kleinen Hämmern. Ich stand auf und suchte meine Tabletten. Sie waren verschwunden. Da erinnerte ich mich daran, dass ich mich vorhin über meine Backe lustig gemacht hatte und zu Robert gesagt hatte, eine Pille sei gegen Schmerzen, zwei zum Schlafen und mehr seien gefährlich ...

Das Bad war nicht abgeriegelt. Er stand nackt vor dem Spiegel, ein Glas in der Hand, das Wasser der Badewanne war übergelaufen, hatte den Boden überschwemmt. Meine Pillen lagen auf einem kleinen Stuhl. Ich nahm sie an mich, ohne ein Wort zu sagen. Wie viele hatte er wohl schon genommen? Was hatte er vor? Hoffte er vielleicht, dass ihn die Pillen bewusstlos machen würden und er im Bad ertrinken könnte? So schnell ich konnte, versuchte ich, das Badezimmer zu trocknen, damit das Wasser nicht ins Schlafzimmer lief. Ich riss alle Handtücher aus dem Schrank, er sah mir stumm zu. Erst als ich einigermaßen fertig war, merkte ich, dass er zitterte, er war immer noch nackt.

Ich fand einen Schlafanzug und einen großen Pullover, er zog alles wortlos an, wieder das brave Kind, das gehorchte.

»Ich mache Kaffee«, sagte ich. »Wir setzen uns in die Küche, dort ist es am wärmsten.« Die Nächte auf dem südafrikanischen Hochveld konnten recht kalt sein, besonders, wenn man sich so fühlte, wie wir beiden es nun taten. Ich kochte den stärksten Kaffee meines Lebens, goß ihm eine Tasse nach der anderen ein. Plötzlich wurde er blass, rannte hinaus und erbrach sich im Garten. Er kam zurück

»Glaubst du, ich könnte Tee haben?«

Ich glaubte das. Ich glaubte aber auch, dass es Zeit sei, sich endlich zu unterhalten.

Er legte den Kopf auf die Arme und weinte.

»Ich wollte ... ich wollte schon lange mit dir sprechen. Aber sie hat es mir verboten. Sie hat gesagt, du sollst es nie erfahren. Sonst ist Hans böse. Und dann wird sie mich niemals die Kinder wiedersehen lassen.«

Es war, als ob ein Bann gebrochen sei, als ob die Zurückhaltung, die ihm seine Erziehung auferlegt hatte, endlich in das Gegenteil umgeschlagen war. Robert sprach, es war ein Monolog, der bis 8 Uhr morgens dauerte. Trotz meiner Schmerzen, trotz meiner eigenen Sorgen hörte ich zu, war erschüttert.

Robert erzählte über seine eingeschränkte Kindheit bei zwei Tanten, einem strengen Großvater und im Internat, über Cambridge und über die Armee, über seine Zeit als Englischlehrer in der Schweiz, wo er die 16-jährige Freundin eines Kollegen kennenlernte – Joan. Ihre Eltern hatten sie in die Schweiz geschickt. Sie waren mit Roberts

Herkunft einverstanden und bestanden auf der Heirat. Die beiden gingen nach Johannesburg zurück. Robert weigerte sich, in der Minengesellschaft seines Schwiegervaters zu arbeiten und suchte sich andere Beschäftigungen. Mit Joan hatte er es nicht leicht.

Ich schüttelte mich, er erzählte mir einige wahnsinnige Geschichten. Vielleicht hatte Hans genau das gemeint, als er sagte, ich hätte zu beschützt und behütet gelebt.

Nun wohnten sie also mit ihren drei Kindern in Nordrhodesien, Robert hatte ein Künstlerdorf gegründet, in dem Afrikaner Holzschnitzereien für ihn herstellten, die er in den Wildparks und im Ausland verkaufte.

»Joan lernte Hans kennen, als sie mit einem Problem zu ihm kam. Sie hatte eine Sache mit einem alten Deutschen, er war verheiratet, bekam Krebs, sie flog mit ihm nach Johannesburg, er starb dann hier.«

Ich erinnerte mich an das, was Hans mir in Lugano gesagt hatte, dass Joan immer ein neues Spielzeug brauchte, einmal einen Hund, eine Freundin – und nun eben ihn, den 30 Jahre älteren Intellektuellen, für den das Leben so wenig zu bieten schien.

»Als wir dann im letzten Jahr hierher kamen, wollte ich einen Katalog fertigstellen, für die Schnitzereien. Hans sollte mir helfen. Doch wir kamen nie sehr weit, stets gingen wir Kaffee trinken und in Buchläden, zum Essen und so fort. Die Kinder waren gut aufgehoben, im Kindergarten und beim Kindermädchen.«

Ich sagte: »Irgendwie ist Hans damals nicht mit Joan, sondern mit euch beiden fremdgegangen. Wenn es so etwas gibt. Ihr habt mich zu dritt betrogen.«

Er nickte und erzählte, dass er Joan gezwungen hatte, nach der Neujahrsfeier mit ihm abzufahren. Doch als sie zu Hause angekommen waren, sperrte sie sich in ein Zimmer ein.

»Ich verstand es nicht. Wir hatten uns nicht gestritten oder so. Ich versuchte, mit ihr zu reden, dann musste ich mich um die Kinder kümmern. Danach rief ich Hans an.«

Natürlich. Seinen besten Freund. Der hatte ihn getröstet, ihm geraten, geduldig zu sein, junge Frauen seien nun manchmal so. Sie hätte sicher Angst, bald 30 zu werden.

Wenige Tage später merkte Robert dann, dass Joans Geheimnis diesen Namen hatte: Hans. Sie liebte ihn. Seinen Freund. Sie erklärte, sie würde nach Johannesburg fahren, sie wolle in seiner Nähe sein, sonst nichts.

»Wie hast du reagiert?«

Er zögerte. »Ich sagte ihr, es sei mir egal, ich wollte nur dabei sein. Sie sind mir beide wichtig. Weißt du, ich wollte nicht allein sein. Aber zuerst ist sie zu ihm gereist.«

»Zu ihm?«

»Ja. Er war doch in Frankfurt, oder?«

Jetzt war mir alles klar. Die Reise in die Schweiz. Zu zweit natürlich. Deswegen wollte Hans nicht in Europa bleiben, nahm keinerlei Notiz von der Warnung. Er hatte nicht vorgehabt, weitere Artikel zu schreiben, sah also keine weitere Gefahr.

Robert erzählte weiter. »Sie kam zurück, zog aber sofort wieder ab.«

Ich dachte nach. »Das kann nicht sein. Sie kam erst etwa eine Woche später und fragte, wie sie Hans erreichen könne.«

»Ach, das war nur, weil es schwierig wurde, sich zu treffen. Sie mussten es dir irgendwie beibringen, dass sie hier ist.«

Ich stand auf und nahm meine zwei Schmerztabletten. Ich wusste endlich Bescheid. Wusste, wie dumm ich gewesen war. Wie ich an der Krankheit gelitten hatte, zu denken, ich könnte das schaffen, was andere nicht geschafft hatten – mit Hans eine ehrliche Beziehung zu haben.

Ich fand die Kraft für einen Telefonanruf bei einem befreundeten Arzt, der mit einer Halbschwester von Joan verheiratet war. Ich sagte, Robert brauche dringend Hilfe, er müsse zu einem Psychiater. Robert widersprach nicht, nahm mein Auto und versprach, am Abend wiederzukommen.

Ich schlief ein, betäubt von Schmerzen, von Tabletten und von dem, was ich erlebt hatte. Am späten Nachmittag kam Robert zurück, er war bei dem Psychiater gewesen, jetzt wollte er schlafen. Der Besuch bei diesem Arzt sollte sich als ein Fehler herausstellen.

Eine Stunde später klingelte das Telefon.

»Puttchen ...« Die alte bekannte Stimme. Hans. Besorgt, um mich. Er hätte am Freitag im Büro angerufen, wäre in die Wohnung gegangen, hätte erfahren, ich sei auf der »Farm«. Dann hätte er auf dem Flughafen gehört, dass ich dort sei, hätte mich gesucht, hätte geglaubt, ich reiste ab.

»So?« Ich konnte normal sprechen, war erstaunt über mich selbst. »Womit hätte ich denn das Ticket bezahlen sollen? Mit unseren Schulden?«

Er sprach weiter, er hätte sich so große Sorgen gemacht, nachdem er dann wusste, dass ich mit Robert gesprochen hatte. Aha, der

Psychiater! – »Hat der Arzt bei Joan angerufen?« fragte ich. »Ja. Sie hat sofort mit ihrem Rechtsanwalt gesprochen. Nach englischem Recht gehören die Kinder ihr. Keiner kann sie zwingen, zu einem Mann zurückzugehen, der ... Probleme hat. Aber das hat nichts mit uns zu tun.«

Robert blieb das ganze Wochenende in Rivonia. Dann räumten wir das Haus auf – ich glaube, das Hauspersonal hat nie vergessen, wie viele nasse Handtücher wir aufzuhängen hatten – und fuhren in meine Wohnung. Robert wollte zu Freunden. Er würde versuchen, die Kinder zu sehen, sich mit Joan zu treffen.

Komisch. Als Hans vor der Zahnarztpraxis auf mich wartete, war ich fast bereit, zu sagen: komm doch zurück. Wenn dir noch etwas an mir liegt, können wir es doch noch einmal versuchen. Aber – ich kam nicht dazu:

Ich hatte plötzlich das Bedürfnis, mich selbst zu verwöhnen. Um die Ecke von der Praxis war eine kleine teure Boutique, in der ich gelegentlich etwas anzahlte und darauf sparte, mir irgendwann eine Bluse oder etwas anderes abholen zu können. Nun betrat ich den Laden und sagte, ich wolle eine Jacke holen, die ich zurückgelegt hatte. Ich zahlte den Rest und ließ mir das Geschenk an mich selbst einpacken. Die Verkäuferin redete ununterbrochen.

»Ich weiß, wie Sie und Ihr Mann das zusammen ausgesucht haben. Er hat ja einen großartigen Geschmack. Und als er dann diese junge Frau als Kundin brachte, da zeigte er das auch wieder, er wusste genau, was ihr steht. Sagen Sie ihm, dass wir sehr dankbar sind, so gute Kunden gibt es nicht jeden Tag. Sie hat das erste Mal gleich 200 Pfund ausgegeben!«

Das war ein viel schlimmerer Betrug als alles andere! Er hatte den Laden damals ausfindig gemacht, hatte sich gefreut wie ein kleiner Junge, als mir die ersten Sachen, die wir fanden, ausgezeichnet passten. Und selbst hierhin hatte er Joan gebracht. Und natürlich brauchte sie nicht sechs Monate zu warten, ehe sie eine Jacke für zehn Pfund abgezahlt hatte. Ich ging direkt ins Büro, rief einen befreundeten Rechtsanwalt an und sagte, ich wolle mich von Hans scheiden lassen. Sofort.

Der Entschluss für die Scheidung sollte mein Leben ändern. Erst einmal ging ich wieder auf Reisen, für den Newscheck. Die Fahrten des vor mir liegenden Jahres 1962 sollten spannender werden als die Ausflüge im Jahr zuvor und mich den journalistischen Aufgaben der nächsten Jahre ein Stück näher bringen.

Zuerst einmal flog ich nach Nordrhodesien, das bald Zambia heißen sollte, um noch einmal mit Robert zu sprechen. Es war ihm derweil endlich gelungen, Joan zu besuchen, doch ohne Ergebnis. Sie stritten sich. Er wurde rasend, sprang auf sie zu, sie schrie um Hilfe, Robert wurde festgehalten und aus dem Haus befördert. Seine Kinder sah er nicht. Nicht bei diesem und auch nicht bei späteren Versuchen. Joan wollte mit Robert eben nichts mehr zu tun haben. Einen Grund konnte sie nicht dafür angeben, es war nun mal so. Die Kinder? Darüber müsse am Ende das Gericht entscheiden, behauptete sie.

Bald darauf hatte Robert eine Affäre mit der Frau eines Freundes. Da ging nun eine dritte Ehe zu Bruch. Er kehrte nach Livingstone zurück.

Kurz vorher erschien Joan bei mir. Es war das erste Mal, dass sie allein bei mir war. Sie hatte eine Bitte.

»Robert schätzt deine Meinung, ich weiß es. Du musst mit ihm sprechen. Er droht, sich das Leben zu nehmen. Ich will das nicht auf dem Gewissen haben ...«

Hans hatte sie geschickt. Hans, der mich kannte wie kein anderer Mensch. Der wusste, dass ich auf eine derartige Bitte nicht Nein sagen konnte. Ich rief also Robert an, während Joan noch in der Wohnung war.

»Ja, ich hab sie angerufen«, sagte er sofort aufgeregt. »Ich habe ihr gesagt, sie sollen mich suchen, ich würde nun das letzte Mal mit ihr gesprochen haben.«

Aha, also deswegen hatte Joan Angst bekommen, die Drohung war direkt.

»Robert – du meinst das nicht ernst ...«

»Manchmal ja, glaube ich. Aber jetzt – ist es etwas anderes. Ich muss dir das erklären. Kommst du? Nach Livingstone?«

Ich hatte Nordrhodesien noch nicht eingeplant, sagte jedoch zu. Joan bedankte sich und ging.

Robert rief mich ein paar Tage später nochmal an. Er erzählte, seine Halbschwester sei bei ihm und erwarte noch anderen Besuch. Von seiner neuen Freundin. Sie hätte sich mit ihrem Mann geeinigt, dass sie »auf Probe« zwei Monate zu ihm kommen würde.

»Typisch Mann«, dachte ich. Er muss beweisen, dass er im Bett noch etwas taugt. War das nötig?

Robert holte mich vom Flughafen ab. Eine kleine Landebahn mit alten Blechhütten. Kolonialland. Wir fuhren die roten Sandstraßen entlang, er erzählte viel, war locker und gelöst.

Er zeigte mir eine Stelle, an die ich später nur zögernd zurückkommen sollte. Wir stiegen aus dem Auto und blickten auf den gewaltigen Zambezi-Fluss, auf die einmaligen Victoria-Wasserfälle. Um uns war nur die Natur, gewaltig, donnernd, drohend, großartig. Wir gingen spazieren, sprachen nicht. Es war zu überwältigend, ein unvergeßliches Erlebnis. Was hatte der Missionar David Livingstone gesagt, als er, als erster weißer Mann, dieses Wunder sah – Engel im Fluge? »Mosi o Tunya«, der Rauch, der donnert, sagen die Afrikaner.

Wir fuhren weiter, in einen der schwarzen Vororte. »Du bist schließlich Journalistin«, sagte Robert. Schon von weitem sah ich die Massen – Menschen, nichts als Menschen – sie saßen, standen, hörten fasziniert einem Mann zu, der eine Rede hielt. »Sikota Wina«, erklärte Robert mir, »einer der beiden Wina-Brüder. Aus Barotseland. Alte Freunde von Kaunda.«

Ich sah die weiße Polizei in ihren komischen kurzen Hosen, sie achteten auf jedes Wort, auf jede Bewegung in der Menge. Wir bewegten uns langsam vorwärts, man machte Platz. Einige der Männer auf dem Podium erkannten Robert.

»Blödsinn«, flüsterte ich. »Warum muss die Polizei hier sein? Es ist doch nur noch eine Frage von Monaten, bis die UNIP die erste schwarze Regierung bilden wird.« UNIP, die »United National Independence Party«, die Kaunda und seine Freunde 1959 gegründet hatten, als sie sich von Nkumbulas ANC abspalteten. Nkumbula war ihnen nicht radikal genug.

Die ehemalige Zentralafrikanische Föderation war 1952 von den Briten mit dem kleinen Nijassaland sowie Süd- und Nordrhodesien gegründet worden. Die Schwarzen waren in allen Ländern dagegen, sie wussten natürlich, dass es darum ging, den Weißen in der Region die Privilegien zu erhalten. In allen drei Ländern wurde ein African National Congress, ein ANC gegründet. Endlich gab die britische Regierung zu Beginn der 60er Jahre zu, dass die Föderation nicht lebensfähig sei, und man entließ Nijassaland und Nordrhodesien in die Unabhängigkeit, als Malawi und Zambia. Damals dachten wir, Südrhodesien würde ebenfalls Zimbabwe werden, doch bittere Jahre unter der Führung von Ian Smith und der Rhodesian Front sollten noch kommen, bis dieses Ziel nach einem blutigen Buschkrieg 1980 endlich erreicht wurde.

Die Kampagne, deren Zeuge ich nun wurde, war der Auftakt zur ersten nordrhodesischen Wahl. UNIP, die den ANC an Popularität überholt hatte, ging keiner einfachen Zukunft entgegen. Das Land war damals reich, dank des Kupfergürtels im Norden, und deshalb hoch industrialisiert. Aber es gab Uneinigkeiten, was bei 72 Völkern kaum verwunderlich war, vor allem spielte die regionale Loyalität eine große Rolle. Im Süden lebten Tonga, im Westen Lozi – die sich gegenseitig keineswegs verstanden – und im Norden die bembasprachigen Völker, die wiederum mit den Lozi verfeindet waren, im Osten die ngunisprachigen Gruppen, im Zentrum die nianjasprechenden. Kaunda war im Norden geboren, seine Mutter war Bemba und sein Vater ein Priester aus Malawi, das bedeutete, dass er über den Stammesfehden stand und so als Führer geradezu ideal war.

In Livingstone, der Grenzstadt zwischen Süd- und Nordrhodesien, lebten Lozi wie Tonga, ich wusste, Sikota Wina hielt seine Rede abwechselnd in beiden Sprachen und gelegentlich auf Englisch. Die Lozi waren ein stolzes Volk, sie liebten den Litunga, ihren König, das erschwerte die Arbeit der Lozi-Nationalisten, zu denen die Wina-Brüder ja gehörten.

Es war klar, warum Robert mich zu der Versammlung gebracht hatte. Er, der typische Engländer aus großbürgerlicher Familie, hatte verstanden, dass die Zukunft von »God's own country«, wie die Weißen Rhodesien nannten, schwarz war. Als er in London war, fanden gerade die Lancaster House-Gespräche zwischen den Briten und den Afrikanern statt. Robert rief spontan in Kaundas Hotel an, um ihm alles Gute zu wünschen. In einer für ihn typischen Geste sandte Kaunda einen Wagen, um Robert abzuholen. Sie mochten sich sofort. »Wir brauchen Freunde wie Robert«, sagten mir die UNIP-Führer, die nach der Versammlung zu uns kamen. Reuben Kamanga, Dingiswayo Banda, Sikota Wina – später spielten sie wichtige und langjährige Rollen, Kamanga zuerst als Vizepräsident, Banda als Arbeitsminister. Sikota Wina wurde Zambias erster Informationsminister, sein Bruder Arthur Finanzminister und später erfolgreicher Geschäftsmann. Beide fielen bei Kaunda in Ungnade und wurden 1990 Gründungsmitglieder der Oppositionspartei MMD, »Movement for Multiparty Democracy«, die ein Jahr später die UNIP besiegte. Damals waren sie jung, lebhaft, sahen der Zukunft freudig entgegen und wussten nicht, welch schwere Zeiten sie und ihr Land noch durchmachen würden.

Ich war erfreut, wie freundschaftlich die UNIP-Führer Robert aufgenommen hatten, auch wenn er nun von den Weißen als Verräter angesehen wurde. Die Unterhaltung war anregend und frei von Spannungen. Roberts Schwester Pam, aus des gemeinsamen Vaters zweiter Ehe, und ich verstanden uns ebenfalls.

Am folgenden Tag fuhren wir zusammen nach Lusaka, ich sollte mit Kaunda ein Interview machen. Wir fuhren auf engen, schlechten Straßen, mit den berüchtigten »Streifen«, die mir Angst machten. Um Geld zu sparen, hatte die Verwaltung nur einspurige Asphaltstraßen gebaut, so dass nur ein Wagen auf dem Asphalt fahren konnte. Sobald einem ein Wagen entgegenkam, mussten je zwei Räder auf den Sand gesetzt werden, damit beide Wagen aneinander vorbeifahren konnten. Das brachte die Autos oft ins Schleudern, und es war manchmal auch schwierig abzuschätzen, ob der andere Fahrer wirklich ausweichen würde. Ich versuchte also, nicht auf den Weg, sondern auf die Umgebung zu achten, auf die kargen Dörfer und auf die Kinder mit ihren vor Hunger aufgeblähten Bäuchen.

In Lusaka wohnten wir im Ridgeway-Hotel am Rande eines Hügels, der das Geschäftszentrum überragte. Er gehörte der Anglo-American Corporation, einer der zwei Minengesellschaften des Kupfergürtels, und war damals das beste Hotel der Stadt.

Ein Angestellter flüsterte Robert zu, Harry Nkumbula würde an jenem Abend eine wichtige Versammlung abhalten, und so fuhren wir ins Township, wo wir bei Reden und Tanz fast die ganze Nacht verbrachten.

Nkumbulas junge Tochter Ompie, ein schüchternes Mädchen, war dabei. In den 70er Jahren heiratete sie einen meiner Freunde, Bob Liebenthal, Sohn deutscher Juden, die nach England ausgewandert waren. Liebenthals gingen später nach Washington, wo Bob bei der Weltbank tätig war. Nach Bobs Pensionierung kehrte sie nach Lusaka zurück, wo ich sie 2009 wieder traf.

Für Weiße war der Kupfergürtel die Attraktion. Dort lebten die Bergwerksingenieure und das technische Personal, Schwarze waren wie in Südafrika Handlanger. Die Weißen arbeiteten auf Kontrakt und verdienten enorme Summen, die sie nur für Alkohol und schwarze Frauen ausgeben konnten.

»Es sind viele Südafrikaner unter den Bergwerksangestellten«, bemerkte Robert. »Du weißt, wie es den Buren immer in den Norden zieht.« Ich nickte. Ich hatte bereits in Kenya eine kleine Gemeinde von Afrikaanern kennengelernt, die so weit nördlich getreckt waren, wie sie nur konnten. Sicher waren auch ihre Tage in Kenyas Eldoret gezählt, wie die Tage der Burenfamilien hier rings um Lusaka. »Kaunda ist kein Rassist, hier gab es kein Mau-Mau.«

Er meinte den Aufstand der Kikuyus in Kenya gegen die Kolonialherrschaft der Engländer. »Meine Freunde nennen dies die Cha-cha-cha-Zeit.« Cha-cha-cha, ein damals gerade moderner Tanz. Ich musste später immer an Robert denken, wenn ich durch die Cha-cha- cha-Straße in Lusaka ging, die parallel zur Hauptgeschäftsstraße liegt.

Im Freedom House, einem schäbigen Gebäude in einer Nebenstraße, wurden wir freundlich empfangen. Ich wurde Mainza Chona vorgestellt, einem lustigen jungen Mann, der, wie er erzählte, den Platz für Kaunda warmgehalten hatte, nachdem UNIP gegründet wurde und Kaunda noch im Gefängnis war. Chona diente lange in Kaundas Verwaltung, zuerst als Justizminister; sein jüngerer Bruder Mark war lange als »Graue Eminenz« im State House, ein wichtiger Mann hinter Kaundas Thron.

Kaunda schlief noch, als wir kamen, er war erst um 4 Uhr morgens aus dem Kupfergürtel zurückgekehrt, wo es Probleme mit der Gewerkschaft gegeben hatte.

Robert machte ein bedenkliches Gesicht. »Jetzt sind die Minenarbeiter und UNIP vereint, sie bekämpfen denselben Feind. Wie wird es werden, wenn Kaunda und UNIP die Regierung bilden und dann selbst das Management der Minen darstellen?« Prophetische Worte. 27 Jahre später, 1991, sollte Kaunda von dem jüngeren Gewerkschaftsführer Frederick Chiluba, Führer der MMD, besiegt werden.

Bevor ich weiterflog, konnten Pam und ich Robert überzeugen, der UNIP beizutreten und für die Partei zu kandidieren, wie es ihm angeboten worden war. Sie verabschiedeten sich von mir auf dem damals noch kleinen Flughafen, und ich fuhr mit dem Gefühl ab, dass Robert wieder lebensfähig war. Er sprach von seiner neuen Freundin, ich merkte, wie nötig er die Bestätigung hatte, gebraucht zu werden und hoffte nur, dass es eine vorübergehende Beziehung sein würde, die Robert zwar helfen, aber die Ehe seiner Freundin nicht zerstören würde.

Das Reisen machte mich glücklich. Zum ersten Mal spürte ich, wie sehr ich an diesem Kontinent hing, wie es mich zufrieden machte, auf dem Veld zu sein, im Busch, auf einem Steinhügel zu sitzen. Ich war nie »Tourist«, habe niemals eine »Safari« mitgemacht.

In Nairobi, dem nächsten Ziel meiner Reise, hatte ich erst einmal großes Pech. Als ich von einem Besuch bei befreundeten südafrikanischen Journalisten ins Hotel zurückkam, bat ich darum, um 5 Uhr geweckt zu werden. Ich hatte um 8 Uhr einen Termin bei einem Minister. Also, am nächsten Morgen klopfte es. Ich wachte auf, sprang aus dem Bett, rutschte auf dem glatten Boden aus und schlug mit dem Hinterkopf an die Bettkante. Als ich zu mir kam, war überall Blut. Ein indischer Arzt kam, nähte die Wunde und riet mir, im Bett zu bleiben. Man sagte meinen Termin ab, ich hatte Schmerzen und tat mir selbst leid.

Nach einigen Tagen ging es mir besser. Der indische Arzt fuhr mit mir hinaus zu einem Wildpark, und tatsächlich fanden wir ein paar Löwen, die sich nicht um unsere Anwesenheit kümmerten, sondern sich neben unserem Auto zärtlich liebten.

Am nächsten Tag fuhr ich ins Freedom House, mit einem stolzen weißen Verband um den Kopf. Ich hatte eine Verabredung mit einem Gewerkschaftsführer. Der Zufall wollte es, dass Tom Mboya, einer der wichtigsten Politiker des jungen unabhängigen Kenya, ein Mann, auf den sich viele Hoffnungen stützten und der später ermordet wurde, gerade aus London zurückkam und vorfuhr. Eine Gruppe tanzender Frauen zollte ihm Tribut, er winkte. Dann sah er mich an einem Fenster stehen. Jemand erklärte, ich sei Südafrikanerin, er nahm an, ich sei angegriffen worden und ließ mich zu sich bitten.

So lernte ich durch meinen Unfall Tom Mboya und seine Frau kennen. Wir unterhielten uns, er wollte viel über Südafrika wissen, am Ende machte ich ein Interview mit ihm. Nun ging es mir schon entschieden besser.

In Nairobi lebte mein Vetter Joachim, »Joe«, in den ich mich einst als Mädchen verliebt hatte. Ich rief an, und seine Frau sagte mir, er sei in Addis Abeba, wo er bei TWA arbeitete. Am nächsten Tag kam ein Telegramm. Ich sollte sofort nach Äthiopien kommen, Joe wollte mir das Land vorstellen. Ich zögerte und ging erstmal zur Fluggesellschaft: Mein Ticket war für die Route Johannesburg–Nairobi–Athen–Tel Aviv Johannesburg ausgestellt. Es konnte aber umgeschrieben werden, also flog ich nach Addis.

Ich wurde im Ras-Hotel untergebracht. Joe stellte mich seinen Freunden vor, es waren »junge Türken«, die in einen vereitelten Putsch gegen den Kaiser verwickelt waren. Kluge junge Männer. Und hübsche Frauen. Ich glaube, ich habe nirgendwo so schöne Frauen wie in Äthiopien gesehen.

Ich sah die Armut, die reichen Kirchen, die ungerechte Verteilung des Landes und des Reichtums, die hoffnungslose Lage der Frau. Mein Vetter gab das alles zu, trotzdem liebte er dieses Land, mit seinem dunklen Teint sah er seinen Freunden nicht unähnlich. Wir machten eine Reise zusammen, er führte mich in Nachtlokale, überall war der Löwe Judahs sichtbar, Symbol der Königin Saba, deren Sohn der Sohn des König Salomon gewesen sein soll und von dem der Kaiser des Landes abstammte. Man konnte nicht durch die Stadt gehen, ohne das Hohelied Salomons zu zitieren: »Ich bin schwarz, aber gar lieblich, ihr Töchter Jerusalems ...«

Kurz vor meinem Abflug aus Addis Abeba gab es ein Problem. Ich sollte 50 Pfund zuzahlen, um über Athen nach Israel zu gelangen. Ich war entsetzt. Ich hatte zwar Geld, hatte aber nicht mit so viel gerechnet, das Einkommen meiner Reise war genau verplant.

Mein Vetter meinte, es gäbe noch einen anderen Weg. Über Ägypten. Ich sagte: »Ich bin aber doch Jüdin ...«

»Ich bin Jude, und ich war öfters dort.«

»Und dann? Wie komme ich weiter?«

Er überlegte. »Du kannst wie die Touristen in den jordanischen Teil Jerusalems gehen. Dann zu Fuß durch das Mandelbaum-Tor.« Ich zweifelte. »Die anderen sind Touristen. Aber ich bin Jüdin.« Mein Vetter lachte. »Bist du eine Journalistin oder eine Maus? Journalisten machen ihre Erfahrungen doch durch Schwierigkeiten, oder?«

Kurz und gut, ich tat's. Erst flog ich nach Asmara, der Hauptstadt von Eritrea, weil ich feststellen wollte, warum diese Region so verzweifelt die Unabhängigkeit von Äthiopien suchte – ein Ziel, das Eritrea und, nach dem Fall des Kaisers, das ganze Land in grausige Kriege verwickelte, die erst in den 90er Jahren endeten. Bis heute sind die Probleme noch nicht alle gelöst.

In Kairo hatte ich, dank meines Vetters, wirklich keine Probleme. Ich hatte ein Visum, ging in das von ihm gebuchte Hotel und schlief mich erstmal aus. Dann erforschte ich diese erstaunliche, laute, aufregende Stadt. Erst am zweiten Tag, nachdem sich mein Touristeneifer gelegt hatte, ging ich zur Deutschen Botschaft. Ich sagte, ich wolle nach Jerusalem.

»Warum?«

»Weil ich nach Israel will.«

Man sah mich besorgt an. »Sie?«

In meinem deutschen Pass brauchte nicht die Religion zu stehen, es war ja zu offensichtlich: in Fürth geboren, Mädchenname Löwenthal, Vorname Ruth.

»Fahren Sie nach Athen, fliegen Sie von dort aus weiter. Bleiben Sie nicht länger hier, es ist gefährlich.«

Ja, das wusste ich. Es würde mich aber eben diese 50 Pfund kosten, die ich nicht hatte.

Also, mit dem nächsten Flugzeug nach Jerusalem. In der Maschine saßen Nonnen, Pilger und einige Amerikaner. Die Pässe wurden im Flugzeug eingesammelt. Bei der Passkontrolle wurde ich aufgehalten. Ich musste warten, erzählte einem Polizisten, ich sei Touristin, wolle mir den Nahen Osten ansehen und nach Damaskus weiterfliegen.

Naja ... Endlich holte man mich. Zwei Polizisten und ein Zivilist. Sie quetschten mich aus. Ich antwortete, fast ohne Lügen. Nach vier Stunden durfte ich gehen, besser gesagt: man ließ ein Taxi holen, buchte ein Zimmer in einem Hotel und teilte mir mit, dass man mir am nächsten Tag einen Führer empfehlen würde.

Am nächsten Tag wollte ich zum Arzt, es war Zeit, die Fäden meiner Verletzung zu ziehen. Das war anscheinend nicht erlaubt, er kam zu mir ins Hotel. Er gefiel mir. Ein kleiner runder Mann, Palästinenser, er fragte mich, ob ich Lust hätte, mit ihm die Lager anzusehen. Und ob ich Lust hatte! Ich war überwältigt, derartiges hatte ich nicht erwartet.

Wir besuchten also die Flüchtlingslager, ich war entsetzt von dem Elend und fragte, warum man die Menschen nicht woanders hinziehen ließe. Er antwortete, dass sei die falsche Politik. Man müsse die Augen der Welt auf ihre Lage richten können.

Zwei merkwürdige, anstrengende Wochen, in denen ich so viel wie möglich von Jerusalem ansah. Auch Wochen, die meinen Nerven sehr zusetzten. Ich wusste, ich wurde beobachtet, meine Gespräche wurden abgehört. Ich schrieb nichts, nur Briefe, die ich niemals abschickte. Mein Visum für Israel trug ich bei mir, es war ein Zettel, es war nicht im Pass eingetragen. Ich hatte Angst, so viel Angst, wie eine Jüdin in einem arabischen Land damals nur haben konnte. Doch noch schlimmer war, stets auf sexuelle Angriffe gefasst sein zu müssen. Mitten auf dem Marktplatz fasste man mir an die Brust, in einer engen Gasse kam mein Führer von hinten dicht an mich heran. Ich verspürte einen Ekel gegen die Kreatur Mann.

Die Sache mit Hans hatte ich noch nicht überstanden, ich war todunglücklich. Ich weiß heute, wusste es vielleicht damals schon, dass ich diese verrückte Reise nur machen konnte, weil ich so unglücklich war. Alles war mir egal. Wenn man mich verhaften, als Spionin einlochen würde, mich erschießen oder was auch immer, dann bitte, es war mir alles egal. Ich konnte keine Zukunftspläne machen. Ich war 38 Jahre alt und hatte 20 Jahre mit einem Mann verbracht, der total mein Leben geworden war. Und nun? Ich hatte keine Antwort. Ich sah viel und erlebte eigentlich nichts davon, war innerlich wie zugeschnürt.

Ich rief in Amman bei der Deutschen Botschaft an und erklärte kurz, was ich wollte. Man war still und rief nicht zurück, aber ich erhielt eine Nachricht. Den Namen eines Klosters, den Namen eines deutschen Mönches.

Spazieren ging ich öfters, ohne Führer, offensichtlich war er nur für Fahrten verantwortlich. Also, ich suchte und fand das Kloster, gab dem riesengroßen Pater meinen Pass und erzählte ihm, wie ich in diese dumme Situation geraten war. Meine Schuld. Nicht genug Geld und zu viel Sturheit. Er lächelte, sagte wenig und bat mich, in zwei Tagen wiederzukommen. Und tatsächlich, dann hatte er etwas für mich. Ich solle zum spanischen Konsul gehen, was ich auch tat. Dieser gab mir den Pass, erklärte, wie ich zum Amt gehen müsse, das mir ein Ausreisevisum ausstellen würde. Wieder wurde ein Name genannt, ich schrieb ihn auf. Der Konsul, der so klein und niedlich war wie der Pater groß und grob, sagte, ich solle fünf Pfund in den Pass legen, genau dort, wo man den Stempel eintragen sollte. Eine Stunde später hatte ich ihn.

Mein Führer fragte nicht, wo ich gewesen war. Bis Sonntag musste ich bleiben mit Sightseeing und Angst. Am Sonntag früh um 10 Uhr zahlte ich. Mein Führer und ein Taxi waren da, ich sagte, ich wolle weg.

»Zum Flughafen?«

»Nein. Zum Mandelbaum-Tor.«

Er sah mich erstaunt an. »Was? Du brauchst ein Ausreise-Visum!«

»Ja, danke. Das habe ich.«

Er war stumm. Am Mandelbaum-Tor stieg er aus. Ich hatte ihm Geld gegeben, ohne ein Wort hatte er es genommen. Jetzt, als auch ich ausstieg, blickte er weg, spuckte vor mir aus. Langsam, verächtlich. Ach, musste das sein? Warum konnte man nicht in Frieden zusammenleben? Er hasste mich. Weil ich nach Israel ging.

Ein kleiner brauner Junge trug meinen Koffer durch das Niemandsland über die Straße am Tor. Auf halbem Wege hielt er inne und setzte die Last ab, ich gab ihm eine Münze. Sofort kam von der anderen Seite ein anderer brauner Junge angerast und nahm das Gepäck. Sie hätten Brüder sein können: ein Araber und ein Jude. Sie waren Brüder, aber sie durften es nicht sein.

Vor mir waren zwei Nonnen. Ich gab meinen Pass durch ein Fenster ab, der Beamte sah ihn an, ich reichte ihm mein Visum, ausgestellt in Johannesburg. Er sah mich zum ersten Mal an.

»Wo kommst du her?« Aha, eine deutsche Jüdin.

»Aus Südafrika.« – »Nein, ich meine ... jetzt?«

»Aus Äthiopien, dann Ägypten, dann Jordanien.«

»Niemand kann das. Du bist Jüdin.« Keine Frage. Eine Feststellung. »Ja.« – Er klappte das Fenster zu, öffnete die Tür. Um mich herum mehrere Männer. Ich erzählte. Sie hörten gespannt zu.

»Ich hatte Angst. Aber mein Vetter fragte, ob ich eine Journalistin oder eine Maus sei. Ich sagte, ich sei eine Journalistin. Aber nun glaube ich, ich bin eine Maus. Ich hätte mich am liebsten in ein Loch verkrochen.«

Da lachten sie, und einer sagte mit etwas wie Bewunderung in der Stimme: »Hast es aber nicht getan, sondern dir gesagt, dass du Jüdin bist, dass du noch nie in Israel warst, dass du die arabischen Länder ansehen wolltest. Alle Achtung. Sie hätten dich erschießen können.«

Einer der Männer brachte mich in die Stadt, er kannte ein kleines billiges Hotel. Nachdem er dem Hotelbesitzer etwas erklärt hatte, verabschiedete er sich. Nun wusste ich zum ersten Mal, was es bedeutete, ein Jude aus der Diaspora in Israel zu sein: Ich war stolz auf den jungen Mann, auf sein gutes Benehmen, seinen starken Händedruck, seine leuchtenden Augen. Ein Sabra: ein echter Israeli. Damals, 1962, gab es deren noch nicht so viele. Und sie waren nicht so knallhart wie die Generation von heute.

Nun war ich also da. Der Hotelier blickte mich an.

»Sie kamen heute Morgen durch das Mandelbaum-Tor? Und sind Jüdin?« Ich bejahte. Er fragte weiter, ob ich die Klagemauer gesehen, meine Hand darauf gelegt hätte. Ich bejahte das auch. Er verschwand, kam aber sofort mit einer alten Frau zurück. Seine Mutter. Sie ergriff meine Hände, streichelte sie und küsste, trotz meiner Verlegenheit, meine rechte Hand: weil ich die Klagemauer berührt hatte.

In den darauffolgenden Tagen musste ich die Geschichte meiner Reise mehrere Male erzählen. Ich weigerte mich, sie für die »Jerusalem Post« zu schreiben. Ich wollte meinen arabischen Bekannten, wie etwa dem Arzt, keine Unannehmlichkeiten bereiten, nur um mich zu »profilieren«. Der hier ansässige Teil unserer Familie, Neffen meines Vaters, Geschwister meiner Mutter und andere Verwandte, profilierte mich genug. Sie waren entsetzt über meine Abenteuer, vor allem »mein

Onkel«, der Sohn eines Halbbruders meines Vaters, der Rechtsanwalt war und lange für die Regierung gearbeitet hatte.

Er war der einzige echte Zionist in der Familie, väterlicherseits, und deshalb damals auch so lange, wie es eben ging, in Deutschland geblieben, er wollte so viele Menschen wie möglich retten. Er selbst entkam erst in letzter Minute. Wie mein Vater hatte er im 1. Weltkrieg gedient. Man hatte ihm eine große Auszeichnung – höher als das Eiserne Kreuz 1. Klasse - geben wollen, aber er lehnte es ab. Er war der Meinung, dass weder das Kaiserreich noch die Weimarer Republik ihn zum Ehrenbürger haben sollte. Er war eben Jude.

Ich fuhr durch Israel. Mit der Bibel in der Hand, denn es ist der einzige Reiseführer, der mir für dieses Land sinnvoll erscheint.

Ich verbrachte mehrere Tage in einem Kibbuz, das meine ehemaligen südafrikanischen Genossen gegründet hatten, hörte mir die Probleme und die Freuden des Kibbuz-Lebens an. Ich war traurig, ich fühlte mich zu alt, mich hier einzuarbeiten. Und in der Stadt? Konnte ich noch Hebräisch lernen? Wollte ich das?

Das gelobte Land. Einer meiner südafrikanischen Bekannten, ein Millionär, war im vergangenen Jahr zum ersten Mal hier gewesen. Er stieg in einem Luxushotel in Tel Aviv ab und wandte sich, da er kein Geld bei sich hatte, zur nächsten Bank. »Ihr Name bitte?« fragte der Kassierer.

»Cohen«, antwortete er und erzählte mir dann später: »Es war merkwürdig. Ich wusste plötzlich, dass ich zum ersten Mal meinen Namen ohne Scham gesagt hatte. Ich war unter uns, ich brauchte mich nicht zu entschuldigen oder zu schämen. Cohen. Einer unter Tausenden! Ich fühlte mich zu Hause. Zum ersten Mal.«

Es hatte mich erstaunt. Dieser Cohen besaß Macht, er konnte sofort mit jedem Minister verbunden werden, sein Familienkonzern war eine südafrikanische Institution. Und trotzdem hatte er sich wegen seines Namens geschämt. Bis jetzt.

Kann man anderen das verständlich machen? Das Minderwertigkeitsgefühl, das man eingeimpft bekommen hat und mit sich herumträgt? Das Juden oft extrovertiert macht, habgierig, scharfsinnig, immer darauf bedacht zu überleben? Ich reiste durch Israel mit einem Bedürfnis der Zugehörigkeit und gleichzeitig traurig darüber, dass es zu spät war, dies zu meinem Land zu machen.

Ich war auch über die Fehlentwicklung besorgt, verstand nun auch Hans, der Israel für einen westlichen Fremdkörper in diesem Gebiet hielt. Ich war entsetzt, als ich Askenazi abfällig über die arabischen Juden sprechen hörte. Apartheid nicht nur gegen Araber?

Israels spätere enge Zusammenarbeit mit Südafrika sollte mir noch mehr zu schaffen machen. Ein Bekannter im Außenministerium sagte es voraus. Wenn es den Arabern gelingen würde, Israel aus anderen afrikanischen Ländern herauszuhalten, so müssten sie mit Südafrika zusammenarbeiten, um einen Fuß auf dem Kontinent zu haben. So war es, nach der Ölkrise. Jerusalem arbeitete eng mit Pretoria zusammen, vor allem, was das Militär betraf. Es tat mir sehr weh.

Als ich aus Israel zurückkam, besuchte mich Hans. Ich fragte ihn endlich, was eigentlich zwischen uns geschehen war. Er suchte nach einer Erklärung.

»Du hast versprochen, dass ich zu Hause sterben darf, dass ich niemals in ein Krankenhaus komme.«

»Ja. Und?«

Er überlegte, wie er es mir sagen sollte.

»Aber du hast einen Arzt geholt. Damals, ehe Brettholz kam und ich so krank war.«

Natürlich. Ich hatte unseren Freund, der Psychiater war, gebeten, Hans zu besuchen. Ich war beunruhigt über seinen Zustand gewesen, er aß kaum, sprach nicht, lag nur im Bett. Der Freund hatte Tabletten verschrieben, eine Analyse aber wäre nur mit Hilfe des Patienten selber möglich.

Hans nahm es mir also übel, einen Arzt konsultiert zu haben. Außerdem war er nach wie vor ärgerlich gewesen, dass ich immerzu arbeitete und nicht genug Zeit für ihn gehabt hatte.

Ich verstand nicht, wie er so denken konnte.

Er sagte, er hänge an mir, er liebe mich nach wie vor und wüsste nicht, wie lange er noch mit Joan zusammen sein würde.

Aber ich war entschlossen zur Scheidung und dazu, endlich aus Südafrika wegzuziehen, aus der Zwangsjacke der Apartheid, aus der unnatürlichen Atmosphäre der weißen Gesellschaft.

Ich rief Robert an, der sich freute, von mir zu hören.

»Ich hatte vor, dich zu besuchen, aber es geht erst nächste Woche. Wenn die Wahlen vorüber sind.«

Er kandidierte wirklich, in Livingstone. Ich gratulierte.

»Ja, meinst du? Ich weiß nicht so recht. Gewinnen werde ich schon, aber ob das gut für UNIP, für Kaunda ist? Ein Mann wie ich ...« Seine Stimme klang apathisch und farblos.

Ich wurde unruhig. Die Stimmung, in der ich ihn verlassen hatte, schien verflogen.

»Ist etwas los?«

Er antwortete zaghaft. »Sie ist nicht gekommen. Es ist wahrscheinlich besser so. Aber – es waren die Masern.«

Er lachte trocken.

»Eins der Kinder hatte Masern. Da konnte eine Mutter doch nicht auf Probe zu einem neuen Mann gehen, oder?«

Natürlich nicht. Aber offensichtlich war es trotzdem ein Schlag für ihn gewesen.

Am nächsten Wochenende erschien Hans überraschend bei mir. Er sah übermüdet und grimmig aus, ging gebückter denn je.

»Ich muss dich sprechen. Bevor du es in der Zeitung liest.«

Ich erschrak. Irgendwie, im Unterbewusstsein, wusste ich es schon. »Robert?«

»Ja.«

Ich griff nach der Kante des Schreibtisches. Er wollte weiterreden, ich sagte:

»Ich will dich nicht mehr sehen, Hans. Nie mehr. Ihr habt ihn getötet.«

Er sagte nichts mehr. Er ging. Ich saß eine halbe Stunde lang da und dachte nach. Weinen konnte ich nicht. Dann meldete ich ein Gespräch nach Livingstone an, Roberts Schwester kam sofort ans Telefon.

»Robert war in letzter Zeit still geworden. Er sprach oft davon, dass er dich unbedingt sehen müsse, dass du vielleicht helfen könntest, Hans zu überreden, dass Joan ihm erlaubt, die Kinder zu sehen oder irgendein vernünftiges Gespräch zu führen. Du weißt, das war nie möglich. Die UNIP-Arbeit hat ihm geholfen, das war etwas Positives. Und dann ...« Sie hörte auf zu sprechen. Ich wartete. »Am Sonnabend war eine große Versammlung. Robert sollte der Hauptsprecher sein. Es kamen einige wichtige Leute aus Lusaka. Er stand auf, ich hab' gesehen, wie er zitterte – und er brachte kein Wort heraus. Kein einziges. Du weißt doch, wie fabelhaft er sprechen konnte. Nur nicht dieses Mal.«

Ich stellte mir den Platz unter den Bäumen vor, an dem ich mit ihm vor wenigen Monaten gewesen war, sah die versammelte Menge, verstand die Panik, die seine Kehle zuschnürte.

»Einer von den anderen, auch ein Weißer, nahm das Mikrofon und sprach, als ob nichts passiert wäre. Robert setzte sich, leichenblass. Wir redeten mit ihm, bis zum frühen Morgen. Wir sagten ihm, es sei nichts, das passiere selbst Opernsängern. Ich gab ihm Beruhigungspillen, und dann gingen wir ins Bett. Wir standen spät auf, Robert war nicht da, wir dachten, er sei ins Büro gefahren, er hat sich in letzter Zeit ja kaum um das Geschäft gekümmert. Aber nach einigen Stunden war er immer noch weg, und wir bekamen nun doch Angst. Die Polizei half uns, ihn zu suchen, und dann fanden wir ihn. In seinem Auto, er hatte den Schlauch ...«

Wieder stockte sie, wieder sah ich das offene Gelände, die Dornbüsche, hörte in der Nähe das Dröhnen der Victoria-Fälle, die Engel im Fluge.

»Er war schon lange tot. Neben ihm lagen drei Briefe. An Kenneth Kaunda, an mich, an Hans und Joan.«

Später händigte ihr die Polizei ihren Brief aus, Robert entschuldigte sich für alles, was in letzter Zeit geschehen war. Aber er könne nicht weitermachen, er sei zu nichts nutze, er hätte versagt, als Ehemann, Vater, Politiker, Freund. Er würde sich auch bei Kaunda entschuldigen, er sei sicher, UNIP würde die Sache besser machen ohne einen Mann wie ihn.

In der Abendzeitung, im Johannesburger Star, war nur eine kurze Notiz, dass ein Weißer, Kandidat von Kaundas Partei, zwei Tage vor der Wahl tot aufgefunden worden sei. Selbstmord. Offensichtlich seien politische Hintergründe im Spiel gewesen.

Joan weigerte sich, zur Beerdigung zu gehen oder Blumen zu schikken. Nur ihr Schwager, der Arzt, zu dem ich Robert an jenem unvergesslichen Wochenende geschickt hatte, vertrat die Familie. 1990, ein Jahr nach Hans' Tod, sollte ich Joan noch einmal wiedersehen. Es war ein eigenartiges Erlebnis, von dem ich später berichten werde.

Und ich? Ich merkte, dass ich durch die Ansprüche, die Robert an meine Zeit und an meine Emotionen gestellt hatte, mit meinen eigenen Enttäuschungen und Schmerzen, mit dem Bewusstsein, dass ich als Frau versagt hatte, inzwischen fertig geworden war.

Nun hieß es, aus meiner zerfallenden Welt ein neues Leben aufzubauen. Ich frischte alte Freundschaften wieder auf, von denen Hans mich lange Zeit abgeschirmt hatte; einen neuen Job hatte ich bereits, bei der Wirtschaftswochenzeitung »Financial Mail«.

Doch nun geschah etwas Unerwartetes: ich verliebte mich. In einen jungen Mann, ein Kollege aus der Versicherungsbranche. Karl war der vollkommene englischsprechende Südafrikaner, sportlich, gut aussehend und oberflächlich. Er hatte mir schon lange den Hof gemacht, ich glaube, er fand mich »intelligent«. Seine Frau war eine ehemalige Sekretärin von mir, sie hatten zwei Kinder und er noch andere aus seiner ersten Ehe.

Ich nahm ihn eigentlich nicht ernst. Aber als mir jeder sagte, ich müsse Hans vergessen, müsse eine neue Freundschaft suchen, da dachte ich: Warum nicht? Ernst wird es nicht, kann es nicht werden. Wir sind so verschieden!

Eine kleine Spielerei, mehr nicht. Zum Hans-Abgewöhnen. Der Zufall wollte es, dass Karl mir begegnete, als ich deprimiert, unglücklich und verunsichert war. Er rief mich an. Wir verabredeten uns. Und das Folgende war von uns beiden vorprogrammiert. Bis eben auf eines: ich verliebte mich.

Karl war normal, kein kompliziertes nervöses Beinahe-Genie. Er lebte in den Tag hinein, lachte viel, liebte Sportwagen, Frauen, Musik. Konnte alles gut, was er gerne tat: Cricket, Golf, Segeln. Wusste wenig von der Weltpolitik und machte sich kaum Gedanken über Südafrika.

Zuerst war die Beziehung für ihn sowieso nicht wichtig – abgesehen davon, wie er mir später gestand, dass es angeblich sieben Jahre Glück bedeutete, mit einer Jüdin zusammen zu sein.

»Ich wollte dich trösten«, sagte er später. »Zuerst war es nur das. Du warst so unglücklich. Ich mochte dich. Hab' dich immer bewundert. Du hast den Laden geschmissen – Beth, die sonst keine Frauen mag, hat mir erzählt, dass du eine tüchtige Chefin warst. Und gerecht. Na, und ich weiß nicht, wie man eine Frau trösten kann, außer ...«

Ich hatte Sex immer für unwichtig gehalten. »Es« war einfach da, gehörte zum Zusammensein. Jetzt, zum ersten Mal, machte es Spaß.

Die Zärtlichkeit war da, die Geheimsprache, die man erfindet, wenn man verliebt ist. Die Vorfreude.

Und seine Ehe? Ich wusste nach einigen Wochen, wie ernst mir die Beziehung war. Er, zu seinem Erstaunen, merkte es ebenfalls. Er hatte gedacht, ein kurzes Verhältnis, dann wäre es vorbei. Karl war mir gegenüber ehrlich, ganz gegen seine Erziehung. Ich erklärte, dass ich auswandern würde. Er versuchte, mich zu verstehen, glaubte jedoch, eine blühende Wirtschaft würde den Afrikanern zu ihrem Recht verhelfen: die Einstellung der weißen Progressiven.

»Nein«, entgegnete ich. »Erstens stimmt das nicht, zweitens will ich nicht länger in derselben Stadt leben wie Hans. Und drittens – du bist verheiratet. Ich will deine Ehe nicht beeinflussen. Heiraten können wir niemals.«

Er protestierte. »Ich will dich nicht verlieren. Ich habe noch nie eine Frau wie dich gehabt, noch nie jemanden so geliebt. Du kannst meiner Ehe nichts antun. Beth und die Kinder – die gehören zu mir. Aber du gehörst auch zu mir. Das ist keine kleine Spielerei zwischen uns. Es ist ernst.«

Es war mir auch ernst. Eben deswegen wollte ich ja weg.

»Hast du daran gedacht, dass du bald 40 wirst? Und kein Kind hast? Jede Frau muss Kinder haben.«

Er war ein stolzer Vater, liebte seine Kinder. Ja, ich wollte Kinder, damals, aber Hans eben nicht. Es war wohl besser so. Ein Kind mit der Schwermut von Hans und mit meiner Naivität, das wäre eine Katastrophe gewesen.

»Wir sollten ein Kind haben. Du und ich.«

Ein Kind ... Ich unterhielt mich mit meiner Ärztin und mit Frauen, die ihre Kinder allein aufgezogen hatten. Meistens jedoch steckte hinter diesen Geschichten Geld, das machte alles möglich. Immer wieder Geld ...

Ich versuche, keine Vorsichtsmaßnahmen zu treffen, doch es geschah nichts. Gut, dachte ich, ich bin eben zu alt dafür. Es macht nichts.

Ich zog nun in eine kleine Wohnung in der Stadt, in der Nähe vom Büro. Es war keineswegs ungefährlich: Das Haus lag in der Mordmeile. Nachts konnte man nicht auf die Straße gehen, ich hatte Angst, selbst wenn ich unten in der Garage das Auto abstellte. Ich schloss neue Freundschaften, hielt Kontakt mit den alten Freunden, versuchte, das neue Leben zu genießen.

Meine afrikanischen Reisen zeigten mir, wie wenig wir im Süden eigentlich vom schwarzen Kontinent und von unseren schwarzen Mitmenschen wussten. In meiner Zeit bei Newscheck hatte ich angefangen, mich zu informieren. Dann kamen die ersten MK-Sabotageaktionen, beginnend am 16. Dezember 1961, am Dingaanstag, dem Jahrestag des Sieges der Buren über die Zulu. Der Tag war umbenannt worden in »Tag des Bündnisses« – mit Gott.

Nach dem Ende des Hochverratsprozesses im Juni 1961 wurden immer mehr Menschen unter Bann gesetzt. Es war gefährlich, mit ihnen Kontakt zu haben. Einmal überraschte ich einen Mann, der durch eine Hecke in einen Garten blickte, als ich in meinen Wagen steigen wollte. »Passt nur auf«, sagte er. »Ihr verdammten Juden!« Ein Geheimpolizist, der das Haus beobachtete.

Man gewöhnte sich daran, bei bestimmten Freunden das Auto einige Straßen weiter um die Ecke zu parken. Beim Telefonieren wurde man sachlich und kurz angebunden. Die multirassischen Partys der 50er Jahre fielen aus.

Nat Nkasa, der schwarze Autor und Journalist, meinte bei einem Besuch, er hoffe, es habe ihn niemand gesehen. Er habe es satt, in der

Küche plötzlich mit einer Schürze um den Bauch dastehen zu müssen, als ob er der schwarze Koch sei, oder aus denselben Gründen bei weißen Freunden unter dem Bett schlafen zu müssen. Nkasa schrieb damals für die »Daily Mail« eine Spalte, ging später nach Amerika, konnte das Exilleben nicht ertragen und stürzte sich aus einem Hochhaus zu Tode.

Die Atmosphäre war elektrisiert. Eines Abends war ich bei einer Freundin zum Essen eingeladen. Sie hatte gerade aufgetischt, als sie von ihrem Dienstmädchen geholt wurde. Sichtlich nervös kam sie wieder, sagte nach einiger Zeit, ich solle ihr in der Küche helfen. Ich ging mit. Meine Freundin war aktiv, arbeitete im Untergrund.

Am Küchentisch saß ein großer Mann, vor sich einen dampfenden Teller. Er lachte uns an. Nelson Mandela.

Es war das erste Mal, dass ich ihn traf – das nächste Mal sollte es 30 Jahre später auf einer Pressekonferenz sein.

Unter Mandelas Mitangeklagten im Rivonia-Prozess befanden sich drei Weiße: Lionel Bernstein, James »Jimmy« Kantor und Denis Goldberg.

Bernstein wurde freigesprochen, Kantor vor Ende des Prozesses freigelassen – er war Rechtsanwalt. Sie wollten eigentlich seines Schwagers habhaft werden, Harold Wolpe, der zusammen mit Arthur Goldreich, beide als Geistliche verkleidet, flüchten konnte.

Denis Goldberg wurde zusammen mit den anderen Angeklagten zu lebenslänglicher Haft verurteilt. In den 80er Jahren, nach 25 Jahren Haft, war er der einzige weiße politische Gefangene. Esme, seine in London lebende Frau bemühte sich sehr um ihn, sie bat auch mich, über Frank Harris, einen alten Freund Henry Kissingers, diesen dazu zu bewegen, Denis' Freilassung zu erwirken. Er wurde dann durch Beziehungen nach Israel deportiert, machte seinen Weg nach London, wo er im ANC-Büro wertvolle Öffentlichkeitsarbeit leistete. Ein stiller freundlicher Mann, dessen Überzeugung andere einfach mit überzeugen musste. Sein Leben und das seiner Familie wurde von einem Kampf gegen Apartheid geprägt.

Arthur Goldreich war ein Mitglied einer Gruppe junger Künstler, deren Mittelpunkt Hans gewesen war. Ich war erstaunt, festzustellen, dass dieser reiche Playboy im Untergrund gearbeitet hatte. Die Lilliesleaf-Farm in Rivonia war in seinem Namen von Julius First, dem Vater von Joe Slovos Frau Ruth First, gekauft worden.

Hilda Bernstein, Lionel Bernsteins Frau, Politikerin, Künstlerin, Schriftstellerin, hat die Geschichte des Rivonia-Prozesses geschrieben.

Ich saß neben beiden Bernsteins, als Mandela 1990 zum ersten Mal Zimbabwe besuchte und in der Universität den Doktorhut erhielt, der ihm – wie so viele andere Ehren – während seiner Inhaftierung verliehen worden war. Nach der bewegenden Zeremonie ging Bernstein auf Mandela zu. Sie lagen sich in den Armen, seit jenen Stunden im Gerichtssaal hatten sie sich nicht wieder gesehen.

Man fand sich umgeben von Feinden, konnte die Freunde nicht mehr erkennen, aus Angst, die Wahrheit zu sagen. PAC's Pogo wurde aktiv. Patrick Duncan, einziges weißes PAC-Mitglied, arbeitete nach seiner Flucht von Lesotho aus für die Partei.

Als Weißer musste man sonst schon Journalist werden, um von alldem zu erfahren. Meine Freundin und Kollegin Ann Cavill, mit der ich bald schon ein Haus teilen sollte, wusste über den MK Bescheid, ich über die ARM, deren junge weiße Mitglieder Idealisten waren. Sie dachten, sie könnten nicht allein den Schwarzen die Opposition überlassen, sie müssten Solidarität beweisen.

Man war damals überwältigt von den Ereignissen, den Schicksalsschlägen gegen die Freunde und Bekannte. Die Gefahr war überall. Ein Kollege von Ann, Redakteur der Rand Daily Mail, den man jahrelang für einen Linken unter den Liberalen gehalten hatte, offenbarte sich in einem furiosen Akt als hasserfüllter und gefährlicher Mitarbeiter der Geheimpolizei, mit der Kennziffer Q 003. Es schien ein Scherz zu sein, eine James Bond-Imitation, aber sowohl sein Revolver, den er am Tag der Rivonia-Verhaftungen in der Redaktion zog, wie auch die Informationen, die er stets weitergeleitet hatte, waren echt.

Ein befreundetes Ehepaar, Rhoda und Fred Prager, waren ebenfalls politisch aktiv. Rhoda, eine elegante Südafrikanerin, hatte Fred nach dessen Scheidung von Ilse – die später in der DDR den früheren Mann von Doris Lessing heiratete – kennengelernt. Bei ihr hatte ich einen Kollegen getroffen, Raymond Eisenstein. 1941 im Warschauer Ghetto geboren, hinausgeschmuggelt und aufgewachsen bei einer Polin, kam er nach Kriegsende nach Paris und studierte dort. Nun war er Finanzredakteur bei der Rand Daily Mail.

Am Abend vor einer Reise in jenem Juli 1963 erschien Ruth Katz. »Rhoda ist tot«, sagte sie und weinte. Einzelheiten wollte sie nicht berichten, sie wollte es mir nur sagen. Rhoda hatte viele Freundinnen. Man würde sich um Fred kümmern. Wir sagten beide nicht, was wir dachten. Herzinfarkt. Besser das, als Rhoda verhaftet, in Einzelhaft, als Angeklagte ... wir wussten ja von ihrer Arbeit für die ARM.

Ein Jahr später kam die große Welle von Verhaftungen von ARM-Mitgliedern. Dann, am 24. Juli 1964, explodierte im Johannesburger Hauptbahnhof eine von John Harris, einem ARM-Mitglied, gelegte Bombe. Seinem vorhergehenden warnenden Telefonanruf hatte man nicht geglaubt. Eine alte Frau starb bei der Explosion, ein Baby wurde verletzt. Harris wurde noch am selben Abend festgenommen und ging kurz darauf, »we shall overcome« singend, zum Galgen, der einzige Weiße der wegen politischen Aktivitäten gehängt wurde.

Hugh Lewin, der Journalist, der bereits einige Wochen in Einzelhaft saß, wurde zum Bahnhof geführt, um selbst zu sehen, wie »human« seine Kameraden waren. Lewin, ein schüchterner junger Mann, damals 24 Jahre alt, Sohn eines anglikanischen Priesters, wollte selbst Priester werden. Vor Gericht sagte er, er glaube, alle Menschen seien in Gottes Augen gleich: Das war die Triebfeder, die ihn bewegt hatte, bei Sabotageakten mitzumachen.

Sie waren alle in Haft: Lewin, Prager, Raymond. Wie damals Goldreich, so wurde auch Raymond gefesselt in sein Büro gebracht, das gerade durchsucht wurde. Als wir es erfuhren, borgte sich Ruth mein Auto, klapperte die Polizeistationen ab und fand Fred Prager in Langlaagte. Sie sagte, sie sei seine Verlobte, damit sie ihn mit sauberer Wäsche und Proviant versorgen konnte.

Fred schrieb über jenen Julitag: »Ich nahm meine Brille ab. Später sagten mir meine jungen Freunde, das sei nicht nötig gewesen; wenn sie einen zusammenschlagen, dann nehmen sie selbst dir zuerst die Brille ab. Sie sprachen Afrikaans untereinander. Die ou jood. Daardie ou jood sal praat. Ons sal die ou jood doodslaan ...« der alte Jud. Der alte Jud soll reden. Wir sollten alle Juden totschlagen ...

Eisenstein, Lewin und Prager wurden zusammen mit dem 41jährigen Baruch Hirson, einst Leiter meiner Hashomer Hatzair-Gruppe, im November 1964 vor Gericht gestellt. Fred wurde freigesprochen. Raymond Eisenstein und Hugh Lewin wurden zu sieben Jahren, Hirson, weil er älter und deshalb »vernünftiger« hätte sein sollen – so der Richter – zu neun Jahren verurteilt.

Nur sieben Jahre! Raymond strahlte. Er brauchte nur drei davon abzusitzen, wegen Warschau. In London waren wir oft zusammen, als ich 1968 dort beim Guardian arbeitete. Er heiratete eine Französin. Hirson studierte weiter und wurde ein bekannter Historiker. Lewin ging mit seiner Familie erst nach London, wo er als Journalist arbeitete, dann nach Zimbabwe, arbeitete als Ausbilder von Journalisten, dann als Verleger, 1993 ging er nach Südafrika zurück. Er hatte »Bandiet«, ein erfolgreiches Buch über seine Zuchthauserfahrungen, geschrieben sowie großartige Kindergeschichten.

Fred wurde sofort nach dem Prozess unter 24-Stunden-Hausarrest gestellt. Freigesprochen wurde er, weil die Hauptzeugin, ein Mitglied der Gruppe, erklärte, er hätte nichts von der ARM gewusst, nur Rhoda. Und die war tot.

Die junge Hauptzeugin war unter Druck gesetzt worden und sie war nach den ersten Razzien nach Swaziland geflüchtet. Die Geheimpolizei entführte ihre Kinder, woraufhin sie verzweifelt zurückfuhr und sofort an der Grenze festgenommen wurde. Konnte man ihr übelnehmen, gegen die Freunde auszusagen? Nein, sie war, genau wie die anderen, nur ein naiver Amateur. Alle handelten im Gefühl der Ohnmacht der überlegenen Staatsgewalt gegenüber. Über diese Gruppe wurde bisher am wenigsten geschrieben, doch eine Novelle von Nadine Gordimer, »The bourgeoise world«, beschreibt ausgezeichnet die Atmosphäre unter diesen Liberalen.

Fred heiratete Ruth Katz während seiner Zeit unter Hausarrest, sie gingen später nach Wien, dank Bruno Kreisky, ein Jugendfreund von Fred. Leider erlebte Ruth nicht mehr, dass ihr erster Mann, der schon erwähnte Hanns Ludwig Katz, 1992 in Frankfurt durch eine große Ausstellung des Jüdischen Museums geehrt wurde. Henri Nannen hatte bereits einige Jahre vorher Katz »entdeckt« und einige seiner Bilder gekauft. Man bat mich, in Frankfurt über die ersten Emigrantenjahre in Johannesburg zu sprechen, was ich natürlich gerne tat, für mich: in memoriam Ruth. Die Ausstellung ging 1993 nach Südafrika.

Ich hielt nach wie vor Kontakt mit meinen alten Freunden von der Versicherungsgesellschaft. Als ich sie eines Morgens besuchte, war nur eine junge Frau am Empfang. Ich wollte Grüße hinterlassen, als das Telefon klingelte. Ich nahm ab. Gleichzeitig kam ein Riese von einem Mann herein, den ich einmal in Botswana getroffen hatte, ein deutscher Pilot. Ich hatte gehört, dass er für große Summen Flüchtlinge nach Tanzania ausflog. Er fragte nach Sid, doch der war nicht da. Ich kannte Sid Excell, ebenfalls Pilot, ein Freund eines der Versicherungsagenten, Bill Fortuin. Da ging das Telefon wieder, offenbar war nun Sid am Apparat. Die Empfangsdame las ihm die Nachricht des anderen Piloten an ihn vor. Sid hätte einen Termin verpasst, nun sei ein neuer vereinbart worden, für den nächsten Tag. Er solle pünktlich erscheinen und nach Lesotho fliegen, um Patrick Duncan über südafrikanisches Territorium auszufliegen. Zwei andere Passagiere würden dazusteigen, Polizisten. Die würden den Flüchtling verhaften, sobald Sid nach einem fingierten Motorschaden auf südafrikanischem Gebiet landete.

Ich erschrak. Patrick Duncan war PAC-Mitglied, Sohn eines ehemaligen Gouverneurs von Südafrika. Ich musste etwas tun. Die junge Frau wusste offenbar kaum, was sie da gerade vorgelesen hatte. Ich schlich aus dem Büro, ging sofort zu einem Bekannten und informierte ihn. Er versprach, dafür zu sorgen, dass es an die richtigen Leute kam, eventuell an Helen Suzman.

Kaum war ich zu Hause, stand Bill Fortuin vor der Tür, schubste mich vor sich her, bis ich auf einen Stuhl fiel.

»Also, du weißt von der Nachricht an Sid.« Ich leugnete es nicht. »Hast du mit jemandem darüber gesprochen?« – »Nein.«

Er wurde wütend, als ich frech erklärte, ich wüßte, dass sein deutscher Freund, für den Excell arbeitete, Luftwaffen-Pilot gewesen sei und seine Passagiere an die Geheimpolizei verkaufe.

»Duncan ist so rot wie du«, schimpfte er. »Ihr seid alle gleich. Ob ihr Parteigenossen seid oder nicht. Ihr denkt, wir behandeln die Kaffern schlecht. Ha! Du hättest sie sehen sollen, die Affen ... ich war im Kongo, da hab' ich was erlebt. Wilde sind's, die haben eine ganz andere Mentalität als wir ...«

Ich versuchte, ihm zu widersprechen. »Sid ist im Kongo für Tshombe geflogen. Er behauptete, er sei dabei gewesen, als man Patrick Lumumba erschlug. Ich hab' ihm das nie abgenommen. Keiner weiß, wie Lumumba umgekommen ist. Sid hätte nicht bei Schwarzen gedient, wenn sie ihm zuwider wären.«

»Sid«, sagte Bill verächtlich, »der ist auch so ein Ausländer. Der wusste nicht, was sein Chef wegen Duncan ausgemacht hat. Sonst hätte der Idiot gestern nicht so lange mit uns gesoffen. Und der andere Idiot hätte nichts geschrieben.«

»Und jetzt?«

Er rückte seinen Stuhl zurecht. »Jetzt warten wir. Die ganze Nacht, wenn nötig. Damit du niemanden anrufen kannst. Es ist eine Sitzung im Gange, auf hoher Ebene. Nur wegen dir.«

Man hatte also Bedenken, das Flugzeug zwischenlanden zu lassen, aus Angst, ich könnte berichten, dass das kein Zufall war.

Kurz vor eins kam ein Anruf, sie würden das Flugzeug nicht runterholen. Duncan würde ausgeflogen. Bill wirkte bedrückt, ich nahm an, er hatte das Ganze angezettelt.

Ich schrieb die Geschichte nicht, es war besser, den Namen des Piloten bestimmten Leuten mitzuteilen, als Warnung. Duncan flog nach Bechuanaland, ohne etwas von der Gefahr zu wissen. Excell war angeblich später in einen anderen Skandal verwickelt, er soll die Täter eines gruseligen Mordfalls aus England ein- und ausgeflogen haben.

Kurz danach mietete ich ein Häuschen, das ich mit Ann Cavill teilte. Es lag am Stadtrand, war ruhig, man atmete frische Luft. Das Haus war einst ein Farmhaus gewesen. Während des Krieges hatte der Besitzer es mit Hilfe italienischer Kriegsgefangener ausgebaut. Einige Freunde und der Besitzer lebten in anderen Wohnungen auf dem Gelände. Es war stets Betrieb bei uns. Freunde, Bekannte, ab und zu blieb jemand hängen, irgendwo fanden wir immer Platz. Karls Schwester Vicky kam oft, wir verstanden uns gut. An einem Wochenende flüchtete sie vor einem aufdringlichen Freund zu uns. Karl selbst kam natürlich auch.

Es war eine hektische Atmosphäre. Die Aufregungen der Zeit spiegelten sich in unserem unruhigen Lebensstil wider. Man las, aß, trank und redete zu viel, ich war froh, nicht überall mithalten zu müssen.

Ich verunglückte im Büro: Ein Stuhl rutschte unter mir weg, ich fiel hart auf den Boden, brach mir den untersten Teil des Rückgrates, ohne es zuerst zu wissen. Mehrere Wochen lag ich flach auf dem Rücken und bearbeitete so täglich die Arbeit, die das Büro mir schickte. Eines Abends kam der Journalist Gordon Winter, der mit Ann zusammenarbeitete. Wir unterhielten uns gut gelaunt, er erzählte, er müsse zum Flughafen und erwähnte den Namen Aubrey.

»Dick Aubrey?« fragte ich, mein Unterbewusstsein rief mir den Namen des verschwundenen Ehemannes der Stieftochter des »Alten« blitzartig in Erinnerung. Richard Aubrey. In einer Sekunde war die Tür zugeschlagen, Gordon war allein mit mir und hielt meine Hand so fest, dass ich aufschrie.

»Woher weißt du, wer Dick ist?« zischte er. »Was hat Ann dir erzählt?«

»Sag ich dir nicht.« Sie hatte mir in der Tat eine Schauergeschichte erzählt. Sie und Gordon waren am vorigen Tag auf einer Recherche gewesen. Dann hatte Gordon gesagt, er müsse etwas erledigen, und sie trennten sich. Ann stellte fest, dass sie ihre Unterlagen bei Gordon liegengelassen hatte. Sie fuhr also zu ihm, klopfte und öffnete, impulsiv wie sie war, sofort die Tür. Im selben Moment wurden ihre Hände hinter dem Rücken mit eisernem Griff festgehalten. Völlig verwirrt sah sie Gordon und einen unbekannten Mann vor dem Tisch stehen, auf dem sich ein offener Koffer befand, voll mit Geld. »Wer ist das?« fragte der Mann, der sie festhielt.

»Kollegin.« – »Zuverlässig?« – »Ja.«

Der Mann schubste Ann, sie fiel auf den Teppich, stand zitternd auf. Gordon gab ihr etwas zu trinken, die beiden Fremden machten den Koffer zu und begannen, sich mit Ann zu unterhalten.

Ann war Engländerin, so wurde ihr schnell klar, dass die beiden Gauner aus dem Süden Londons stammten. Nach einer Weile löste sich die Spannung. Und wie es eben so ist, wenn Männer hübsche junge Frauen beeindrucken wollen, begannen sie zu prahlen.

»Eddie« und »Charlie« erzählten vom Bandenleben und wie man jemanden zum Sprechen bringen kann. Wie man mit einem elektrischen Bohrer die Kniescheiben eines Mannes zertrümmern kann, wie man Nägel durch Waden, Knie und andere Körperteile in einen Holzboden schlägt und ähnliche unangenehme Dinge mehr. Ann wusste nicht, ob sie Verbrechern oder Verrückten gegenüberstand. Dann schmissen sie sie raus, nicht ohne sie zu warnen, still zu sein.

Woraufhin sie natürlich schnurstracks in mein Zimmer kam und es mir erzählte. Ich kannte Gordon Winter, und ich kannte Ann. Und so glaubte ich jedes Wort.

»Ann hat mir nichts erzählt«, log ich.

»Was weißt du von Aubrey?« Er hielt noch immer meinen Arm fest. »Der Name ist mir so rausgerutscht.«

»Woher kennst du ihn?« Er wurde grimmig. »Du wirst es mir sagen. Ich weiß nämlich sehr viel von ... vielen deiner Freunde. Und auch über dich.«

Es war das Jahr 1965. Man behauptete, Winter sei Polizeispitzel. Ich dachte bisher, ich hätte nichts zu befürchten. Ich war noch nie solchem Druck ausgesetzt worden, kannte und kenne die Schwelle meiner Kraft nicht. Ich hatte Angst, er würde mir den Arm brechen. Also erzählte ich ihm von der Versicherungsgeschichte, von Beth. Gordon beobachtete mich, hörte zu. Er war ein Mann ohne Gesicht, blass, blond, mit unscharfen Zügen.

Als ich die Worte »Wardour Street in Soho« und »Film« nannte, zuckte er zusammen. Da wusste ich, es ging wirklich um Beths früheren Mann.

Gordon lief auf und ab. Dann setzte er sich aufs Bett und verlangte mein Schweigen.

Monate später sah ich in London Schlagzeilen in der Abendzeitung: »Britischer Geschäftsmann in Südafrika ermordet. Tod an der Tür.« Ein Engländer namens Waldeck hatte sich geschäftlich in Südafrika niedergelassen. Am Vorabend dieses Berichts hatte er die

Tür geöffnet und war mit einem Schuss getötet worden. Der Name war mir unbekannt, bis ich weiterlas. Man habe den Fluchtwagen und die Mordwaffe gefunden. Der Wagen war auf den Namen Richard Aubrey gemietet worden, die Waffe mit dem Namen eines gewissen Gordon Winter registriert.

Der Fahrer des Wagens wurde festgenommen. Gordon war Kronzeuge und stand unter Schutzhaft. Er sagte aus, er kenne Aubrey flüchtig aus London und der habe ihn am Mordtag gebeten, ihm seine Waffe zu leihen. Später erfuhr ich mehr darüber. Der Mord hatte etwas mit der Richardson-Bande zu tun. Die Männer, die Ann gesehen hatte, waren Eddie und Charlie Richardson gewesen, sie wurden später etlicher Vergehen angeklagt – auch wegen Folter, so wie sie es damals Ann erzählt hatten.

In den 90er Jahren las ich ein Buch von Charles Richardson, in dem er von seinem Leben berichtete und alles verharmloste. Die »Bande« habe es nie gegeben, er sei nur ein unternehmungslustiger Geschäftsmann gewesen. Er erwähnte Winter als gerissenen Kontaktmann und weil er mit dessen Frau eine lange und heiße Affäre gehabt hätte. Aubrey wurde als kleiner Gauner bezeichnet, und von Waldeck wusste er nichts, das sei Aubreys Sache gewesen. Niemand sei jemals gefoltert worden.

Nach dem Waldeck-Prozess wurde Winter nach London abgeschoben und arbeitete als freier Journalist. Ende der 70er Jahre gab er öffentlich zu, ein Agent des Geheimdienstes gewesen zu sein. Er veröffentlichte »Inside BOSS« – innerhalb des Geheimdienstes – und plauderte aus seinem Leben. Das Buch erhielt schlechte Rezensionen, es konnte ihm eben keiner mehr glauben. Ich machte damals ein Interview mit ihm in seiner Wohnung in Irland.

Ich war mehr denn je entschlossen, Südafrika zu verlassen. Karl griff noch einmal das Thema »Kind« auf, es würde mir einen Lebensinhalt geben ...

Endlich konnte ich wieder aufstehen und anfangen, richtig zu arbeiten. In der ersten Woche war ich im Büro, in der zweiten fuhr ich nach Kapstadt. Auf dem Rückflug wurde mir schlecht, was mich ärgerte, denn eigentlich wurde ich nie see- oder luftkrank. Zu Hause angekommen, wiederholte es sich, als ich Anns Schinken und Eier roch. Ob es wohl ... – jetzt, sechs Monate, nachdem wir es geplant hatten? Ich ging zur Ärztin. Zwei Tage später war es bestätigt. Ich war zum ersten Mal in meinem Leben schwanger, kurz vor meinem 42. Geburtstag.

Karl war bei mir, als ich den Anruf erhielt. Er freute sich wie ein kleines Kind am Weihnachtstag. Auch ich war glücklich.

Die Gedanken über mein Alter, darüber, dass ich mehrere Male während der Schwangerschaft geröngt worden war und Medikamente geschluckt hatte, kamen erst später.

Am nächsten Tag schien etwas nicht zu stimmen. Ich rief die Ärztin an, die mir riet, mich in eine Klinik zu begeben. Sie würde dazukommen.

Ich nahm die Schreibmaschine, meine Akten und ging. Man legte mich in ein Einzelzimmer, damit ich in Ruhe arbeiten konnte. Nach einer Stunde erschien meine Ärztin mit einem Spezialisten, der mich kannte. Er untersuchte mich ohne irgendeine Bemerkung.

Nach einer Weile kam er wieder. Allein. Sagte, er hätte gehört, dass ich es behalten wolle. Er vermied das Wort »Kind«.

»Es wäre möglich, dass es ... du verstehst, dein Alter, der Unfall, wir können das alles ohne Schwierigkeiten erledigen!«

Ich antwortete: »Ich hab nur eine Frage. Kann ich ein Kind haben? Ich meine, ist es möglich, dass es normal sein wird?«

Er zuckte zusammen. »Also gut – du willst es behalten ...«

Am Abend kam die Ärztin wieder. Sie war bekümmert. »Das wird alles sehr schwer werden. Auch wenn es gut geht. Wovon willst du leben? Und das Kind ernähren?«

»Der Vater des Kindes ist ja auch noch da«, sagte ich, »vielleicht kann er nichts Materielles tun, aber er wird mich unterstützen. Ich wollte immer Kinder – es ist die letzte Chance!«

»Wenn es eine ist. Du hättest es heute schon beinahe verloren.«

Ich sah sie stumm an, wusste es ja.

Am Abend durfte ich aufstehen und fragte den Arzt, ob ich nach Deutschland fahren könne.

»Warum nicht? Mehr können wir nicht tun. Wenn es dir schlecht geht, fahr ins nächste Krankenhaus und verlange den dritten Chefarzt.«

Ich war verdutzt. Er lächelte.

»Der Erste ist mit seiner Privatpraxis beschäftigt, der Zweite baut an seiner Karriere und der Dritte, der kümmert sich um die Patienten. Na, schon gut, ich gebe dir einige Namen mit.«

Ich fuhr nach Hause, legte mich ins Bett. Karl kam und brachte mir etwas zu lesen. Es war Freitag, am Montag wollte ich wieder ins Büro. Der Samstag war regnerisch, Johannesburg im Juli ist kalt und unangenehm. Wir zündeten ein großes Holzfeuer im Wohnzimmerkamin an. Am nächsten Morgen glimmte es noch, draußen regnete es nach wie vor, und so warf ich Papier und Holz auf die Glut.

In meinem eigenen Zimmer war es erstaunlich warm. Ich kuschelte mich zurecht, die Katzen sprangen aufs Bett, Anns Dackel Waldi kroch zu mir unter die Decke. Ann erschien, machte Tee und erzählte vom Büro. Einer unserer Freunde kam auf einen Besuch vorbei. Ich lehnte mich zurück, blinzelte zur Decke – und dann sah ich es ...

»Feuer!« – Ich schrie so laut wie noch nie, sah die Rauchwolken unter der Decke, sprang auf, die Katzen verschwanden durchs Fenster, Waldi verkroch sich unter das Bett. Dick Walker, unser Freund, ebenfalls Journalist, lief um das Haus, suchte einen Schlauch, einen Wasserhahn. Er sah den Rauch aus dem Dach kommen, klopfte heftig nebenan, dort wohnten neue Leute, die wir noch nicht kannten.

»Feuer – es brennt!«

Sie kamen nur unmutig zur Tür und sagten, das sei Sache des Hausherrn. Dick fand den Schlauch, ich versuchte, die Feuerwehr zu alarmieren, die mir jedoch erklärte, es sei nicht ihr Problem. Wir wohnten eben an der Stadtgrenze. Ich schmiss Sachen aus dem Fenster, Bücher, Bilder, Privatpapiere, Kleider. Ann tat dasselbe. Den Hund sperrten wir in Anns Wagen ein, ich parkte ihn in der Nähe der Hauptstraße. Als ich zurückkam, stürzte gerade die Decke meines Zimmers ein. Es hatten sich Leute versammelt. Woher kamen sie nur? Der Hausherr war da, die neuen Mieter von nebenan waren doch noch aus ihrem Haus gekrochen, die Bewohner der Wohnungen am Hang des kleinen Hügels retteten ihr Hab und Gut.

Das Feuer griff um sich wie ein hungriges Tier. Ich stand da und sah zu; ob mir das Kind im Körper diese Ruhe gab? Alles, was ich hatte, ging in Flammen auf – Manuskripte, Bücher, ein ganzes Leben. Ich war ganz still. Ann weinte. Jemand brachte uns etwas zu trinken. Und dann kam die Feuerwehr doch noch. Es gab zwar nichts mehr zu löschen, aber sie taten wenigstens so und machten dadurch noch das kaputt, was wir gerettet und in den Garten geschmissen hatten. Ich rannte zum Telefon in einem benachbarten Haus und rief meine Schwester an. Sie wohnte außerhalb von Johannesburg. Nach etwa 40 Minuten erschien mein Neffe, um mich abzuholen. Ann war bereits mit Freunden und Waldi abgefahren. Ich schlief schlecht, rief aber meine Eltern an, sprach mit meiner Mutter und sagte, wir seien versichert, es hätte schlimmer werden können, wenn es in der Nacht geschehen wäre. Ich versprach, sie am nächsten Wochenende zu besuchen.

Am folgenden Tag ging ich ins Büro, in den Kleidern meiner Schwester. Ann hatte ein Doppelzimmer für uns in einem Hotel gemietet. Der Brand war natürlich Stadtgespräch, im Büro nannte man mich »Calamity Jane« und war besonders nett zu mir. In der Nacht wurde Ann krank, dann verschlug es auch mir die Stimme. Wir lagen in unserem Hotelzimmer, husteten, schnieften und empfingen Besuch.

Ein junges Mädchen brachte mir Seiten zum redigieren, die ich für eine Sondernummer der Zeitung geschrieben hatte. Der verantwortliche Redakteur rief an und mahnte mich, ich sei einen Tag über der »deadline«. Ich lachte – einen Tag! Nach einem gebrochenen Rückgrat, einer Fast-Fehlgeburt und einem solchen Brand ...

Martin Spring war eben Engländer. Ich sollte mit ihm, der sich selber als Faschist bezeichnete, die Deutschlandreise machen. Wir planten eine Sondernummer über die Beziehungen der Bundesrepublik zu Südafrika.

»Sag ihm, ich werde alles bis heute Abend fertig haben«, krächzte ich und schaffte es tatsächlich. Meinen Vater rief ich an, um zu sagen, dass es mit dem Wochenendbesuch nichts würde.

»Das macht nichts«, sagte er. »Mutter ist auch krank, sie ist beim Einkaufen zusammengebrochen.« Der Arzt sagte, es sei Arthritis, sie hatte starke Rückenschmerzen, es sei besser, ich käme, sobald ich selbst wieder gesund sei.

In den nächsten Tagen klang mein Vater immer besorgter, meiner Mutter ging es noch nicht besser. Am Montag wollte meine Schwester einen Spezialisten holen.

An jenem Montag konnte ich wieder arbeiten. Um die Mittagszeit ging ich einkaufen, für zwei Stunden. Als ich zurückkam, lag ein Schmierzettel auf dem Tisch meines Nachbarn. Er fiel herunter, ich hob ihn auf und las.

»Wo ist sie denn? Ihre Schwester hat schon dreimal angerufen. Ihre Mutter ist gestorben« ... So erfuhr ich, dass Mutti tot war.

Sie hatte einen Herzinfarkt erlitten, einen Zweiten. Damals im Laden war es wohl auch schon einer gewesen. Der Hausarzt hatte sich geirrt, der Spezialist kam zu dieser Diagnose, konnte jedoch kein freies Krankenhausbett bekommen und bestellte einen Krankenwagen, um Mutti zu meiner Schwester zu bringen, wo sie besser gepflegt werden konnte. Bei der Ankunft war sie bereits tot.

Ich weiß nicht mehr, wie ich dorthin kam. Vater wankte mir entgegen, er hatte es immer noch nicht ganz verstanden.

Ich hielt ihn im Arm wie ein Kind. Wie ein Kind – es überlief mich siedend heiß: wenn ich ihr gesagt hätte, dass ich schwanger war, und sie hätte einen Herzschlag bekommen, so hätte ich mich nun für schuldig gehalten.

Wenige Tage später stand ich an ihrem offenen Grab, mein Vater neben mir, ein furchtbarer Abschied.

Weinen konnte ich nicht. Seitdem ich den Zettel gelesen hatte, war ich wie versteinert. Ich konnte meinen Vater beruhigen, mit meiner Schwester sprechen, aber der Tod meiner Mutter war zu viel, das konnte ich nicht bewältigen. Nicht zu diesem Zeitpunkt.

Zwei Tage später flog ich nach Europa. In der Redaktion verabschiedete ich mich. Der Chefredakteur bat mich noch, zur »Weltwoche« nach Zürich zu gehen, um Kontakte zu knüpfen. Ich nahm alle Wünsche und Aufträge apathisch entgegen.

Nur Margot, Nadine, Ann und Karl wussten von meiner Schwangerschaft. Ich konnte es niemand anderem sagen, wozu auch? Die Chancen, dass es gutgehen würde, waren wirklich nicht groß. Am Tag vor meiner Abreise bewies eine Blutprobe, dass ich Rhesus negativ war. Wäre das Kind mein Zweites gewesen, so wären die Chancen einer lebendigen Geburt gleich Null gewesen, doch auch so war einiges zu erwarten.

Kurz vor der Abfahrt erfuhr ich, dass Antony Martin, ein guter Freund und Kollege, im selben Flugzeug sein würde. Er hatte herausbekommen, mit welcher Maschine ich fliege, und wollte mir Gesellschaft leisten, er fuhr weiter nach London.

Es war damals üblich, Freunde zum Flughafen zu begleiten, nach Europa zu fliegen war eben immer noch ein kleines Abenteuer. Es kamen wirklich viele. Ich blickte mich um, so viel Trost und Freundschaft. Es war schwer zu sprechen. Und als ich meinen Vater zusammen mit meiner Schwester und ihren Kindern hereinkommen sah, ging gar nichts mehr. Ich sah niemanden außer Vati, drückte ihn, verabschiedete mich, wusste plötzlich, dass es vielleicht kein Wiedersehen mehr geben würde. Dann drehte ich mich wortlos um, winkte nochmal und ging, so schnell ich konnte, durch die Kontrollen. Antony setzte sich neben mich, sagte nichts. Da fing ich an zu weinen, zum ersten Mal seit Wochen, ich drehte mich zum Fenster und weinte unaufhörlich. Ab und zu schob Antony mir Papiertaschentücher zu und schickte die Stewardess weg.

Ich weinte bis Nairobi, dann ging es mir besser. Antony nickte und bestellte sich einen neuen Whisky.

Das Gefühl, dass jemand da war, der mir wohl wollte, der mir seine Anwesenheit schenkte, war unsäglich beruhigend.

Ich war mir bereits bewusst, welches Glück ich hatte mit meinen Freunden, die mir durch diese furchtbaren Wochen und die darauffolgende Zeit die Kraft gaben, durchzuhalten.

In Frankfurt stiegen wir um. Ich sagte danke, Antony küsste mich flüchtig auf die Wange und verschwand. Ich rief Hans' Mutter an, kündigte meinen Besuch an und flog nach Zürich. Dort fand ich ein kleines Hotel in der Nähe des Bahnhofs. Zuerst weinte ich noch ein wenig, dann schimpfte ich mit mir, dass ich an Selbstmitleid litt, drehte mich um und schlief.

Am nächsten Morgen wachte ich auf, die Sonne schien, das Leben konnte weitergehen. Mit mir.

Mein Besuch in der Bundesrepublik war ein Erfolg. Hans' Mutter freute sich und merkte nicht, dass ich dicker war als früher. Nach ihrem Sohn fragte sie vorsichtig und mit Sorge, ich sagte nur das Nötigste, um ihr Ärger zu ersparen. Sie wollte so gern, dass Hans und ich hier in der BRD arbeiteten, aber ich wich diesen Fragen aus. Hans hatte wohl kaum vor, jemals wieder zu arbeiten, das hatte er mir ja schon erklärt. Ich brachte es nicht fertig, seiner Mutter davon zu erzählen.

Ich las, machte Interviews, organisierte Verabredungen – eine für Martin Spring und mich mit Willy Brandt. Martin war von Deutschland und den Deutschen so beeindruckt, wie er es von Hitlers Landsleuten erwartet hatte. Als wir eines Abends in Hamburg beim Essen auf die Elbe blickten, sagte er, ich sei der erste Jude, mit dem er sich je unterhalten hätte, und fragte: »Wie ist es eigentlich, Jude zu sein?« Eine erstaunlich dumme Frage, die keine Antwort verdiente. Mir fiel jedenfalls keine ein. Wie ist es, Mensch zu sein? Kurz danach reiste er ab.

An Karl schrieb ich regelmäßig. Von Ann erhielt ich atemlose Briefe, die genau zu ihrem Leben passten. Karl hatte mit meiner Vollmacht das Geld von der Versicherung erhalten, ich teilte es natürlich mit Ann. Abgesehen von diesem Geld erwartete ich meine monatlichen Schecks von der Financial Mail. In der Bundesrepublik lebte ich von Spesen und freute mich, dass ich zum ersten Mal in meinem Leben etwas sparen konnte. Ich zahlte noch immer gemeinsame Schulden von Hans und mir ab.

Internationes, die Stelle des deutschen Außenministeriums zur Koordinierung von Journalistenreisen, bot mir einen Aufenthalt in Berlin an, ich fuhr natürlich hin. Dort gab mir jemand die Adresse eines Professors, der feststellte, dass mein Kind lebte – ich hatte es inzwischen selbst gespürt – und erklärte, das Herz des Kindes sei erstaunlich stark für seine drei Monate.

»Drei Monate?« – Ich war sicher schon im fünften!

»Ja, nach der Größe zu urteilen.«

Ich rief sofort meine Freundin, die Ärztin Anne Alexander an, die ich während meines unvergesslichen Aufenthaltes in London kennen gelernt hatte. Ich hatte ihr bereits von Karl und der Schwangerschaft geschrieben, gesagt, ich würde über London zurückfahren und das Kind in Johannesburg bekommen. Sie schien von dem Bericht des Professors beunruhigt.

»Kannst du früher kommen? Jetzt, morgen?«

Eigentlich hatte ich vorgehabt, noch einige Tage zu bleiben, doch nun fand ich also eine Ausrede für Hans' Mutter und flog ab. Meine Freundin hatte bereits einen Termin mit einem Kollegen gemacht. Er untersuchte mich und meldete mich in einem privaten Entbindungsheim an. Ich verbrachte einen Monat bei Anne, schickte meine Artikel ab, redigierte die Fahnen, schrieb an Karl und Ann und sagte dem Chefredakteur, dass ich für einige Zeit unbezahlten Urlaub haben wollte.

Anfang Januar hatte ich einen Termin beim Spezialisten, ein Routinebesuch. Rings um mich herum lagen junge Frauen mit dicken Bäuchen. Der hohe Herr kam auf mich zu, pochte freundlich auf meinen Bauch und fragte, warum ich da sei.

»Weil ich in einem Monat das Kind erwarte ... genau weiß ich es nicht ...«

Er zog die Augenbrauen hoch, untersuchte mich und lächelte.

»In einem Monat? Hm ... vielleicht in dreien.«

Ich war fassungslos. Offenbar war irgendetwas nicht richtig. Alle anderen Frauen waren dicker als ich. Aber – ich war bereits vier Monate unterwegs, es war einfach unmöglich, dass die Geburt erst in drei Monaten sein sollte, wenn es nicht ein Zwölf-Monats-Kind werden wollte.

Ann versuchte, mich zu trösten. Eines Morgens kam der behandelnde Arzt, um meinen Blutdruck zu messen, eine halbe Stunde später saß ich im Krankenwagen. Es war höchste Zeit gewesen. Zu hoher Blutdruck.

Im Entbindungsheim gab man mir ein Einzelzimmer, sagte, ich sei zur Beobachtung da.

Abends kam der mir schon bekannte Spezialist, hob abermals die Augenbrauen, diesmal vor Erstaunen, dass ich nun, zwei Wochen später, in einem seiner Betten lag. Er untersuchte mich und fragte, ob ich mich auf das Kind freute.

»Ja. Ich war noch nie schwanger. Ich möchte es gerne haben – wenn es geht.«

Er schien bekümmert, ging im Zimmer auf und ab.

»Wir sind Katholiken«, sagte er. »Bei Grenzfällen wie diesem versuchen wir, die Mutter zu retten. Das Kind hätte kaum Überlebenschancen, wenn wir eine Geburt jetzt künstlich herbeiführen ... es ist zu klein ...«

Offensichtlich glaubte er noch immer, dass ich erst fünf Monate schwanger sei. Ich sagte nichts. Er sah mich scharf an.

»Gut. Ich gebe Ihnen eine Chance. Für 24 Stunden. Wir werden Sie unter Morphium halten. Wenn der Blutdruck hinuntergeht, können Sie einige Wochen ruhig hier liegen, bis wir die Geburt wagen können.«

Am frühen Morgen waren Nonnen um mich herum. Ich sah an ihren gütigen Augen, dass das Morphium nichts genützt hatte. Der Spezialist kam am Abend wieder.

»Es tut mir leid«, sagte er, »wir müssen den Eingriff machen. Es geht um Ihr Leben, verstehen Sie?«

Ich konnte nichts antworten.

»Südafrika«, lächelte er, um mich abzulenken. »Dort hat man die Erfahrung, die man in Schwarzafrika noch nicht hat. Wissen Sie, wie lange es dauert, bis ein Schwarzer ein guter Arzt ist?«

Ich war empört, ungeachtet meiner augenblicklichen Situation. »Wie kommen Sie auf diesen Unsinn? Ich kenne mehrere gute schwarze Ärzte ...«

Wir fingen an, uns zu streiten. Er setzte sich auf mein Bett, erzählte, er hätte eine Zeitlang an einer schwarzen Universität gelehrt, aber ich stellte fest, dass das Jahrzehnte zurücklag. Ich berichtete über Südafrika, wo ein schwarzer Arzt einem Weißen zwar auf der Straße Erste Hilfe leisten kann, aber ihn nur bis zum Eingang des Krankenhauses begleiten darf und wo schwarzes und weißes Blut getrennt aufbewahrt wurde. Er gab mir recht, gab zu, dass dies alles doch sehr befremdlich sei, klopfte mir auf den Rücken und meinte, ich solle mich nun um mein Kind kümmern.

Ich wachte mit heftigen Rückenschmerzen auf. Sollte ich nicht woanders Schmerzen haben? Und warum hatte man mich nicht in ein anderes Zimmer gebracht? Der Arzt und mehrere Schwestern waren um mich herum. Ich atmete tief, der Schmerz verstärkte sich, der Druck schien unerträglich, ich hörte etwas – einen Schrei.

»Unfassbar ...« murmelte eine der Schwestern.

»Unglaublich – es schreit schon. Und die Nabelschnur ist noch nicht einmal gebrochen.« Es? Also doch ein Kind? Ich merkte, wie der Druck nachließ, war halb betäubt.

»Ihr Sohn«, sagte der Arzt. Ich blickte verwundert auf seine Hand, in der er etwas hielt, das lange schwarze Haare hatte und schrie.

»Unmöglich«, sagte ich und schlief ein.

Als ich aufwachte, standen Blumen auf dem Nachttisch.

Eine Nonne schob mich im Rollstuhl durch den Korridor zu meinem Sohn. Er lag in einem Brutkasten, ein langer dürrer Körper, mager, mit einem Riesenkopf. Ich sah ihn lange an.

»Hat er eine Chance?«

»Er ist sehr klein«, sagte die Nonne. »Wahrscheinlich ein Siebenmonatskind. Aber wir wissen es nicht. Es ist alles sehr ungewöhnlich. Er hat offensichtlich gehungert. Wenn wir den Eingriff nicht gemacht hätten, wäre er verhungert und Sie ...« Sie schwieg. Der Spezialist sagte jedoch: »Wenn er vier Tage ohne Krise überlebt, hat er es geschafft.«

Ich bekam Besuch und noch mehr Blumen, stand auf und besuchte meinen Sohn, so oft ich konnte. Versuchte nicht zu hoffen. Ich überlegte mir noch nicht einmal einen Namen für ihn.

Am vierten Tag lebte er noch, saugte fast sofort an der Flasche, bekam nicht genug. Man hatte bereits eine Extra-Mahlzeit eingeschoben. Also doch ... wenn er am Abend noch lebt, dann ...

Er lebte noch. Ich lag im Bett und konnte zum ersten Mal etwas lesen. Nun dachte ich auch über seinen Namen nach, meldete ein Gespräch nach Johannesburg an und schlief ruhig ein.

Anne holte mich am nächsten Tag ab, ich sollte bei ihr bleiben. In vier Tagen sollte ich meinen Sohn besuchen, bis dahin durfte ich zweimal am Tag anrufen, und die Oberschwester musste mir schwören, dass ich ehrliche Berichte bekommen würde, keine Phrasen wie: »Es geht ihm den Umständen entsprechend.«

Am fünften Tag wartete ich auf Anne, die mich zu meinem Kind fahren wollte. Ich ging auf die Treppe zu und merkte, dass ich meine Füße und meinen linken Arm nicht mehr bewegen konnte. Ich fiel hin. Annes Mann holte den Notarzt, ich bekam eine Spritze, man brachte mich zu Bett. Am Abend erklärte mir Anne, man glaube, ich hätte zwar keinen Herzanfall, aber eine Störung erlitten. Die drei Ärzte waren sich einig, dass ich gesund sei, aber unter Stress litt. Ich sollte diesen beenden, die Lebensumstände ändern, die ihn verursachten.

Ich wusste, es ging nicht mehr nur um mich, sondern um ein neues

Leben, für das ich, nur ich allein, verantwortlich war. Inzwischen hatte das Kind auch einen Namen, Annes Nachnamen: Alexander. Ich selbst gab ihm einen Kosenamen: Sascha.

Ich dachte nach. Wenn ich bliebe, könnte ich nur einen Haushaltsposten annehmen. Vielleicht als Hausmädchen? Ich hatte zwar noch nie in meinem Leben ein Haus gereinigt und hätte Anne fragen müssen, wie man am besten Fenster putzt, aber dann gestand ich mir ein, dass ich mich doch für etwas anderes besser eignete.

Anne bot mir an, bei ihr zu bleiben, aber das war keine Lösung. Karl schrieb nette Briefe, glücklich über unseren Sohn. Und der stellvertretende Chefredakteur der »Financial Mail« fragte, ob ich die Stelle einer Bürochefin in Südrhodesien haben wollte. Mein »Vorgänger« Antony Martin, der großartige Freund, der neben mir im Flugzeug gesessen hatte, war selbst Monate dort gewesen, bis man ihm die Arbeitserlaubnis entzogen hatte. Ob ich wollte ... ich war selig! Salisbury war brisant geworden, am 11. November 1965 hatte Ian Smith die illegale Unabhängigkeit des Landes erklärt. Und außerdem: Karl könnte mich dort besuchen. Ich sagte also zu.

Und Anne? Ohne sie hätte ich diese Monate kaum überlebt. Ich verdanke ihr so viel, dass es mit Worten nicht abzutun ist, bis heute. Auch später noch kümmerte sie sich um Alexander und mich, war stets für uns da.

Kaum war der Kleine aus dem Krankenhaus und akklimatisiert, da reisten wir auch schon ab. Sascha wog fünf Pfund und sah noch immer wie ein Neugeborener aus. Sein Kopf schien nicht mehr ganz so groß zu sein, man konnte nicht mehr alle Rippen zählen. Es waren schwere erste Wochen, ich musste lernen, ein Kind zu baden, anzuziehen, zu füttern, alle zwei Stunden, auch nachts, wie das eben so ist.

Als wir in Johannesburg ankamen, war er bereits fünf Monate alt. Karl war begeistert von dem Kleinen. Und Vati: er fragte nichts. Nahm seinen Enkel auf den Arm und akzeptierte ihn.

Ich regelte meine Angelegenheiten und verabschiedete mich von allen. Am nächsten Morgen stand Peter Duminy, der stellvertretende Chefredakteur, neben meinem VW. Er lachte und fragte, ob ich wirklich gedacht hätte, man ließe mich allein mit dem Kind 1.000 Meilen fahren.

Ich hatte wirklich etwas Angst gehabt und strahlte nun. Wir unterhielten uns gut auf der Reise. An der Grenze erhielt er eine Aufent haltserlaubnis für eine Woche, ich wurde herzlich begrüßt, weil ich eine Daueraufenthaltserlaubnis wollte. Damals waren Ausländer in der Regel willkommen. Man versprach mir einen sechsmonatigen Ausweis.

Doch daraus wurde nichts. Nach stundenlangem Warten sagte der Beamte mürrisch, er könne mir nur eine Genehmigung für sieben Tage ausstellen. Wir protestierten. Es würde vier Tage dauern, ehe wir in Salisbury seien, wir wollten über Bulawayo fahren und Interviews machen. Er blieb jedoch dabei.

Ich war überzeugt, es würde nicht klappen, ich müsste nach London zurück. Adressen schreiben, Fenster putzen? Vielleicht ...

Die Reise dauerte noch länger als vier Tage. Kurz vor Gwelo, heute Gweru, hatten wir eine Panne. Die Werkstatt sagte, die Reparatur würde drei Tage dauern. Am nächsten Tag fuhren wir die letzten 100 Meilen mit dem Zug weiter und quartierten uns in Meikles Hotel ein. Als wir am Tag darauf im Büro erschienen, wurden wir aufgeregt empfangen.

»Ihr seid verspätet ... heute hat Frau Weiss eine Verabredung mit dem Finanzminister!«

Ich blickte auf die Uhr, stellte fest, dass ich den Termin schaffen würde, schob das Körbchen mit Sascha auf den Schreibtisch, drückte der Sekretärin eine Flasche in die Hand und fragte, wo das Ministerium sei.

Als ich zurückkam, spielten drei Frauen mit Sascha: die Sekretärin Fiona, eine Journalistin namens Leonie und Thelma, eine ältere Frau meines Alters. Der Kleine war begeistert.

Ich sollte Fiona und Thelma mit dem Bürochef der Rand Daily Mail teilen, genau wie Büro und Telex. Fiona hatte ihren Posten beim Hörfunk nach der UDI – der illegalen Unabhängigkeitserklärung – verloren, dann einige Zeit beim amerikanischen Konsulat gearbeitet. Leonie war die zweite Journalistin für die »Morgengruppe«, der auch die Daily Mail und die Financial Mail angehörten, sie war eine ausgezeichnete Journalistin und kannte die rhodesische Szene; ihr Freund war Polizist, was ihr sehr half. Thelma, die das Telex bediente, war die Frau des Chefs einer Journalistenagentur, die fast alle britischen Zeitungen belieferte wie die »Sunday Times« oder den »Telegraph«. Auf dem Stockwerk befand sich noch ein kleines BBC-Studio. Wir nannten das Gebäude »Klein Fleet Street«. Jedesmal, wenn Rhodesien im Zentrum des Geschehens stand, erschienen die »Feuerwehrmänner«, wie man die Auslandskorrespondenten der großen Zeitungen nannte, alle bei uns, sie mussten sich schließlich in formieren. So lernte ich sie kennen, die »Großen«.

Peter fuhr ab. Ich fand eine kleine möblierte Wohnung, bekam aber noch keine Aufenthaltsgenehmigung. Es wurde nur immer meine Sieben-Tage-Erlaubnis erneuert. Die Journalisten, die täglich bei Meikles ihr Bier tranken, wetteten schon, wie lange es noch dauern würde, bis man mich endgültig rausschmeißen würde.

Für Sascha, der ein vergnügtes, hübsches Baby wurde, fand ich bald eine Tagesstätte. Ich machte viele Bekanntschaften, schloss fast sofort eine enge Freundschaft mit zwei Schwestern, die sich um Sascha kümmern konnten, wenn ich am Wochenende keine Zeit für ihn hatte.

Zu Beginn analysierten Journalisten die Statistiken, rechneten aus, welchen Schaden die von der UN verhängten Sanktionen anrichten würden und wann das Land bankrott sei. Nun waren aber über sieben Monate vergangen, und es gab keinerlei Zeichen für einen Bankrott. Wirtschaftsstatistiken waren zu Staatsgeheimnissen geworden. Ich konnte keine Knappheit an Lebensmitteln feststellen, das rationierte Benzin war für jeden genug. Ein Kollege aus Lusaka bat sogar um einige Sachen, die dort in Zambia knapp geworden waren.

Ich war derart beschäftigt, dass ich erst nach vier Wochen merkte, noch kein Wort von Karl gehört zu haben. Ich rief ihn an. Es dauerte lange, bis er ans Telefon kam. Er schien geistesabwesend und verstört zu sein.

»Hast du Ärger?« fragte ich.

»Nein, nein. Es ist alles in Ordnung. Du, ich habe dir einen Brief geschrieben ...«

Ich fragte, wann er käme, wir hätten abgemacht, dass er mindestens einmal im Monat nach Salisbury kommen würde.

»Es steht im Brief«, meinte er und legte auf.

Dieser Brief blieb so lange aus, dass ich ihn schließlich schon nicht mehr erwartete.

An einem Donnerstag kam ich früh ins Büro, eigentlich sollte ich frei haben, wollte aber Verwaltungsarbeiten erledigen. Auf einem Brief sah ich Karls Handschrift. Smith sollte zugesagt haben, sich mit Wilson auf einem Kriegsschiff zu treffen, also würden die »Fleet Street Stars« wieder eintreffen. Während wir uns unterhielten, öffnete ich den Brief. Ein Satz sprang heraus, mir wurde schwindelig.

»Geht's dir nicht gut?«

»Nein, schon gut – ich will mich ... ins Büro.« Ich konnte keinen vernünftigen Satz herausbringen und ging hinaus, um den Brief richtig zu lesen.

»... Ich bin sicher, dass sie mir eine gute Ehefrau sein wird ...« – Ehefrau? Er war doch verheiratet, dachte ich dumpf. Ich las es noch einmal. Kein Zweifel, Karl sprach von einer neuen Heirat. Seine Ehe sei schon lange keine mehr gewesen, er habe es mir nie gesagt, weil er nicht wollte, dass ich mir um ihn Sorgen mache. Oh, Karl ...

Ich las weiter. Während ich in England war – »um dein Kind zu gebären«, schrie ich innerlich –, gab es mehrere Krisen. Erst die Sache mit dem Geld, das konnte er nur dadurch überstehen, indem er sich etwas von meinem Konto borgte, 2.000 Pfund, mehr Geld, als ich je wieder sparen konnte ... Dann kam wieder eine Auseinandersetzung mit seiner Frau, die er mit einem Freund überrascht hatte. »Und da wurde mir Eva ein großer Trost.«

Wer, um Gottes Willen, war Eva?

Eine alte Schulfreundin, stellte ich fest. Er hatte sie jahrelang nicht gesehen. Dann trafen sie sich, sie mit ihrem Mann, Karl mit seiner Frau. Sie wiederholten das Treffen, allein, verliebten sich. Nun war es also soweit, sie hatten sich entschlossen zu heiraten, und Karl war sich seiner guten Ehefrau sicher. Er schrieb auch, das würde nichts an unserer Beziehung ändern, er liebe mich. Er erkundigte sich natürlich auch nach dem Wohlergehen seines Sohnes. Ich war verzweifelt, versuchte vergeblich, ihn anzurufen und erreichte endlich seine Schwester.

Sie glaubte mir nicht. Eine Scheidung, eine neue Ehe? Unmöglich. Sie würde mich zurückrufen.

Eine Stunde später war sie am Apparat. Kleinlaut gab sie zu, dass alles stimmte. Karl sagte, er könne nicht verstehen, warum ich so aufgeregt sei. Es bliebe doch alles beim Alten, er würde mich besuchen und seinen Sohn genauso behandeln wie seine anderen Kinder. »Soll ich kommen?« fragte sie und wartete kaum auf eine Antwort. Sie war eine bessere Freundin als ihr Bruder mir je ein Liebhaber war, und am Wochenende besuchte sie mich.

Aber zuerst musste ich diesen Tag überleben. Überleben? Wollte ich das? Wozu denn eigentlich? Alles, was ich anfasste, war grau, wurde mir zum Verhängnis.

Ich holte Sascha ab. Und als er in seinem kleinen Bett lag und mich anlachte, da wusste ich, es war unmöglich, ich musste durchhalten, besaß keine andere Wahl.

Ich wollte gerade zu Bett gehen, als es klopfte. Es war Fiona, sie kam sofort herein, trug eine Flasche Whisky und einen Kuchen unter dem Arm und machte es sich bequem.

Natürlich redete ich. Über Hans, über Karl, erzählte mehr, als ich wollte und weniger, als sie fragte.

Karl kam nach einigen Wochen zu Besuch. Ich brachte den Kleinen zu meinen neuen Freundinnen und versuchte, vernünftig mit ihm zu sprechen. Es war, als ob wir in verschiedenen Sprachen redeten, er konnte mich nicht verstehen. Immer wieder sagte er, ich sei die großartigste Frau seines Lebens, ich sei »zu schade«, um mich mit einfachen Dingen wie einem Haushalt und einer Ehe abzugeben. Ich hätte doch erklärt, dass ich nicht seine Frau sein wollte – es sei doch nichts anders geworden, er würde eben nur eine Ehefrau mit der anderen tauschen. Ich hingegen sei einmalig.

Es hatte keinen Zweck. Bevor er abflog, stellte er noch einen Schuldschein aus. Den habe ich noch. Das Geld bekam ich nie. Es hätte mir später in London bei einem Hauskauf viel geholfen.

Als ich 1990 wieder nach Johannesburg kam, trafen wir uns im Hotel. Er war nicht sehr erfolgreich gewesen. Die Ehe mit Eva war unglücklich, er ließ sich nach zehn Jahren scheiden und heiratete ein »hübsches Gesicht«. Doch auch diese Beziehung dauerte nicht lange. Nun sei er endlich mit einer »guten« Frau verheiratet und ein sehr frommer »born-again-Christian« geworden. Auch beruflich hatte er es nicht geschafft, sein Geschäft konnte sich offensichtlich nie von den damaligen Problemen erholen.

Nach unserem Treffen schrieb er mir, er liebe mich noch immer und ob ich nicht zu ihm zurückkommen wolle. Er hatte anscheinend noch nicht gemerkt, dass dies nun wirklich unmöglich war.

Ich hatte ihn angerufen, weil ich Sascha die Möglichkeit geben wollte, seinen Vater zu sehen. Karl schrieb ihm, aber trotz meines Drängens antwortete er nicht. »Wozu?« fragte er dann. »Du hast mich erzogen, ich kenne den Mann nicht.« Eines Tages trafen wir zufällig Vicky, Karls Schwester, und ihren Sohn in London, wir gingen essen, so trafen sich zumindest die beiden »Vettern«.

Damals stürzte ich mich in die Arbeit. Arbeit hat mir eigentlich immer über schwierige Situationen hinweggeholfen. Zuerst über die komplizierten Jahre mit Hans, dann über dessen Untreue, Roberts Leiden und Tod, sogar während der Schwangerschaft musste ich arbeiten. Und nun mehr denn je. Inzwischen hatte ich eine zweijährige Aufenthaltserlaubnis. Ich begann mich mit dem Umgehen der Sanktionen zu beschäftigen, das war »die« Geschichte für einen Wirtschaftskorrespondenten. Der Zufall wollte es, dass sich Geschäftsleute offen vor mir unterhielten. Es fiel mir wie Schuppen von den Augen. Ian Smith hatte sich auf alles vorbereitet: Es gab Regierungsorganisationen für das Umgehen dieser Sanktionen, die eng mit der Wirtschaft zusammenarbeiteten.

Jemand meinte, sie benähmen sich alle wie James Bond, hätten selbst eine Firma, die »Univex« hieß, Universal Exports, wie es im Buche stand, beziehungsweise tatsächlich in den Drehbüchern der Bond-Filme – und deren Telefonnummer 2 008 war, 2 007 sei schon vergeben gewesen, sagte man mir.

Ich recherchierte, sammelte Informationen, veröffentlichte nun wöchentlich in meiner Spalte Geschichten über die Zusammenarbeit mit Firmen in anderen Ländern, über Tauschgeschäfte, über »Papierfirmen« in Südafrika und Portugal.

Heute weiß man von »sanction busting«, es wurden Bücher darüber geschrieben. Meine Arbeit von damals lieferte dazu einiges Material. Filme wurden gedreht, noch 1978 legte der Bingham-Bericht dar, dass die Ölsanktionen nicht nur von den britischen Multis durchbrochen wurden, sondern dass sogar die britische Regierung selbst davon wusste. Doch 1966 waren diese Vorgänge noch nicht allgemein bekannt. Ich stolperte sozusagen in einen mächtigen und gefährlichen »scoop«, wusste, dass ich die Aufmerksamkeit der Behörden auf mich lenkte, aber ich war darauf gefasst, gehen zu müssen. Sollte ich in meinem Alter keinen Fleet Street-Job mehr bekommen, so konnte ich immer noch zurück ins Versicherungswesen gehen oder in einem Verlag arbeiten. Auf keinen Fall wollte ich nach Südafrika zurück. Mein Sohn sollte nicht als privilegiertes südafrikanisches Kind aufwachsen.

Je mehr ich veröffentlichte, desto mehr vertraute mir erstaunlicherweise die Geschäftswelt, ich erhielt sogar anonyme Tips. Zum Beispiel rief eines Tages jemand an und sagte, ich solle doch mal auf das Kopje fahren – dort sei die Aussicht so herrlich.

Kopje, so nennt man im südlichen Afrika kleine Hügel. Die Pioniertruppe, die Cecil Rhodes 1890 ins Innere von Rhodesien entsandt hatte, machte an jenem Kopje inmitten einer großen Buschfläche Halt und errichtete ihre Zelte – sie nannten den Ort Salisbury. Die Shona nennen die Hügel »Harare«, Er-der-niemals-schläft, und so heißt die Stadt heute, nachdem aus Rhodesien Zimbabwe wurde.

Ich stieg also mit Sascha sofort in den Wagen und fuhr dorthin. Auf dem Kopje war eine Aussichtsstelle mit Angaben, nach denen man ausrechnen konnte, wie weit man von verschiedenen Orten entfernt war. Ich holte meinen Feldstecher heraus und sah mich um.

Und dann entdeckte ich etwas: einen riesigen, funkelnagelneuen Bau. Er sah aus wie ein Flugzeugschuppen, aber ich beobachtete, wie Lastwagen vor dem Gebäude hielten, wie man Säcke ablud und sie in den Schuppen trug. Natürlich! Derartige Säcke waren mir bekannt. Wer in Rhodesien kannte keine Tabaksäcke, Tabak, der Hauptexport, war das goldene Blatt. Die Regierung versuchte, die Tabakfarmer zu bewegen, zu diversifizieren und etwas Weizen anzubauen, Tabak war unter den momentanen Umständen schwer verkäuflich. Aber der Boden war nicht überall für etwas anderes geeignet. Also kaufte die Regierung den Tabak zu einem bestimmten Preis, die Wirtschaft musste ja erhalten werden, und seit UDI waren Tabakauktionen, vorher Touristenattraktion, zum Staatsgeheimnis geworden. Offensichtlich konnte nicht die gesamte Ernte durch den angekurbelten Austauschhandel verkauft werden, und so musste man die übrigen Bestände irgendwo verstecken. Irgendwo: hier auf diesem Gelände, das einst ein kleiner Flughafen war.

Befriedigt kletterte ich von meiner Aussichtsstelle. Das Rätsel war nun gelöst. Das andere Rätsel, wie der rhodesische Tabak in Rotterdam mit Sorten anderer Länder im Freihafen vermischt wurde, konnte ich erst viel später aufdecken.

Ich fragte mich oft, warum man mir so viel erzählte, warum ich einfach mit Fragen so viel erreichte. Das hatte sicher mehrere Gründe. Nach meiner ersten »sanction busting story« schrieb ich stets vorsichtig von »bestimmten Quellen«. Es klang mysteriös. Jemand meinte, die Spalte lese sich wie ein spannender Fortsetzungsroman. Als die Financial Mail in Rhodesien das erste Mal verboten wurde, telefonierten einige Geschäftsleute mit Johannesburg, um herauszufinden, was diesmal im »Rhodesian Roundups, meiner Spalte, gestanden hatte. Ich hatte Erfolg, weil ich meine Quellen schützte, was eigentlich sehr einfach war.

Ich wusste, wenn jemand in Salisbury erkältet war, so hustete wenige Minuten später jemand auf der anderen Seite der Stadt. Das nutzte ich sofort aus. Sobald ich etwas Interessantes erfuhr, ging ich sofort vom Büro des Bekannten, der es mir erzählt hatte, zu einem anderen, von dort aus zu einem Dritten. Ich führte viele Gespräche und machte Verabredungen, so dass es schließlich unmöglich wurde, festzustellen, von wem nun eigentlich der erste Stein im Mosaik stammte. Und dann erzählte ich etwas von dem, was ich erfahren hatte, un ter dem »Siegel der Verschwiegenheit«, irgendjemand anderem. Wenn ich das zwei- bis dreimal durchexerziert hatte, wusste ich, dass am Abend mindestens zehnmal so viele Leute davon wussten wie vorher. Also konnte man unmöglich nachweisen, wer mir was verraten hatte. Manchmal berichtete man mir auch etwas, um das Schuldgefühl loszuwerden. Ich glaube, dass der Spaß, den der rhodesische Geschäftsmann verspürte, als er »James Bond« spielte und mit falschem Pass zu Gesprächspartnern in aller Welt reiste, nach einer Weile abflaute. Es dauerte alles so lange, die Zukunft war unbestimmt, man war doch der Königin gegenüber ein Rebell und durfte nicht mehr »nach Hause«, wenn man die Smith-Regierung unterstützte – da war es ganz schön, sich manchmal Luft zu machen. So spielte ich auch eine Art Beichtmutter-Rolle.

Es war immer etwas los, ich war nie außer Dienst, hatte auf keinen Fall Langeweile oder Zeit, um Trübsal zu blasen. Sascha machte mir ab und zu Sorgen, als er zum Beispiel die Masern direkt nach Mumps bekam, aber er gedieh und wurde ein strahlendes hübsches Kind. Wir fuhren zu zweit im Land umher, sahen uns die Großfarmen an und die afrikanischen Gebiete. Ins Zambezi-Tal, wo gekämpft wurde, ließ man uns nicht.

Der Kleine war fast zweieinhalb. Die kritischen Babyjahre lagen hinter uns, ich konnte aufgrund meiner Berichterstattung einen Job beim Guardian in London bekommen und dachte noch über das Angebot nach, als mich eines Abends Fiona besuchte. Wir hatten uns lange nicht gesehen, sie war auf einer Auslandsreise gewesen.

Kaum war sie da, schrie sie mich an:

»Du ... du Schlange, die ich am Busen genährt habe!«

Ich fing an zu lachen. Sie war wirklich zu komisch, diese kleine Person in ihren neuen Kleidern, die letzte Mode aus London, die man in Salisbury noch gar nicht kennen konnte. Was meinte sie nur?

»Du verstehst nicht, was ich meine? – Du bist ein Staatsfeind. Und ich ...«

Ich sagte freundlich, sie solle es doch etwas deutlicher erklären. Statt dessen fragte sie mich: »Sag mal, hast du dir nie Gedanken gemacht, wieso du deine Arbeitserlaubnis bekommen hast?«

»Natürlich. Ich habe mich gewundert.«

Sie seufzte. »Ich hab' gesagt, du seist ok. Du seist nur eine arme Frau, die Liebeskummer hat, die bestimmt nichts von Wirtschaft oder Politik versteht und dass man dir wahrscheinlich diesen Posten nur gegeben habe, um dich zu trösten – weil du nett bist. Hab' ich gesagt ...«

Sie sah mich bitterböse an. »Und jetzt wollen sie noch mehr wissen. Mit wem du schläfst.«

Ich war entsetzt. Sie war offensichtlich eine Informantin der Sicherheitspolizei. Ich musste blitzschnell an all die Korrespondenten denken, die in der kurzen Zeit, in der ich Fiona kannte, durch unser Büro gegangen waren – gab es einen besseren Weg, diese zu bespitzeln, als den, eine hübsche Sekretärin dort hinzuschmuggeln?

Sie sah müde aus. Warum erzählte sie mir wohl davon? Ich wäre so oder so bald gegangen. Der Posten beim Guardian war zu gut, um nicht angenommen zu werden.

Ich sagte: »Ich habe keinen Freund, das weißt du schließlich am besten.«

Sie nickte. Sie hatte mich an jenem schlimmen Tag gesprochen. Es war ihr klar, dass ich keine neue Bindung eingehen würde, nicht so schnell, wenn überhaupt.

Sie saß still da. Ich goss ihr einen Drink ein, sie leerte das Glas mit einem Zug.

»Glaubst du mir? Nein? Dann sieh doch mal aus dem Fenster ... ja ... vor eurem Haus, hinter dem Rasen, siehst du?«

Ich antwortete brav: »Die Bushaltestelle. Ein Baum.«

Ohne sich umzudrehen, sagte sie: »Und einen Mann. Ein Schwarzer, der da an dem Baum lehnt.« – »Ja.«

»Ein Polizist. Er ist seit Wochen dort auf Wache.«

Ich sagte ironisch: »Wie interessant!«

Sie stampfte ungeduldig mit dem Fuß auf. »Dir ist nicht zu helfen. Sie sind sauer auf mich, weil ich Mist gemacht habe, weil ich nicht merkte, dass du doch etwas verstehst, von Wirtschaft und so – und jetzt wollen sie wissen, wer dir so viel erzählt ... ich kann ihnen nicht klarmachen, dass du keinen Freund hast, niemanden aus der Regierung.«

Mein Gott. Die dachten wirklich, dass einer der Kameraden aus Smiths Nähe mit mir ... ich schüttelte mich.

Sie stand auf und sagte: »Ich werde gehen. Es ist besser, du fährst ab. Deine Arbeitserlaubnis wird nicht erneuert werden.«

Das hatte ich auch nicht anders erwartet.

Am nächsten Morgen fragte ich das Mädchen, das mir im Haushalt half: »Sag mal, war jemals jemand hier? In der Wohnung, als ich nicht hier war?«

Sie schüttelte den Kopf. »Oh nein, niemals. Nur die Polizei ...«

Ich hatte keine Zeit zum Lachen. Fiona hatte die Wahrheit gesagt. Ein junges Ehepaar von nebenan, Tom und Sally, kam nach einigen Minuten herüber. Sie sahen ernst aus. Fiona war am Abend noch bei ihnen gewesen, hatte sich betrunken und jemanden angerufen, ihm gesagt, dass sie mir alles erzählt hätte. Die beiden waren sehr besorgt.

»Glaubst du, du kannst schon am Wochenende fliegen? Dann lassen sie dich in Ruhe. Wir werden Fiona Bescheid sagen.«

Und wieder erfuhr ich, wie viele Freunde ich hatte. Man packte für uns, ich konnte meinen Nachfolger aus Johannesburg noch kurz einweisen, erledigte verschiedene Pflichten und war traurig über den Abschied. Gleichzeitig freute ich mich natürlich auf ein neues Arbeitsgebiet, ein neues Land.

Ich erzählte den Kollegen, dass Fiona für den Sicherheitsdienst arbeitete, daraufhin wurde sie aus den Journalistenkreisen ausgeschlossen. Irgendwie tat sie mir jedoch auch leid.

Sally erzählte mir beim Abschied, warum Fiona mich gewarnt hatte. Sie hatte ein Verhältnis mit einem verheirateten Mann, und man setzte sie deshalb unter Druck.

»Sie hoffte, wenn sie dir alles sagte, würde sie für die Polizei uninteressant werden, würde frei sein.«

Frei ... In Ländern, in denen keine Freiheit herrscht, ist es schwer, zu leben.

Nach Rhodesien durfte ich nicht mehr. Das Verbot und die Drohung, ich würde andernfalls sofort verhaftet werden, bekam ich schriftlich, auf Papier mit dem Briefkopf »come to sunny Rhodesia«.

Aber im Januar 1980, ein paar Tage vor der Geburt von Zimbabwe, kam ich doch zurück. Ich hatte der Lusaka-Konferenz der Commonwealth im Juni 1979 beigewohnt, als Margaret Thatcher dem Druck dreier Commonwealth-Führer, Kenneth Kaunda aus Zambia, Julius Nyerere aus Tanzania und Michael Manley aus Jamaika, nachgab und eine rhodesische Verfassungskonferenz versprach. Ab September wohnte ich diesen Verhandlungen im Lancaster House dann täglich bei und flog anschließend nach Salisbury.

Am Flughafen wurde mein Pass misstrauisch von einem rhodesischen Beamten gemustert – er schien zu wissen, wer ich war, ohne in seinen Akten nachsehen zu müssen, was mich wunderte, denn schließlich war ich keine wichtige Person. Er gab mir nur zwölf Stunden Zeit, ich sollte mir beim Presseamt eine Verlängerung holen.Tja, das versuchte ich auch, musste aber länger warten als die meisten und bekam nur eine kurzfristige Erlaubnis. Das war kaum schwer zu erklären, denn als ich die Treppen zum Pressebüro, das im Meikles Hotel eingerichtet war, hinaufstieg, kam mir eine Frau entgegen: Fiona. Ich sprach sie an, fragte, was sie mache.

»Ich arbeite beim Informationsministerium, bin für die Journalistenreisen verantwortlich ...«

Kein Wunder also, dass ich tagelang auf die Akkreditierung wartete, zusammen mit TASS, der chinesischen Nachrichtenagentur und einer polnischen Kollegin. Erst als ich mich bei den Briten beschwerte, erhielt ich die Erlaubnis, gültig genau bis zum Tag der Wahlen. Am Tag danach wurde sie von Zimbabwe sofort verlängert.

So kamen wir also 1968 abermals nach London.

Das Wetter machte mir weniger zu schaffen als die großen Entfernungen in dieser Stadt, ich hatte ja das herrliche Klima des südlichen Afrikas nie richtig genossen, konnte es also auch nicht richtig vermissen. Aber ich war es gewohnt, mit meinem VW in Johannesburg wie auch in Salisbury alles ziemlich schnell zu erreichen.

In Johannesburg spielte sich die Wirtschaftsszene innerhalb des Stadtzentrums ab, so dass man zur Börse oder zum Beispiel zu einer der heiligsten Geschäftsadressen des Landes – 44 Main Street, Sitz der multinationalen »Anglo-American Corporation« – zu Fuß gehen konnte. Nach Pretoria dauerte es mit dem Wagen eine knappe Stunde, und man konnte wiederum, wie auch in Kapstadt, an einem Tag all die Leute aufsuchen, die man sprechen wollte.

Nun musste ich mich wieder an ein anderes Leben gewöhnen, und das sollte mir erst einmal zu schaffen machen.

Da ich sofort beim Guardian anfing und schnell eine Wohnung brauchte, verstrickte ich mich in das verwirrende und zeitraubende Abenteuer, ein Haus zu suchen. Ich hatte Glück und lernte durch eine Bekannte Rosemary kennen, eine junge Frau, die ein kleines Mädchen hatte. Sie wollte in einem Haushalt arbeiten, in dem sie das Kind bei sich hatte. Das wäre ideal für uns – mein Sohn hatte sofort eine kleine Schwester und zum ersten Mal so etwas wie eine Mutter, eine, die den ganzen Tag für die Kinder da war.

Zuerst zogen wir in eine äußerst unbequeme und zu teure Wohnung in West Kensington, wir hatten keine andere Wahl; auch in England war es schwer für zwei Frauen mit zwei Kindern überhaupt eine Wohnung zu bekommen. Endlich jedoch fanden wir ein geeignetes Haus in einer ruhigen Gegend. Es kostete 6.000 Pfund, ich konnte eine Hypothek aufnehmen – meinen Sparpfennig hatte ja Karl genommen –, und es war alt und geräumig, sogar mit einem kleinen Garten.

Wir kauften alte Möbel, einige Sachen bekamen wir von Freunden geschenkt. Der Bahnhof war zehn Minuten zu Fuß entfernt, aber die Züge gingen selten, es dauerte mit mehrmaligem Umsteigen stets eineinhalb Stunden, bis ich in die City kam.

Rosemary war das typische moderne englische Mädchen aus gutem Haus, für sie war Reiten so selbstverständlich wie für mich Spazierengehen. Nach der Geburt des Kindes hatte sie sich mit der Familie verkracht, weil der Vater des Kindes nicht so weiß war, wie die Eltern es wünschten, doch dann wurde der Frieden wieder hergestellt. Ich bin sicher, die Eltern waren auch nicht gerade glücklich, dass sie nun quasi als »Haushälterin« bei einer Jüdin arbeitete. Vorurteile sterben eben schwer.

Wir verstanden uns großartig, wussten aber beide, dass diese Lösung nur vorübergehend sein würde. Rosie konnte nicht ewig in einem fremden Haushalt leben, sie brauchte ihren eigenen. Sie war jung, hübsch und nach einiger Zeit wieder fähig, es mit dem Leben aufzunehmen. Sie war eine gute Köchin, ich empfand es als den größten Luxus, dass ich täglich an den gedeckten Tisch nach Hause kommen konnte.

An den Wochenenden hatte Rosie »frei«. Zuerst ging sie selten aus, später dann häufiger. Während unserer gemeinsamen zwei Jahre führten wir ein ruhiges, häusliches Leben, auch wenn wir unendlich viel Besuch bekamen. Am Ende dieser Zeit fand sie einen Lebensgefährten und einen Beruf, sie studierte und arbeitete als Sozialarbeiterin.

Einer unserer Besucher war Leonie, die hübsche Journalistin aus Salisbury. Da ich gerade meine erste Dienstreise für den Guardian antreten wollte, nach Zambia und Mauritius, war ich froh, dass sie kam, um Rosie Gesellschaft zu leisten. So konnte ich mit einem guten Gefühl abfahren.

In Zambia, wo Kenneth Kaunda die Kupferbergwerke nationalisiert hatte, sollte ich eine Analyse über die Aktien und den Kupferpreis machen. Damals war das Land der drittgrößte Kupferexporteur der Welt, und da ich es gut kannte, freute ich mich auf den Job, der erfolgreich verlief wie auch der anschließende Trip nach Mauritius. Nach drei Wochen kam ich zurück und wurde stürmisch von meiner »Familie« begrüßt.

In der Nacht wurde ich durch das Telefon geweckt.

»Kann ich bitte mit Leonie sprechen?« – Eine normale Stimme mit südafrikanischem Akzent.

Das Licht wurde angeknipst, Rosie war auf der Treppe. Ich blickte auf meine Uhr, es war 3 Uhr morgens.

»Leonie? Sie ist zu Verwandten gefahren.«

»Bitte, könnten Sie ihr ausrichten, Keith hätte angerufen?«

Ich sah Rosie an, zuckte mit den Schultern und ging zurück ins Bett. Ende der Woche kam Leonie zurück. Mir fiel die Sache mit dem seltsamen Telefonat ein, ich erzählte es ihr.

Am nächsten Tag bat sie mich um unser altes Auto.

»Keith nimmt sein Telefon nicht ab«, sagte sie. »Ich möchte gern hinfahren.«

Sie kehrte jedoch unverrichteter Dinge wieder zurück. Er war nicht zu Hause.

Rosie erzählte mir: »Sie war nicht glücklich in Salisbury. Hier hat sie eine Gruppe von Journalisten aus Südafrika getroffen, mit denen geht sie aus, fast jeden Tag. Einer heißt Keith Wallace, er ist in Leonie verliebt.«

Ich wusste schon von ihrer unglücklichen Liebe; deswegen war sie ja auf Europareise gegangen, um diese Geschichte zu überwinden.

»Keith sagte, seine Freundin hätte ihn verlassen. Er war ihr nach Südafrika nachgeflogen und kam zwei Tage, bevor Leonie hier eintraf, zurück. Allein. Jetzt will er Leonie heiraten ... er trinkt zu viel, Leonie sagte, er ist nervös, unglücklich ... er wollte, dass sie in dieser Woche noch ein Ehepaar werden!«

Am Montag fuhr ich mit Leonie in die City. Abends, als ich zurückkam, war sie noch nicht da. Wieder klingelte spät das Telefon. Es war einer der bekannten Namen aus der Johannesburger Journalistenwelt, auch ein Mitglied dieser Londoner Gruppe.

»Hat dich Keith neulich angerufen?«

Ich zögerte: »Ja, aber warum ...«

Die Stimme war aufgeregt. »Er ist tot. Du musst mir sagen, Wort für Wort, was er zu dir sagte ...«

Das tat ich, und anschließend erzählte er, was passiert war: Leonie sei noch einmal zu dem Haus gegangen, in dem Keith wohnte; sie hätte Milchflaschen an der Tür gesehen, so, als ob Keith sie dort abgestellt hätte. Dann sei sie mit Julian, einer der Journalisten wiedergekommen, der dann durch ein offenes Fenster in die Wohnung eingestiegen sei.

Dort war wohl alles unordentlich gewesen, ein Stuhl kaputt, es sah schlimm aus. Die Jacke und der Hausschlüssel waren im Zimmer.

»Sie gingen zur Polizei. Die wollten nichts davon wissen ... ein Journalist, der drei Tage nicht im Büro gewesen war, der trinkt ... das sei doch nichts Neues.«

»Und dann?« fragte ich.

»Sie riefen uns an – und Bob blickte aus dem Fenster. Da sah er unten im Hinterhof etwas, dachte, es sei ein Bündel alter Kleider ... aber es war Keith.«

Nachdem die Polizei nun doch gekommen war, um die Leiche mitzunehmen, hatten sie mich angerufen. Leonie kam nicht zurück.

Später erfuhr ich, dass die anderen sie in Keiths Zimmer allein zurückgelassen hatten, worüber ich mich maßlos aufregte. Männer! Die hatten keine Sensibilität.

Leonie holte ihre Sachen, sagte, sie würde zu Bob Hitchcock ziehen, bis die Polizeiuntersuchung und das dazugehörende Magistratsverfahren vorbei sei. Ich kannte Bob flüchtig aus Johannesburg.

Leonie machte uns Sorgen. Sie war wie erstarrt, ich hatte noch nie jemanden gesehen, der dermaßen unter einem Schock litt. Aber sie beharrte darauf, vor Gericht auszusagen.

Am Tag nach dem Verfahren flog sie ab. Man stellte fest, es sei ein Unfall gewesen, Keith hätte getrunken, er sei einfach aus dem Fenster gestürzt.

Einige Wochen danach besuchte mich ein guter Freund, ebenfalls Journalist. Er wusste nicht, dass Leonie bei uns gewohnt hatte.

»Keith war ein alter Freund. Er war bei uns in der Redaktion, ein guter Journalist. Aber – er war natürlich mehr.«

»Was soll das bedeuten?«

Er blickte mich stumm an.

Ich verstand. »Keith? Geheimpolizei?«

Er nickte. »Dieser Unfall war natürlich keiner. Sie haben ihn umgebracht. Weil er aussteigen wollte. Deswegen war er auch nach Südafrika geflogen, er wollte raus aus der Klemme; er hatte keine Freundin, das war erfunden. Er wollte Leonie heiraten, wollte jemanden haben, dem er vertrauen konnte – er war am Ende.«

Ich war noch nicht überzeugt. »Woher weißt du das?«

Er sagte leise: »Mein Vater erzählte es mir. Keiths Vater war hier, man ließ ihn nicht aussagen, obwohl er Bescheid wusste. Man möchte die Sache totschweigen. Er und mein Vater sind alte Freunde ... Keith machte es erst aus Überzeugung, er war jung, Patriot ... später, weißt du, die schlimmen Dinge, die bei uns in der Redaktion passiert sind...«

Ich dachte an Ann, an Gordon Winter, an Ludi. Keith war ein Polizeispitzel – arme Leonie ...

Anscheinend dachte »BOSS«, dass ich mehr wüsste, als es der Fall war. So hatte die Sache für mich ein unerwartetes Nachspiel, als ich eines Tages mit einem Kollegen in Zambia eine Dienstreise machte. Er arbeitete für eine südafrikanische Multi und hatte angeboten, mich zu fahren. Zuerst plauderten wir über dies und jenes, dann machte er mehrere Bemerkungen, die zeigten, dass er erstaunlich gut Bescheid wusste. Über mich und über Keith Wallace. Was immer ich auch sagte, das Gespräch kam stets auf dasselbe Thema zurück: Keith und Leonie. Er erzählte, Keith sei ein Kollege von ihm gewesen.

Mir wurde es ungemütlich. Ich saß in einem Wagen mit jemandem, den ich kaum kannte und den ich plötzlich für einen Mann von BOSS hielt.

»Ich kannte Keith nicht«, sagte ich endlich. Er schien erstaunt: »Was du nicht sagst. Ich dachte ... schließlich gehörst du auch zu den liberalen ... Damals war es schwer für mich. Ich wusste, in der Redaktion waren die Linken und die Polizisten. Ich fühlte mich zu keinem hingezogen.«

»Polizisten?« fragte ich fast scheinheilig.

»Ja. Ludi. Und Keith.«

Mir schwindelte. Niemand hatte meines Wissens etwas von Ludi gewusst. Von Keith ganz zu schweigen. Daraufhin erzählte er mir einiges. Keith hätte eine Entführung in den 60er Jahren recherchiert, der Geheimdienst hatte einen »Farbigen« aus Nordrhodesien gekidnappt, um zu beweisen, dass niemand vor ihm sicher sei, auch nicht im Exil. Im Zuge dieser Nachforschungen kam Keith nach Rhodesien, dort lernte er dann Leonie kennen. Später bekam er den Posten in London und wollte kein Polizeispitzel mehr sein. BOSS konnte ihn nicht gehen lassen, weil er eben zu viel wusste, trank und redete. Da gab es schließlich nur die eine Lösung ...

Warum erzählte mir der Mann diese Geschichte? Um mir Vertrauen einzuflößen? Dachte er, Leonie hätte mir etwas erzählt, was ich ihm nun wiederum berichten würde? Dann hatten sie Pech gehabt: Ich wusste wirklich nichts. Außer, dass kein Exil-Südafrikaner allen Bekannten vertrauen durfte.

Mir wurde kalt. Auch wenn ich wohlbehalten an der Mine und später zu Hause ankam. Der Fall Keith wurde nie geklärt. Und doch – ein Artikel erschien im Observer, in dem BOSS für Keith Wallaces Tod verantwortlich gemacht wurde. Darauf rief mich Thelma an, eine der Sekretärinnen in „Klein Fleet Street“ und sagte, dass Leonie wie erlöst sei. Sie war von ihrer Englandreise recht unglücklich zurück nach Salisbury gekommen. Als der Observer Artikel erschien, war sie plötzlich erleichtert und wanderte kurz darauf nach Kanada aus. Thelma sagte, Wallace sei bedrückt gewesen, nachdem ihm gesagt wurde, er könnte sich nie von BOSS trennen. Darauf hätte er Leonie zu einem Treffen mit seinem BOSS Chef mitgenommen, in der Hoffnung, diesen damit zu erpressen, wenn jemand anders Bescheid wusste. Wenige Tage später war er tot. Leonie sei überzeugt gewesen, dass man auch sie beseitigen würde. Erst als BOSS Rolle bekannt war, fühlte sie sich sicher.

Pretorias langer Arm, der BOSS, wurde später nur zu gut bekannt. Noch im April 1992, also lange nach der Legalisierung der Opposition und der Freilassung von Mandela, wurde vom britischen Geheimdienst ein Mordversuch in London vereitelt. Südafrikanische Polizisten planten den Tod ihres ehemaligen Kollegen Dirk Coetzee, weil er im Jahr 1989 Geheimnisse der Todesschwadronen preisgegeben hatte und dem ANC beigetreten war.

Ich kannte nur zu viele der Opfer dieser Arbeit, wie etwa Ruth First, die in Mosambik in ihrem Büro im Forschungsinstitut der Universität 1982 einer Bombe erlag. Sie war die Frau von Joe Slovo, des KP-Generalsekretärs, der als MK-Führer zum Held für die schwarze Jugend wurde und an den Pretoria-ANC-Gesprächen ab 1990 teilnahm.

Ruth war eine der intelligentesten und großartigsten Frauen, denen ich je begegnete. Gleichzeitig wurde ihr Chef, Aquino de Braganza, schwer verletzt; er starb später zusammen mit Mosambiks Präsident Samora Machel bei einem Flugzeugabsturz, dessen nie aufgeklärte Ursache man auch Pretoria unterstellen kann. Aquino, führendes FRELIMO-Mitglied, Akademiker und Berater seiner Regierung, kannte ich seit vielen Jahren. Ich schätzte ihn sehr, wenige Tage vor seinem Tod unterhielten wir uns noch in Harare intensiv über den Konflikt, den Südafrikas Destablisierungsstrategie in den 80er Jahren in der Region ausgelöst hatte. Ich freute mich, als er meinte, ich sei die erste Journalistin, die von Südafrikas Drosselgriff auf die Kommunikationsnetzwerke des südlichen Afrikas schrieb.

Als ich im Jahr 1984 in Angola war, platzte eine Bombe in Lubango im Süden des Landes und tötete die Gewerkschafterin Jeanette Schoon und ihre Tochter Katryn. Ich wohnte dem Begräbnis bei, verbrachte einige Stunden mit Marius Schoon, langjähriger Aktivist und ANC-Mitglied, den ich aus Johannesburg kannte: die Bombe war für ihn gedacht.

Viele dieser und anderer Morde wurden einem Agenten Craig Williamson zugeschrieben, dem im Jahr 2000 eine Amnestie gewährt wurde.

Als ich 1987 ein Manuskript über den ANC recherchierte, verfolgte ich in London wochenlang einen Prozess, der kaum von der Presse zur Kenntnis genommen wurde, nur südafrikanische Kollegen saßen neben mir im Gerichtssaal. Die vier Angeklagten sollten eine Entführung der wichtigsten ANC-Führer geplant haben, man hatte eine Todesliste sowie anderes Material gefunden. Die Anklage ließ man später fallen, aus politischen Gründen oder wegen mangelnder Beweise.

Ein Name auf der Liste war Thabo Mbeki, den ich kannte, der während der Übergangszeit bei geheimen Gesprächen der 80er Jahre mit Pretoria, danach bei den offiziellen Verhandlungen eine wichtige Rolle spielte und als Mandelas Nachfolger, Präsident wurde. Damals, als er auf der Abschussliste stand, stolperte er eines Tages in seiner Wohnung in Lusaka fast über einen Neuseeländer, der eingedrungen war, um ihn zu ermorden.

Solche Geschehnisse begleiteten mich, selbst als nur beobachtende Person, durch all die Jahre hindurch, sie bringen einem auf brutale Weise Vorsicht und ein gesundes Misstrauen bei.

In den Londoner Jahren hatte ich wenig Zeit, mich mit Exilpolitik zu beschäftigen, mein Job und die andere Arbeit, die sozusagen von selbst kam, für andere Zeitschriften oder für den Rundfunk zu berichten, nahm meine ganze Aufmerksamkeit in Anspruch. Die kurze Freizeit, die blieb, gehörte Sascha. Er war ein lebenslustiger lieber Junge, aber nicht ohne Probleme.

Im Kindergarten und bei Bekannten war er fast zu brav. Wenn er jedoch mit mir allein war, so artete unser Verhältnis fast zu einem Machtkampf aus: Er verlangte immer irgend etwas – und wenn es nur Süßigkeiten waren –, das ich ihm nicht geben wollte. Verlangte gebieterisch und lärmend, dass ich ihm zuhörte.

Ich war zutiefst bekümmert, wusste, dass sein Benehmen kaum als »ungezogen« abzutun war. Er kämpfte um meine Aufmerksamkeit, ich war nicht oft genug da, er hatte eben nur mich als Bezugsperson. Selbst auf Telefongespräche war er eifersüchtig.

Ich überlegte mir, ob ich einen anderen Job suchen sollte, mir wurde langsam klar, dass ich eine Lösung finden musste.

Diese unruhigen Gedanken mehrten sich nach einem schlimmen Wochenende im Sommer 1969.

Ich kam früher als sonst nach Hause, da ich außerhalb Londons eine Geschichte recherchiert hatte und nicht zurück ins Büro musste. Unser Hausarzt war da, und wenige Minuten später kam ein Krankenwagen. Der Arzt erklärte, Sascha sei krank geworden, seine Assistentin konnte jedoch keine Diagnose erstellen, und so schlug er vor, das Kind eine Nacht zur Beobachtung ins Krankenhaus zu bringen.

»Was sind denn die Symptome?« wollte ich wissen. Um mich herum standen Rosie, Sally und Tom, die aus Salisbury da waren, und Bettie du Toit, die damals bei uns wohnte, jene Gewerkschaftskämpferin, in deren Haus Harald Pakendorf gewohnt hatte.

»Er hat sich erbrochen«, sagte der Arzt. »Das ist ja nichts Ungewöhnliches, aber uns gefällt das Atmen nicht.«

Später hörte ich, dass Bettie, wie es bei blinden Menschen oft vorkommt, einfach gespürt hat, dass etwas nicht stimmte. Sie hatte Sascha daraufhin aus dem Bett heben wollen und gemerkt, dass er nicht schlief, sondern bewusstlos war.

Im Krankenhaus konnte man nichts feststellen, auch das Röntgenbild war negativ. Inzwischen war Sascha wieder munter, fast vergnügt und nicht einmal müde, obwohl es auf Mitternacht zuging. Er wurde in ein kleines Zimmer gelegt, abseits von den anderen Kindern, ich bekam ein Bett in einem Mutterhaus.

Um 5 Uhr früh wurde ich geweckt und sollte schnell zu Sascha kommen. In Sekunden war ich angezogen, wartete nicht auf die Tasse Tee, die englische Lösung für alle Probleme, und raste zum Krankensaal. Man ließ mich nicht ins Zimmer. Ich wurde gefragt, ob ich jemanden bei mir haben wollte, meinen Mann? Ich bat darum, Anne Alexander anzurufen.

Endlich ließ man mich zu meinem Kind, nur zwei Minuten lang.

Er lag unter einem Sauerstoffzelt, die Augen waren geschlossen, ich sah Schläuche, zwei Menschen, die an ihm herumhantierten. Jemand führte mich hinaus, diesmal gab es eine Tasse Tee, ich hielt sie starr in der Hand.

Meine Freundin kam. Als Ärztin erlaubte man ihr, hineinzugehen, doch auch sie konnte mir nichts sagen.

»Er ist bewusstlos, schon lange. Die Schwester, die an seinem Bett gesessen hat, um regelmäßig Puls und Temperatur zu messen, merkte etwa um ein Uhr, dass der Puls schneller ging und er fieberte.«

Man wusste also noch immer nicht, was es war. Ich wartete. Weinen konnte ich ebensowenig wie Tee trinken. Nur eines wusste ich: Wenn Sascha überlebte, dann würden wir nicht in London bleiben. Ich musste einfach in der Nähe meiner Wohnung arbeiten, wollte nicht noch einmal erst nachträglich erfahren, dass mein Kind ...

Noch eines wusste ich: Wenn Sascha sterben würde, so würde ich das nicht ertragen können. Das Leben würde wenig Sinn für mich haben ohne meinen Sohn. Er hatte die letzten Jahre für mich gestaltet. Mein Erfolg war sein Erfolg, weil ich für jemanden sorgen musste; alles, was ich tat, hatte einen Zweck.

Es waren lange Stunden vor dem Zimmer. Keiner wollte mich dort haben, wo ich gerade stand oder saß, dauernd war ich im Weg, konnte weder schlafen noch klar denken.

Um die Mittagszeit kam eine Schwester und sagte:

»Er wacht auf. Sie wollen doch dabei sein, oder?«

Da lag er. Jetzt hatte er ein Nachthemd an, doch da waren immer noch die Schläuche, immer noch das Zelt. Er bewegte sich, die Augen gingen auf, suchten und fanden mich. Er streckte sein dünnes Ärmchen aus, stieß gegen das Zelt. Die Schwester nickte, zusammen öffneten wir einen kleinen Spalt, so dass ich seine Hand halten konnte. So saßen wir, fast eine Stunde lang.

Rosie kam und unsere liebe Sally, mein Kleiner mochte sie sehr, in Salisbury waren sie und Tom stets für ihn da gewesen. Nun strahlte er Rosie an und sagte: »Du hast einen neuen Pullover!« Und als er Sally sah, lächelte er, ein breites Grinsen, von dem eine meiner Freundinnen einmal sagte, Sascha sei das einzige Baby, das nicht von Ohr zu Ohr lächelt, sondern »beyond one ear to beyond the other ear«. Also, noch weiter als nur bis zum Ohr.

Wir hatten wieder einmal großes Glück gehabt.

Vier Tage später war Sascha bei uns zu Hause, man konnte nie feststellen, was eigentlich los gewesen war. Alle Untersuchungen waren negativ. Aber mein Entschluss, meinen Posten aufzugeben, wurde nochmals bestätigt, als Rosie mir mitteilte, sie ziehe mit Julian zusammen, dem Journalisten, mit dem Leonie damals zuerst in Keiths Wohnung gegangen war. Sie sind immer noch verheiratet.

Ich kündigte schweren Herzens beim »Guardian« und arbeitete noch ein weiteres Jahr beim ehemaligen Schwestermagazin der »Financial Mail« dem »Investors Chronicle« – von dieser Zeitschrift sowie von der »Financial Times« hatte ich ein Angebot bekommen – da ich dachte, ich würde bei einer Wochenzeitschrift mehr Zeit haben, aber das war eine Fehleinschätzung. Am Ende konnte das eigentliche Problem so nicht gelöst werden.

Es war unmöglich, Fleet Street-Journalistin und zu gleicher Zeit Hausfrau und Mutter zu sein. So nahm ich schließlich ein Angebot der »Times of Zambia« an, um in Lusaka als Wirtschaftsredakteurin und gleichzeitig als Zambia-Korrespondentin für die »Financial Times« zu arbeiten.

Ich hatte mich wohlgefühlt in London, außerdem gab man einen Job beim »Guardian« nicht so leicht auf, aber ich musste nun einmal zwischen Kind und Karriere wählen, und das bedeutete keine Wahl. Also packte ich wieder einmal die Koffer. Und als ich 2015 einen letzten Umzug zu meinem Sohn in Dänemark vorbeitete, fand ich einen Brief von dem Kapitän des Woermann-Frachtschiffes, auf dem ich und Sascha die einzigen Passagiere nach Mombasa waren. Der Zufall wollte es, dass, wie erwähnt, das Schiff Tanganyika hieß, es war nach der ersten Tanganyika genannt, mit der wir 1936 nach Kapstadt gefahren waren. Eine wunderbare, erholsame Reise. Der Kapitän schrieb u.a., dass er meinen kleinen VW Wagen auf der Rückreise am Hafen in Beira abgeladen hatte: eigenlich hatte ich geplant, dort auszusteigen und mit dem Wagen überland nach Lusaka zu fahren. Aber damals war Mosambik noch portugiesisch und die portugiesische Geheimpolizei kam nachts an Bord nach unserer Ankunft, um mir zu verbieten, Mosambik zu betreten. Also fuhr ich nach Mombasa und flog von dort nach Lusaka. Das Auto musste ich an Bord lassen, von Beira wurde es per Zug später nachgesandt.

ZAMBIA: ERFAHRUNGEN IN EINEM FRONTSTAAT

Die Jahre zwischen 1971 und 1975, die Sascha und ich in diesem schönen Land Zambia mit seinen freundlichen Menschen lebten, waren für die gesamte Region eine wichtige Zeit. Man hatte das Gefühl, inmitten der Geschehnisse zu stehen, ein Ereignis löste das Nächste ab, ich war stets auf Trab. Abgesehen von der Arbeit für die »Times of Zambia« und die »Financial Times« schrieb ich für andere Medien, zum Beispiel den BBC, gelegentlich den »Economist« , für Feature Services wie „Gemini", auch schon für die »Deutsche Welle«, die später noch eine größere Rolle in meinem Leben spielen sollte. Dies alles gab meinem Leben eine neue Vielfältigkeit. Ich hatte das Glück, mich kritisch zur Wirtschaftspolitik des Landes äußern zu dürfen, man akzeptierte, was ich schrieb und schenkte dem, was ich regelmäßig am Bildschirm in meinem »Sunday Interview« sagte, Beachtung.

Ich hatte gedacht, dass der Umzug nicht gerade karrierefördernd war, aber ich genoss die Lusaka Jahre sehr, die zu den Besten meines Lebens gehören. Zambia war zur „Hauptstadt der Befreiung" geworden, jede Befreiungsbewegung des südlichen Afrika hatte dort ein Büro. Jeder der wer im Anti-Apatheidskampf oder im Kampf gegen Kolonialismus war, kam nach Lusaka. Ich wurde mit Anfragen von Medien überhäuft, Freizeit wurde zum Fremdwort. Dabei verbrachte ich trotzdem mehr Zeit mit Sacha, der nach der Schule in meinem Büro in der TZ Redaktion war oder im Hof spielte.

Ich konnte neue Freundschaften schließen und erlebte eine Zeit, in der die Entwicklung im südlichen Afrika, gelinde gesagt, etwas turbulent war. Richtig für eine Journalistin.

Im Laufe dieser Arbeit lernte ich zwangsläufig den UNIP-Führer und Präsidenten des Landes, »KK« – Dr. Kenneth David Kaunda – gut kennen und schätzte ihn schon bald als Mensch mehr denn als Führer. Bis die wirtschaftlichen Verhältnisse im Land unerträglich wurden, erfreute sich Kaunda in der Tat einer großen Beliebtheit. Er besaß eine gewinnende Persönlichkeit, verstand es, Menschen für sich einzuvernehmen, besaß Charisma, Charme und war ein großartiger Gastgeber.

Kaunda, der 27 Jahre lang Präsident des Landes sein sollte, hatte Zambia im Jahr 1964 in die Unabhängigkeit geführt und versucht, auf der Basis seiner Philosophie des Humanismus das Land zu entwickeln. Sein Führungsstil war der eines wohlwollenden Despoten. Er war überzeugt – und sagte das auch noch nach einem erfolglosen

Putschversuch im Jahr 1990 –, dass ihm von Gott eine Aufgabe auferlegt worden sei, die er zu erfüllen habe. Er weigerte sich, sein Versagen anzuerkennen. Noch kurz vor seiner Wahlniederlage konnte er nicht glauben, dass er von seinen Landsleuten abgelehnt wurde.

Er duldete keine Rivalen; während wir in Zambia wohnten, führte er den Ein-Parteien-Staat ein und machte nicht nur Harry Nkumbula mundtot, sondern auch Simon Kapwepe, seinen einstigen Jugend freund und späteren Gegner.

Im Kampf gegen die Apartheid leistete er einen enormen Beitrag, den die Historiker hoffentlich einmal zu würdigen wissen. Zu Hause kämpfte er gegen Stammesstreitigkeiten, leider aber mit der Taktik des pausenlosen Wechsels von Ämtern. Kein Minister, Diplomat oder Beamter wusste je, wie lange er auf seinem Stuhl sitzen würde, die Resultate waren natürlich Unsicherheit, Desinteresse und Instabilität.

Kaundas Versuch, das Land aufzubauen, stellte sich schließlich als Fehlentwicklung heraus, basierend auf einer falschen Wirtschaftspolitik. Zambia war zur Zeit der Unabhängigkeit einer der weltweit wichtigsten Kupferproduzenten, jedoch schaffte es die Verwaltung im Laufe der folgenden drei Jahrzehnte nicht, die Wirtschaft zu diversifizieren und die Abhängigkeit von diesem einen Rohstoff zu durchbrechen. Ab 1973, als die Rohstoffpreise sanken und die Ölkrise begann, ihren Druck auszuüben, ging es ständig bergab. Korruption spielte auch eine Rolle und natürlich der Konflikt im südlichen Afrika. Zambia wurde zum öffentlichen Sprachforum für die Befreiungsbewegungen, litt unter den Sanktionen gegen Rhodesien, unter Angriffen von seiten Südafrikas und unter einer Flut von Flüchtlingen aus den anliegenden Ländern.

Knapp 20 Jahre später, am 20. Juni 1991, saß ich in einem Raum im feudalen Pamodzi-Hotel in Lusaka inmitten von Männern und Frauen, von denen ich die meisten aus eben jener Zeit kannte. Am Kopf des Tisches saß John Mwanakatwe, ein würdiger älterer Herr, Rechtsanwalt und einstiger Finanzminister, zu meiner Linken der Gastgeber, Andrew Kashita, Zambias erster Ingenieur, ehemaliger Bergwerksminister, rechterhand Elias Chipimo, einst Vorsitzender der Standard Bank, und mir gegenüber Valentine Musakanya, der vormalige Gouverneur der Zentralbank. Musakanya sowie der Rechtsanwalt Edward Shamwana hatten unter Kaunda wegen Hochverrats im Gefängnis gesessen, Shamwana hatte man zum Tode verurteilt. 1980, als mich die Angeklagten bei ihrem Prozess, den ich für die BBC beobachtete, herzlich begrüßten, brachte mir das eine unbequeme Stunde bei der Geheimpolizei ein.

Ihre Gattinnen waren ebenfalls dabei, auch Cynthia Zukas, Frau des Ingenieurs Simon Zukas, der von den Briten zur Zeit der Zentralafrikanischen Föderation deportiert worden war, weil er damals mit den Nationalisten gegen die Kolonialverwaltung arbeitete.

Punkt 12 Uhr wurde ein riesiger Kuchen hereingetragen, mit einer Kerze in der Mitte. Das Licht ging aus. Frau Mwanakatwe blies die Kerze aus, wir hielten uns an den Händen, sangen »Happy Birthday« und gingen auf den Tanzboden nach nebenan; die sich dort befundenen anderen Gäste stimmten in das Lied mit ein.

Happy Birthday: für das MMD, das »Movement for Multiparty Democracy«, das ein Jahr vorher gegründet worden war und einige Monate nach dieser Geburtstagsfete die Wahlen gegen die ehemalige Einheitspartei, die schon erwähnte UNIP, gewinnen konnte. Damit gaben seine alten Freunde Kaunda den Dolchstoß.

Der neue Präsident wurde MMDs Frederick Chiluba, Gewerkschaftsführer und langjähriger Gegner Kaundas, mehrere ehemalige UNIP-Größen wurden Kabinettsmitglieder.

MMD erbte eine bankrotte Wirtschaft, eine zerstörte Infrastruktur, eine der größten Schuldenlasten eines afrikanischen Landes, 80-90% Inflationsraten, horrende Preise für das Hauptnahrungsmittel Mais, Armut, Not, Korruption, ein schlechtes Gesundheitswesen – mit hoher AIDS-Gefahr – und eine hohe Bevölkerungszuwachsrate. Chiluba hatte alle erdenklichen Vorteile: Popularität zuhause, den guten Willen der Geberländer. Leider hielt er anscheinend wenig von Demokratie, er versuchte nach zwei Legislaturperioden die Verfassung zu ändern, um zu einer Dritten zu gelangen, wurde korrupt und bereicherte sich an Staatsgeldern. In einem Londoner Zivilverfahren wurde er 2007 an dem Diebstahl von $46m ($23m) schuldig befunden, das der Richter als schamlosen Betrug seines Volkes beschrieb. Zu einem Gerichtsverfahren in Lusaka kam es nie.

Damals, zu Beginn der 70er Jahre, hoffte man auf eine andere Zukunft. Journalisten waren überall mit dabei. Des Öfteren wurden wir zum Präsidenten geflogen, wenn er sich außerhalb Lusakas befand. Einmal hielt er sich im Wildpark im Luangwa-Tal auf, es kriselte mal wieder in der Hauptstadt, und so fuhr man uns zum Gespräch zu einer kleine Hütte, in der KK einige Tage Urlaub machte. Er saß im Schatten eines Baobab-Baumes, umgeben von der herrlichsten Natur. Im Hintergrund rauschte der Fluss, um uns herum lag der Busch,

Tiere befanden sich in greifbarer Nähe, und inmitten all dessen befragten wir den Präsidenten über seine internen UNIP-Konflikte mit seinem Freund Kapwepwe.

Ein anderes Mal flogen wir mit einem alten Transportflugzeug in den Norden, nach Kasaba-Bay am Tanganyika-See. Kaunda hatte Besuch von Zaires Präsidenten Mobutu. Während wir warteten, fuhren wir über den klaren See, betrachteten unter uns eine Herde Nilpferde. Nur wenig entfernt von uns kamen sie schließlich schnaubend an die Oberfläche. Wie schön ist dieser Fleck der Erde, wie herrlich wäre es, ohne all diese Konflikte im südlichen Afrika.

Während wir in einem kleinen Hotel am See warteten, spazierte ein Elefant vorbei, ein regelmäßiger Besucher, den der Hotelier »Zambia« getauft hatte. Täglich holte er sich hier etwas aus der Küche. Kurz darauf machte ich mit Sascha einige Tage Urlaub am See. Wir wohnten am nördlichen Teil in einer kleinen Hütte, hörten nachts die Tiere, einmal versuchte gar ein Nilpferd, die Tür zu öffnen. Am frühen Morgen beobachteten wir die Elefanten, wie sie zu ihren Stellen am Ufer kamen, ins Wasser schlurften und sich satt tranken. Sascha ging mit einigen mutigen Leuten wandern und sah viel Wild, selbst Löwen aus der Nähe. Es gibt noch ein Bild, auf dem mein Kleiner allein einer Büffelherde gegenübersteht.

Wenn man einmal dort gelebt hat, ist Heimweh nach Afrika eine Krankheit, die einen das Leben lang begleitet.

Ich lebte gern in Zambia, hier konnte ich hautnah die neuen Probleme Afrikas verspüren, miterleben, wie ein schlafender Riese erwachte und versuchte, sich »unserem« 20. Jahrhundert anzupassen.

In Zambia spiegelten sich viele Probleme der damals noch sogenannten »Dritten« Welt wider. Was anders war, war die geopolitische Lage. Die illegale Unabhängigkeit Rhodesiens im Jahr nach Zambias Unabhängigkeit war ein schwerer Schlag für das Land. Alle Prioritäten des Wirtschaftsplanes wurden umgeworfen. Kaunda bot den Briten das Land als Stützpunkt an, um gewaltsam eine politische Aktion zu beenden, doch daraus wurde nichts. Das Land litt unter den Verhältnissen im Süden, die Sanktionen trafen Zambia stärker als Rhodesien selbst. Ich konnte Kaundas Politik verstehen, seine Abscheu gegen die Apartheid, seine Wut über die immer stärkeren Beziehungen zwischen dem Westen und Südafrika, trotz einigen Fehlentscheidungen, die ihm schließlich schaden sollten.

Dank meiner afrikanischen Freunde und Kollegen lernte ich, mich nicht zu ernst zu nehmen, erfuhr, wie wenig von afrikanischer

Politik ich zuerst wusste und was ich von ihnen alles lernen konnte.

Langsam verstand ich die regionalen Unterschiede, die Persönlichkeitskonflikte. Ich lernte neue Mitglieder und Führer der Befreiungsbewegungen kennen – Angolas MPLA und UNITA, Mosambiks FRELIMO, Zimbabwes ZANU und ZAPU und natürlich SWAPO und ANC. Viele von ihnen sind mir Freunde geworden und geblieben.

Durch sie hatte ich nun leichteren Zugang zu Personen und Interviews. Ich lernte hier Geschichte durch Tageserlebnisse kennen, sicherlich war ich später aus diesem Grund so unzufrieden und ungeduldig über den Schreibtischjournalismus in Europa. Daran konnte ich mich nie gewöhnen, war verwöhnt durch das direkte Geschehen in Lusaka. Die Stadt stand im Zentrum der Ereignisse des südlichen Afrikas. Ein sogenanntes »Liberation Centre« unweit der Stadtmitte diente den verschiedenen Befreiungsbewegungen als Büro. Als die diversen Kämpfe sich ausdehnten, mussten Flüchtlingslager sowie Durchgangslager für Guerilleros errichtet werden.

Gegen das Liberation Centre wurden mehrmals Bombenattentate verübt, eine Explosion verspürten wir selbst mitten in der Stadt. Der Bruder eines Freundes kam dabei ums Leben.

Man lebte im Krieg, wusste von Guerilleros, die von Zambia aus in den Osten Angolas eindrangen, von anderen, die über den Zambezi-Fluss in das Zambezi-Tal von Rhodesien einfielen. Dies alles erschwerte natürlich die wirtschaftlichen Beziehungen, die Zambia mit Südafrika, zum Teil noch mit Rhodesien und mit beiden portugiesischen Territorien zu pflegen hatte. Immer wieder beschrieb ich die Abhängigkeit des Landes, die aus der Vergangenheit und aus der Tatsache stammte, dass das gesamte südliche Afrika geographisch und wirtschaftlich ein zusammenhängendes Gebiet war, politisch jedoch heiß umkämpft und entzweit.

Vielleicht spielte auch Alter eine Rolle, aber ich hatte das Glück, von den afrikanischen männlichen Kollegen wie von Gesprächspartnern immer ernst genommen zu werden, was für eine Frau in Afrika nicht gerade selbstverständlich ist. Der Präsident bewies mir öfters seine Freundschaft, nannte mich stets »Comrade Ruth«, wusste, dass mir sein Land lieb geworden war und ich gerne dort geblieben wäre. Als ich später, 1990, einen Kurs für Wirtschaftsjournalisten bei der zambischen Nachrichtenagentur gab – wobei ich eben jene Geburtstagsparty des MMD miterleben konnte –, sagte der Informationsminister, dass ich stets als Ehren-Zambierin betrachtet werden würde.

Ich genoss dieses Leben, es war mir wichtig, gebraucht und gehört zu werden. Es gab mir einen neuen Aufschwung.

Wir wohnten unweit vom Büro in einer kleinen möblierten Wohnung. Nach wie vor wollte ich nicht in das typische Leben des weißen Kolonialisten in feudalem Haus mit Schwimmbad und Dienstpersonal führen. Ich hatte wieder einen VW, Sascha besuchte eine kleine Privatschule, begann, Lesen und Schreiben zu lernen, spielte Fußball mit den Nachbarskindern und gedieh.

Nur einmal in diesen Jahren wurde ich schmerzlich an meine Vergangenheit erinnert: Bei einem Besuch des damaligen schwedischen Premiers Olof Palme fuhr Kaunda seinen Gast nach Livingstone. Schon als wir im Regenwald standen und ich die herrlichen Wasserfälle des Mosi o Tunya wiedersah, dachte ich an Robert, der hier in der Nähe gestorben war. Kurz darauf fuhren wir durch die Stadt, und da zuckte ich zusammen. Ein Straßenschild trug Roberts Namen, man hatte ihn also nach seinem Tod geehrt. Später schrieb ich an den Präsidenten, um mich dafür zu bedanken. Im Jahr 2013 sandte mir eine Freundin aus Lusaka einen Bericht, dass Roberts Tochter, die in Spanien lebte, zum ersten Mal Livingtone besucht und zu ihrer Freude den Straßennamen entdeckt hatte.

Unsere kleine Wohnung wurde nach und nach zu einem Haus der offenen Tür, wir waren selten allein. Telefonieren war ein Problem, viele Häuser waren noch ohne Anschluss, also klopfte man einfach an. Bei uns tat das eine Vielzahl von Menschen: Kollegen aus dem Büro, Auslandskorrespondenten, Politiker, führende Frauen, Geschäftsleute und natürlich führende Mitglieder der Befreiungsbewegungen. Auch Angolaner kamen häufiger, wie Paolo Jorge und Icko Carreira.

Die MPLA-Guerilleros fuhren in Lastwagen vor, einige kamen herein, um eine Tasse Tee zu trinken und sich über den Krieg zu unterhalten. Ich hätte mit ihnen nach Angola fahren können, hätte aber von der Grenze aus zu Fuß laufen müssen, was einiges Training voraussetzte. Das hätte ich zwar auf mich genommen, aber ich war schließlich für Sascha verantwortlich und konnte mich nicht der Gefahr aussetzen, bei einem Überfall umzukommen. Aber dank dieser Bekanntschaften konnte ich in Einzelheiten über die Auseinandersetzungen berichten, auch über die innerhalb der MPLA und über die zwischen dieser und den anderen Gruppen, UNITA und FNLA.

Bei Partys legte man mehr Wert auf Gespräche als auf Bewirtung. Mir machte es Spaß, meine Gäste bunt zu mischen. Ich lud die Leute der Befreiungsbewegungen zusammen ein mit Bankangestellten, Politiker mit ausländischen Journalisten, Akademiker mit »einfachen« Hausfrauen. Die Wohnung war zu klein, um nur sechs Leute, also drei Paare, zu einem formellen Essen zu bewirten, also lud ich nie weniger als 30 Gäste ein, bestellte mir von einem befreundeten Hotelier ein Eintopfgericht, holte Kuchen von einem deutschen Konditor und überließ es den Gästen, sich zu bedienen. Diese Partys fanden also hauptsächlich in meiner Küche statt, ich habe nie gehört, dass sich jemand gelangweilt hätte.

So manchen meiner damaligen Gäste traf ich später wieder. Als ich zum Beispiel nach dem Konflikt in Angola 1975 das Land zum ersten Mal wieder besuchte – im Juli 1974 war ich das erste Mal nachdem Staatsstreich in Lissabon gewesen –, da kannte ich noch nicht alle Namen der neuen MPLA-Regierung. Paolo Jorge, damals Dr. Netos engster Mitarbeiter, später Außenminister, hatte mich zum Flughafen gebracht. Da etwas nicht klappte - ich wollte nach Mosambik weiterfliegen - betrat ich ein Wartezimmer und stellte zu meiner Verlegenheit fest, dass sich dort der Verteidigungsminister Angolas mit seinem mosambikanischen Kollegen traf. Ich verzog mich still in eine Ecke. Plötzlich stand lächelnd eine Frau vor mir und sprach mich an: »Hallo, wie geht es dir? Wir haben uns so lange nicht gesehen – wie geht es Sascha? Hast du denn meinen Mann noch nicht gesehen, weiß er, dass du da bist?« Sie zog mich mit sich, und so schüttelte ich daraufhin meinem alten Bekannten Icko Carreira die Hand. Er fragte mich, was ich nun tue, und ich wollte ihn gerade dasselbe fragen, als mir – gerade noch rechtzeitig – bewusst wurde, dass ich mit dem neuen Verteidigungsminister des Landes sprach!

Dieses Land Zambia und die vielen Reisen durch den Kontinent, der Kontakt mit der Landbevölkerung und mit den Freunden, das alles schenkte mir die Möglichkeit, viele der Veränderungen genau zu beobachten. In einem Entwicklungsland verspürt man eine Veränderung sofort, während man in den Industriestaaten meist abseits des Geschehens lebt.

Ein besonders Erlebnis hatte ich mit einem wichtigen Entwicklungsprojekt, dem Größten, das von China in Afrika durchgeführt wurde. In den 60er Jahren begann man mit dem Bau der »TAN ZAM«-Eisenbahnlinie, die als Eigentum beider Länder ein neues Verbindungsglied zwischen Zambia und Tanzania werden sollte. Sie wurde 1976 eröffnet, aber die damaligen Hoffnungen sollten sich nicht erfüllen, die Strecke hat noch heute technische und finanzielle Probleme.

Es war damals schwierig für Ausländer, den Eisenbahnbau zu beobachten, doch ich hatte wieder einmal Glück.

Im Jahr 1973 organisierte das Informationsministerium eine Fahrt von Dar-es-Salam zur zambischen Grenze, soweit war die Strecke damals schon fertiggestellt. Wir trafen uns in Dar-es-Salam – ich war mit der zambischen Presse vor Ort, es waren auch 60 Auslandskorrespondenten anderer Länder da. Am Abend vor der geplanten Abfahrt wurde ein kleines Fest gegeben. Für die Verpflegung der Reise waren wir selbst verantwortlich, im Zug gab es noch keinen Speise- oder Schlafwagen. Kurz nach 5 Uhr waren wir startbereit, auch die anderen Kollegen fanden sich ein und warteten vor dem Informationsministerium. Nach einiger Zeit wurden wir ungeduldig. Um 6 Uhr verschwand der zambische Gruppenleiter im Ministerium, wieder eine halbe Stunde später sagte man uns, wir sollten Kaffee trinken gehen und um 8 Uhr wiederkommen. Gerüchte verbreiteten sich: Eine Bombe hätte einen Teil der Strecke zerstört; die Chinesen wollten nicht so viele Fremde ... Was immer auch der Grund war, es geschah nichts. Endlich entschloss sich der zambische Gruppenleiter, uns zum Bahnhof zu bringen. Zum ersten Mal sahen wir einen Zug der TANZAM, dessen weißblaue Waggons uns entgegenstrahlten. Aber – die Türen waren verschlossen, keine Lokomotive war in Sicht und einige Minuten lang auch keine Menschenseele. Dann empfing uns eine Gruppe sich höflichst verbeugender Chinesen. Durch einen Dolmetscher gaben sie uns zu verstehen, dass sie seit 5 Uhr auf uns gewartet und inzwischen gehört hätten, die Reise würde nicht stattfinden. Sie boten uns Mineralwasser an. Nach einiger Zeit erfuhren wir, dass wir am nächsten Tag nun doch fahren sollten.

Das geschah, aber ohne die Auslandskorrespondenten. Nur wenige Tanzanier und die zambische Gruppe fuhren mit. Ich war die einzige westliche Korrespondentin und natürlich die einzige Frau. Unsere Kollegen sollten wirklich etwas versäumen: drei Tage, die den Zauber Afrikas mit einem Hauch des Fernen Osten kombinierten.

Zuerst fuhren wir langsam durch einen Wildpark, ab und zu sahen wir eine Herde Zebras, Giraffen, Gnus; hinter uns die weißen Schienen der neuen Strecke. Wir fuhren an schwarzen und chinesischen Arbeitern vorbei, die uns zuwinkten, hielten mehrere Male an neuerbauten Bahnhöfen, die noch die Atmosphäre einer Geisterbahn vermittelten.

Im Zug selbst wurden wir von chinesischen Experten belehrt, die geduldig stundenlang unsere Laienfragen beantworteten. Selbst eine chinesische Ärztin war dabei: Ich saß kaum auf meinem Platz, als ich gerufen und mit vielen Gesten in einen anderen Wagen gebracht wurde. Eine junge Chinesin stellte mich einer Älteren vor, der Ärztin, die mich als weiblichen Gast versorgen sollte.

»Gibt es auch einen Arzt für Männer?« fragte ich.

»Aber natürlich ...«

Wir tranken zusammen Tee, und ich versicherte den beiden Frauen, dass ich durchaus die Absicht hatte, gesund zu bleiben. Wir übernachteten in einer Missionsstation, die nicht mit 24 Menschen gerechnet hatte; einige Kollegen mussten in der Stadt nächtigen und erzählten später, sie seien in einem Bordell untergebracht worden. Was wäre wohl geschehen, wenn alle mitgefahren wären?

»Ich fürchte, die Verzögerung war meine Schuld«, sagte Viktor, der TASS-Korrespondent aus Lusaka, ein netter und lustiger Kollege, dem wir oft Einladungen zu den Sowjet-Feten verdankten.

»Wieso?« fragte ich.

»Wir dürfen nichts fotografieren, stimmt's?«

Ich nickte.

»Doch wenn ich zur Toilette gehe, geht einer der Chinesen mit. Nein, zwei sogar. Als ob ich die Toilette fotografieren wollte ...«

Ob es wirklich der Grund war, weiß ich nicht. Ich war dankbar, dass ich mitreisen durfte und als erste westliche Berichterstatterin mit der neuen Eisenbahn fahren konnte.

Heute kauft man sich einfach eine Fahrkarte, die Geisterbahnhöfe von damals sind von buntem Leben und Treiben erfüllt.

Zu Beginn der Amin-Ära besuchte ich Uganda; für die »Times of Zambia« begleitete ich 1972, kurz vor den Ereignissen in Entebbe, eine Delegation der Bergwerkindustrie, um eine Phosphatmine zu besichtigen.

Mein damaliger Chefredakteur Vernon Mwaanga, eine attraktive Persönlichkeit mit bemerkenswerter Karriere – vom UNIP-Aktivisten über die Vertretung Zambias bei der UN zum Chefredakteur dieser Zeitung. Kurze Zeit später zum Außenminister, dessen Amt er als späterer Unterstützer der MMD unter Chiluba 1991 bis 1993 erneut innehaben sollte. Er gab mir einige Kontakte mit auf den Weg, unter anderem eine Empfehlung an die bildschöne Prinzessin Elizabeth Bogoya, die Amin zur Sonderbotschafterin machte.

Nachdem der Besuch auf der Phosphatmine beendet war, fuhr ich nach Kampala, um dort einige Geschichten zu recherchieren. Schließlich waren das aufregende Zeiten. Die Prinzessin reagierte auf Mwangas Schreiben, lud mich ein und zeigte mir die Hauptstadt.

Einer der wenigen Auslandsjournalisten, die zu dieser Zeit ständig in Uganda arbeiteten, war Philip Short, später ein bekannter BBC-Korrespondent. Er rief mich einen Tag nach meiner Ankunft an, um zu fragen, ob ich bereits mit einem anderen Kollegen, Martin Meredith, gesprochen hätte. Ich bejahte. Martin kannte ich gut aus Lusaka, wir hatten uns in Kampala bereits getroffen.

Meredith war in Uganda, um einen Auftrag des »Observer« durchzuführen. Diese Londoner Zeitung hatte bereits einige unvorteilhafte Berichte über Amin veröffentlicht. Unberechenbar, wie dieser nun mal war, hatte er auf die Berichte über seine blutigen Methoden reagiert, indem er verlangte, dass sich die Redaktion anhand eines Exklusivinterviews von der Wahrheit überzeugen sollte. Dafür hatte man nun Meredith entsandt.

Als ich in Kampala ankam, hatte das Interview bereits stattgefunden. Meredith schrieb nun seinen Bericht, schickte ihn per Telex nach London und flog noch am selben Tag nach Nairobi.

»Bist du sicher, dass er abgeflogen ist?« fragte mich Short.

»Nun ja, ich kann ja in Nairobi mal fragen ...«

Dies tat ich und stellte fest, dass Meredith dort tatsächlich nicht angekommen war, was uns sehr besorgte.

Am nächsten Morgen erschien die Prinzessin im Hotel bei mir, fragte mich, wann ich abfliegen wollte und meinte, es gäbe ein Flugzeug einige Stunden später nach Nairobi. Eigentlich wollte ich noch etwas länger bleiben, aber nun zögerte ich nicht und flog ab. Wieder einmal hatte ich Glück. Schließlich war ich Jüdin, und man weiß ja, was Amin von Mitgliedern meiner Religion dachte. Außerdem war ich mit Meredith gesehen worden – und er war bereits inhaftiert.

Nachdem er schon Zoll und die Emigrationsbehörde passiert hatte und auf dem Weg zum Flugzeug war, klopfte ihm ein Sicherheitsbeamter auf die Schulter.

»Der Präsident möchte dich sehen.«

Meredith protestierte, musste sich jedoch den Anweisungen fügen. Er hatte enormes Glück. Auf dem Weg vom Flughafen Entebbe nach Kampala hatte das Auto eine Panne. Zufällig fuhr ein Wagen vorbei und hielt an, in dem eine Angestellte der Britischen Botschaft saß. Meredith erklärte ihr die Situation, und nun war es nicht mehr möglich, ihn einfach »verschwinden« zu lassen, wie es mit anderen Opfern von Amin so oft der Fall gewesen war.

Meredith blieb einige Zeit im Gefängnis, wurde verhört, seine Notizen und Adressbücher wurden konfisziert. Einige seiner Kontaktpersonen verschwanden. Einer von ihnen, ein bekannter Rechtsanwalt, mit dem auch ich aufschlussreiche Gespräche geführt hatte, wurde in einen Wald geführt und niemals mehr gesehen. Meredith selbst wurde vor Gericht gestellt – dank der Bemühungen der Botschaft – und angeklagt, ein Telefonbuch aus seinem Hotelzimmer gestohlen zu haben. Nach dem Verfahren konnte er das Land verlassen.

Afrika, Asien, Europa – Tyrannen geben stets ähnliche Befehle. Das Tragische ist, dass es immer Menschen geben wird, die jene Befehle ausführen, ob bereitwillig, stumpfsinnig oder aus Angst.

Im Februar 1973 kam ich dann auch noch das erste und bisher einzige Mal in meinem Leben nach China.

Die Einladung erging von Äthiopiens Fluglinie an meinen Chefredakteur, der zu meiner großen Freude mir die Ehre dieses Abenteuers zusprach.

Es handelte sich um den Erstflug einer neuen Route von Addis Abeba nach Shanghai, wo wir, 22 Journalisten aus verschiedenen, meist afrikanischen Ländern, Gäste der chinesischen Regierung sein sollten.

In Äthiopien wurde ich sofort an meinen ersten Aufenthalt dort erinnert, damals auf meiner Reise nach Israel, ich spürte wieder die Trostlosigkeit der Masse armer Menschen und sah den Reichtum und Pomp der herrschenden Klasse.

Kaiser Selassie wurde durch seine Tochter und deren Mann, den Gouverneur einer der Provinzen, vertreten. Wir sprachen wenig mit dem hohen Paar, das, natürlich in großer Aufmachung, stets von seinem Gefolge und von einigen italienischen Geschäftsleuten umgeben war. In China waren sie quasi Staatsbesuch mit all den dazu gehörenden Zeremonien und Hoheitsbezeugungen, wurden überall mit schwungvollen Reden empfangen, gerichtet an »Ihre Imperialistischen Hoheiten«, stets begleitet von der Floskel: »Gemeinsam bekämpfen wir den Kolonialismus, den Rassismus und den Imperialismus ...« Die Ehren, die man dem kaiserlichen Paar antat, kamen natürlich auch uns Journalisten zugute. Unter uns waren Eric Newby vom »Observer«, Margareth Allen von der »Times« und zwei Amerikaner, der eine ein alter Chinahase, er kannte das Land schon vor der Revolution, der andere vom »Readers Digest«.

Von China aus sollten wir nicht direkt, also aktuell, berichten dürfen, erst wieder nach der Reise, was durchaus verständlich war.

Ausländische Journalisten waren ja lediglich geduldet, mussten sich in Peking aufhalten, lebten in ihrem Ausländerghetto, ohne reisen zu dürfen. Die Kulturrevolution war nur theoretisch beendet. Es war die Zeit vor der Öffnung zum Westen, als Kissinger heimlich die Reisen Nixons vorbereitete und es noch keine Touristen im Land der Mitte gab. Wir waren also außerordentlich privilegiert.

Zuerst flogen wir nach Indien, dann nahmen wir Kurs auf Shanghai. Doch zunächst landeten wir in Kanton, angeblich weil es in Shanghai zu neblig war. Man wollte uns vielleicht einfach erst mal näher kennen lernen.

Unser Gepäck verschwand und ebenfalls die Pässe. Letztere sahen wir erst beim Abflug wieder. Die Koffer sollten von nun an stets bereits im Hotelzimmer bereitstehen – ich bin nie wieder so bequem gereist.

Auf dem Flughafen war unsere Maschine das einzige Flugzeug, auch im Gebäude waren wir allein, wanderten umher, sahen uns um. Plötzlich stand jemand neben mir und sprach mich auf Deutsch mit meinem Namen an. Er erklärte, er sei Lehrer und – wie die anderen Dolmetscher – auch extra für uns von seinen Schülern und Studenten weggeholt worden.

In Shanghai wohnten wir in jenem Hotel, das Vicki Baum in ihrem Roman »Hotel Shanghai« berühmt gemacht hatte, und waren überwältigt von der Stadt und von den Menschenmassen, die sich durch ihre Straßen wälzten. Afrika schien im Vergleich hierzu fast menschenleer zu sein. War man in dieser Stadt jemals einen Moment allein?

Über Politik konnten wir nicht viel berichten, hauptsächlich über Land und Leute. Täglich fragte man uns, was wir sehen wollten, und manche Wünsche wurden auch erfüllt.

Wir besuchten ländliche Kommunen, den Hafen, Fabriken, durften Arbeiterwohnungen betreten, sprachen durch unsere Dolmetscher mit den Bewohnern und machten Interviews mit Barfußärztinnen und Fabrikarbeitern.

Überall wurden wir von Vize-Vorsitzenden empfangen: auf dem Flughafen vom Vize-Vorsitzenden des für die Stadt verantwortlichen Komitees, später von den Vize-Vorsitzenden der Kommunen, der Fabriken und des Hafens, natürlich, denn es gab ja nur den einen Vorsitzenden.

Peking war dann wieder eine ganz andere Welt, der Ton war steifer und feierlicher. Man trennte uns von dem kaiserlichen Paar, das nicht wie wir im Peking-Hotel untergebracht war. An Feierlichkeiten und Reisen ließ man uns jedoch teilhaben. So sahen wir archäologische Schätze, gingen in Konzerte und natürlich in eine revolutionäre Oper.

Margaret Allen hatte sich entschlossen, nur »bunte« Geschichten zu schreiben, über Sex und die junge chinesische Frau. Nachdem sie nun wieder einmal versucht hatte, einen jungen Mann über seine Freundin auszufragen, platzte ihrem Dolmetscher der Kragen. »Frau Allen«, sagte er streng, »man spricht hier nicht über so etwas. Sie wollen wissen, wie unsere jungen Frauen sind? Also: Wenn Sie in ihr Hotelzimmer kommen, steht da nicht immer eine große Thermosflasche mit Tee oder heißem Wasser bereit? Wenn Sie die anfassen, ist sie glatt und kühl. Aber wenn Sie den Inhalt ausgießen, so ist er heiß und erfrischend. Ja, Frau Allen, so sind unsere Frauen ...«

Der Höhepunkt der Reise stand uns jedoch noch bevor. Er kam an einem Nachmittag, nach der Rückkehr von der Großen Mauer. Es war kalt, in den Friendship-Shops hatten wir uns warme Einheitskleidung gekauft und sahen nun selbst schon ziemlich chinesisch aus.

Plötzlich kam der Befehl: In zehn Minuten, und hier galt: auf die Sekunde genau, hätten wir unten zu sein. Männer in Anzügen, Frauen in Röcken.

Wir überlegten, wen es wohl nun zu treffen galt. Wieder bloß irgendein wichtiger Vize-Vorsitzender?

In unserem Bus waren nur wir Journalisten, das kaiserliche Paar hatten wir seit der Großen Mauer nicht mehr gesehen.

Wir fuhren nur wenige Minuten, eigentlich kreuzten wir lediglich den Tian'anmen-Platz, den Platz des himmlischen Friedens, der zwischen dem Hotel und dem Palast des Volkes liegt, dessen Treppen wir nun erklommen.

Man führte uns in einen Raum, in dem Tische mit kleineren Speisen standen. Stühle gab es nicht. Wir sprachen uns ab, denn nun waren wir sicher, eine wirklich wichtige Person sprechen zu können. Sicher würde es kein Interview sein, wir hatten nichts zu schreiben und keine Geräte dabei. Aber fragen mussten wir, schließlich waren wir Journalisten. Also: Die zwei Sprachgruppen sollten je einen Sprecher nennen, sonst würde es ein zu großes Durcheinander geben.

Die englischsprachigen Kollegen wählten den Ältesten, den Mann vom Readers Digest. Der Chinahase hatte bereits sein eigenes Programm, er hatte Bilder aus der Revolutionszeit dabei, um sie feierlich einem hohen Herrn zu überreichen.

Die Tür ging auf – und lächelnd betrat Zhou Enlai den Raum, gefolgt von einer bezaubernden Dolmetscherin. Wir standen jeweils zu dritt an einem Tisch, er begrüßte uns alle, und wir stellten uns mit Namen und Zeitung vor.

Dann fragte er, welchen Eindruck wir generell hätten. Das war das Zeichen für »die Frage« – und da kam der Hammer. Unser Sprecher rief: »Herr Vize-Vorsitzender, wann wird der ›Readers Digest‹ in Peking erhältlich sein?«

Die französische Gruppe drehte durch. Jeder rief nun sofort »seine« Frage, es gab ein heilloses Durcheinander, bis unser Dolmetscher etwas schrie. Stille.

»Die Frage müsste an den Informationsminister gerichtet werden«, antwortete Zhou Enlai. Er blieb tatsächlich bei uns und beantwortete ruhig weitere Fragen. Er verstand zwar Englisch, ließ sich jedoch alles übersetzen.

Ich konnte so auch fragen, ob der Industrialisierungsprozess eingeführt würde und ob man Maschinenimporte aus dem Westen erwäge. Man gab mir eine diplomatische Antwort.

Einer der Größten unserer Zeit schenkte uns mehr als eine halbe Stunde, das war wirklich eine Überraschung.

Im Hotel angekommen, stürzten sich die Männer auf den Mann vom »Readers Digest«, ich glaube, wenn wir Frauen nicht eingegriffen hätten, hätten sie ihn zusammengeschlagen.

Ich hatte noch eine persönliche Einladung von der indischen Regierung in der Tasche, stieg deshalb beim Rückflug in Bombay aus und konnte nach meiner Rückkehr einige Seiten der »Times of Zambia« mit Berichten dieser Reise füllen.

Mit unserer »familiären« Situation wurden wir auch in Zambia nicht glücklich. Ich beging den Fehler, auf Saschas Lehrer zu hören, die mir sagten, ein Einzelkind sei am besten in einem Internat aufgehoben. Dort hätte er Spielkameraden und männliche Vorbilder.

Also schickte ich ihn auf eine Privatschule in England, aber es war nicht richtig. Er war einfach noch zu klein, um zu verstehen, warum ihn die Mutter fortschickte. Außerdem liebte er Zambia. Wir waren beide mit dieser Situation nicht zufrieden. Ich unterhielt mich mit einem Psychiater, der mir klarmachte, dass mein Kind nichts so nötig hätte wie »Nestwärme«.

Also musste ich eine Stellung annehmen, die es mir ermöglichen würde, Sascha zu Hause zu haben. Kurz darauf kam ein Angebot von der Deutschen Welle in Köln, und ich akzeptierte es. Ich wusste, mein Leben würde nun anders werden, ich würde das Land und die Hektik der Ereignisse sehr vermissen. Noch heute liegt mir viel an Zambia mit all seinen unbewältigten Problemen.

Ich ging 1975 nach Köln, kam aber bereits im selben Jahr wieder nach Lusaka, zusammen mit anderen Journalisten, die Herrn Genscher auf seiner Afrika-Reise begleiteten.

Im August 1978 reiste ich von Mosambik aus durch Zambia. Präsident Kaunda saß im Flugzeug, er wollte zum Begräbnis des Papstes. Einer der Sicherheitsbeamten sah mich und informierte KK, der mich holen ließ. Da saß er, die Beine auf einem Stuhl ausgestreckt, er begrüßte »Comrade Ruth« und bot mir einen Kaffee an. Dann fragte er, ob ich zum Parteiwahltag im September kommen würde.

»Dann wirst du sehen, was das zambische Volk von mir denkt!« Ich sagte zu, unter der Bedingung, dass er mir ein Interview geben würde.

Natürlich folgte ich einer derartigen Einladung. Ich kam am Tag der Konferenz an, die in Mulungushi stattfand, etwa 60 km von Lusaka entfernt. Es waren 6.000 Menschen anwesend, darunter viele Ehrengäste. Als ich am Nachmittag durch das Lager spazierte, hörte ich jemanden meinen Namen rufen, drehte mich um und sah Kaunda vor einer kleinen Hütte stehen.

»Comrade Ruth, du bist also doch gekommen«, meinte er und fügte vorwurfsvoll hinzu: »Aber heute Morgen warst du nicht da, du solltest dich doch davon überzeugen, was die Zambier von mir halten!«

Ich sagte, natürlich sei ich da gewesen, aber als das einzige weiße Gesicht hätte ich mich eben nicht vorgedrängt. Er lachte und gab mir das versprochene Interview.

Als Kaunda mir im Jahre 1980 sagte, dass man nun, nach der Unabhängigkeit Zimbabwes, eine regionale Wirtschaftsgruppierung bilden könne – es war der Auftakt für die wenige Wochen später gegründete »Southern African Development Coordination Conference« SADCC –, schlug ich ihm vor, für diesen Zweck ein Wirtschaftsblatt zu gründen. Er nahm die Idee ernst. Etwa ein Jahr später wurde ich von der zambischen Botschaft gebeten, das Projekt zu verwirklichen.

Leider hatte ich mich bereits verpflichtet, als Ausbilder für Wirtschaftsjournalisten nach Zimbabwe zu gehen, und schlug deshalb vor, dass Antony Martin, mein alter Freund und Kollege von der »Financial Mail«, die Projektleitung übernehmen sollte. Er hatte gerade ein Jahr als Finanzberater der Regierung von Papua-Neuguinea verbracht. Er nahm den Vorschlag an, und wir arbeiteten jahrelang an einem Projektvorschlag, der dann 1985, von den Schweden unterstützt, verwirklicht wurde. Der »Southern African Economist« wurde in Harare, also in Zimbabwe, ins Leben gerufen, ich half, das Büro zu organisieren und arbeitete einige Zeit als Ausbilder für das Projekt.

Da ich aber der Meinung bin, dass Berater beraten und nicht selbst die Arbeit übernehmen sollen, seilte ich mich ab, sobald es vernünftig schien. Antony wurde noch länger gebraucht als Consultant für den Chefredakteur Dominic Mulaisho, ein ehemaliger Assistent von Präsident Kaunda. Antony, dieser ungewöhnlich kluge, wunderbare Mensch, starb viel zu früh im Jahr 1987 zur Trauer seiner Familie und vielen Freunden, zu denen ich auch mich zählte.

Ich glaube, meine vier Jahre von 1971 bis 1974 in Zambia haben mir so viel gegeben, weil ich das Gefühl hatte, einen kleinen Beitrag leisten zu können; ich konnte versuchen, die speziellen Probleme dieses Landes zu verstehen, dieses Frontstaates, konnte versuchen, den Bürgern von Industriestaaten die Verzweiflung in diesen Ländern zu erklären.

Als ich mich nun entschieden hatte, bei der Deutschen Welle in der Afrika-Abteilung zu arbeiten, dachte ich, ich hätte endlich den idealen Posten gefunden: Ich konnte meinen Sohn bei mir haben, konnte durch meine Arbeit meine Erfahrungen anwenden. Ich glaubte, dass es mir durch die Geborgenheit, die ein fester Posten mit Rentenanspruch versprach, endlich gelingen würde, die Bücher zu schreiben, für die ich bisher niemals die Zeit gefunden hatte.

Also fuhr ich am 30. Dezember 1974 mit viel Zuversicht im Gepäck nach Köln, um bereits am 1. Januar meine neuen Aufgaben in Angriff zu nehmen und zu versuchen, mich in meiner alten Heimat wieder zurechtzufinden.

»HEIMKEHR« NACH DEUTSCHLAND: EINE VISITE

So kam ich also doch noch nach Deutschland zurück.

Sascha ging in Köln zuerst auf eine englische, dann in eine Gesamtschule. Er lebte sich schnell und gerne ein.

Ich hatte es mir gründlich überlegen müssen, ob ich das Angebot des Postens eines »Chef vom Dienst« bei der »Deutschen Welle« annehmen sollte; auch die Welle überlegte es sich. Ich war fast 50 Jahre alt, also nur 10 Jahre vor der Pensionierung. Aber am Ende sagte der Intendant Ja, und auch ich entschloss mich, dass dies das Richtige sei. Zum ersten Mal in meinem Alter würde ich finanzielle und soziale Sicherheit haben, mein Alter wäre gesichert.

Es sollte, so viel sei vorweggenommen, nichts daraus werden. Ich kündigte schon nach drei Jahren und arbeitete danach zum ersten Mal gänzlich als freie Journalistin.

Die Arbeit bei der Deutschen Welle, die ich leicht bewältigen konnte, machte mir Spaß, die Organisation weniger. Es gibt eigentlich nicht viel Erfreuliches über das zu berichten, was mich hier erwartete. Ich empfand eine Welle von Feindseligkeit, die mir von Anfang an entgegenschlug. Das wurde mir erklärt: man hätte den Kollegen mit Stolz gesagt, dass ich käme, aber nicht, dass ich als Chef vom Dienst arbeiten würde. Dadurch waren einige der älteren Mitarbeiter verärgert. Man ließ es mich merken, indem man mir nichts zeigte und darauf wartete, dass ich Fehler machte – schließlich hatte ich noch nie als Hörfunkjournalist gearbeitet. Ich verspürte Missgunst und Eifersucht, es gab keine Teamarbeit, so wie ich sie schätzte.

Am erstaunlichsten fand ich, dass die Organisation schlecht war, dass die Redakteure eigentlich keine richtige Tagesarbeit leisteten und dadurch unnötig viel Geld für »Freie« ausgegeben werden musste.

Für mich war das Programm die Hauptsache. Für die deutschen Kollegen war es wichtiger, für andere Medien zu schreiben, um Geld zu verdienen und sich als Afrika-Experten zu profilieren. Einige von ihnen waren nie dort gewesen, ich war erstaunt, festzustellen, dass das Wichtigste war, einen festen Posten zu haben – dann wurde auch Unfähigkeit geduldet.

Ich arbeitete nur »für draußen«, wenn ich gefragt wurde. Was Kollegen im Bonner Büro nicht daran hinderte, sich zu beschweren, dass ich »für den WDR arbeitete«, als ich einmal fünf Minuten eines Interviews mit Kaunda an Ansgar Skriver abgab. Ich erhielt später eine formelle Entschuldigung des Intendanten, der mir sagte, die Bonner

Herren seien verärgert gewesen, dass eine ihnen fremde Frau so oft in der Anwesenheit eines Staatsbesuchers gesehen wurde. Es handelte sich um einen Besuch Kaundas im Jahr 1976, als mich die Botschaft bat, die Pressearbeit mit zu organisieren. Ich arbeitete 24 Stunden am Tag, um das neben meinem normalen Dienst zu schaffen, und lieferte ellenlange Programme und natürlich einige Exklusivinterviews für »das Haus«.

Diese Geschichte zeigt bereits, wie schwierig die Sache wurde. Ich stellte auch fest, dass Dienstreisen nach Rang und nicht nach Zweckmäßigkeit bewilligt wurden. Ich musste die Finanzierung meiner Reisen selbst organisieren – etwa durch das Bundesministerium für wirtschaftliche Zusammenarbeit –, obwohl ich jedes Mal mit viel Material zurückkam. Aber hohe Angestellte gingen auf Reisen, ohne je ein Wort für ein Programm zu schreiben – nur zur Repräsentation des Hauses.

Es machte mich nicht gerade populär, über derartige Dinge offen zu sprechen. Ich engagierte mich, nahm an Pressekonferenzen und Seminaren teil, dachte, das sei so üblich; aber viele Kollegen nahmen mir den Eifer übel. Jemand klärte mich auf. Ich störte das Äquilibrium. Jeder hatte sich seine Arbeit und Freizeit so eingeteilt, wie es ihm passte. Ich wollte etwas leisten und geleistet sehen. Man nahm es mir auch übel, dass ich »draußen« etwas bekannter wurde, zu Konferenzen und Fernsehgesprächen eingeladen wurde.

Ich wurde deprimiert. Ich konnte mich noch nie richtig durchsetzen. Das hatte ich schon in meiner Beziehung mit Hans bewiesen und auch mit Karl. Ich kämpfe schlecht, bekomme Kopfschmerzen, kann aber nicht hart zurückschlagen, sondern mich nur zurückziehen.

Zuerst wollte ich das nicht, denn eigentlich gefiel mir ja die Arbeit. Doch als ich Aufträge erhielt, zwei Bücher zu schreiben, beantragte ich sechs Monate unbezahlten Urlaub; ich wollte der Redaktion keine Zeit stehlen, wollte nicht im Dienst daran arbeiten. Ich plante, Interviews für das Buch »Frauen gegen Apartheid« zu machen, das 1980 schließlich erschien, dies wäre auch dem Haus zugutegekommen.

Als der Antrag abgelehnt wurde, kündigte ich. Anderen wurde gesagt, man hätte mich in der Redaktion im Einsatz gebraucht, doch das war lediglich eine Ausrede. Zu jener Zeit war ich praktisch nur »Lieferant« für verschiedene Programme und nicht, wie vorher, mit Programmorganisation beschäftigt. Andere Kollegen wurden manchmal jahrelang beurlaubt, auch für mich hätte jemand einspringen können.

Ehe ich ging, versprach man mir noch mein eigenes Programm und natürlich einen besseren Arbeitsplatz, aber ich dachte, es sei besser, nichts mehr mit den Intrigen und Eifersüchteleien einer großen Organisation zu tun zu haben.

Man stellte mir ein Zeugnis aus: es spricht von meiner »unermüdlichen Hilfsbereitschaft und herzlichen Art«, die mich angeblich sehr beliebt machte ... und weiter, dass mein international bekannter Name der Welle zugutegekommen sei. Wenn das stimmte, warum machte man es mir so schwer, zu bleiben?

Sascha war inzwischen alt genug, ich konnte zum ersten Mal so etwas mit ihm besprechen, ihm sagen, dass wir nun doch keine Sicherheit mehr haben würden und dass ich weniger verdienen würde. Er meinte, ich solle nur nicht mehr so traurig sein ...

Das war ich auch nicht mehr, obwohl ich nun schwerer denn je arbeiten musste, um unser täglich Brot zu verdienen.

Als ich die »Welle« verließ, war abgemacht, dass ich für die Redaktion als Freie aus London arbeiten sollte, was ich einige Zeit später auch tat. Dann erschien 1981 die Erstausgabe meiner Erinnerungen. Mein ehemaliger Chef schrieb mir umgehend, dass ich nun nicht mehr für die Deutsche Welle schreiben dürfe, meine Kritik hatte ihn total verärgert. Doch auch damals hatte ich keineswegs alles Unerfreuliche, was ich erleben musste, beschrieben und hatte schließlich auch ehrlich über meine eigenen persönlichen wie beruflichen Fehler berichtet. Es wäre wohl kaum richtig gewesen, meine Gefühle über die Kölner Erfahrungen zu verschweigen.

Ich wurde oft schon gefragt, ob ich wegen der zwölf Jahre des »Tausendjährigen Reiches« nicht in Deutschland geblieben sei. Die Antwort war und ist: Nein. Ich war bereits zu oft bei den Schwiegereltern gewesen, um nicht zu wissen, dass es, wie der Schriftsteller Jakov Lind meinte, keine »geborenen Nazis« gibt. Nur den Schuldigen muss man die Schuld anlasten.

Schließlich hatte ich schon einmal, zu Beginn der 60er Jahre, das »Tausendjährige Reich« von gestern in der Bundesrepublik von heute aufgespürt. Damals ließ ich Hans auf der Frankfurter Buchmesse allein und ging auf die Suche nach meinen Wurzeln.

Ich fand sie in einem Dorf im Spessart, dem Heimatdorf meines Vaters. Ich fuhr mit einer deutschen Freundin dorthin. Als wir ankamen, erkannte ich das Dorf sofort, ich hatte mehrere Ferien dort verbracht. Doch nun fragte ich mich, warum ich gekommen war, ich wollte wieder weg, wollte den nächsten Zug nehmen. Meine Freundin lachte, sie nahm dies alles nicht so ernst, übernahm die Führung und brachte mich zum Bürgermeister. Ein freundlicher Beamter, der nicht reagierte, als ich zögernd meinen Familiennamen erwähnte. Ich wollte wissen, wo das ehemalige Familienhaus lag, und er versprach, sofort im Grundbuch nachzusehen.

Wir gingen durch die engen Gassen, ich starrte auf die hohen Giebel der Bauernhäuser, auf das alte Kopfsteinpflaster, war unglücklich. Plötzlich blieb ich stehen und sagte:

»Dort ist es, das große Haus, dort hat meine Familie gelebt.«

Ein Nußbaum stand im Garten, dort hatte mein Onkel für meine Schwester und mich eine Schaukel angebracht. Und mir fiel nun auch wieder ein, dass im Hinterhof eine Scheune gewesen war und ein Stall, in dem ein Pferd namens Max gestanden hatte.

Mein Vater war der jüngste Sohn einer großen Familie, deshalb hatte man ihn nach Fürth auf ein Internat geschickt. Er hatte Halbgeschwister, zwei eigene Schwestern, eine hieß Sidonie und wurde Toni genannt.

»Toni!« – Ich dachte, ich träumte. Jemand hatte diesen Namen gerufen! Ich drehte mich um. Aus einem Fenster beugte sich eine alte Frau, sie hatte ein Kopftuch um.

»Toni?« sagte sie. »Du bist hier und kommst net zur Rosl?«

Ich wusste, ich sah der Tante sehr ähnlich, hatte Bilder von ihr gesehen.

Die Alte schlurfte herunter und öffnete uns die Tür.

»Guten Tag«, sagte ich, »die Toni bin ich aber nicht.«

»Nein, ich weiß, du bist Richards Jüngste. Bist aber der Toni aus'm Gesicht gschnitten.«

Sie lud uns ein, wir tranken Kaffee und sie weinte. Im Zimmer standen Bilder. Sie brachte uns zwei, ich erkannte meinen Onkel und meine Tante. Er war der Zweitälteste in der Familie gewesen, hatte das Land, den Weinberg und das Geschäft übernommen.

Jeder baute hier Wein an. Manchmal warteten wir damals an einem Wirtshaus im Spessart, bis die jungen Leute von den Weinbergen herunterkamen, sie tanzten und lachten, und gelegentlich bekamen wir ein paar Weintrauben ab.

»Ein Teil des Weinberges gehört dir doch noch, weißt du das denn net?« fragte die Alte, und dann fing sie an zu erzählen, etwas verworren, manchmal dachte sie wohl immer noch, ich sei die Toni, die längst in Köln gestorben war.

Meine Freundin saß ganz still, ich hörte ihr Schweigen. Sie lauschte wie ein Kind, das zum ersten Mal ein Märchen erzählt bekommt. Aber dies war kein Märchen. Es war eine grausige Geschichte.

In der Reichspogromnacht – der Kristallnacht - gab es in diesem Dorf zuerst keine »spontane« Wut der Volksseele nach dem Attentat in Paris. In einem Wirtshaus des Nachbardorfes aber, da wollten einige Gäste sich spontan rächen. Nur leider gab es dort keine Juden. Da erinnerte sich jemand an die Juden im Nachbardorf, also an meinen Onkel und meine Tante. Man brach auf, marschierte zu diesem großen Haus am Berghang und bewies die Empörung des deutschen Volkes, indem man die alten Leute aus dem Haus zerrte, ihre Bücher verbrannte und sie zuletzt an jenem Nussbaum aufknüpfte.

Ich war starr vor Schock, wollte nur noch weg, dankte für den Kaffee, die Rosl küsste mich. Diesmal widersprach mir meine Freundin nicht mehr, meinte aber, es sei unhöflich, wenn wir nicht noch einmal zum Bürgermeister gehen würden, der arme Mann sei schließlich nur Beamter, inzwischen hätte er bestimmt das Grundbuch durchgeblättert.

Er muss dies ziemlich gründlich getan haben, denn nun wusste er wirklich Bescheid; er schlug vor, zusammen das Haus zu besuchen, ich lehnte dankend ab. Die Tür öffnete sich, einige Leute kamen herein, es weinte schon wieder jemand, diesmal ein Mann, der sagte, er hätte mich als Kind gekannt. Ich weigerte mich, in meinen Erinnerungen herumzustochern. Ich müsse gehen, sagte ich, ich hätte einen wichtigen Termin.

Erstaunlich. Der Bürgermeister war ein Hellseher. Als ich fragte, wo ich Ansichtskarten kaufen könne, gab er mir einige, die er zufällig auf dem Schreibtisch hatte. Und zufällig waren diese alle mit Blick auf das große Haus aufgenommen. Ich nahm sie dankend an wie auch eine Flasche Wein, die mir in die Hand gedrückt wurde. Das Etikett der Flasche zeigte den Namen des Dorfes, es arbeitete jetzt als Genossenschaft.

Wir gingen. Kurz vor dem Bahnhof hörte ich eilige Schritte hinter uns. Ich blieb stehen. Es war der Bürgermeister, etwas außer Atem. Er schwitzte. Ich wartete.

»Sie fahren nach Afrika zurück?«

»Morgen.«

»Sehen Sie – werden Sie Ihren Herrn Vater sehen?«

»Ja. Morgen.«

Und plötzlich – meine Hände wurden ergriffen, geschüttelt, der Herr Bürgermeister war verschwunden, da stand nun nur noch ein alter, hilfloser Mann.

»Bitte«, sagte dieser Mann, »bitte grüß mir den Richard.«

Das tat ich auch, als ich ihn am nächsten Tag sah, ich grüßte ihn, gab ihm die Postkarten und den Wein. Vati hatte gern Fußball gespielt. Der spätere Bürgermeister auch. Sie waren gleichaltrig und hatten immer zusammen gespielt. Wenn mein Vater damals aus dem Internat nach Hause gekommen war, hatte er sich besonders auf diesen guten Freund gefreut, erzählte er mir. Dieser gute Freund, der Mann, der als Herr Bürgermeister erst das Grundbuch lesen musste, um sich an unseren Familiennamen zu erinnern.

Mein Vater weinte, als ich ihm die Grüße ausrichtete. Deswegen konnte ich ihm nichts weiter erzählen, von der Kristallnacht. Es ist schlimm, einen alten Mann weinen zu sehen.

Meiner Schwester erzählte ich das alles erst nach Vatis Tod. Ich wollte keine Hexenjagd beginnen.

Viel später suchte jemand anders die Wurzeln der Juden in diesem Dorf. Oded Zingher, ein Israeli der sich dort mit seiner Familie niederließ, begann den jüdischen Friedhof zu erforschen, in dem auch einige meiner Vorfahren liegen. Er veröffentlichte ein Buch darüber und als ich ihn wegen dieser Kristallnachgeschichte ansprach meinte er, dass dies nicht stimmte. Meines Vaters Bruder und Schwägerin seien abtransportiert worden. Er meinte, die Geschichte sei eine Verwechslung. Man hätte in der Tat einen Mann namens Löwenthal in jener Nacht aus seinem Haus gezerrt und furchtbar misshandelt, sodass er später starb, aber das sei nicht mein Onkel gewesen.

Als ich sagte, ich hätte eine Zeugin, die dabei war und das auch auf Band gesagt hatte, meinte er, die alte Frau, die mit uns sprach, glaubte das wirklich. Ich werde es nicht mehr feststellen können, ich habe zu lange gewartet mit jemand anderem im Dorf zu sprechen.

Ich hatte mehr Gelegenheit bekommen, mich mit der Vergangenheit und mit der Gegenwart vertraut zu machen. Die Vergangenheit, die kann und konnte ich bewältigen; mit der Gegenwart hatte ich etwas mehr Schwierigkeiten, auch bei ganz alltäglichen Angelegenheiten.

Da war zum Beispiel dieser Mann, der mich in Sachen Rente beraten sollte. Der Termin bei der Bundesversicherungsanstalt für Angestellte war seit Monaten angemeldet, ich wurde auch pünktlich am bestellten Tag aufgerufen und gebeten, mich im Zimmer Nr. X zu melden. Ich klopfte an, es rührte sich nichts. Ich machte zögernd die Tür auf, ging langsam zum Schreibtisch, sagte »Guten Tag«, der Herr war immer noch mit den Unterlagen seines vorigen Klienten beschäftigt.

»Entschuldigen Sie, ich wollte mich informieren.«

»Worüber?«

»Ich wollte wissen, ob es sich für mich lohnt, dass ich ...«

»Tut mir leid, auf derartige Anfragen habe ich keine Antwort. Ich bin nicht Ihr Finanzberater.«

»Ja, das weiß ich.«

»Ich vertrete den Staat.«

»Verzeihen Sie, aber ich bin erst seit kurzem hier. .«

»So? Wo waren Sie denn bis jetzt?«

»In Südafrika.«

»Warum sind Sie denn nicht dort geblieben? Also wissen Sie, das ist doch alles Propaganda, das mit den Weißen, ein herrliches Land, sag' ich Ihnen, da hab' ich Freunde ...«

Das Gespräch schien etwas merkwürdig zu werden, das dämmerte dem Herrn Beamten ebenfalls langsam, er sah mich zum ersten Mal an und sagte: »Also, zeigen Sie mir, was Sie haben.«

Was ich hatte: Geburtsurkunde, Heimatschein, Wiedereinbürgerungsdokument, Unterlagen meiner Arbeitgeber.

Er stutzte.

»Ach ... ja, also. Aber das wusste ich nicht ... entschuldigen Sie: rassisch verfolgt?«

»Ich nenne es: jüdisch zu sein.«

»Bitte bitte, nehmen Sie doch Platz. Ja, verstehen Sie, das ist keine übliche Anfrage, das ist etwas Besonderes. Ich habe dafür Verständnis, ich war nämlich selbst Widerstandskämpfer. Sie müssen entschuldigen, man sieht es Ihnen nicht an, wissen Sie ...«

Es war schwer, das zu verstehen. dass der Herr Widerstandskämpfer, der in meinem Alter war, mir erst ansehen musste, dass ich anders war als die anderen, die ihm unnötige Fragen stellten. Ich hatte es ihm auch nicht angesehen, dass er Widerstandskämpfer gewesen war. Die letzte Beleidigung: Man sieht es Ihnen nicht an.

Wie sieht ein Jude aus? In Israel sah ich Araber, die Juden waren. In Nürnberg sah ich damals jenen schwarzen äthiopischen Juden, um den sich die Gemeinde kümmerte. Der Herr Beamte hätte auch ihnen schwerlich angesehen, dass sie Juden waren.

Judenrein. In Köln suchte ich eine große Altbauwohnung, weil ich mit einer Kollegin zusammenziehen wollte. Ich fand auch eine, ruhig, groß und schön.

»Herr Böll wohnte in der Nähe!« sagte die Hausbesitzerin bedeutungsvoll. Sie wohnte selbst nicht dort, sie würde die Wohnung für mich herrichten und modernisieren lassen. Sie meinte, wir seien ja gleichaltrig, sie würde mich gern als Mieterin haben.

»Ich bin in diesem Haus aufgewachsen. Es hat den Juden gehört. Sie wissen, wie es damals war, man konnte diese Häuser billig kaufen, für nichts, kann man sagen. Das wusste ich natürlich nicht, damals. Meine Eltern zogen hierher, wir vermieteten. Unten wohnten sie noch.«

»Wer?«

»Na, die Juden. Eine Mutter mit einem schwachsinnigen Sohn. Meine Eltern haben sie dort wohnen lassen. Schließlich war es nur eine Frage der Zeit, bis man sie abholte. Sie wissen ja ...«

Ja, ich wusste. Bedankte mich und ging. Zog in einen Neubau, wo ich die Erstmieterin war. Ich dachte, da gibt es keine Vergangenheit, die ich oder irgendjemand zu bewältigen hatte.

Es waren viele Sachen, die mich also direkt oder indirekt beeinflussten, meine Heimat nicht auf Dauer in Deutschland zu finden. Ein Grund war »der Fall Schlei«.

Als Mitarbeiterin der Deutschen Welle konnte ich im März 1977 mit auf ihre bekannt gewordene Afrika-Reisen fahren und freundete mich mit dieser großen Frau an, deren Tod mich später als Freundin traf.

Ich erlebte, wie ihre Parteigenossen von der SPD und die Presse sie behandelten, war empört über die Diffamierung, der sie ausgeliefert wurde.

Es war Zufall, dass ich mitfahren durfte, jemand fiel aus, und ich erhielt die Karte in letzter Minute.

Die Bundesministerin sollte nach Botswana, Zambia und Kenya fahren, meine Karte war jedoch, wie auch bei den anderen Journalisten, nur für Botswana und Kenya ausgestellt. Ich drückte mein Erstaunen aus. Zambia stand damals dank der Rhodesienfrage und des Buschkrieges inmitten des Weltgeschehens. Doch der Sprecher des Bundesministeriums für Wirtschaftliche Zusammenarbeit (BMZ) meinte, für Journalisten, die sich nicht so gut auskannten wie ich, sei es zu viel verlangt, gleich drei Entwicklungsländer auf einmal zu verkraften.

Ich kam zum Vorgespräch, lernte die Kollegen kennen, als unerwartet eine große, stattliche Frau erschien: Marie Schlei. Ich hatte eine »Dame« erwartet mit entsprechenden Allüren, stattdessen saß eine Frau am Tisch, mit strahlenden Augen und viel Humor.

»Auf der Mauer, auf der Lauer sitzt ne kleine Wanze ...« sang sie; an jenem Tag war eine Geschichte über Telefonwanzen in der Zeitung gewesen. Sie blickte sich um. Gefragt, ob sie der Presse vorgestellt werden wollte, meinte sie, das sei kaum nötig. Einige kenne sie, einige kenne sie nur zu gut, und andere würde sie kennen lernen. Sie gefiel mir sofort. Die direkte Art, der Blick, den sie auf das Gesicht des Gegenüber richtete, ihr ganzes Auftreten – sie würde in Afrika gut ankommen, hatte den richtigen Stil und Ton, dachte ich.

Wir flogen über London nach Botswana und kamen in Gaborone, der Hauptstadt, an. Wir Journalisten sollten zunächst eine Art Touristik in den Norden des Landes machen, dann nach Gaborone zurückkommen, um Frau Schlei zu empfangen.

Ein kleines Flugzeug flog uns nach Maun. Ich hatte das Glück, neben dem Piloten zu sitzen. Wir flogen tief über die Riesenflächen des Nordens hinweg, auf denen sich riesige Wildherden tummelten, Zebras, Springböcke, Nashörner, alles, was in den mehr besuchten Gegenden schon langsam ausstarb. Um uns, unter uns war Afrika. Das Afrika, das man liebt, wegen seiner Weite, der unendlichen Landschaft, des Gestrüpps, des Velds, der Einsamkeit. Klarer blauer Himmel wie auf einem kitschigen Bild. Wir landeten.

Sofort wurde ich umarmt, hatte nicht gewusst, dass der Projektleiter in Maun, Frank Krawolitzki, unser Gastgeber sein würde. Wir kannten uns bereits vor seiner Zeit als Landwirtschaftsexperte in Botswana, aus Zambia.

»Da ist noch jemand, der dich sprechen will«, meinte er. In der Verwaltungshütte des kleinen Flughafens saß eine freundliche Afrikanerin, die ich auch aus Zambia kannte. Wir begrüßten uns herzlich. Erstaunlich, aber erfreulich: In einer Großstadt sehe ich tagelang nur Unbekannte, mitten im afrikanischen Busch habe ich mehr Chancen, sofort bekannte Gesichter zu treffen.

Die Tage in Maun waren schön, aber nicht der Zweck der Reise. Dieser hieß Marie Schlei. Wir empfingen sie in Gaborone am Flughafen. Hinter ihr stieg ein Spiegel-Redakteur aus und ein Fotograf. Dann fing die Arbeit an. Sie hielt eine Pressekonferenz für die Botswana-Presse, erklärte, sie sei hier, weil Botswana einer der Frontstaaten im Konflikt der Region sei. Für sie sei es das erste Entwicklungsland, das sie als Ministerin bereiste.

Ich ließ mir die Flugkarte umschreiben, auf eigene Rechnung, um mit nach Zambia zu kommen. Später erstattete mir das BMZ doch noch diese Kosten.

Wir besuchten ein Projekt, in dem die Ebert-Stiftung engagiert war. Frau Schlei war daran interessiert, wurde ausgefragt und fotografiert. Es war heiß. Sie ließ sich die verschiedenen Werkstätten zeigen, sprach mit allen. Ich steuerte auf eine Hütte zu, dachte, dort könnte ich etwas zu trinken bekommen. Die Tür war offen, die runde Hütte schien das Heim eines Europäers zu sein – moderne Möbel, ein hübscher Teppich, Schreibmaschine, Plattenspieler. Marie Schlei kam herein und sagte: »Hier könnte ich auch wohnen.«

Der nächste Tag war gefüllt mit Gesprächen der Delegation mit der Regierung. Der Pressesprecher fragte, ob ich mit Frau Schlei sprechen könne, sie wolle sich über Zambia unterhalten. Ich sagte zu, was jedoch bedeutete, dass ich deswegen nicht zum Botschaftsempfang gehen konnte, denn ich musste meinen Bericht für die Redaktion noch schreiben. So entschuldigte ich mich, arbeitete und wartete anschließend auf sie.

Spät am Abend wollte ich mich zurückziehen, da erschien Frau Schleis persönliche Assistentin, Jutta Odida.

»Tut mir leid. Ich erfuhr erst jetzt, dass du wartest. Unten ist etwas Unangenehmes passiert. Wir können das Gespräch im Flugzeug nachholen.«

»Was heißt: unangenehm?«

»Nichts Wichtiges. Nur, wir saßen an einem Ende des Gartens, wo das Schwimmbad liegt, waren gelockert, gut aufgelegt, da kamen einige Journalisten, irgendwie sauer. Sie unterhielten sich über ernstere Sachen, waren eben einfach in anderer Stimmung. Dann sprang auch noch der Referent ins Schwimmbad, da standen sie auf und gingen weg.«

Ich war müde und verstand es nicht.

»Albern. Warum sollte jemand nicht schwimmen gehen?«

Sie meinte, es wäre wohl besser gewesen, die Journalisten einzuladen, bei der Delegation zu sitzen, aber das sei Sache des Pressesprechers und der hätte sich nicht gerührt.

Am Vormittag gab es eine Pressekonferenz, ich sandte mein letztes Telex ab, dann flog ich mit nach Lusaka. Auf dem Weg lernte ich Marie Schlei besser kennen.

Ich erzählte von Zambia, von den Problemen, von der Wichtigkeit ihrer Reise. Etwas zögernd fragte sie, ob ich, an ihrer Stelle, den Führer einer Befreiungsbewegung treffen würde. Natürlich konnte ich mich nicht in die Position eines Ministers versetzen. Aber spontan sagte ich: »Selbstverständlich. Es gibt zu wenig Kontakt, offen und überhaupt, mit Personen, die heute Terroristen genannt werden und morgen Regierungsmitglieder sind.«

Ich erzählte von meinen alten Freundschaften mit MPLA-Mitgliedern, von den ungezwungenen Besuchen in meiner kleinen Wohnung.

»Im Exil fühlt man sich nur als halber Mensch. Jede Art der Anerkennung ist wohltuend«, meinte ich. Ich fragte nicht, um wen es sich handelte, aber angesichts Kaundas Freundschaft mit dem ZAPU-Präsidenten Joshua Nkomo nahm ich an, dass es um ihn ging.

Ich sagte schüchtern: »In Zimbabwe gibt es zwei Befreiungsorganisationen. Ich glaube, wenn sich die Bundesregierung für Nkomo interessiert, sollte man sich ebenfalls mit Robert Mugabe treffen. Er vertritt die Mehrheit.«

Frau Schlei antwortete, dass sie das dem Führer des Gastlandes überlassen müsse.

In Lusaka bestand sie darauf, dass ich bei ihr im Hotel Intercontinental wohnte. Sie wollte mich in der Nähe haben. Der Pressesprecher war schließlich mit den anderen Journalisten in Kenya, und meine Kollegen von der zambischen Presse wollten Informationen haben. Für sie war, wie ich erwartet hatte, der deutsche Besuch sehr wichtig, fast wichtiger als der letzte hohe Gast, Podgorny, der damalige Präsident der Sowjetunion.

Die Frage des Engagements der Großmächte im südlichen Afrika war immer brenzlig: Die Sowjetunion unterstützte die Befreiungsbewegungen mit materieller Hilfe, mit Waffen, der Westen mit guten Absichten und Medikamenten – nachdem die Wunden geschlagen waren. Aber Zambia wollte sich nicht ganz auf die Seite des Ostblocks festlegen, wollte blockfrei sein. Der Besuch eines deutschen Bundesministers um diese Zeit war immens wichtig.

Wenn bei diesem Besuch in Lusaka die Politik mehr im Spiel war als die Entwicklungspolitik, dann lag das an der Situation, am Zeitpunkt. Ich finde, dass Frau Schlei sich, entgegen späterer Vorwürfe, auf dieser Reise wie auch später im Amt, vortrefflich verhalten hat. Wie hätte sich ein Bundesminister, egal, welches Ressort er besetzte, mit Präsident Kaunda nicht über den Konflikt im südlichen Afrika unterhalten können – über Rhodesien, Namibia, Südafrika?

Kaunda gab im State House ein Mittagessen für seinen Gast. Ich wartete an einem mir vertrauten Ort, im Vorzimmer, dessen Türen stets zum Garten hin offen stehen, und beobachtete die großen Pfaue im Garten. Die Türen des Konferenzsaales wurden geöffnet, Kaunda führte seinen Gast heraus, sah mich und begrüßte mich wie immer herzlich.

»Comrade Ruth, haben dich die Deutschen wieder hergebracht? Du musst mit uns Kaffee trinken, warum hast du nicht mit uns gegessen?«

Er schenkte den Besuchern selbst Kaffee ein und war offensichtlich von Marie Schlei sehr angetan. Die Minister und hohen Beamten begrüßten mich, sagten, die Gespräche seien großartig verlaufen, sie freuten sich, einen derartigen Entwicklungsminister in Bonn zu sehen.

Als ich abends von einem Besuch bei Freunden ins Hotel zurückkam, lag eine Nachricht für mich da, ich sollte doch bitte sofort zur Botschaft fahren.

Das tat ich. Dort saß Frau Schlei auf einem Sofa, neben ihr Joshua Nkomo. Ein ARD-Fernsehteam aus Kenya war dort, ebenfalls ein freier Fotograf, für den »Stern«. Nur der Bonner Mann des »Spiegel« war mit nach Lusaka gekommen, doch er war inzwischen schon nach Hause geflogen, er wusste nichts von diesem Treffen.

Da das Fernsehen dabei war, war das Treffen kein Geheimnis, sondern »news«. Nun ja, nicht ganz. Nachdem das Fernsehen weg war, sah sich Frau Schlei um und fragte, wer denn eigentlich Protokoll führe. Anscheinend keiner, denn offiziell fand dieses Treffen nicht statt.

»Könnte ich?« fragte ich und zeigte meinen Kassettenrekorder. Ja, das schien die Lösung. Nur war ich jetzt vorübergehend »Beamtin« und durfte nichts erzählen oder schreiben, was ich nun erfahren sollte.

Um Mitternacht kamen wir ins Hotel zurück. Ich tippte mein Protokoll, gab es ab, schrieb einen Bericht für die Welle, rief dort an und sagte, der Chef vom Dienst solle am Morgen bitte Meldung an »dpa« machen, es seien News, dass der Bundesminister zum ersten Mal mit der Befreiungsbewegung gesprochen hatte. Natürlich kümmerte sich niemand um diese Bitte.

Beim Frühstück sprachen mich ausländische Journalisten an, die im Hotel wohnten, und ich erzählte ihnen, was gelaufen war. So erfuhr es die ausländische Presse vor »dpa«. Das war kaum meine Schuld.

Wir flogen nach Kenya weiter. Dort gab es sofort wieder einen Empfang beim Finanzminister, eine Pressekonferenz. Ich erzählte den Kollegen, was ich erzählen durfte, und sie waren empört, nicht dabei gewesen zu sein.

Am nächsten Tag besichtigten wir ein Bewässerungsprojekt im Aberdare-Wald. Eine alte Frau sagte mir dort: »Wenn ich im Garten jetzt den Hahn aufdrehe und es kommt Wasser, weiß ich, Gott ist in meinen Garten gekommen.«

Kollegen aus Kenya erzählten mir, am nächsten Tag solle zum ersten Mal in der Einheitspartei gewählt werden. Sie versprachen, mich mitzunehmen.

Plötzlich merkte ich, dass die deutschen Kollegen sich absetzten, zu einem Besuch des Nationalparks. Ich war erstaunt. Es gab doch noch so viel zu sehen, Frau Schlei hatte noch ein volles Programm. Sie fuhren, mit ihnen der Pressesprecher. Ich fuhr natürlich zurück nach Nairobi.

Am nächsten Nachmittag wurde ich von einem verzweifelten Hoteltelefonisten angerufen, es sei jemand aus Deutschland am Apparat, er verlange den Pressesprecher. Ob ich ...«

Ich übernahm das Gespräch. Bild-Zeitung. Es handelte sich um einen Bericht aus Botswana. Der Referent der Frau Schlei sei nackt vor ihr ins Schwimmbad gesprungen, hätte vor ihr getanzt und sie hätte das lustig gefunden. Entsetzt sagte ich, ich wisse nichts davon. Er kündigte an, wieder anzurufen.

Ich versuchte, die Gruppe zu erreichen, erhielt endlich Radiokontakt mit dem Nationalpark. Eine Kollegin sagte, ja, da sei so etwas Ähnliches gewesen, aber getanzt? Davon wisse sie nichts. Außerdem, man hätte versprochen, die Geschichte nicht zu schreiben. Ich schlug vor, man solle sofort nach Nairobi zurückkommen, das sei wichtig. Aber das war es anscheinend nicht. Sie kamen erst später als geplant.

Am nächsten Tag flogen wir ab. Im Flugzeug las ich zum ersten Mal den infamen Spiegel-Artikel, mit einem Bild aus Botswana, auf dem ein Afrikaner Frau Schlei aus Scherz eine Locke angeboten hatte, um sich bei ihr zu bedanken. Das wurde als peinliche Verletzung der afrikanischen Sitten hingestellt.

Da stand auch, dass Schlei in der Hütte des Häuptlings gesagt hätte, dort wolle sie wohnen: ebenfalls ein Sittenverstoß. Nur: Sie hatte es zu mir und in der Hütte des Entwicklungshelfers gesagt. Und der Sprung ins Wasser? Ich war zwar nicht dabei, aber ich wusste von Jutta, es hatte sich um einen Witz gehandelt, der Referent hatte im Schlafanzug seinen Sprung ins Wasser gemacht.

Der Spiegel-Korrespondent sagte mir später, er sei auch nicht dabei gewesen. Aber er hätte »vorrecherchiert« und sei zu dem Schluss gekommen, dass das BMZ mit Frau Schlei fehlbesetzt sei. Er wolle das revidieren. Ich sagte – die deutsche Presse und Politik verkennend: »Das ist doch unwichtig, die Reise war ein voller Erfolg!«

Das war sie auch, laut den Berichten der Presse dieser Länder und der mitfahrenden Journalisten: bis auf den Spiegel und einen Berichterstatter für die »Süddeutsche« in Nairobi. Der selbstverständlich auch nicht dabei gewesen war.

Diese beiden »Opinionmacher« beherrschten den Ton, den Stil, den Inhalt der Berichte. Selbst die »Frankfurter Rundschau« druckte meinen Bericht nicht ab: Wenn »jeder« abfällig schrieb, warum sollte dann gerade die Weiss im richtigen Schritt sein?

Es war eine schlimme Zeit für Marie Schlei. Ihre erste Reise wurde ihre Letzte, nach einem Jahr im Amt ging sie.

Die Reaktion der Presse empfand ich als furchtbar. Als ich eines Abends im WDR meine Meinung sagte, nämlich dass Frau Schlei die Bundesrepublik hervorragend vertreten hätte, kam am folgenden Tag der Portier aus seinem kleinen Kasten hervor und gab mir die Hand. »Dankeschön. Es ist selten, dass jemand so etwas Ehrliches sagt.«

Er war der Einzige im ganzen Haus, der das Fernsehinterview überhaupt zur Kenntnis genommen hatte.

Im Jahr 1980, nach Zimbabwes Unabhängigkeit, brüstete sich das Auswärtige Amt mit dem Projekt für die Patriotische Front, (ZANU/ZAPU-Allianz) das bereits seit mehreren Jahren lief. Dank Marie Schlei.

Karin Willms, die in Hamburg für eine kirchliche Institution arbeitet, sagte einmal, auch die Frau liefert nun wie der Mann den totalen Job, den totalen Einsatz. Man lebt nicht und liebt nicht, man arbeitet. Das trifft auch auf mich zu. Ich klammere mich nach wie vor an den Glauben, dass man auch bei totaler Arbeit Mensch bleiben und anderen helfen kann, wenn es geht. Vielleicht ist er mir gelegentlich gelungen, hoffentlich.

Ich war einfach nicht glücklich in Köln. So viel störte mich: Die Gier nach dem Geldverdienen, das Für-sich-leben, der Konsumwahn. Sascha kümmerte sich um mich, war sehr lieb. Nun entschuldige ich mich bei ihm. Ich habe zu wenig gelacht in diesen Jahren.

REISEN IN DIE VERGANGENHEIT, GEGENWART UND ZUKUNFT

Im Jahr 1978 zogen Sascha und ich abermals nach London. Ich arbeitete nun als »freelance«, als Freiberuflerin, und lieferte neben den erwähnten Beiträgen für die Deutsche Welle Berichte für eine ganze Reihe von englischen, deutschen und Schweizer Zeitungen und Radioanstalten. Das hektische Leben hörte dadurch nicht auf, aber zumindest zeitweise konnte ich doch nun zu Hause arbeiten und »nebenbei« endlich an einigen schon länger geplanten Büchern weiterschreiben.

Dazu gründete ich mit mehreren Kollegen, die entweder wie der Südafrikner Moeletsi Mbeki aus dem Süden kamen oder sie über diesen schrieben ein kleines Projekt das wir Link-Up nannten. Es war ein Versuch für Radiostationen im armen Süden kostenlos Material – sprich „O-Töne" – zu liefern, indem wir ihnen Kopien von Interviews lieferten, die ihnen sonst nicht zugänglich geworden wären. Zum Beispiel nahm der Afrika-Experte Guy Arnold und ich an einer Konferenz in Liberia teil, machten für verschiedene Medien Interviews und bearbeiteten diese auch für Link-Up. Es war eine interessante Gruppe, die sich leider auflöste als Moeletsi so wie auch ich, nach der Unabhängigkeit Zimbabwes in Harare abeiteten. Im Oktober 2015 besuchte mich unerwartet einer des Link-Up Teams, Peter Sahla, der meinte unsere Ideen waren ok, aber verfrüht, damals gab es noch nicht genug Interesse an derartigen Projekten.

In den Jahren zwischen London und Harare reiste ich weiterhin sehr viel. Einige dieser Reisen hatten jedoch nichts mit Journalismus zu tun. Für mich und für die anderen Beteiligten wurden es Reisen in die Vergangenheit.

Einer der Klassenkameraden meiner Schwester war ja Henry Kissinger. Einer der Jugendfreunde Kissingers, der noch Kontakt mit ihm hielt, war Frank Harris, in Fürth als Franz Hess geboren. Er kam dem Wunsch einer gemeinsamen todkranken Freundin nach, ein Treffen ehemaliger Mitschüler der Israelitischen Realschule zu organisieren, um festzustellen, was in den 40 Jahren dazwischen aus ihnen geworden war. Die letzten Kinder aus der Schule konnten 1938 fliehen. Frank war, wie andere auch, von Quäkern gerettet worden. Er lebte seither in New York, sprach zuerst mit den in Amerika lebenden ehemaligen Fürthern, erhielt immer mehr Adressen und schickte einen Rundbrief an diese. Unter ihnen war meine Schwester, die jedoch dachte, so etwas interessiere mich nicht, und die – leider – nicht selbst kommen konnte.

Ich erfuhr zufällig davon, als ich ein Interview mit einer Frau im »Daily Telegraph« las, während ich – wieder einmal – in einem Flugzeug saß. Ich rief sie an, entschloss mich kurzfristig, zu fliegen, raste von einer Stelle zur anderen – Passamt, Amerikanische Botschaft, zuletzt am Flughafen, wo ich nach zwölf Stunden einen Billigflug bekam und kurz darauf auf dem Kennedy Airport landete. Von dort aus rief ich Harris an, der mir erklärte, wie ich ins Grossinger Hotel in den Catskills käme.

Zuerst bereute ich meine Schnapsidee: Ich hatte mit niemandem Kontakt gehalten. Was sollte ich nun hier? Sie alle hatten andere Lebenserfahrungen, vor allem die Amerikaner, es ging ihnen gut, viele hatten bereits Enkel. Wieder mal war ich Außenseiter, so schien es mir.

Doch dem war nicht so. Es waren etwa 150 Menschen da, abgesehen von den Jahrgängen 1921 bis 1929 kamen auch deren Ehepartner und Kinder. Der Zauber der Atmosphäre, der dieses Wochenende umgab, ist nicht leicht zu beschreiben.

Wir waren gefangen in einem Bann, in dem alte Namen aus dem Unterbewusstsein hervortraten, in dem man zum ersten Mal Dinge erzählte, die man jahrzehntelang unterdrückt hatte.

Ich hörte zu, erschüttert. Wenig war neu, man hatte eigentlich alles schon mal gehört – man hatte die Toten beklagt, die Täter angeklagt und trotzdem – es war geisterhaft, diese Begegnung miteinander, mit der Vergangenheit. Es wurde etwas ausgelöst, das die Psychiater unter uns – und wie konnten unter einer derartigen Gruppe keine sein? – als Gruppentherapie beschrieben hätten. Die Überlebenden des Holocaust, dazu gehörten wir auch. Und an diesen zwei Tagen sprachen wir darüber, offen, ohne Scham, wenn auch nicht immer ohne Tränen.

Ich hatte kurz vor meiner Abreise unter den wenigen mir verbliebenen Papieren ein Programm gefunden für den 12. Juli 1912, für eine Schlussfeier der Israelitischen Realschule; mein Vater war einer der Absolventen dieses Jahres. Das Eingangslied des Programms war das alt niederländische Volkslied »Wir treten zum Beten«, das letzte Lied: »Das Wandern ist des Müllers Lust«.

Das Wandern war das Los, das wir auf unseren Weg mitbekamen. Das machte jede der Geschichten deutlich, auch wenn die Erzählenden erfolgreich ein neues Leben in einer neuen Heimat geführt hatten, in Amerika, Australien, Frankreich, England oder Israel.

Kissinger selbst erschien nicht, ihm kam etwas dazwischen. Er sandte uns ein Telegramm, das Frank mit vielen anderen Zuschriften zusammen vorlas.

Am meisten bewegten mich die Geschichten der kleinen Susie und der Hanne Frank. Susie war die Tochter von Lisl und Werner Weinberg. Lisl erzählte, wie sie und Werner Susie zu einer christlichen Familie in Holland gaben, es war nur noch eine Frage der Zeit, bevor sie beide abgeholt wurden. Sie kamen 1943 nach Bergen-Belsen, überlebten – aber versuchten stets, wenn ein Kindertransport ankam, nachzuforschen, ob ihre Tochter dabei sei, obwohl sie wussten, dass sie ihre eigene Tochter kaum wiedererkennen würden. Nach dem Krieg holten sie Susie ab. Das Kind musste nun lernen, mit zwei Elternpaaren fertig zu werden.

Erstaunlich war die Geschichte der Hanne Frank, fast aus dem Tagebuch der Anne Frank abgeschrieben. Hanne, ihr Bruder und ihre Eltern wurden von Holländern versteckt, in der Nähe von Arnheim. Dann geschah etwas Unglaubliches: Nach einem erfolglosen Versuch der Alliierten, Arnheim einzunehnen, benutzte ein Oberkommando der Deutschen das Wohnzimmer unter dem Versteck. Nachts, wenn die Soldaten gegangen waren, schlichen sich Hanne und ihr Bruder in das Zimmer und kopierten die Unterlagen. Diese Geschichte wurde erstaunlicherweise sofort bestätigt: Stefan Reichsthaler, ein Vetter von Frank Harris, der aus Holland gekommen war, sprang auf das Podium und sagte aufgeregt, er wäre für den Untergrund tätig gewesen und hatte mit falschen Papieren unter dem Namen Heidrich Smit gelebt. Er sei der Kurier gewesen, sagte er, der von Jan, dem »Vermieter« der Familie Frank, die Unterlagen erhalten hatte. Jetzt erst erfuhr er also ihre Identität.

»Ich wusste nie, wie sie es fertiggebracht hatten, sie waren Helden, die Franks«, sagte er. »Als die Alliierten kamen, da hatten wir alles für sie bereit, bis zum letzten Detail, dank dieser Aufzeichnungen.«

Jules Wallerstein, ein anderer ehemaliger Schulgenosse, war mit seiner Familie auf dem Schiff »Spirit of St. Louis«, von dessen Reise der Film »Voyage of the Damned« gemacht wurde. Das Flüchtlingsschiff hatte Kuba zum Ziel, doch man ließ es nicht anlegen. Das Schiff wartete, einige verzweifelte Passagiere stürzten sich ins Wasser und versuchten so, an Land zu kommen – eine Szene, die an die Boat People der 80er Jahre erinnert. Die Hilferufe des Kapitäns waren vergeblich ... Kein Land war bereit, die Flüchtlinge aufzunehmen. Sie mussten zurück nach Hamburg. Viele von ihnen nahmen sich das Leben; endlich willigte England ein, einige der Flüchtlinge aufzunehmen, andere mussten nach Hamburg zurück.

Ein Anwesender berichtete eine bittere Geschichte. Er hatte im KZ miterlebt, wie sein Vater und Bruder vor seinen Augen ermordet wurde. Sein Sohn war unter den Zuhörern und erlitt bei der Rede seines Vaters einen Schock, er hatte noch nie davon gehört. Die Kinder der Überlebenden tragen ihre eigene Last, was erst allmählich erkannt wurde.

Abgesehen von Kissingers brillantem Erfolg hatten auch andere von uns »success stories« vorzuweisen. Claude Frank war ein berühmter Pianist, unter uns befanden sich bekannte Finanziers, ein Rabbiner, Ärzte, Rechtsanwälte, Professoren, Schriftsteller – Frauen und Männer, die sich alle in einer neuen Umwelt hatten zurechtfinden mussten. Einer der Sprecher meinte, da wir den Kampf ums Überleben kannten, hatten wir, als Generation, als Gruppe, keine Zeit zu langen Analysen. Wir mussten zupacken und hatten das Glück gehabt, in einer ausgezeichneten Schule von guten Lehrern erzogen worden zu sein. Unser »jüdisch sein« hatte uns einen Lerneifer vererbt, einen Drang zur Selbstbestätigung.

Ich sprach nur kurz am Ende, als Frank mich um das Schlusswort bat, eine Ehre, auf die ich nicht eingestellt war. Ich meinte, dass die Welt noch mit vielen Konflikten fertig werden müsse, dass die Nazi-Ära nicht der Anfang und das Ende von allem Bösen gewesen sei, sagte, unsere Generation, die dies erlebte, müsse jede Ungerechtigkeit wahrnehmen.

Das wurde von zwei Kollegen, die über das Treffen berichteten, folgendermaßen wiedergegeben: Meine Arbeit sei »fast ein persönlicher Kreuzzug, um die menschliche Ungerechtigkeit gegen andere Menschen zu bekämpfen«. Naja, das stimmt wohl, was ein anderer so kommentierte: »... sie zum zweiten Mal freiwillig ins Exil, weil die Apartheid in Südafrika ihr zu nahe an der alten Diskriminierung der Nazizeit erschien ... sie sagte, man sollte sich nicht nur für Juden allein einsetzen, sondern für alle, die unterdrückt sind. Auch das ist ein Kampf für die jüdische Sache, denn man lehrte uns doch, dass man gegen Ungerechtigkeit kämpfe, und prägte uns die Werte ein, die Menschenwürde und innere Freiheit einschließen.«

Frank sagte in seiner abschließenden Rede: »... Toleranz ist das Einzige, das uns retten kann, und das ist etwas, das wir selbst nicht immer vertreten, obwohl wir Unduldsamkeit unseren Feinden vorwerfen.

Gleiche Toleranz für jeden, das kann kein Gesetz vorschreiben. Es muss aus uns selbst herausströmen, nur dann kann man Frieden auf dieser Welt herstellen. Das ist das Gefühl, mit dem wir dieses Zusammentreffen verlassen sollen ... wir haben euch alle lieb ...« Und zu mir sagte er: »Du bist unerwartet zu uns gekommen und hast uns doch viel in kurzer Zeit gegeben; du musst uns als deine Freunde betrachten. Du brauchst niemals das Gefühl zu haben, du bist allein ... wir sind jeder für jeden da, du hast alte Freunde ... erneut gefunden.«

Frank blieb mit uns allen dank seines »newsletters« und seiner persönlichen Anteilnahme in Kontakt.

Nun möchte ich vorgreifen und von der zweiten großen Zusammenkunft 14 Jahre später berichten. Im Juli 1992 organisierte der unermüdliche und aufopfernde Frank mit seiner Frau Beri ein Riesentreffen alter Fürther und Nürnberger Juden. Diesmal kamen 400 Menschen in die Catskills zu Kutscher, wieder ein riesiges Hotel.

Es waren alle Generationen vertreten, einige Ältere sowie die Generationen der erwachsenen Kinder und jugendlichen Enkel. Eine Familie brachte sogar vier Generationen mit! Es war eine andere Atmosphäre als beim ersten Mal, fröhlicher, es war mehr wie eine tolle Riesenfete. Frank gab jedem von uns am Ende eine Medaille, auf der die alte Nürnberger Synagoge eingraviert war.

Wieder hatte jeder »seine« Begegnungen. Ich sprach am ersten Tag mit einer alten Frau, die sagte, sie sei aus Fürth weggegangen, als sie auf der Straße mit »Saujud« angeschrien worden war, hatte ihren Job beim Buchbinder Max Cohen aufgegeben.

Ich war sprachlos. Mein Großvater.

Ich sagte: »Dann müssen wir uns gesehen haben ... ich war oft in der Werkstatt, um zu lesen.«

Es fiel ihr ein: »Natürlich! Das kleine Kind unter dem Tisch ...«

Zwei Podiumsgespräche waren angesagt, eines über das Thema des Beitrages, den die Emigration den Gastländern lieferte, das andere über das Thema »Sollen wir nun schweigen?«. Das erste Podium verlief ausgezeichnet, knapp, witzig und informativ. Dann kündigte Frank an, dass das zweite Gespräch nur ein Beitrag von mir sein könne, da die anderen Teilnehmer aus verschiedenen Gründen nicht kommen konnten. Es stellte sich heraus, dass ich ein Streitgespräch heraufbeschwor, indem ich eindringlich erklärte, wir dürften nicht schweigen.

Menschen vergessen schnell. Deswegen sind wir als Zeitzeugen gezwungen, zu sprechen. Ich erzählte einige meiner Erlebnisse. So war ich zum Beispiel im April 1992 nach Berlin eingeladen worden und sah die Ausstellung über den Jüdischen Kulturbund, organisiert von der Kunstakademie. An einem Abend wurden einige der 80 Gäste – ehemalige Mitglieder des Kulturbundes – vorgestellt. Sie erzählten. Die Schauspieler und Musiker waren nach den Ereignissen der Kristallnacht gezwungen worden, die abgebrochenen Vorführungen wieder aufzunehmen. Später kamen viele in KZs, mussten wieder Theater spielen. Eine Frau sprach über ihre Vorführungen vor bereits skelettartig abgemagerten Todgeweihten in Westerborg, die am nächsten Tag abtransportiert wurden; ein Musiker war Mitglied des Auschwitz-Orchesters gewesen. Ich meinte, dass man Derartiges weiterhin offen berichten müsse. Die Welt soll nicht vergessen, dass damals ein Völkermord, ein »genocide« – das Wort wurde zum ersten Mal im Oxford-Wörterbuch von 1944 benutzt – geschah, aber auch nicht, dass so etwas weiter geschieht. All das ist alltäglich, die Welt ist seit den 30er Jahren brutalisiert worden.

Sofort wurde ich gefragt, was ich denn von den jüdischen ANC-Führern hielt, die in Israel anti-jüdische selbstzerfleischende Bemerkungen gemacht hätten. Warum Juden sich für andere einsetzen sollten, da diese sie ja dann verschmähen, offensichtlich ein Hinweis auf die schwarz-jüdischen Beziehungen in Amerika. Das Gespräch wurde hitzig. Einige Frauen waren meiner Meinung.

Ein Mann bedankte sich später, »nicht so sehr für das, was Sie sagten, sondern dafür, wo es herkommt«, wobei er die Hand aufs Herz legte. Am nächsten Tag sprachen die Jüngeren. Einer griff die liberalen Ideen des Vortages an, sagte, man müsse die Prioritäten wählen, und für Juden sei die jüdische Sache die Priorität, vor allem jetzt, wo der Antisemitismus wieder auf dem Vormarsch ist.

Das Schlimme ist, dass wir beide recht haben.

Kaum war ich wieder in England, erschienen Auszüge aus Goebbels Tagebuch in der »Sunday Times« – recherchiert von dem Historiker David Irving, der ja die These vertritt, der Holocaust hätte nicht stattgefunden.

Was ja wohl auch wieder zeigt, dass wir, die Zeitzeugen, nicht schweigen dürfen.

Ein wirklich außergewöhnliches Beispiel für die Gefährlichkeit der Ignoranz der eigenen Geschichte muss ich noch erzählen:

1984 saß ich in Hamburg in einem Taxi, um Nathan Shamuyarira, Zimbabwes damaligen Informationsminister und späteren Außenminister, zu treffen, der sich in der Stadt aufhielt. Auf dem Fahrersitz saß eine grauhaarige Frau, deren Gesicht einen Ausdruck ständiger Unzufriedenheit trug.

Sie murmelte permanent vor sich hin, Alltägliches, über das Wetter, über die Parkmöglichkeiten vor dem Hotel, und schließlich sagte sie: »Hier bin ich nun mit meinen 63 Jahren und muss immer noch arbeiten. Und all diese Schwarzen, Türken und der andere Müll, die kommen hierhin, kriegen soziale Hilfe und gemütliche Jobs ...«

Ich wollte nicht diskutieren. Sagte nur vorsichtig, es sei sicherlich nicht so ganz einfach zu sehen. Sie erwiderte, Deutschland gehöre nicht mehr länger den Deutschen. Und gestern sei sie gar von einem dieser Kaffern als Nazi beschimpft worden.

»Ich ein Nazi!« sagte sie empört. »Ich habe in meinem Leben noch keinen Juden und keinen Nazi gesehen!«

Mit 63 Jahren? Sie war zwei Jahre älter als ich. Was sollte ich darauf sagen? Dass, wenn sie es schon auf geheimnisvolle Weise geschafft hatte, in zwölf Jahren Hitler-Deutschland keinen Nazi zu sehen, sie wenigstens heute, jetzt, in diesem Moment die Gelegenheit hätte, eine Jüdin zu betrachten?

Zurück nach London ins Jahr 1979.

Während der Lancaster House-Verhandlungen über Südrhodesien hielt ich ein offenes Haus in unserer Wohnung. Wir wohnten außerhalb, in einem Vorort in der Nähe von Wimbledon.

Ich wusste nie, wer wann kommen würde: der meiste Besuch traf am Wochenende oder spät abends ein, wenn afrikanische Delegationsmitglieder vom Londoner Trubel oder von der täglichen Politik abschalten wollten.

So besuchten mich ZANLAs General Josiah Tongogara, dessen Tod wenige Wochen später bei einem Unfall Zimbabwe einen wichtigen Führer nahm. Zusammen mit seinem Neffen Josiah Tungumirai, später Chef der Luftwaffe von Zimbabwe, Simon Muzenda, der spätere Vizepräsident mitsamt den ZANLA-Leibwächtern, Eddison Zvogbo, zukünftiger Justizminister, sowie Byron Hove, Rechtsanwalt, Parlamentsabgeordneter und eine interessante wie umstrittene Persönlichkeit, und George Nyandoro, einstiger Nationalführer, damals noch Vertreter der Partei des Bischofs Abel Muzorewa und später wohlhabender Geschäftsmann, um nur einige zu nennen.

Während dieser wilden Monate bereitete ich meinem Sohn große Sorgen. Meistens sind es die Eltern, die schlaflose Nächte verbringen, weil sie nicht genau wissen, wo ihre Kinder sind. Natürlich habe ich inzwischen auch derartige Nächte hinter mir. Doch einmal, als ich im Lancaster House eine der letzten Journalisten war, sorgte ich dafür, dass mein Sohn nicht schlafen konnte.

Es war eine späte Sitzung gewesen, ich musste noch etwas für das Morgenprogramm der Deutschen Welle absetzen und hatte noch ein

Interview vor mir. Um Mitternacht fiel mir ein, dass ich nicht, wie üblich, zu Hause angerufen hatte, dachte aber, nun sei es zu spät dafür. Dann hatte ich Transportprobleme. Der letzte Zug war weg, ein Londoner Taxi zu teuer für mich, und so bestellte ich ein privates Taxi aus der Gegend, in der ich wohnte. Der Fahrer verfuhr sich, durfte schließlich nicht in die Lancaster House-Gasse einbiegen und kehrte wieder um. Bis ich mit dem neu bestellten Wagen endlich zu Hause war, schlug es etwa 3 Uhr morgens.

In unserem Haus brannte jede Lampe. Vor der Tür stand ein Polizeiwagen. Oben am Fenster seines Zimmers stand mein Sohn und blickte traurig auf die dunkle Straße. Er hatte sich und die Polizei davon überzeugt, dass mir etwas zugestoßen sein musste, denn sonst hätte ich ja angerufen ...

Es kostete eine Entschuldigung bei den Beamten und bei Sascha ein Versprechen, so etwas nie wieder zu tun. Mein Sohn hat wirklich viel aushalten müssen, mit solchen Geschichten und mit so einer Mutter ...

Eine meiner Freundinnen aus Zambia erinnerte mich vor kurzem an eine Geschichte, die 1975, kurz nachdem wir Zambia verlassen hatten, vorgefallen war. Sascha besuchte noch das Internat in England und nahm die mehrmaligen zehnstündigen Flüge nach Afrika gelassen hin. Bereits mit fünf Jahren war er zum ersten Mal allein gereist, nach Johannesburg zu meiner Familie. Ich erhielt damals ja keine Einreise-Erlaubnis.

Nun also plante ich eine abenteuerliche Eisenbahnfahrt durch Angola und Zaire nach Zambia, als Gast der Benguela-Eisenbahn »Tanganyika Concessions«. Die damaligen Eigentümer, stellten mir den feudalen Waggon des General-Managers zur Verfügung, er wurde dem normalen Zug angehängt.

Sascha und ich wollten uns dann in Zambia treffen. Ich schrieb an eine Freundin, fragte, ob wir, wie schon öfters, in Lusaka bei ihr wohnen könnten. Der angolanische Bürgerkrieg war bereits entfacht, auch in Zaire war kaum alles in bester Ordnung, und so wusste ich nicht ganz genau, wann ich in Zambia ankommen würde. Sascha würde etwa drei Wochen nach meiner Abfahrt Ferien bekommen, und so sollte es nur eine Frage von ein bis zwei Tagen sein, die ich vor oder nach ihm ankommen würde. Ich bat meine Freundin, ihn vom Flughafen abzuholen, sollte ich noch nicht da sein.

Auf den Brief erhielt ich keine Antwort, aber die Postverbindungen zwischen London und Lusaka waren langsam, das wusste ich.

Der Brief war zwar ein Eilbrief, mit Kopie an Saschas Schule, nur: er kam nie an.

Meine Freundin wurde drei Wochen später auf einer Party von einem Bekannten angesprochen: »Wann holst du Sascha ab, er schläft bei uns im Augenblick?«

Sie sah ihn fassungslos an.

»Wir fanden ihn heute Morgen am Flughafen, als wir unsere Kinder abholten«, erklärte er. »Seine Papiere waren für Euch ausgestellt.«

Mein armer Sohn. Er hat dies alles irgendwie gelassen akzeptiert und schaffte es tatsächlich, mit unserem unsicheren Lebensstil fertig zu werden.

Die Ereignisse im südlichen Afrika überschlugen sich. Die Gespräche im Lancaster House führten 1980 zum Übergang von der Kolonie Südrhodesien zum Staat Zimbabwe und zum Wahlsieg der »Zimbabwe African People's Union« (ZANU) unter Robert Gabriel Mugabe, der die erste schwarze Regierung des Landes bildete. Der Unabhängigkeit Zimbabwes folgte die Organisation regionaler Wirtschaftszusammenarbeit von zehn Ländern des Gebietes, die »Southern African Development Coordination Conference« (SADCC), der heutigen »Southern African Development Community« (SADC), sowie Südafrikas Destabilisierungsversuche in der gesamten Region.

Präsident P.W. Botha schlug 1980 eine alternative Wirtschaftsstrategie zur SADCC vor, die von Pretoria gesteuert werden sollte, was die Nachbarstaaten, die weiterhin die Apartheid verurteilten, nicht akzeptieren konnten. Botha behauptete, sein Land sei dem totalen Angriff des Kommunismus ausgeliefert. Er redete von Totalem Krieg und setzte die Region unter wirtschaftlichen wie auch militärischen Druck, um die Regierungen zu zwingen, dem ANC, der ja seinen Hauptsitz in Lusaka und Lager unter anderem in Angola und Tanzania hatte, die Unterstützung zu verweigern. Pretoria versorgte Oppositionsgruppen legitimer Regierungen wie in Angola und Mosambik mit militärischer Ausbildung und mit Waffen, zettelte einen Militärputsch in Lesotho an, besetzte Namibia, dessen Unabhängigkeit bereits in den 60er Jahren von der UNO zugestanden worden war, verzögerte Lieferungen für Zimbabwe und Zambia von und zu der Küste und führte so einen unerklärten regionalen Krieg.

Südafrikanische Truppen fielen in Angola ein, Flugzeuge griffen Ziele in Mosambik und Zambia an, Sabotageakte in den Nachbarländern wurden zu fast alltäglichen Ereignissen.

Im eigenen Land führte Botha seine sogenannte Reformpolitik

ein. Seine neue rassistische Verfassung, die ihn zum mächtigen Staatspräsidenten erhob, führte drei nach Rassen eingeteilte Parlamente ein – weiß, »farbig« und asiatisch – und verstärkte die »Homeland-Politik« und empörte die schwarze Bevölkerung in bisher nicht gekanntem Maße. Ab 1984 wurde das Land, wie der ANC-Präsident Oliver Tambo es ausrief, »unregierbar«, die Kette der Unruhen riß nicht mehr ab. Der Ausnahmezustand wurde verhängt, Tausende wurden inhaftiert. Militär besetzte die schwarzen Vororte, die Sicherheitskräfte bekämpften vor allem die schwarze Jugend, die seit 1976, seit Soweto, ihre eigene Stimme erhob. Tausende, die damals aus Südafrika flüchteten, verstärkten nun den ANC-Militärflügel MK, dessen Angriffe innerhalb des Landes immer bedrohlicher wurden. Auch in Namibia wurde gekämpft.

Kapitalflucht sowie internationale Sanktionen beeinflussten die Wirtschaft. Das Wachstum in den 80er Jahren war negativ. Das Ende des Kalten Krieges spielte ebenfalls eine wichtige Rolle und sollte schließlich zum Ende des südafrikanischen Krieges in Angola und zur Unabhängigkeit Namibias im Jahr 1990 führen.

1989 erkrankte Botha und musste gehen. Sein Nachfolger Frederick Willem de Klerk, keineswegs ein Liberaler, verstand die Schlussfolgerung des ehemals geheimen »Broederbond«, das Versagen der Apartheid zu akzeptieren, um die Zukunft des Burentums zu gewährleisten.

Diese Einsicht führte zu Entlassung der ANC Rivonia Führer 1989 außer Mandela, De Klerks bekannter Rede vom Februar 1990, Mandelas Befreiung und zuletzt zu Verhandlungen zwischen Regierung und dem ANC, die mit der neuen Verfassung vom Dezember 1993 und demokratische Wahlen 1994 ein damals noch fernes Ergebnis erzielten.

Der Tag, an dem Nelson Mandela zum ersten Mal als freier Mann durch das Gefängnistor ging, wurde zum Freudentag für Millionen, den ich in Harare »live« dank Fernsehen miterlebte.

Gleichzeitig aber, um die weiße Dominierung zu erhalten, benutzten einige Elemente der Sicherheitskräfte jene Taktik, die in der Region erfolgreich eingesetzt worden war: sie unterstützten »IFP – also Inkatha«, die Partei des KwaZulu Preminer Mangosuthu Gathsa Buthelezi, der mit Mandela rivalisierte, hetzten die verschiedenen Gruppen gegeneinander auf und setzte Todesschwadronen ein. Innerhalb von vier Jahren bis zum Frühjahr 1994 starben mehr als 10.000 Menschen, mehr politische Opfer als in der gesamten 45jährigen NP-Herrschaft zuvor.

Ich musste bis 1982 warten bis Sascha seine O-Levels bestanden hatte ehe wir zurück nach Harare, dem ehemaligen Salisbury, gingen, besuchte aber das Land ab 1980 mehrmals für mehrere Monate. Ab 1982 war ich Ausbilder bei der Nachrichtenagentur und unterrichtete Wirtschaftsjournalisten am Polytechnikum

Als Journalistin erlebte ich die Euphorie des Landes nach dem Wahlsieg der ZANU und sah, wie die Weißen bis zuletzt Anstrengungen machten, diese Erfolge zu verhindern. Es waren anregende, aufregende und schöne Jahre, die uns beiden viel gaben. Wir konnten noch einmal die afrikanische Wirklichkeit täglich erleben, das Klima genießen, mit alten Freunden zusammen sein. Wieder spürte ich den Reiz, ganz nahe am Geschehen zu leben. Wie schon in Zambia, so war es auch in Zimbabwe ein Vorteil, neue Minister oder wichtige Beamte schon lange gekannt zu haben und mit ihnen nicht nur offizielle Interviews, sondern einen echten Meinungsaustausch führen zu können.

Ich besuchte in diesen Jahren viele Dörfer und neue Umsiedlungsprojekte, ein Teil von Zimbabwes Landreform, lernte viele der Kleinbauern kennen und vor allem die fleißigen Landfrauen Zimbabwes. Diese Begegnungen wurden für mich wichtige Erholungspausen von meiner Beschäftigung mit den »Eliten«.

Wir wohnten in einem kleinen Häuschen in einem Vorort, in dem früher Weiße der Kleinbürgerschicht gelebt hatten. Uns gegenüber war ein Golfplatz, auf dem Sascha mit seiner von uns beiden inniggeliebten Wolfshündin herumtoben konnte. Harare wurde einmal die Hauptstadt mit den meisten Golfplätzen genannt, und sicher könnte man dasselbe auch von Tennisplätzen, Schwimmbädern und Kegelbahnen behaupten. Dies war ein Vermächtnis der weißen Rhodesier, die nun »Rhodies« genannt, was sie hassten. Sie hatten für ihre Freizeit gelebt, waren dem Sport nahezu ergeben gewesen: Ein Mann musste trinken, reiten und schießen, eine Frau musste hübsch aussehen und bei Langweile für den Kirchenbasar Kuchen backen.

Wieder kamen viele Freunde in unser kleines Häuschen. Unter ihnen Simon Muzenda, Vizepräsident der ZANU und später des Landes, Julia Zvobgo, Frau des Ministers Eddison Zvobgo, Sheila Hove und ihr Mann, Richard, der bis zu seinem Tod stets einen Kabinettsposten besetzte. Sheila kannte ich, seit sie als Sekretärin bei der »Times of Zambia« gearbeitet hatte. Sie hatte damals auf tragische Weise ein Kleinkind verloren, das in ein Schimmbad fiel und ertrank. Sheila selbst kam ebenfalls tragisch zu Tode, sie wurde auf ihrer Farm ermordet. Ich vermisse sie wie auch meine anderen Freundinnen, sie hatte mir nahe gestanden.

Sascha konnte die letzten zwei Jahre seiner Schulzeit in Zimbabwe absolvieren. Er ging auf eine Jungenschule, die noch zwei Jahre zuvor »nur für Weiße« offen gewesen war. Als wir kamen, waren in den oberen Klassen noch immer nur weiße Jungen, deren Väter und Brüder im Krieg gegen die Aufständischen, die sie wie alle Schwarzen – auch heute noch – verächtlich »munts« nannten. Mit Afrikanern hatten sie bisher nie ein Wort gewechselt, abgesehen natürlich von den eigenen Hausangestellten. Einige mussten nun die Schule verlassen, um besseren – schwarzen – Schülern Platz zu machen. Für meinen Sohn war das schwierig. Er hatte in Zambia und auch in England immer schwarze Freunde gehabt. Er konnte auch nicht trinken, reiten oder schießen. Was ihn in den Augen der Rhodies rettete, abgesehen von seiner Hautfarbe, waren sportliche Fähigkeiten. Doch auch da war er nicht »fehlerfrei«, er konnte Fußball, aber kein Rugby spielen. Fußball war eigentlich der Sport der Schwarzen, aber er konnte es gut und hatte es schließlich in Deutschland gelernt, so wurde er akzeptiert.

Unsere Freunde, die zu Besuch kamen, musste er in der Schule vor den weißen Klassenkameraden verleugnen, um keine Schwierigkeiten zu bekommen. Einmal meinte ein Klassengenosse, ein Besucher in unserm Wohnzimmer sähe Simon Muzenda ähnlich. Natürlich war er es, aber Sascha sagte das nicht.

Ansonsten führte auch Sascha ein wunderbares Leben. Er ging zelten, schwamm in wilden Flüssen und ritt schließlich auch, den Spuren der Antilopen nach.

Wie auch andere freie Journalisten musste ich während der Londoner Jahre Marktlücken suchen. Eine kleine fand ich in Straßburg: Nur wenige Kollegen interessierten sich zu Beginn der 80er Jahre für das Europäische Parlament oder gar für den Europäischen Rat. So fuhr ich gelegentlich nach Straßburg und berichtete vor allem über die Arbeit der Institutionen, die mit Entwicklungshilfe oder mit dem südlichen Afrika zu tun hatten.

Ein für mich erfreuliches Ereignis war eine Einladung im Jahr 1982, als einzige Journalistin an einer Reise von 18 Europa-Parlamentariern ins südliche Afrika teilzunehmen. Die Gruppe sollte Angola, Mosambik, Zambia und Zimbabwe besuchen, um festzustellen, ob es in der Tat eine Destabilisierung der Region durch Südafrika gäbe und »gegebenenfalls« eine Bestandsaufnahme der Folgen machen.

Damals bezweifelten viele die berichteten Zwischenfälle von Südafrikas Aggression gegen Angola, wie überhaupt die Anwendung dieser Taktik in der Region. Später wurde bestätigt, dass diese Politik mehrere Milliarden Dollar Sachschaden verursachte und vor allem direkt oder indirekt für Millionen Tote, Verletzte und Flüchtlinge verantwortlich war.

Im Jahr 1975, etwa ein Jahr nach dem Putsch in Lissabon, wurde in Angolas Hauptstadt Luanda eine Übergangsregierung eingesetzt. Die Dekolonialisierung war schwieriger als in Mosambik, dort hatte es nur eine Befreiungsbewegung gegeben, FRELIMO, in Angola gab es deren drei, MPLA, FNLA und UNITA. Von diesen waren Mitglieder in der Übergangsregierung vertreten, die eine demokratische Verfassung ausarbeiten und Wahlen abhalten sollte.

Tragischerweise kam es anders.

MPLA, die Älteste der drei Bewegungen, entstand in den 50er Jahren. FLNA, gestützt auf die ethnische Gruppe der Bakongo, wurde von Holden Roberto in den 60er Jahren gegründet und von Zaire aus geführt. Nach einer Auseinanderstzung mit Roberto gründete Dr. Jonas Savimbi 1966 UNITA, basiert auf die größte ethnische Gruppe der Ovimbundu. Dieser Bewegung wurde vorgeworfen, für die Portugiesen zu arbeiten. Der Kampf gegen die Portugiesen wurde hauptsächlich von MPLA unter Führung von Dr. Agostinho Neto getragen.

Die drei Gruppen standen im Konflikt. Die FNLA griff MPLA-Kader an. UNITA alliierte sich mit FNLA, die MPLA vertrieb beide aus Luanda. Im September 1975 überquerten südafrikanische Truppen die Grenze zwischen Namibia und Angola, und in einem Blitzkrieg eroberten sie eine kleine Hafenstadt nach der anderen. Pretoria beabsichtigte, FNLA und UNITA als Regierung einzusetzen. MPLA bat ihre Verbündeten, die Sowjetunion und Kuba um Hilfe. Bereits im Oktober kamen darauf die ersten Kubaner ins Land, worauf der Kalte Krieg im südlichen Afrika einzog. Amerika unterstützte heimlich FNLA sowie UNITA. Zwar besiegten die MPLA zusammen mit den Kubanern die Südafrikaner und zwangen diese, das Land 1976 zu verlassen, aber Südafrika bildete weiterhin UNITA-Truppen aus und belieferte sie mit Waffen. UNITA entwickelte sich zur erfolgreichen Guerilla-Armee und echten Opposition zur MPLA. Der Konflikt entwikelte sich zum blutigen Bürgerkrieg, der erst 2002 geschlichtet wurde. Die Bevölkerung litt und verarmte, die MPLA-Regierenden sowie UNITA Führer bereicherten sich an den reichen Bodenschätzen – MPLSA an Öl, UNITA an Diamanten.

Das war am 11. November 1975 nicht absehbar, als Neto die Unabhängigkeit des Landes und MPLA als die legale Regierung erklärte. Das Land kam nicht zur Ruhe. Südafrika fügte sich nicht der UN-Forderung, Namibia in die Unabhängigkeit zu entlassen, hielt das Land illegal besetzt und bombardierte das Nachbarland Angola, weil von dort namibische Freiheitskämpfer der SWAPO Namibia infiltierten.

Die Kette der Schlachten und Angriffe schien nicht mehr abzureißen, der 1980 »Operation Protea«, fielen viele Angolaner zum Opfer. 5.000 südafrikanische Soldaten besetzten mehrere wichtige Städte der südlichen Kuene-Provinz. Erst später gelang es den Angolanern, den Luftraum zurückzuerobern und 1988 schließlich die Südafrikaner zu schlagen.

Im Jahr 1981 lag das, wie eben auch Frieden zwischen MPLA und Unita, weit in der Zukunft.

Von all dem schien man in den europäischen Hauptstädten und im Washington der Reagan-Administration keine Notiz von Südafrikas Aggression zu nehmen, deshalb war die Reise der Euro-Parlamentarier äußerst wichtig. Sie sollten ihren ersten Bericht der Lomé-Konferenz, die im Februar 1982 in Harare stattfand, vorlegen. Die Gruppe bestand aus Vertretern verschiedener Nationalitäten und aller politischen Schattierungen, einige kannte ich schon. Ich stieß in Paris zu der Gruppe.

Es war nicht mein erster Besuch in Angola, so wusste ich von den Schwierigkeiten, die uns erwarteten, von den Versorgungsproblemen bis zu den bestenfalls in schlechtem Zustand befindlichen Straßen. Unser erster offizieller Termin war beim Außenminister; auf dem Weg dorthin erblickten wir unseren ersten Kubaner. »Die sehen ja wirklich aus wie Che!« schwärmte die italienische Vertreterin, Mitglied einer linken Partei. Im Ministerium hielt ich mich zurück, gehörte ja als Journalistin nicht an den Verhandlungstisch. Der Außenminister trat ein. Nachdem er die Delegation begrüßt hatte, fragte er, ob das Gespräch auf Englisch oder Französisch geführt werden sollte und ehe jemand antworten konnte, sagte er: »Ruth, hast du inzwischen Französisch gelernt?«

Wir begrüßten uns herzlich, er umarmte und küsste mich. „Eine alte Freundin, wir haben uns lange nicht gesehen, erklärte er. Und ich hatte nicht gewusst, dass Paolo Jorge, dieser schmächtige Mann mit großen dunklen Augen, nun der Außenminister war. Diese kleine Szene war für mich sehr hilfreich, denn nun gehörte ich fast richtig zur Delegation. In Lubango wurden wir zuerst im ehemaligen portugiesischen Palast bewirtet, in dem der Prunk der alten Zeit noch spürbar war. Im Hotel, wurden wir mit den erwarteten Problemen eines im Ausnahmezustand stehenden Landes konfrontiert. Es gab kein Wasser, und die sanitären Zustände waren für die Parlamentarier ein Alptraum. Sie wurden nervös und ungeduldig, da sich unsere Abfahrt in Richtung Grenze zudem erheblich verzögerte und noch nicht gesichert war. Doch ohne diesen Trip wäre die Reise unnütz gewesen, die Delegation glaubte den Berichten, den Fotos und zahlreichen Gesprächen eben noch nicht so richtig. Sie wollten Augenzeugen der Vorfälle werden. Man bat mich, mit dem begleitenden Minister zu reden, den ich zufällig kannte.

Ich erklärte ihm den Sachverhalt. Er stellte mich einem Kubaner vor, der tatsächlich etwas auf die Beine stellte. Er organisierte einige Autos, dazu einen Rot-Kreuz-Wagen und so fuhr endlich eine eigenartige Kolonne durch die Nacht. Panzer begleiteten uns, und wir hörten spanische und portugiesische Befehle. Kurz vor Tagesanbruch kamen wir nach Cahama, etwa 150 km vor der Grenze zu Namibia gelegen. Die Stadt lag in Trümmern, die Parlamentarier fotografierten, stellten Fragen nach technischen Details. Um uns herum waren zahllose Bombenkrater, auf den Feldern lagen tote Kühe mit aufgeblähten Bäuchen. Der Brite Anthony Pearce, Mitglied der Thatcher-Partei, der am Abend vorher am lautesten geschimpft hatte, winkte uns nach einem kleinen Abstecher aufgeregt zu: »Ha! Wir haben viel gesehen! Wir waren an den südafrikanischen Stellungen, wir waren im Krieg! Jetzt glaube ich es ...« Er war mit dem Rot-Kreuz-Wagen zu den südafrikanischen Gräben gefahren.

Für die Berichterstattung war das natürlich ausgezeichnet. Der angolanische Krieg war über Nacht zur Tatsache geworden.

Das nächste Mal besuchte ich Angola 1984, um die Cabinda-Ölfelder zu besichtigen. Ich kam in Luanda an, kurz nachdem die bereits erwähnte Briefbombe der Südafrikaner die Frau und die Tochter des mir gut bekannten Aktivisten Marius Schoon getötet hatte. Ich ging zum Begräbnis, es war erschütternd. Die beiden wurden in Luanda auf einem Militärfriedhof beigesetzt. Die Aufzeichnungen von der Trauer feier gab ich später Hugh Lewin in Harare, der einen Gedenkgottesdienst organisierte, gehalten von Pater Michael Lapsley, einem anglikanischen Priester, der ebenso aus Südafrika hatte fliehen müssen. Fünf Jahre später wurde auch er Opfer einer Briefbombe, die ihn schwer verletzte.

Sie waren nur drei einer langen Liste von Opfern, die in Polizeihaft starben oder durch Attentate im Exil umkamen.

Meine Stimmung war also nicht auf dem Höhepunkt, als ich nach Cabinda flog. Mein 60. Geburtstag stand bevor, ich war deprimiert und hatte keine Lust auf Abenteuer. Trotzdem war es eins. Vom Flughafen wurde ich abgeholt, mit einem Hubschrauber der Cabinda Gulf Oil, die gerade von Chevron gekauft worden war und nun die bedeutendste dort tätige amerikanische Gesellschaft war. Wie die anderen Konzerne war sie Partner der angolanischen Sonangol, die die Lizenzen verteilte und die Ausbeutung der Vorkommnisse kontrollierte. Unter uns lag der Atlantische Ozean, ich sah die hellen Flammen, Lichter, Bohrinseln. Hier wurde also der Reichtum Angolas gefördert. Kaum waren wir aus dem Hubschrauber gestiegen, fand ich mich in Amerika wieder: In diesem Lager lebten mehrere hundert Männer, es gab große Unterkünfte – jedenfalls für die Ingenieure –, heißes Wasser, einen Speisesaal mit allem, was die Männer brauchten, Beefsteak, Hamburger und eine Unmenge von Playboy-Heften.

Am nächsten Tag besuchten wir eine der Bohrinstallationen, es war aufregend, der erste Schritt auf der hohen Rampe ließ mich schwindelig werden. Die Höhe, der Lärm, die grauen Wasser des Atlantik, in die ich zu stürzen befürchtete, das Gefühl, sich im Weltraum zu befinden – ich durfte mir nichts anmerken lassen. Der Aberglaube meint, Frauen auf Bohrinstallationen bedeuten Unglück. Niemals hätte ich mir also erlaubt, auch nur irgendeine Schwäche zu zeigen. Es schien den Männern trotzdem nicht unangenehm, eine Frau vor Ort zu haben. Später flogen wir zu einem italienischen Tankschiff, wo ich mich willkommen fühlte. Nur lächelnde Gesichter. Come sta? Va bene!

Der Hauptmarkt für angolanisches Öl war Amerika, wobei man bedenken muss, dass die amerikanische Verwaltung jahrelang UNITA unterstützte, um gerade diese Infrastruktur zu zerstören. Eine absurde Situation, ein Beispiel für mehrere ähnlicher Verwicklungen im südlichen Afrika.

Die tiefgreifende Korruption, die sich unter José Eduardo dos Santos, Netos Nachfolger nach 1979 ausbreitete, hatte ich nicht vorausgesehen.

Ich verließ Harare 1985 vorübergehend wieder in Richtung London - den Regierungsjob bei der Nachrichtenagentur hatte ich aufgegeben, ich wollte nicht bei für eine Regierung arbeiten, die ihr Volk massakrierte, wie es in Matabeleland geschehen war - weil ich Sascha nicht allein nach England zurückschicken konnte. Ihm fiel die Berufswahl schwer, ich wollte ihn nicht in Depression verfallen lassen, wollte keinen Druck ausüben. Unsere Londoner Wohnung war für ihn und einen Freund zunächst einmal eine Bleibe, von der aus sie Pläne schmieden konnten.

Aus einem weiteren Grund verließ ich Zimbabwe und kehrte aus demselben nicht nach Südafrika zurück: ich glaube, man muss es als älterer Mensch verstehen, sich zurückzuziehen. Die Gegenwart und Zukunft gehört den Jüngeren. Sollte man dann gefragt werden, irgendwo zu helfen, kann und muss man der Bitte natürlich nachkommen, wie ich es in Zimbabwe tat. Nach meinem London-Aufenthalt 1985 kehrte ich wieder nach Harare zurück, erstens um bei der Entwicklung der erwähnten Wirtschaftszeitung zu helfen, danach um bei einem brisanten Projekt mitzumachen, das Vorarbeit für die späteren offiziellen Verhandlungen zwischen der Pretoria Regierung und dem ANC leistete. Darüber werde ich noch berichten

Ich wollte in Afrika kein elitäres Leben führen. Der Lebensstil einiger Exil-Europäer, der »expatriierten« Entwicklungshelfer, störte mich genauso wie das der Siedler. Manche »Expats« verdienen Devisen, hielten sich schwarze Dienstboten, lebten in ehemaligen Siedlerhäusern mit Schwimmbad und zollfrei importierten Autos. Vor allem bekümmerte mich schon damals die schwarze Elite. Das waren zum großen Teil meine Freunde, ehemalige Freiheitskämpfer, die nun ebenfalls in großen Häusern lebten, mit gutem Einkommen und wenig Kontakt zum Volk. Verständlich, denn sie hatten Entbehrungen von Kindheit an empfunden, hatten Jahre des Kampfes er- und überlebt. Nun waren sie an der Macht. Ich war traurig über den Materialismus der Elite, die steigende Korruption und die damit verbundenen politischen Entscheidungen. Vor allem war ich entsetzt über die Brutalität der 5. Brigade in Matabeleland der 80er Jahre, von Ndebele "Gukurahundi" genannt. Diese Massaker unschuldiger Zivilisten sowie über das Schweigen darüber. Einerseits unterrichtete ich Berichterstattung und Pressefreiheit – wohl wissend, dass die wahrscheinlich nirgends vollkommen ist –, andererseits konnte ich nicht über Sachen berichten, die sich vor unseren Augen abspielten. Meine utopischen Vorstellungen erblickt vor 1980 durch rosige Brillen, die eine echte Verbesserung des Leben der Ärmeren erwarteten, hatten wenig mit der Realität zu tun. Ich fand, wenn ich das auch verstand, so musste ich nicht daran teilnehmen – genau wie ich auch nicht von der Apartheid profitieren wollte.

Die spätere erschütternde Entwicklung des machthungrigen Mugabe und seiner Partei, die Gewalt anwendeten, damit ihnen die Macht und ihre Pfründe nicht aus den Händen gleiten konnte und dabei das Land zerstörten, das Tanzanias kluger Führer Julius Nyerere bei der Unabhängigkeit als eine Perle beschrieb, die hatte ich nicht erwartet.

Meine Liebe zu Afrika blieb uneingeschränkt, genau wie mein Interesse. Ich schrieb in jenem Jahrzehnt mehr Bücher denn je: Über Frauen und Kinder, über Apartheid, über die Wirtschaft, arbeiteten an dem Frauen-Apartheids-Film mit dem Titel: »Weint nicht, wenn sie unsere Hütten abreißen« für den WDR, half beim »Southern African Economist«, nahm an internationalen Konferenzen teil und entwickelte langsam meine eigenen Ruhestandspläne – die dann doch ganz anders wurden.

KREISE, DIE SICH SCHLIESSEN

Im Lauf meiner Zeit in Harare reiste ich viel in der Gegend. Ich fühlte mich stets zu Mosambik hingezogen und war entsetzt über Pretorias Politik der Destabilisierung des Hinterlandes, die Mosambik in Chaos stürzte. Ich hatte Freunde in Maputo, die ich gern besuchte, wie etwa Pamela dos Santos, die Frau des Vizepräsidenten Marcelino dos Santos, die in Südafrika geboren wurde. Mit ihr besuchte ich einmal einen Markt um schöne Masken und Schnitzereien für Staatsbesuchgeschenke auszusuchen. Von einigen meiner Angola-Besuche berichtete ich bereits.

In Zambia war ich mehrmals, einmal um an einem Wirtschaftsseminar für Wirtschaftsjournalisten als Referent teilzunehmen, auch zu einigen Interviews mit Präsident Kaunda und einmal um über einen Prozess über einen Putschversuch zu berichten. Ich kannte zwei der Angeklagten, den brillanten Technokraten Valentine Musakanya und den Rechtsanwalt Edward Shamwana, dessen Söhne Spielkameraden meines Sohnes waren. Beide wurden schuldig gefunden. Nach zwei Jahren in der Todeszelle wurde Musakanya freigesprochen, da seine Aussage unter Folter gemacht wurde, von der er sich nie mehr ganz erholte. Die anderen wurden dank einer Amnestie 1990 freigelassen. Als Kaunda von seinem Nachfolger Frederick Chiluba bedrängt wurde, stellte er Edward Shamwana für seine Verteidigung ein. Im Jahr 1989 war ich wieder in Lusaka und hatte das Glück zum State House Empfang eingeladen zu werden, bei dem die Rivonia-Gefangenen anwesend waren, die nach ihrer Freilassung die ANC Exilführerschaft in Lusaka aufsuchte. Schon ihre Ankunft am Flughafen war aufregend, die Begegnungen zwischen Väter und Söhnen die sich Jahrzehnte nicht gesehen hatten – wie Walter Sisulu und sein Sohn Max sowie Govan Mbeki und dessen Sohn Thabo, der spätere Nachfolger von Mandela als südafrikanischer Präsident.

Nachdem Saschas Ausbildungpläne geklärt waren, kehrte ich nach Harare zurück. Meine nächste Aufgabe betraf das erwähnte Medienprojekt, der Zeitschrift „The Southern African Economist". Die nötige Finanzierung war vor allem Antony Martin zu verdanken, der auch bei einem anderen bereits erwähnten Projekt half, an dem ich mit Hans Mayer für Peter Hammer arbeitete und das als "Afrika Den Europäern" erschien.

Mein letztes Projekt in Zimbabwe erwähnte ich bereits kurz. Es betraf Südafrika und damit den langen Konflikt zwischen der weißen Regierung und dem African National Congress (ANC). Beide Kontrahenten waren Mitte der 80er Jahre bereit für eine Änderung des Status quo. Die politische Lage im südlichen Afrika hatte sich 1980 mit der Unabhängigkeit Zimbabwes verändert. Südafrikas Präsident P.W. Botha vertrat zwar weiter seine Politik des "Totalen Krieges", aber Südafrika war international isoliert. Pretoria hatte keine Wahl, als irgendwann Namibia, das illegal von Südafrika besetzt war, in die Unabhängigkeit zu entlassen. Bothas Verfassungsreform hatte sein Ziel verfehlt und noch weitere Unruhen in den schwarzen Townships verursacht. Die südafrikanische Geschäftswelt seilte sich endlich von der Apartheid ab: Mitte 1985 besuchte eine Delegation wichtiger Geschäftsleute, geführt vom Vorsitzenden des mächtigen Anglo American Konzerns den ANC in Sambia. Auch der ANC hatte verstanden, dass sein Militärflügel nicht in der Lage war, einen Guerillakrieg zu gewinnen, trotz einiger spektakulärer Erfolge wie die Explosion der SASOL Raffinerie im Jahr 1980.

Nelson Mandela schrieb 1985 aus dem Gefängnis an Botha und schlug vor, dass es an der Zeit wäre, dass dieser mit dem ANC verhandelte. Doch während der südafrikanische Präsident zögerte, handelten jüngere Afrikaaner, die den Mut hatten, mit dem ANC zu sprechen. Dr. Frederik van Zyl Slabbert trat als Vorsitzender der Progressiven Partei zurück und gab seinen Mandat für das Parlament auf. Mit dem methodistischen Pfarrer Alex Borraine gründete er das "Institute for a Democratic Alternative for South Africa" (IDASA). Auch er besuchte 1985 den ANC in Lusaka. Danach organisierte er mit Thabo Mbeki, das höchst erfolgreiche 1987 Treffen in Dakar, Senegal zwischen 60 weißen Südafrikanern, in der Mehrheit Afrikaaner und einer 22 köpfigen ANC Delegation. Das sorgte für große Aufregung innerhalb Südafrikas, aber Mbeki and Slabbert erhielten die inoffizielle Erlaubnis des Zimbabwe Präsidenten Mugabe diese Gespräche in Harare weiterzuführen. Der Präsident war Vorsitzender einer Nichtregierungsorganisation, Cold Comfort Farm Trust (CCFT), ein Farmprojekt, unter dessen Dach Dr. Helmut Orbon, bislang der Harare Vertreter des DED, das Zimbabwe Institute for Southern Africa (Zisa) gründete. Orbon holte sich drei südafrikanische Journalisten, um mit ihm zu arbeiten: Thabo Mbekis Bruder Moeletsi, einen Kapstädter namens Mike Overmeyer und mich.

Zisa war kein Vermittler sondern ermöglichte Zusammentreffen. Seine Funktion war auf Anfragen einzugehen und Treffen zu ermöglichen und zu organisieren. Die Finanzierung stellte die Schweizer

Regierung durch ihre Botschaft ohne die übliche Bürokratie bei Entwicklungsprojekte. Dadurch kamen Treffen unter vier Augen, sowie Konferenzen, Seminare und Workshops, bei denen sich z.B. Wirtschaftsexperten, Rechtsanwälte austauschen oder Wirtschaftsleute sich mit den Befreiungsbewegungen unterhalten konnten. IDASA stellte für Zisa die Kontakte innerhalb Südafrikas her.

Wir drei Journalisten bereiteten auch Fact Sheets und Hintergrundmaterial vor, für die Frontline Präsidenten u.a. wichtige Persönlichkeiten wie Politiker und hohe Beamten im südlichen Afrika.

Das Resultat war, dass Zisa uns half die späteren offiziellen Verhandlungen vorzubereiten, die 1990 nach der Beendigung der Apartheid durch Bothas Nachfolger, Präsident F.W. De Klerk und Mandelas Entlassung, begannen. Dadurch lernten sich die späteren Gesprächspartner kennen, auch einige Hindernisse konnten schon beseitigt werden wie etwa Pretorias Vorschlag, eine Verfassung auf sogenannte "Gruppenwahl" zu basieren. Die Befreiungsbewegungen machten deutlich, dass eine derartige Lösung nicht in Frage käme, nur eine Person - eine Stimme sei eine Verhandlungsbasis.

Zisa reagierte also auf Anfragen für Treffen und Begegnungen von Seiten IDASA sowie der Befreiungsbewegungen, in der Mehrheit des ANC, aber auch des Pan-Africanist Congress (PAC) oder Black Consciousness Movement. Zisa stellte keine Tagesordnung der Treffen auf und nahm an diesen nicht teil.

Ich nahm nur einmal an einer Konferenz teil und zwar an einem Treffen zwischen 50 Mitgliedern der ANC Frauenliga mit weißen IDASA Frauen sowie einigen Zimbabwerinnen. Frene Ginwala, eine der wichtigsten ANC Intellektuellen, die später zur Präsidentin des Parlaments als erste schwarze Frau gewählt wurde, lud mich ein, mich der ANC Delegation anzuschließen. Für die Weißen war es ein aufregendes Erlebnis. Bislang waren sie schwarzen Frauen lediglich als Hausangestellte begegnet. Nun waren sie überwältigt von der Begegnung mit starken Frauen wie der ANC Frauenligaführerin Gertrude Shope oder Ruth Mompati, ehemalige Sekretärin im Rechtsanwalt Büro Mandela und Oliver Tambo. Übrigens: kurz bevor Sally Mugabe, Mugabes erste Frau, die 1992 verstorben ist, die Konferenz eröffnete, fragte mich ihre Sekretärin, wo ihre Rede sei. Ich musste also in zehn Minuten eine Rede dichten – nur gut, dass ich über Frauen im Kampf Bescheid wusste.

Zu dieser Zeit gab es andere Initiativen (die uns damals nicht bekannt waren), die versuchten, das Ende der Apartheid herbeizuführen, darunter auch der südafrikanische Geheimdienst, der National Intelligence Service (NIS). Zisa hat ebenfalls seinen Beitrag geleistet.

Im Februar 1990 saß ich mit Moeletsi am Radio, um die Rede von Präsident F.W. De Klerk anzuhören, in der er das Ende der Apartheid ankündigte, sowie die Legalisierung der verbotenen Parteien. Teil der Rede hielt er auf Afrikaans, was ich für meinen Freund übersetzte, da er außerhalb Südafrika zur Schule gegangen war, weil sein Vater als einer der Angeklagten im Rivonia Prozess im Gefängnis war. Moeletsi meinte, das könnte nicht stimmen, ich hätte das nicht richtig verstanden, also fuhren wir zum ANC Büro, wo wir die jungen Genossen schon von weitem im Garten jubeln und tanzen sahen. Eine neue Ära hatte begonnen.

Cold Comfort Farm hatte übrigens eine interessante Geschichte und war ein Versöhnungssymbol, da die Farm als eine rassisch gemischte Genossenschaft gegründet wurde. In den 60er Jahren gehörte die Farm dieses Namens meinen guten Freunden Michael und Eileen Haddon, die diese gekauft hatten, um dort für ihre schwarzen Freunde und sich Häuser zu bauen. Damals konnten Afrikaner nur in den überfüllten Townships in städtischen Gebieten wohnen. Kaum hatten sie mit diesen Plänen begonnen, als die Salisbury Stadtverwaltung die Stadtgrenzen ausweitete um CCF einzubeziehen, sodass die Baupläne nicht durchgeführt werden konnten. Darauf gaben Haddons die Farm dem anglikanischen Geistlichen Guy Clutton-Brock, der die CCF Genossenschaft gründete und mit seiner Familie Mitglied war. Vorsitzender war Didymus Mutasa, später Parlaments Präsident und einer von Mugabes emsigen Handlangern, was damals kaum absehbar war. Guy Clutton-Brock ist der einzige Weiße, der auf dem Heldenfriedhof von Zimbabwe beerdigt ist. Eine der ersten öffentlichen Vorträge die ich hielt, war auf der Farm. Später musste CCF auf eine andere Farm umziehen. In den 70er Jahren wurde die Farm von der Smith Regierung aus politischen Gründen geschlossen und beschlagnahmt, konnte aber nach 1980 dank Mutasa erneut als Genossenschaft und Modellfarm gegründet werden. Heute existiert diese leider nicht mehr, sondern fiel der chaotischen Landreform von 2000 zum Opfer. Mutasa fiel 2014 zusammen mit Vize-Präsident Joice Mujuru u.a. in Mugabes Ungnade.

Da ich die Einzige der drei Zisa Journalisten war, die einen gültigen Pass besaß, reiste ich 1990 kurz nach De Klerks Rede nach Südafrika. Natürlich wurde ich wieder an der Grenze, d.h.am Johannesburger Flughafen, festgehalten, aber nach mehreren Stunden durfte ich doch zum ersten Mal seit den 60er Jahren einreisen. Erst nachdem ich einen meiner Freunde darum bat, wurde ich 1992 von der schwarzen Liste gestrichen.

Johannesburg war eine Überraschung. Die Stadt im Jahr 1990 war kaum als die der 60er Jahre wiederzuerkennen. Nur die Straßennamen schienen noch die Alten zu sein. Ich erkannte einige Merkmale wie die Stadthalle oder die Stadtbibliothek. Die Gebäude waren neu, zu meiner Zeit hatte es noch keine breiten Autobahnen gegeben und es war natürlich eine weiße Stadt. Jetzt gehörte es zu Afrika. Soweto hatte bereits in den 70er Jahren seine Grenzen gesprengt und war in die Innenstadt eingedrungen. Straßenhändler und Läden sprachen den schwarzen Kunden an. Büros und Läden der Weißen waren in den Norden gezogen. Die alten Häuser in einem Vorort wie Parktown waren zum Teil den neuen Bürogebäuden gewichen, neue Vororte wie das feudale Sandton waren entstanden.

Eins hatte meine Reise gemeinsam mit meiner Rückkehr 1980 nach Salisbury: es fehlten viele meiner alten Freunde. Sie waren entweder weggezogen, emigriert oder verstorben. Diejenigen, die geblieben waren, lebten zurückgezogen hinter hohen Mauern mit elektronischen Sicherheitsmaßnahmen und Zugang zu privaten Sicherheitsfirmen. Nur Nadine Gordimers Gewohnheiten waren unverändert, ihre Wohnung eine unangetastete Oase. Ich werde mich immer an das wunderschöne alte Haus erinnern mit seinem stillen, wunderschönen Garten, von dem man einen Blick auf Johannesburg hatte – und wo mein Sohn seine ersten Schritte auf wackligen Beinen genommen hat. Leider wurde auch Nadine ein Opfer eines schlimmen Einbruchs vor einigen Jahren. Ihren Entschluss, ihr Leben in Südafrika zu verbringen wurden keineswegs dadurch erschüttert.

Mit Nadine ging ich auf eine Gartenparty ihres alten Freundes George Bizos, dem international bekannten Rechtsanwalt, auf der auch Mandela erschien. Ich war erschüttert, als ich neben Oliver Tambo saß, dem man die Folgen eines Schlaganfalls ansehen konnte. Es war Tambo, der die Flagge des ANCs durch die Jahrzehnte im Exil hochhielt und dieser, wie auch sich, internationalen Ruf verschaffte.

Ich hatte eine weitere unerwartete Begegnung: 1989 hatte mich auf Umwegen ein Brief erreicht, in dem mir Joan mitteilte, dass Hans gestorben war. Zu Hause, sie hätten eine Pflegerin gehabt. Er wollte keine Annonce in der Zeitung, wollte verbrannt werden, ohne Zeremonie oder Anteilnahme irgendeiner Person, die Asche sollte verstreut werden.

Ich saß in Harare und schluchzte, als ob mir das Herz zerbrechen würde. Fast 25 Jahre lang hatte ich nicht weinen können, nun tat ich es. Trauerte tagelang.

Dann rief ich Joan an. Sie sprach mir ihr Beileid aus – eigentlich sollte es umgekehrt sein, aber ich glaube, sie meinte es ernst. Als ich nun Johannesburg besuchte, fragte mich Nadine, ob ich bereit wäre, Joan zu sprechen. Sie hatte oft gesagt, ich hätte das bessere Los gezogen, Joan hätte es mit Hans und den Kindern nicht gerade leicht gehabt. Joan – sie war sehr reich, das war schon der Fall, als ich sie kennen lernte - ging inzwischen ihre eigenen Wege, war aktives Black Sash-Mitglied geworden und war stets schwarzen Schriftstellern behilflich. Ich willigte ein, wir trafen uns, und Joan erzählte von ihrem Leben mit Hans. In den letzten Jahren wurde er immer schwieriger, isolierte sich total und versank in Schwermut, nur Margot besuchte er regelmäßig. Die Joan, die ich nun neu kennenlernte, war nicht mehr die Frau, die sich flirtend stets Bestätigung suchte, sondern eine ernste ältere Dame, die vielen eine gute Freundin geworden war. Hans und sie hatten keine gemeinsame Wohnung, sie wohnten in benachbarten Apartments und soweit ich und jeder andere wusste, waren sie nicht verheiratet. aber nach Joans Tod (auch sie habe ich überlebt, obwohl sie die Jüngere war), bemerkte einer meiner Rechtsanwaltsfreunde eine Eintragung in einer offiziellen Zeitschrift betreffend ihren Nachlass, wo sie als Joan Weiss beschrieben wurde. Nicht wegen mir, aber anscheinend wegen Joans Töchtern, ließen sie niemand von einer Trauung etwas wissen, denn besagte Kinder – obwohl sie sich gut mit Hans verstanden, wie mir Joan sagte – waren gegen diese Eheschließung. Mich ging es jedenfalls nichts an.

Bei einem späteren Besuch brachte mir Joan ein Kuvert, das Hans sorgfältig für mich aufbewahrt hatte. Es enthielt Bilder von mir als junge Frau, von unserem Häuschen, von der Buchhandlung, Selected Books, und zwei vielsagende Gedichte, eines von Hugo von Hofmannsthal und ein Shakespeare-Sonett. Er sei stolz auf mich gewesen, auf meine Arbeit, sagte eine andere Freundin, die nicht einmal wusste, wann Hans gestorben war. Er hatte eben nicht gerne gelebt.

Im November 1990 flog ich zum zweiten Mal im selben Jahr nach Johannesburg. Dieser Besuch war mehr als eine sentimentale Reise. Ich besuchte das ANC Büro, das sich vorübergehend im Gebäude der Münchner Rückversicherung befand. Später bezogen sie Shell House, bald umbenannt zum Luthuli Haus. Ich traf alte Freunde, mit denen ich mögliche Hilfleistung besprach, die ich bei der Journalistenausbildung machen könnte. Mit Moeletsi und auch andere ANC Führern sprachen wir über die Möglichkeit einer ANC Zeitung, angeregt von einem Tiny Rowland Angebot.

Es gab viel Leben in den Büros. Die jungen ANC Rückkehrer suchten Rat oder Hilfe bei Jobsuchen, wobei ich erfuhr, dass es den Älteren wie mir erging, auch sie hatten Probleme sich in diesem neuen Johannesburg zurechtzufinden. Ich freute mich, alte Bekannte wieder zu treffen. Die Strukturen innerhalb der Organisation mussten völlig neu aufgebaut werden. Etwa 1.600 neue ANC-Zweigbüros wurden innerhalb von zehn Monaten gegründet und mussten nun mit der zurückge kehrten Führerschaft zusammenarbeiten. Auseinandersetzungen waren unvermeidlich. Natürlich fanden viele der ANC Mitglieder nach 1994 Posten als Parlamentarier, auch im Kabinett oder im Öffentlichen Dienst.

Diese Anfangszeit war für Nelson Mandela nicht leicht, auch nicht in seiner Ehe. Die polizeiliche Anklage gegen seine von ihm so hochverehrte Frau wegen Verschleppung und Mord raubte Mandela viel Kraft und Zeit, bis dann die Skandale um sie 1992 das Ende dieser ungewöhnlichen Ehe brachten. Freunde sagten, Nelson Mandela liebte seine Frau dennoch, aber er opferte seine Gefühle der größeren Sache, seinem Volk.

Ich traf mich auch mit einem alten Bekannten, Mac Maharaj, ein höchst wichtiger ANC- und KP-Führer. Wir hatten uns nach seiner Entlassung von der berüchtigten Robben-Insel in Zambia kennengelernt. Maharaj war einer der ersten Freiheitskämpfer der 60er Jahre. 1988 war er illegal nach Südafrika zurückgekehrt, um die »Operation Vula«, eine politisch-militärische Untergrundorganisation, zu initiieren. Er verließ das Land wieder und kehrte im Juni 1990 offiziell zurück.

Inzwischen jedoch war die südafrikanische Polizei auf die Spuren von »Vula« gestoßen. Schon kurz nach seiner Rückkehr wurde Maharaj deshalb erneut für vier Monate inhaftiert, wurde wieder gefoltert und stand nun noch unter Kaution. Die Anklagen wurden später aufgehoben.

Maharaj war gegen die Aufhebung des bewaffneten Kampfes und der Sanktionen. Seit Februar 1990 und De Klerks Legalisierung der schwarzen Parteien hatte sich noch nicht genug geändert. 1994 wurde er Vertreter des ANC im Transitional Executive Council, dem bis zu den Wahlen im April für die Regierungsgeschäfte verantwortlichen Ausschuss.

Er erzählte mir von seinen Abenteuern im Untergrund, unter verschiedensten Decknamen und mit Hilfe elektronischer Technologien. Maharaj, ein Asiate mit schmalem Gesicht und durchdringendem Blick – obwohl ein Auge ein Künstliches war – konnte sich großartig verkleiden.

»Ich sah gut aus als Manager«, meinte er. »Ich war stets ein gern gesehener Mieter.«

Dank Mac verbrachte ich einen Abend in Mayfair in der Wohnung von Elsabè Wessels, die ich als Journalistin kennen und bewundern gelernt hatte und die mit Mohammed Valli Moosa, verheiratet war – ein enormer Schritt für eine Frau Afrikaaner Herkunft. Moosa war UDF Gründungsmitglied, später Minister in Mandelas, auch im ersten Mbeki Kabinett und wurde später in der Wirtschaft tätig.

Auch Mac Maharaj war in Mandelas 1994 Kabinett, später holte ihn Jacob Zuma in die Regierung als einer seiner Sprecher zurück. Er gehörte dem dreiköpfigen Zuma Team an, das nach 2009 versuchte, die Zimbabwe Krise zu lösen.

Im Lauf meiner WFD Recherchen im Jahr 2010 verbrachten wir in Durban einen anregenden Abend mit Mac, der so fesselnd erzählte wie immer.

Eines war in jenem Jahr 1990 kaum zu übersehen: die Angst. Überall spürte man sie, in den Straßen von Soweto, hinter den Mauern der weißen Villen, wo auch immer. Weiß-Südafrika fürchtete sich. Der Waffenbesitz der Weißen stieg enorm. Im Jahr 1989 besaßen drei Millionen Weiße eine Waffenlizenz. Im Dezember 1990, also kurz vor Weihnachten, bewarben sich weitere 5.000 pro Woche um diesen Schein. Viele Weiße scharten sich verstärkt um die faschistische Flagge des ehemaligen Polizisten Eugene Terreblanche und seine blutrünstige »Afrikaner Weerstands Beweging« (AWB).

Auch andere Gruppen vertraten bis 1994 die weißen Interessen, vor allem die Afrikaner Volksfront (AVF) unter der Leitung des ehemaligen Generals Constand Viljoen. Diese rechten Gruppen bildeten mit einigen Homeland-Führern wie Buthelezi eine »Freedom Allianz« (FA), um die ANC/NP-Verhandlungen unter Druck zu setzen. Mit ihm machte ich 1995 ein faszinierendes Interview.

Ich wohnte auch im November wieder einige Tage bei Nadine und fühlte mich wohl. Nicht nur, weil sie eine gute Freundin war, sondern weil ihr altbekanntes Haus sich anfühlte wie gute, gewohnte Kleidung. In der Nähe lag meine alte Sekundarschule und der Zoo mit seinem Teich, an dem meine Freundin Tania einst versuchte, mir den Kommunismus zu erklären. Ich fuhr weiter nach Vrededorp und

Mayfair, hielt einige Minuten an der Ecke Princess und Sixth, an der unser Laden gestanden hatte – nun verkaufte man dort Waschmaschinen und Kühlschränke.

Wie schon erzählt, traf ich meinen alten Schwarm Ulli und einige andere Freunde.

Ich traf auch Karl, dessen erneute Liebeserklärung – angeblich hätte er mich immer geliebt! – ich für die falsche Münze hielt, die sie war.

Im November Jahr 1992 besuchte ich Südafrika als Mitglied einer ökumenischen Delegation des Weltkirchenrats nach Südafrika und ging während fünf spannender Wochen in mehreren Townships der Aufgabe einer Monitorin nach. Ein Friedensprozess hatte sich 1992 angebahnt, nach einem Abkommen zwischen der Regierung und deren Sicherheitskräften und den schwarzen Parteien, um den blutigen Zusammenstößen zwischen ANC und IFP ein Ende zu bereiten.

Es wurde eine unvergessliche Reise.

Einmal liefen wir drei Monitorinnen – eine schwarze Engländerin, eine Deutsche und ich - neben Pfarrer Ben Ngubane durch eine leere Straße im Alexandra Township. Vor uns lag ein dreistöckiger Bau riesigen Ausmaßes, der aussah wie ein Gefängnis und für die Bewohner sicher auch so wirkte. Es war das Madala-Hostel, einst ein sogenanntes Wanderarbeiter-Heim. Nun war es eine IFP Festung. Wir liefen langsam, vorsichtig, mit hängenden Armen. Man konnte uns vom Gebäude aus beobachten, wir wussten nicht, ob Gewehre auf uns gerichtet waren. Wir waren in »Beirut«, wie man diese verwahrlosten Straßen, dieses Gebiet innerhalb des Township nannte, seit 1991 Inkatha-Krieger die Bewohner überfielen, mordeten, raubten, Frauen vergewaltigten und Menschen in die Flucht zwangen.

Die Häuser um uns herum waren zerstört, zum Teil standen nur noch einzelne Mauern. Eine Lache Wasser am Boden, es tropfte unaufhörlich aus einem kaputten Wasserhahn, niemand traute sich, hier noch etwas zu reparieren, selbst wenn es um kostbares Wasser ging.

Ein Weißer kam uns entgegen, ein Bure, ein außergewöhnlicher Mann, der uns erklärte, er wohne unweit von Alex und habe erst vor ein paar Tagen mit Entsetzen die verheerenden Zustände hier bemerkt. Er hatte sich vorgenommen, etwas zu tun und startete die »Säubert-Alex-Kampagne«. Wie in anderen schwarzen Townships gab es schon längst keine Müllabfuhr mehr.

Der Weiße, von beiden Seiten, den Alex-BewohnerInnen wie auch den Inkatha-Kriegern, akzeptiert, führte uns zum Hostel. Dort wurden wir von zwei Inkatha-Führern erwartet, ein älterer, Mitglied des Hostelkomitees, und ein jüngerer, Vorsitzender der »Jugendliga«. Die Verhältnisse im Gebäude waren einfach entsetzlich. Überall kaputte Möbel, Hausrat, Müll, dazwischen die Bewohner, größtenteils arbeitslos. Bis 1991 lebten hier etwa 2.000 Menschen, nun waren es schätzungsweise 500 bis 700.

Die Inkatha-Mitglieder wurden in ihrer Festung belagert, trauten sich nicht nach Alex hinein und konnten nur durch einen kleinen Ausgang am Ende des Viertels auf die Hauptstraße gelangen, um nach Johannesburg zu gehen. Sie lebten genauso menschenunwürdig wie die Flüchtlinge, die sie zum Verlassen ihrer Häuser gezwungen hatten und die seither in einer Kirche und in Papphütten am Ufer eines total verschmutzten kleinen Baches hausten.

KwaZulu Premier Gatsha Buthelezi hatte nach der Legalisierung der Oppositionsparteien seine sogenannte Kulturorganisation Inkatha zur politischen Partei – Inkatha Freedom Party - IFP - erklärt. Hatte den Krieg gegen den ANC und dessen stellvertende United Democratic Front (UDF) aus Natal in den Transvaal verpflanzt und »impis«, Kampftruppen aus Inkatha-Mitgliedern gebildet. Diese nach Alex und in die anderen Townships entsandt, um die Wohnheime zu besetzen. Daran trug die Apartheid die Schuld, durch die sogenannte Heimatgebiete geschaffen wurden, in denen Führer wie Buthelezi ein Eliteleben führten und zu Tyrannen wurden.

Die Township Bewohner waren keineswegs alle ANC- oder PAC-Anhänger, klagten nicht die Zulus an, sondern IFP. Der Kampf zwischen Zulu und Xhosa, mit dem die Situation beschrieben wurde, war eine Legende. Pfarrer Ngubane zum Beispiel war ein Zulu, wie auch der Vorsitzende der »Civics«, der von den Einwohnern in Alex gegründeten Selbstverwaltung. Selbst der ANC-Vertreter von Alex war ein Zulu.

IFP wurde von Elementen der Sicherheitskräfte unterstützt, die „schwarz-auf-schwarz" Gewalt schürten, um eine Einigung zu verhindern zwischen der De Klerk Regierung und der schwarzen Mehrheit vertreten vor allem durch den ANC.

Das Resultat dieser Auseinandersetzungen hatten wir nun vor Augen.

Am Nachmittag gingen wir zu einem Treffen des Interim-Krisenkomitees. Die beiden Inkatha-Führer waren anwesend, ebenso Vertreter von ANC, PAC, Polizei, Kirchen, den Flüchtlingen und Bürgerorganisationen. Für ein paar Stunden wurden die Emotionen, die den Alltag bestimmten, von der Bürokratie unterdrückt. Man sprach über die Renovierung von Madala, die Regierung hatte Geld bereitgestellt, der ANC stimmte zu, doch Inkatha war dagegen. Zwei Tage später wurden einige Frauen, die an den Säuberungsversuchen beteiligt waren, ermordet aufgefunden.

Auch in Meadowland, einer Inkatha-Festung in Soweto, besuchten wir ein Wohnheim, es bot das gleiche Bild. Auch in diesem Gebäude wurden Menschen ermordet, waren »impis« ausgebrochen, um die umliegende Gegend zu terrorisieren. Nutzlos, nach weiteren Einzelheiten zu fragen. Diese armen Menschen, die wir kennen lernten, waren ebenfalls Opfer eines Machtkampfes, dem sie hilflos ausgeliefert waren.

Wir fuhren mit lokalen Monitoren in das Township Rutanda in der Nähe von Heidelberg, waren dort umgeben von Polizeiposten, hörten das Summen der Hubschrauber über uns. Grund des Aufgebots war eine Beerdigung von sechs Opfern der Kämpfe. Im Stadion waren die Särge aufgebaut, mit ANC Flaggen bedeckt. Große ANC Führer saßen umgeben von tanzenden und singenden Jugendlichen. Die Stimmung war aufgewühlt. Endlich wurden die Särge auf Wagen gesetzt, verließen das Stadion, wir fuhren hinterher in Richtung Friedhof. Als wir am Grab standen, fiel plötzlich ein Schuss, gefolgt von Schreien, jemand rannte uns entgegen, schleuderte eine Pistole von sich, Polizisten setzten ihm nach. Aus dem Lautsprecher des Hubschraubers dröhnten Befehle. Den Schützen fasste man nicht, was die Polizei jedoch nicht daran hinderte, sich einen »Ersatz« zu suchen und diesen armen Mann als Schuldigen abzuführen. Wir, die Monitore, folgten der Menge zur Polizeistation, die umringt war von jungen Mitgliedern der Sondereinheiten. Ich versuchte, mit einem von ihnen zu sprechen, er antwortete lediglich monoton, er sei nicht politisch, jeder würde hier gleich behandelt, Südafrika sei schließlich ein Rechtsstaat.

Etwas später führte man den Gefangenen, gefesselt und offensichtlich schwer mißhandelt, zu einem Fahrzeug, behauptete, man würde ihn freilassen, man hätte hier nur keinen Schlüssel für die Handschellen. Später am Abend verhinderte nur die Anwesenheit von uns Beobachtern eine Polizeirazzia in den Häusern der Trauernden.

Das ungewöhnlichste Erlebnis dieser Reise ging unseren Besuchen in Alex und Rutanda voraus. Es war etwas, das ich mir 32 Jahre früher, im März 1960, nicht im geringsten hätte vorstellen können: dass ich als Weiße und sogar als »emigrierte« Südafrikanerin einmal in einem schwarzen Township wohnen sollte, immerhin für 14 Tage, und dies ausgerechnet in Sharpeville, dem Ort, der zum Symbol für den schwarzen Widerstand geworden war. Das Zimmer, das ich mit einer Jamaikanerin, einer Rechtsanwältin aus London, teilte, war in einem Pfarrhaus. Wenn ich morgens den Vorhang zur Seite schob, blickte ich direkt auf jenen Platz, auf dem damals 69 Menschen den Tod fanden, auf dem eine neue Phase der Apartheid eingeleitet worden war. Die Polizeistation stand noch wie damals, der Platz selbst wirkte öde und verlassen. An einem Abend hielt ein riesiger gepanzerter Wagen neben mir und ein ebenfalls riesiger Polizist fragte, ob ich allright sei…man würde sonst keine weiße Frau in einem schwarzen Township sehen.

Sharpeville bot das gleiche Bild, die gleiche Stimmung wie die anderen Townships. Überall Müll und Schutt, Ruinen, an einer zerbrechenden Wand die PAC-Parole »Eine Kugel, ein Siedler!« Nachts wurden wir gelegentlich durch Schüsse geweckt. Wir besuchten den Friedhof, dort hatte man die 46 Opfer eines Inkatha-Überfalls begraben, der im Juni zur zeitweiligen Suspendierung der Gespräche zwischen De Klerk und Mandela geführt hatte. Lange Reihen leerer Gruben standen bereit, waren vorbereitet für die nächsten täglichen Opfer.

Im Lauf dieser Reise konnte ich Sitzungen der Goldstone Kommission beiwohnen, die den Auftrag hatte, die Ursachen der Gewalt zu erforschen. Die Kommission erbrachte Beweise, dass es in der Tat eine "dritte Macht" innerhalb der Sicherheitsdienste gab, die, wie Mandela behauptet hatte, alles daran setzte, den Versöhnungsprozess zwischen Regierung und dem ANC zu verhindern.

Und dennoch: Die Arbeit der überall installierten Komitees sollte sich mit der Zeit als effektiv erweisen. Nur ein halbes Jahr nach unserem Besuch gab es in Alex ein erstes Fest, auf dem die Männer aus dem Madala-Hostel neben den Bewohnern des Townships saßen, um eine »Miss Alex« zu wählen. Auch wenn es in den folgenden Monaten wieder Tote gab, so war dieser Abend doch ein Zeichen der Hoffnung.

Im November 1993 wurde Nadine Gordimer 70. Auf meinen Glückwunsch hin antwortete sie, dass die richtige Feier eigentlich am 17. und 18. November stattfand, als das neue Südafrika geboren wurde, »mit einer Geburtsurkunde in Form eines Verfassungsentwurfs«. Südafrika feierte das letzte „weiße Weihnachten". Mandela hatte Nadine nicht nur zur Party der neuen Verfassung eingeladen – auf der ich am Fernseher zu meiner Freude auch einige andere Freunde tanzen sah –, sondern auch zur Verleihung des Friedensnobelpreises, den er, von dem man erwartet, der erste schwarze Präsident Südafrikas zu werden, zusammen mit dem letzten weißen Präsidenten De Klerk erhielt.

Ich erwähnte bereits, dass ich 1995, ein Jahr nach den ersten demokratischen Wahlen, nochmal das Land bereiste. Diesmal fand ich viele alte Freunde und Bekannte in neuen Jobs. Frene Ginwala führte mich durch das Parlamentsgebäude, wo ich auch die Verabschiedung einer Frauen-Charta erlebte und zufällig neben dem Alt-ANC Führer Govan Mbeki saß, Vater von Thabo and Moeletsi. Mit dem stellvertretenden Außenminister Aziz Pahad genoss ich Lunch in einem der Speisesäle des Parlaments und freute mich, als ich den Rechtsanwalt Kader Asmal besuchte, der das Amt des Wasser-Ministers hatte, seinen Consultant zu treffen, einen alten Kollegen und Freund, Anthony Heard. Er war Chefredakteur der Cape Times gewesen und wurde entlassen, weil er ein Interview veröffentlichte mit Oliver Tambo, dem ANC Präsident im Exil. Ich begegnete kurz Derek Hanekom, damals Agrarminister, den ich aus Harare kannte. Eines späten Abends hatte mich Dereks Bruder aufgesucht. Er wollte mir etwas berichten: Sein Bruder Derek und dessen Frau Patricia sowie ein Soldat waren verhaftet worden und sollten vor ein geheimes Kriegsgericht gestellt werden. Um das zu verhindern, sollte die Verhaftung öffentlich werden. Der Zufall wollte es, erstens, dass ein holländischer Kollege Gast bei mir war und zweitens, dass ich am folgenden Tag nach Europa fuhr. Wir konnten also nach einem Telefonat mit der Rechtsanwältin die Geschichte veröffentlichen. Es ging um das Friedensabkommen zwischen Südafrika und Mosambik 1984, wonach beide Regierungen sich verpflichteten, nicht in innere Angelegenheiten des anderen Staates einzugreifen. Doch Pretoria verstieß gegen das Abkommen und unterstützte weiter die Rebellen in Mosambik, was der Soldat beweisen konnte und Hanekom dem ANC mitteilte. Eine Vereinbarung wurde zuletzt zwischen den Angeklagten und der Regierung ausgehandelt, beide Hanekoms wurden verurteilt und verbrachten einige Zeit hinter Gittern.

UNRUHIGER RUHESTAND

Ich verließ Zisa und Harare im Jahr 1992. Zu dieser Zeit hatte Zisa sein Ziel erreicht. Ab 1990 und der Rückkehr der Führer aus dem Exil hatten ja die offiziellen Kontakte zwischen dem ANC und der Pretoria Regierung begonnen, die 1994 zu den ersten demokratischen Wahlen und Mandelas zum Präsidentensitz führten. In London erwartete mich etwas Trauriges. Meine liebe Freundin Anne Alexander hatte die ersten Anzeichen von Alzheimer, diese schlimme Krankheit, die Menschen so furchtbar verändert. Leider weigerte sich Annes Ehemann jahrelang, das zu akzeptieren und konsultierte keinen Arzt. Ihre Kollegen in der Praxis sagten mir, dass sie nicht eingreifen können, wenn sie nicht zu der Patientin gerufen werden. Ein Freundschaftsbesuch eines der Ärzte ergab kein Resultat. Ich konnte es schwer ertragen, den Verfall anzusehen und nicht helfen zu können. Es beschleunigte meinen Wunsch, London zu verlassen.

Sascha, der eine Freundin hatte, deren Eltern auf der Isle of Wight lebten, meinte, dass ich mich dort wohlfühlen würde. Er hatte Recht. Während eines Besuches fand ich eine wunderschöne Wohnung in Ventnor, deren Veranda und Fenster Blick auf das Meer hatten und in der ich zehn Jahr zufrieden lebte. Die Insel hat literarische Geschichte. Unweit meiner Ventnor Wohnung, schrieb Dickens in Bonchurch seinen David Copperfield. Im Nachbardorf wurde der umstrittene Dichter des 19. Jahrhunderts, Algernon Swinburne geboren, hinter einer Kirche aus dem 9. Jahrhundert, die an dem Fleck errichtet wurde wo angeblich Bonifazitus predigte, ehe er aufbrach um die Teutonen zu bekehren. Der Dichter Alfred Tennyson verweilte fast zwei Jahrzehnte auf der Insel, bis er vor seinen Verehrerinnen zurück aufs Festland fliehen musste. Ivan Turgenjev lebte im Exil in Ventnor. Auch Shelley schwärmte von der Insel, Spender und Auden besuchten diese in den 30er Jahren.

Die Insel mit ihrer Atmosphäre einer vergangenen Zeit gefiel mir sehr gut, mit seinem angenehmen Klima, den schönen Städten und Bilderbuchdörfern, den Feldern und Küsten – perfekt für Rosamunde Pilcher Filme! Zur Zeit der Königin Victoria, hatte sie ihre Sommerresidenz auf der Insel, was die Gesellschaft auf die Insel zog, sodass viele schöne Häuser aus dieser Zeit bestehen. Dazu hatte ein Arzt die brillante Idee, den kleinen Ort namens Ventnor als Luftkurort mit Seeluft zu vermarkten, auf Grund seines schönen Strandes und einem kleinen Berg, St. Boniface Downs. Es strömten Patienten nach

Ventnor. Das Haus in dem ich wohnte, war einst eine Klinik, die genau um die Zeit umgebaut wurde, als ich eine Wohnung suchte. Nebenan lebte noch die Familie eines Arztes der im 19. Jahrhundert eine Klinik für Lungenkranke hatte und unter seinen Patienten einen gewissen Karl Marx behandelte. Die Familie ist in Besitz eines Briefes, in dem besagter Patient schrieb, dass er sofort nach London reisen müsse, weil seine Tochter erkrankt war, er würde die Rechnung von dort aus begleichen. Ob das erfolgte, ist unbekannt – Marx war ja bekanntlich nie gut bei Kasse.

Ich fand es großartig zum ersten Mal in meinem Leben keinen Zwang zu haben…ich erforschte die Insel, meistens zusammen mit einer alten Nachbarin, die ich sehr lieb gewonnen hatte, eine ehemalige Bäuerin, deren Arzt ihr geraten hatte, an die Küste zu ziehen.

Ich arbeitete noch, aber war eben nicht mehr ganztägig zu Gange. Ich schrieb seit den 70er Jahren regelmäßig für ein Jahrbuch über Afrika, das in den USA veröffentlicht wird – African Contemporary Record - und machte das weiter. Ich beendete auch die Biografie des in Neuseeland geborenen Missionar Sir Garfield Todd, der in den 50er Jahren der einzige liberale Premier von Südrhodesien war. Ich hatte ihn und seine Frau durch ihre Tochter Judith kennengelernt und er hatte mir Zugang zu seinem Archiv gegeben, weswegen ich eine Historikerin, Jane Papart mit einbezogen hatte. Unser Buch hieß „Sir Garfield Todd and The Making of Zimbabwe". Es erschien bei British Academic Press. Dazu schrieb ich gelegentlich für die Schweizer Wochenzeitung (WOZ), auch später, nachdem ich 2002 nach Deutschland gezogen war.

Ich begann mich mit dem Konflikt in Nordirland zu beschäftigen, da dieser zum Teil mit den Konflikten im südlichen Afrika verglichen werden konnte. Ich begann viel darüber zu lesen und besuchte danach regelmäßig Nord- sowie Südirland, lernte einige Iren kennen, darunter auch Politiker wie Martin McGuinness. Zuletzt wurde ein Buch daraus – Peace In Their Time (British Academic Press).

Ich besuchte die Bundesrepublik öfters, vor allem nach dem Erscheinen meiner überarbeiteten Biografie "Wege im harten Gras" (Peter Hammer), als ich vom Ministerium für Politische Bildung fünfmal eingeladen wurde, Lesereisen in Schulen zu machen.

Während meiner Jahre auf der Insel versuchte ich einen Jugendtraum zu erfüllen: Romane zu schreiben. Mein erstes Manuskript gefiel einer Agentin, aber sie meinte ich sei zu alt um vermarktet zu werden, dazu sei ich als Journalistin und nicht als Schriftstellerin bekannt. Ich war enttäuscht – und deshalb glücklich, als der Horlemann Verlag das Buch auf Deutsch verlegte (Nacht des Verrats).

Leider war inzwischen Saschas Leben etwas turbulent geworden. Er hatte kurzfristig geheiratet und einen guten Job als Manager eines Fitness Studios in einer Hotelkette aufgegeben. Auf Drängen seiner Frau eröffnete er seinen eigenen Fitnessklub. Leider hatte er enorme finanzielle Probleme, die seine Ehe beendeten und von denen weder er noch ich uns erholen konnten. Er ‚jobbte' in verschiedenen Hotels und wohnte einige Zeit auf einem Hausboot auf dem Fluss Lee in Hertford. Ich muss gestehen, dass ich gern dort Besuch machte und hätte eine ruhige Fahrt durch die Kanäle und Flüsse genossen. Aber wie das Schicksal es will, er lernte eine junge Dänin kennen, die im zweiten Bildungsweg ein Studium machen wollte, sodass er sich entschloss, nach Dänemark zu ziehen.

Nach einigen Jahren überlegte ich mir, ob ich noch einmal umziehen sollte. Zwar besuchten mich Line und Sascha oder Sascha allein, auch ich fuhr nach Kopenhagen, aber die Reise von Ventnor war teuer und umständlich. Nach Dänemark wollte ich nicht ziehen, da ich die Sprache niemals in meinem Alter erlernt hätte. Endlich entschied ich mich, nach Deutschland zu ziehen und stellte mir einen Umzug nach Hamburg vor. Statt dessen landete ich in einer kleinen Stadt in Nordrhein-Westfalen. Ich hatte in den 70er Jahren eine kleine Gruppe kennen gelernt, die sich mit Zambia beschäftigten, da ihre Pfarrgemeinde ländliche Projekte dort unterstützten und es noch immer tut. Sie hatten mich deshalb zu einem Vortrag eingeladen und irgendwie sind wir in Kontakt geblieben. Anfang der 80er Jahre begleitete ich eine Gruppe bei einer Reise nach Zambia. Wenn ich in Deutschland auf Reisen war, war ich meistens auch bei dieser Gruppe gewesen. Ein Ehepaar besuchte mich auf der Insel, als ich mich entschied, umzuziehen und schlug vor, dass ich mich bei ihnen umsehen sollte. Das tat ich und fand genau die Wohnung die für mich richtig ist, zwei Zimmer, die einem Privathaus in einem herrlichen Garten angegliedert sind. Mit einigen aus der damaligen Reisegruppe war ich weiter befreundet – wie etwa mit dem damaligen Bürgermeister Josef Holtermann und dem Vorsitzenden der Arbeitsstelle für Gerechtigkeit und Frieden Konrad Kleyboldt und seiner Frau Josefine – deren Unterstützung in meiner neuen Heimat ich zu schätzen weiß. Zu meiner Freude gesellten sich neue Freunde dazu.

Diesmal fühlte ich mich nicht so angespannt wie während meines Kölner Aufenthaltes. Inzwischen hat es einen Generationenwechsel gegeben und die jüngere Generation ging anders mit der braunen Vergangenheit um, wie die Älteren. Zum Beispiel hatte Marga Spiegel, die ich bei meinem ersten Synagogenbesuch in Münster kennen lernte, schon in den 60er Jahren über ihre Erlebnisse während der Nazizeit geschrieben, als sie, ihr Mann und kleine Tochter von fünf verschiedenen Bauernfamilien versteckt wurde. In den ersten Jahren des neuen Jahrhunderts fand diese erstaunliche Geschichte weitere Beachtung, das Buch wurde neu aufgelegt und ein Film gedreht (Unter Bauern). Zeitzeugen wurden gesucht und auch ich wurde öfters in Schulen eingeladen. Schon aus diesem Grund denke ich, war es kein Fehler, zurückzugehen: es ist nur ein kleiner Beitrag, aber es freut mich, dass ich ihn leisten kann.

Als mein zweiter Roman erschien - „Meine Schwester Sara" – die Geschichte eines kleinen Mädchens, das in Südafrika 1948 von einer Buren-Familie adoptiert wurde – freute ich mich, dass dieser 2007 zur Pflichtlektüre für Realschulen ausgewählt wurde. Dadurch wurde ich in hunderten von Schulen eingeladen und konnte so mit tausenden Kindern sprechen. Ich wohnte gemütlich im Haus des Ehepaars Marie und Otto Dilger, deren Freundschaft ich seit langem schätze.

Ich war seit meinem Umzug oft auf Reisen – auf Lesereisen, in Schulen, bei Seminaren und auch bei Treffen von ehemaligen Entwicklungshelfern im südlichen Afrika, vor allem in Zimbabwe. Es freute mich, mit ihnen zusammen zu sein.

Schon vor dem erfreulichen Erfolg von „Meiner Schwester Sara", hatte ich weitergeschrieben, diesmal wandte ich mich der älteren Geschichte zu und konnte zwei Bücher beim Mosse Verlag veröffentlichen: „Der Judenweg" der nach dem 30jährigen Krieg spielt und eine Fortsetzung, „Die Nottaufe". Später wurde aus diesen zwei Büchern die Familiensaga „Die Löws". Es folgten weitere Romane - ich schrieb vielleicht zu viel, Verleger zu finden war nicht leicht. Deshalb war ich hoch erfreut, dass der Culturbooks Verlag 2016 eine „Miss Moore" Geschichte sowie die Autobiographie als E-Buch herausgeben wird und Dr. Andreas W. Hohmann vomVerlag Edition AV diesen Text sowie weitere veröffentlichen wird.

Lutz Kliche, der die erste Fassung meiner Biografie für Peter Hammer lektorierte, ehe er nach Nicaragua ging, wo er fast 20 Jahre verbrachte, war für die Veröffentlichung von „Meine Schwester Sara" verantwortlich, sowie für „Blutsteine" während er beim Maro Verlag tätig war. Maro veröffentlichte auch „Mitzis Hochzeit", das in Berlin in den 20er und 30er Jahren spielt. Lutz vermittelte auch eine

Bekanntschaft mit dem Trafo Verlag, der fünf meiner Bücher druckte: „Eingeladen War Ich Nicht“ (biografische Geschichten), „Deborahs Lied“ (historischer Roman), „Memory“ (Geschichte einer jungen Frau im heutigen Zimbabwe), sowie zwei der Abenteuer der Miss Moore. Eine alte Dame, die an der Südküste Englands lebt und trotz hohem Alters schafft, Morde aufzuklären: „Miss Moores Geburtstag“ und „Miss Moores Houseparty“. Andere Miss Moore-Abenteuer müssen noch eine Heimat finden, denn ich schreibe noch immer, sodass sich mein Computer weiter mit Manuskripten füllt.

Unerwartet war die Nominierung im Jahr 2005 als eine der 1.000 Frauen für den Nobel Friedenspreis. Nachdem ich die Biographien der 1000 – eigentlich 999, denn eine war „anonym“ – gelesen habe, weiß ich, dass ich eigentlich nicht dazu gehöre, diese Frauen haben Erstaunliches geleistet und die Mehrheit tut es noch immer. Trotzdem freute ich mich, mehrere von ihnen kennen zu lernen und zum internationalen Netzwerk von Frauen zu gehören.

Der Umzug nach Deutschland bedeutete auch alte Verbindungen wieder aufzunehmen und neue zu knüpfen. Ich hatte längst entdeckt, dass nichts so wichtig ist wie Freundschaft und natürlich die Familie. Meine Familie, wie die unzähliger Juden, wurde während der Nazizeit auseinandergerissen. Ich habe nur eine einzige Kusine, Tochter des Bruders meiner Mutter, die in Israel mit ihrer Familie lebt sowie einen weiteren Verwandten ebenfalls in Israel. Letzterer gehört zu der väterlichen Familie namens Löwenthal, die aus einem Dorf in der Nähe von Aschaffenburg stammte. Mein väterlicher Großvater war zweimal verheiratet, wodurch der älteste Bruder meines Vaters, Matthias, dreißig Jahre älter war wie er, der Jüngste in der Familie, der etwa im Alter der zwei Söhne von Matthias war. Dieser hatte in Aschaffenburg ein großes Warenhaus erfolgreich gegründet. Matthias und seine Frau, sowie sein ältester Sohn Ludwig und dessen Familie, folgten uns in den 30er Jahren nach Südafrika. Ludwigs Sohn Joachim, mit dem ich als Kind befreundet war, meldete sich wie erwähnt mit fünfzehn im Jahr 1940 bei der südafrikanischen Luftwaffe, behauptete siebzehn zu sein und wurde als Navigator ausgebildet. Er kämpfte in Nordafrika und Italien, studierte nach dem Krieg und emigrierte mit seiner Frau und dem kleinen Sohn nach Kenia, arbeitete später bei Ethiopian Airways. Joe, dessen erste Ehe geschieden war, heiratete später eine Deutsche, mit der er in Deutschland lebte, als ich in das Land zurückkam. Leider war er damals schon sehr krank und verstarb nach einigen Jahren. Sein Sohn aus erster Ehe, mit dem ich in Kontakt bin, lebt wie gesagt mit seiner Familie in Israel. Auch mit den Kindern und Enkeln meiner Schwester, die in den 80er Jahren nach Australien emigrierten, stehe ich in Verbindung. Meine engere Familie besteht aus Sascha, Line und Oliver, der 2007 geboren wurde, Stolz seiner Eltern und alten Oma.

Der Aschaffenburg-Hintergrund hatte ein überraschendes schönes Nachspiel. Als ich in den 90er Jahren im Lauf einer Lesereise in dieser Stadt einen Vortrag halten sollte mit dem Titel „Erinnern", fand diese Veranstaltung im Dokumentarzentrum für die einstige jüdische Gemeinde statt. Die Bilder waren beiseite geschoben worden, um Platz für Stühle zu machen. Als ich mich setzte und dabei einen Blick auf eins dieser Bilder warf, das neben mir stand, verschlug es mir fast das Wort: es war ein Bild eines Gebäudes unter dem stand: Warenhaus Löwenthal - worauf ich den Einstieg in das Thema etwas änderte. Nach dem Vortrag sprachen mich einige Lehrer an und luden mich in ihre Schulen ein, sodass ich kurz darauf wieder in Aschaffenburg war.

Einer der Lehreinnen, Anni Kropf-Springer, war ich mit ihrem Mann in Zambia begegnet, wo wir gemeinsame Freunde haben. Als ihre Mädchen Realschule einen neuen Namen suchte, schlug sie meinen vor – der später von Schülerinnen, Lehrer, Schulleiter, Stadt und zuletzt vom Ministerium akzeptiert wurde. Wie ich bei dem Festakt sagte, ich weiß, dass nicht mir persönlich diese Ehre gilt, sondern dass ich stellvertretend für die einstige jüdische Gemeinde bin, deren letzten sieben Überlebenden am Abend vor ihrer Deportation sich das Leben nahmen. Und auch für unendlich viel, die sich mit den Nicht-Weißen gegen das ungerechte Rassensystem im südlichen Afrika solidarisiert hatten. Die Laudation bei diesem Festakt wurde von Denis Goldberg gehalten, der mich dadurch unerwartet ehrte, vor allem weil er dadurch Nelson Mandelas Geburtstagsfeier versäumte. Eine der Anwesenden bei der Feier war Erica Futran, Witwe eines guten Freundes von Hans Weiss, die damals mit mir die Reise in das Heimatdorf gemacht und die Geschichte der alten Frau zusammen mit mir gehört hatte.

Ich war und bin beeindruckt, dass die Stadt, das Ministerium und die Schule mit einem jüdischen Namen leben können – 2016 kam die Knabenschule noch dazu. Es gab noch eine Beziehung zwischen der Schule und mir: die Schüler und Lehrer unterstützen seit langem das Lusaka Kinderheim Kasisi, das von einem polnischen Schwesterorden unter Leitung der bemerkenswerten Schwester Mariola geführt wird.

Ich freute mich jedenfalls über die Ehrung. Zuvor ehrte mich auch meine Geburtsstadt Fürth, die mir das goldene Kleeblatt der Stadt verlieh.

Über meine väterlichen Vorfahren erfuhr ich etlichen Dank den Forschungen des Israeli Oded Zingher, der in Aschaffenburg mit seiner Familie lebt und den Dorffriedhof erforschte, in dem einige dieser Vorfahren beerdigt sind. Im Jahr 2012 hielt das Geschichtsmuseum der Stadt eine Ausstellung jüdischer Textilien, die bereits 1946 mit anderen religiösen Objekten gesammelt wurden und lange vergessen in einer Kiste aufbewahrt waren. Bei der Eröffnung stellte Herr Zingher an Hand der bestickten Worte fest, dass ein Toraschrein Vorhang von einem meiner Verwandten der Synagoge im Andenken an seine Eltern 1909 geschenkt worden war.

Seit der Namenszeremonie war ich öfters wieder in Aschaffenburg, um an Elternabenden, Schulfesten, Konzerten – einmal zur Eröffnung eines Fries (Fotos aus meinem Album) teilzunehmen. 2012 war ich Gast im afrikanischen Dorf eines jährlichen Aschaffenburger Festes der internationalen Brüderlichkeit, das die Minoritätsgruppen der Stadt organisieren. Mein 90. Geburtstag war für mich ein großartiges Ereignis dank meiner Freunde: Konrad Kleyboldt, der jahrelang meinen Freundeskreis mit Nachrichten über meine verschiedenen Unternehmen versorgte, organisierte bereits 2004 einen wunderbaren Geburtstag. Zum 90. gestaltete er das ebenfalls mit Hilfe von Gerald Baars und dessen Partner Hans-Joachim Schmale-Baars, die das Hotel Residenz, dessen Besitzer Hans-Joachim ist, zur Verfügung für eine tolle Feier gaben. In Aschaffenburg ehrte man mich danach ebenfalls mit einem schönen Fest – und einige Monate später kam eine weitere Überraschung: Frau Minister Dr. Angelica Schwall-Düren kam nach Lüdinghausen und verlieh mir im Kapitelsaal der Lüdinghauser Burg das Bundesverdienstkreuz – so unverdient wie die Namensbennung der Schule, auch wenn mich beides sehr freute.

Ich denke, die Entscheidung, im Alter nach Deutschland zurückzukehren, war richtig. Schon zuvor erlebte ich, dass die Vergangenheit immer präsent ist: In den 90er Jahren, als ich von London mit dem Eurostar nach Brüssel und von dort aus nach Hamburg reiste, begleitete mich die Vergangenheit auf jeder Etappe der Reise. Im Eurostar saß ich neben einer Frau, die mir die Geschichte ihrer Mutter erzählte, die als Kind von den Eltern weggeschickt wurde und nicht verstand, das man versuchte sie zu retten, da einer der Eltern einen jüdischen Hinterkunft hatte. Im Zug nach Köln saß ich neben einem Studenten aus Bielefeld, der mir erzählte, dass er bei einem Radioprogramm über die Familie Oetker beteiligt war, das kurzfristig auf Druck dieser Familie abgesetzt wurde. Der darauffolgende Protest bedeutete, dass das Programm doch gesendet wurde und so Aufmerksamkeit auf sich gezogen hatte. Es ging um den Namen der Kunstgalerie, die Oetkers Vorsitzender Rudolf August Oetker 1968 seinem Stiefvater zu Ehren nach Richard Koselowsky benannt hatte, der im 2. Weltkrieg einen Bombenangriff zum Opfer gefallen war. Aber er war auch Mitglied einer kleinen Gruppe betuchter Geschäftsleute, die sich „Himmlers Freunde" nannten und großzügig die SS unterstützten. Außerdem hatte Oetker eine Auszeichnung erhalten, als erste Firma die nur Parteimitglieder beschäftige. Inzwischen war der Name in Vergessenheit geraten, wurde jedoch 1998 wieder bekannt, was zu einem Streit zwischen der Familie und Gegnern führte. Im November dieses Jahres wurde der Name vom Stadtrat geändert, worauf Oetker seine Leihgaben an die Kunsthalle zurückzog.

Auf dem Weg nach Hamburg teilte ich einen Tisch im Speisewagen mit einer Familie, die meine Unterhaltung im Eurostar gehört hatten. Darauf erzählte der Vater von einem Ereignis in dem Dorf, in dem sie lebten. Um den 60. Jahrestag des November 1938 zu gedenken, wurde vorgeschlagen, einen amerikanischen Juden zum Ehrenbürger zu machen, der öfters sein Heimatdorf besuchte, von dem er sagte, dass er nur gute Erinnerungen hatte. Sofort kam es zum Streit. Diejenigen die dagegen waren, meinten, der Jude hätte nichts für das Dorf getan, um diese Ehre zu verdienen, andere meinten, er käme nur zurück, weil er etwas suchte, das seine Familie in deren ehemaligem Haus vergraben hätte… „In einem kleinen Ort wie diesem, weiß jeder was der andere getan hatte", beendete er die Geschichte: „Sie wollten keine alten Erinnerungen hervorrufen." „Die Nazis" waren eben keine Monster, sondern normale Bürger. Und wie man heute weiß, selbst die kleinen Leute profitierten von der Vertreibung der Juden, wenn es auch nur das Silberbesteck der einstigen Nachbarn war, die man sich bei Versteigerungen aneignen konnte.

In den 80er Jahren besuchte mich eine Berlinerin nach einem Nervenzusammenbruch. Sie hatte erfahren, dass ihr Vater in Hitlers Leibwache gedient hatte und dass ihre Mutter und deren Schwester als Wärterinnen in Konzentrationslagern gearbeitet hatten. Als sie das erste Mal von der Judenverfolgung in der Schule hörte und zuhause Fragen stellte, schlug sie ihr Vater und verbot ihr, über diese Lügen zu sprechen. Sehr viel später erklärte ihr der Bruder die Familiengeschichte.

Die Sünden der Väter dürfen nicht auf die Kinder übertragen werden – aber manchmal taten es die Väter selbst.

Die Schweizer Anti-Apartheid-Bewegung hatte mich mit der Ernennung zur Ehrenpräsidentin geehrt. Als ich im Januar 1994 zu einer Vorstandsitzung eingeladen war, musste das Lokal gewechselt werden, vor der Tür stand die Polizei, die befürchtete, dass meine Anwesenheit unerwünscht sei. Vor einigen Tagen war dort eine anonyme Liste aufgetaucht, mit der Überschrift: »Auflistung wichtiger Personen der linken und linksextremen Szene in Zürich«. Mehrere der aufgeführten Namen waren begleitet von der Bezeichnung »Jude«, und ich habe zudem mit zwei der verzeichneten Organisationen zu tun. Ein Vortrag von mir war öffentlich angekündigt, und so ließ die Polizei mir ihren Schutz zukommen.

Ich werde manchmal gefragt, warum ich nicht in Zimbabwe oder Südafrika geblieben bin. Ich denke, es wäre ein Fehler gewesen. Eine alte Frau kann wenig tun, um eine neue Gesellschaft aufzubauen, das ist die Aufgabe der jüngeren Generation. Die hat genug zu tun indem sie sich mit dem Erbe der Apartheid und weiter bestehenden Rassismus beschäftigt.

Wir haben ja alle Soll- und Haben-Posten in unserer Lebensbilanz. Auf meiner Haben-Seite ist die größte Eintragung die Unterstützung meiner Freunde in diesen ganzen Jahren, Freunde wie Anne Alexander, ohne die ich keinen Sohn hätte und die uns eine Zuflucht und Unterkunft gab. Viele Freunde musste ich schon vor längerer Zeit betrauern: Sally, die nach der Geburt ihrer Tochter in den 70er Jahren starb, Paddy aus Rhodesien, die in Paris fast zeitgleich starb mit Faith, mit der ich die Londoner Wohnung in den 5oer Jahren geteilt hatte und die kurz danach den Schriftsteller Jakov Lind geheiratet hatte, Ruth und Margot, deren Verlust mich so schwer traf ...

Zwischen 2009 und 2014 war ich dreimal wieder im südlichen Afrika. Im Jahr 2009 konnte ich eine wunderbare Reise nach Zambia und Südafrika unternehmen, in Begleitung von zwei lieben Freundinnen: die Reise, eine Idee von Konrad Kleyboldt, dessen Freundschaft mit seiner Frau Josefine mich seit Beginn der 80er Jahre begleitet, war ein Geschenk meiner großzügigen Freunde und der Züricher Wochenzeitung, für die ich noch immer gelegentlich schreibe. Zudem gesellten sich in diesen Lüdinghausen Jahren weitere gute Freunde hinzu wie Dr. Peter und Ulrike Bruck u.a. die selbstnach meinem weiteren Umzug mir die Treue hielten. In Zambia war es sehr schön. Präsident Kaunda wieder zu treffen und mit ihm länger zu sprechen, ich hatte auch ein Interview mit dem damaligen

Präsidenten Rupiah Banda, nahm an einem Medien Symposium der Friedrich Naumann Stiftung in Lusaka teil und wohnte bei Dr. Jacob und Ilse Mwanza und traf auch andere alte Freunde mit Simon und Cynthia Zukas. In Johannesburg war ich bei einer Goethe Institut Konferenz für Künstler und Schriftsteller und traf Freunde wie einen ehemaligen Kollegen, heute Rechtsanwalt Trevor McGlashan der für uns ein großartiges Lunch mit alten Freunden organisierte – den bekannten Kommentator Allister Sparks, Hugh Lewin, der nach seiner Entlassung aus dem südafrikanischen Gefängnis erst in London als Journalist, dann in Harare Journalisten in einem Friedrich Naumann Stiftung Projekt ausgebildet hatte, Moeletsi Mbeki, der ein bekannter Analyst der südafrikanischen Regierung geworden war. In dem herrlichen Plettenburg Bay besuchten wir Peter Duminy, der zu meiner Zeit stellvertretender Chefredakteur der Financial Mail war und der während dieser Tage seinen 80. Geburtstag feierte.

Mein letzter Aufenthalt war in der Universitätsstadt Stellenbosch, wo ich mich mit Dr. Orbon traf und wir zusammen mehrere Professoren interviewten, die an Zisa Treffen teilgenommen hatten. Dies war praktisch der Beginn der nächsten Reise im Februar/März 2010 für den Weltfriedensdienst (WFD), der feststellen wollte, ob das Zisa Modell in anderen Konfliktsituationen angewendet werden könnte. Ich wurde beauftragt, in Südafrika Interviews mit ehemaligen Teilnehmern der Zisa Treffen zu machen und reiste mit dem damaligen WFD Geschäftsführer nach Südafrika, wo wir einen Monat verbrachten um die Interviews zu machen. Vor allem fragte ich, ob und wie diese Begegnungen in Harare ehemaliger Feinde bei den weiteren Verhandlungen geholfen hatten. Jeder und jede, vor allem mehrere Afrikaaner Professoren in Stellenbosch, der Universität der Afrikaaner Elite, erklärten wie nützlich und wichtig für sie diese Kontakte waren. Andere Gesprächspartner wie Frene Ginwala oder Barbara Masikele stimmten zu. Letztere war für das ANC-Kulturprogramm verantwortlich, war später Mandelas Büroleiterin, danach Botschafterin in Frankreich. Meine Berichte gingen an den WFD, der beschloss die Idee nicht weiter zu verfolgen, es sei nun die Aufgabe einer akademischen Institution, diese aufzugreifen. Leider war das Projekt innerhalb weniger Monate organisiert worden, sodass viele wichtige Gesprächspartner wie Thabo Mbeki kurzfristig nicht anzusprechen waren. Doch ich freute mich, dass 2015 Dr. Orbon und andere es ermöglichen konnten, einem afrikanischen Doktorand die Möglichkeit zu geben, über Zisa zu arbeiten.

Im September 2014 reist ich mit Sacha und Oliver – Lines Gesundheit erlaubte ihr leider nicht, mitzufahren - in Begleitung des Ehepaars Kleyboldt nach Kapstadt dank der Basler Afrika Bibliographien (BAB) und Pierrette Schlettwein, Tochter des BAB Gründers, Dr. Carl Schlettwein. BAB hatte eine Ausstellung zu meinem 90. Geburtstag zusammengestellt, basierend auf digitalisierte Tonbänden, die ich irgendwie noch hatte. Diese wurde erst in Basel gezeigt – ich reiste deswegen im Juni dorthin – und im September im Jüdischen Museum in Kapstadt. Es war ein schönes Erlebnis für mich, ich konnte alte Freunde besuchen und das herrliche Kap genießen, das ich in meiner Zeit in Südafrika zwar mehrmals besucht aber nie richtig kennengelernt hatte. So, wie ich nie Safari machen konnte! Dafür war irgendwie nie Zeit. Schon der Besuch bei dieser letzten Reise des einmaligen Kirstenbosch Botanischen Garten war ein Genuss.

Eins überschattete diese Reise: der Tod von Nadine Gordimer am 13. Juli. Sie war krank, als ihr letzter Brief mich erreichte, ihre Schrift zeigte das. Trotzdem kam die Nachricht unerwartet und beschwert mich noch immer. Das ist wohl die Strafe des Alters, gute Freunde zu verlieren. Wie ich schrieb, raubte der Tod mir bereits früh einige Personen, die mir sehr nahe standen und die ich seit langem vermisse. Im Alter trifft das nun unvermeidlich ein. Ich trauere und denke oft an meine Lieben.

Freundschaften wurden für mich zum Wertvollsten in meinem Leben. Ohne Freunde hätte ich nicht überleben können und wollen.

Es sind noch andere Eintragungen auf dieser Plusseite der Waage: das Glück, in meiner Jugend schon – unbewusst – in einer Männerwelt als Frau akzeptiert worden zu sein, so dass ich nicht, wie so viele Frauen, in den mittleren Jahren »neu anfangen« musste.

Vor allem hatte ich aber das Glück, mit fast 42 Jahren noch ein gesundes Kind zu bekommen. Mit welchem Risiko das verbunden war – nicht auszudenken. Es war wirklich nicht leicht für ihn, ich hatte nie viel Zeit mit ihm Hausaufgaben zu machen. Einmal, als er mich um einen Kuchen für einen Schulbasaar bat und ich ihm einen gekauften präsentierte, brach er in Tränen aus: andere Mütter backten eben. Trotzdem: unsere Zuneigung ist gegenseitig. Er schenkt mir nicht nur seine Liebe, sondern auch Vertrauen und Verständnis, akzeptierte unseren Lebensstil, musste so oft sein Bett für einen unerwarteten Gast räumen und hatte sich nie zurückgesetzt gefühlt.

Kein Wunder also, dass ich im Herbst 2015 beschloss, noch einmal umzuziehen, diesmal zu Sascha, Line und Enkel Oliver. Mit 91 spürt man, dass man längst sein Pensum überschritten hat – den „sell-by-date“ wie die Engländer sagen. Ich beschloss, die letzten Tage nicht allein zu verbringen. Saschas kleine Familie hatte sich entschlossen in einen entlegenen Bauernhof zu ziehen – dort sei Platz für mich, meinte mein Sohn und da Line mich ebenfalls haben wollte, sagte ich zu. Also ein letztes und neues Abenteuer! Aber nicht, ohne zuvor, dank dem neuen Leiter Strobel, einen wundervollen Abend in der Ruth Weiss Schule in Aschaffenburg zu verbringen und wie jedes Mal, in dem gastfreundschaftlichen Haus von Anni und Günter Kropf-Springer zu wohnen, sowie einen Tag im Kreise von Freunden in dem angenehmen Cafe Holtermann in Lüdinghausen. Und außerdem hatte ich noch das Privileg, kurz zuvor etliche Termine wahrzunehmen, wie etwa in Brandenburger Schulen zu sprechen, auch in einer Kath. Erwachsenbildungstätte in Köln sowie in einer Fachhochschule in Köln und zuletzt in dem Damenkreis des Münster Zivilklubs.

Nun wird Neues auf mich zukommen. Doch zwei Dinge werden immer mit mir sein: die Liebe meines Sohnes zu mir und meine zu ihm und seiner kleinen Familie - und zu Afrika. Wie er einmal schrieb:

In Afrika ist das Gras hart
die Sonne weich
weich wie die Wange
einer schwarzen Madonna
Hart wie ihre Füße
Frauenfüße sind hart und eilig
um die Sonne zu erhaschen
das Wasser
den Rythmus des Lebens

Ende

NACHWORT

von Nadine Gordimer

Die Autorin dieses Buches gehört zu den Menschen, hinter deren Leben eine nicht zu beantwortende Frage steht. Warum entkam dieses kleine Mädchen mit der von den Nationalsozialisten zum Makel gemachten jüdischen Abstammung dem allzu frühen Tod in der Gaskammer? Warum wagten ihre Eltern mit ihr gerade noch rechtzeitig die einsame Flucht in ein unbekanntes Land, während andere noch verhängnisvoll zögerten? Vorsehung, Schicksal – wir wissen nicht, woraus dieser Überlebensinstinkt, dieses so vollständige Gegenteil des Heimatgefühls, entspringt. Die Heimat zu verlassen heißt, zu überleben.

Doch nicht mit Notwendigkeit lebt man danach glücklich. Ruth Weiss wuchs hernach in einem Land auf, in dem nicht der gelbe Stern, sondern die schwarze Farbe der Haut das Brandzeichen des Opfers war. Als Weiße hätte sie damit zufrieden sein können, in Südafrika jene vollen Bürgerrechte zu genießen, die man den Schwarzen verweigerte. Auch wenn die eingewanderte Familie in Armut lebte, hatte sie doch unwillkürlich Anspruch auf die bessere, ausschließlich den Weißen vorbehaltene Bildung. Als Weiße hätte sie ihr Leben lang wie selbstverständlich die ihr automatisch zustehenden Privilegien hinnehmen können, die man den Schwarzen gleichfalls verweigerte: besondere Verkehrsmittel, gesonderte Bibliotheken, Theater, Hotels oder auch die Freiheit, ihren Wohnort wie ihren Beruf und Arbeitsplatz nach ihrem Wunsch zu wählen. Doch tritt uns in der sanften Stimme dieser glaubwürdigen und beeindruckenden Autobiographie ein Mädchen, eine Frau, entgegen, die die Verantwortung für die Verhältnisse in ihrem Einwanderungsland gerade so annahm, als wäre sie in diese Bedingungen hineingeboren worden. Noch dazu in einer Weise, wie dies nur sehr wenige Weiße getan haben.

Ich muss gestehen, dass Ruth Weiss eine zutiefst außergewöhnliche Persönlichkeit und ihr Buch ein außergewöhnliches Buch ist. Dies ist ein sehr persönliches Urteil, das mehr als 30 Jahre zurückreicht, was den Respekt, den ich ihr als Person entgegenbringe, betrifft. Er ist durch das Buch, das sie jetzt geschrieben hat, erneuert worden. Die sehr schüchterne junge Frau, die ich vor vielen Jahren im Schatten ihres höchst intellektuellen Ehemannes traf, der um vieles älter war als sie, ließ in ihrem mangelnden Selbstvertrauen keinerlei Anzeichen jener schöpferischen Intelligenz, jenes politischen Scharfsinns und jenen

Mutes erkennen, die tief in ihrem Inneren schlummerten. Die natürliche Bescheidenheit, die auch noch die reife Frau in ihrem Selbst-Vertrauen in die eigene Unabhängigkeit und das in den Jahren Erreichte kennzeichnet, ließ es ziemlich unwahrscheinlich erscheinen, dass sich diese Frau, die dem Leben und Schicksal anderer so tief verbunden ist, jeden Seiten einer Autobiographie anvertrauen würde. Ich weiß – da ich sie so lange und so gut kenne –, dass es nicht Eitelkeit war, die sie trieb; nichts könnte ihrer Natur ferner liegen. Ich glaube, dass sie – und dies wird jedem, der dieses Buch liest, deutlich – in der Rückschau auf ihr Leben erkannte, dass Vorsehung, Schicksal, Zufälligkeit der Geburt und das Drama der Geschichte – man bezeichne es, wie man es will – ihr Leben einem Handlungsmuster unterwarfen, das vornehmlich zu diesem Jahrhundert gehört. Dass es ein Stück Menschheitsgeschichte beinhaltet, das man nicht für sich behalten, sondern vor uns, vor ihren Zeitgenossen, ausbreiten sollte. Denn ein Leben, das von zwei der bestimmenden Ereignisse des 20. Jahrhunderts, dem Faschismus und dem Rassismus in Europa (das Dritte war der Aufstieg und Fall des Sozialismus), und dem Höhepunkt allen Rassismus, wie er sich in Südafrika herausbildete, grundsätzlich geprägt und bestimmt wurde, ist schon so etwas wie ein Modell für die condition humaine in unserem Jahrhundert. Und in der zehnten Dekade dieses Jahrhunderts ist die Zeit der Zusammenfassungen gekommen.

Unerwarteterweise fand ich heraus, dass diese schüchterne junge Frau, die so augenscheinlich eine unterwürfige Schülerin zu Füßen ihres Mannes war, in Wahrheit jene Aufsätze mit politischen Analysen über die 50er und 60er Jahre in Südafrika schrieb, die unter dem Namen ihres Mannes in bedeutenden deutschen Zeitungen erschienen. Damit sei nicht abgestritten, dass sie eine Menge von ihm lernte; dies ist vielmehr ein frühes Beispiel, wie Ruth Weiss ihr Leben lang dem Lernen gegenüber aufgeschlossen war und die Fähigkeit besaß, daran zu wachsen. Sie, die sich so wenig um Geld kümmerte und immer so wenig davon besaß, wurde sowohl in Afrika als auch in England zur anerkannten Finanzjournalistin. Sie, die Weiße und Europäerin, hörte auf die Schwarzen in ihrem Land, in Südafrika, in Zambia und Zimbabwe, lernte von ihnen und wurde zu einer klugen und hochgeachteten Vermittlerin afrikanischen Gedankenguts, afrikanischer Ziele und Strategien, zur Freundin vieler Schwarzenführer und – vielleicht ist dies noch wichtiger – einfacher Menschen. Sie hat ihre journalistischen Fähigkeiten an eine ganze Generation junger afrikanischer Journalistikstudenten weitergeben.

Ihr Bericht über diese Phase ihres Lebens kommt einer Antwort an all jene gleich, die die Hände heben und fragen, was ein Weißer in Südafrika tun könne. Ihre Identifikation mit den Problemen Afrikas und vor allem mit denen der Menschen in den Staaten der südafrikanischen Region ist nicht lediglich eine Angelegenheit angewandter Intelligenz: Sie hat sich als eine der Ihren erwiesen und wird von den Afrikanern als solche vollständig angenommen. Afrikanität ist nicht nur eine Frage der Hautfarbe; sie ist vor allem eine Angelegenheit des Herzens sowie menschlicher Bindung und Anteilnahme, und Ruth Weiss verfügt über beides.

Diese stille Frau offenbarte Mut bei ihren politischen Verbindungen und Handlungen. Diese wiederum entstanden aus der nahezu furchteinflößenden Ehrlichkeit, die sie kennzeichnet: Glaubt sie an die Richtigkeit einer Sache, handelt sie entsprechend, im vollen Bewusstsein der möglichen Konsequenzen. Im Ergebnis ihres Widerstandes gegen die Apartheid verwehrte man ihr in den Jahren, in denen sie in anderen Teilen Afrikas sowie in Europa arbeitete, die Einreise nach Südafrika, ihrem Heimatland. Ich besuchte sie in Zimbabwe und fand ihr Haus wie immer offen für jeden, der Bett und Mahlzeit benötigte – und manchmal auch Obdach einer ganz anderen Art. Ihr jeweiliges Zuhause in London oder Afrika war immer sichere Zuflucht für Exilanten und Vertriebene. Rührt dies her von ihrer eigenen, lange zurückliegenden Kindheitserfahrung als flüchtige Einwanderin? Ich glaube nicht. Sie verfügt über jene Anteilnahme, die sich auf ganz andere Nöte und Bedürftigkeiten erstreckt als auf jene, die sie einmal erlebte. Auch wenn ich mit ihr befreundet bin, kann ich ganz objektiv sagen, dass sie die menschlich wärmste und anteilnehmendste Frau ist, der ich je begegnet bin.

Spricht man von ihr als Frau, so lässt sich an ihrem Lebensweg, obwohl sie nichts weniger als eine hartgesottene Feministin ist, der mutige wie schwierige Weg einer Frau zur Emanzipation nachvollziehen. Nachdem sie aufgehört hatte, unter dem Namen eines Mannes – zudem noch ihres Ehemannes – in der Tradition des 19. Jahrhunderts, der Brontë und der George Eliot zu schreiben, wandte sie sich der Männerwelt zu, der von Männern beherrschten Welt des Finanzjournalismus und des politischen Kommentars. Und in ihrem Privatleben gab sie sich nach der Scheidung nicht damit zufrieden, ihre Gefühle verdorren zu lassen und das Recht auf Mutterschaft aufzugeben, sondern entschied sich dafür, allein ein Kind aufzuziehen. Ich erinnere mich sehr gut daran, wie sie zu mir kam, um mit mir diese Entscheidung zu besprechen, denn eine bewusste Entscheidung war es – Ruth ist zwar mutig, hat aber aus ihrem Leben nie ein Hasardspiel gemacht. Das Recht, in einer Welt ihre eigenen Entscheidungen zu treffen, in der viel zu viele Entscheidungen über ihr Leben von Regierungen und Diktatoren gefällt wurden, ist ihr heilig. Ich war diejenige, die zweifelte: Ich wies darauf hin, dass sie keine Familie habe, keinerlei Spargroschen, der ihr dabei helfen könne, ein Kind allein aufzuziehen und dabei zu arbeiten. Sie aber hatte mehr Mut als ihre Beraterin, und das Ergebnis war ihr Sohn, ein entzückendes Kind, das nun zu einem wunderbaren Mann herangewachsen ist. Die Zuneigung zwischen den beiden ist einer der durch seine Wärme überzeugenden Aspekte dieses Buches, das voll von Anekdoten und Charakteren ist, von den Kaffeehausgesprächen deutsch-jüdischer Intellektueller, die sich im Exil in Johannesburg versammelten, und der weißen kolonialen Bohemia der Neunziger bis hin zu den dramatischen Treffen und Freundschaften mit schwarzen Politikern überall im südlichen Afrika. Ruths Talent ist weitschweifig veranlagt und erweckt die Stimmen und Gesichter hinter den politischen Veränderungen zum Leben.

Ende 1992 gestattete die südafrikanische Regierung Ruth Weiss die Einreise nach Südafrika und dies im Zusammenhang mit einer Mission, die deutlich zeigt, wie das Apartheid-Regime bröckelt. Sie kam als Mitglied einer Kommission des Weltkirchenrates, um die in den von Schwarzen bewohnten Gebieten herrschende, politisch motivierte Gewalt zu beobachten. Das Mädchen, das einst dem Ghetto entkommen war, kehrte zurück, um für ein paar Wochen in den riesigen Schwarzenghettos zu leben, die die Apartheid geschaffen hatte. Nach dieser Erfahrung verbrachte sie ein paar Tage bei mir, schwer betroffen von dem, was sie an Verzweiflung und Leiden im Leben der Menschen erlebt hatte. Einmal schrieb sie: »... ungeachtet dessen, was einen bestimmten Vorfall auslösen mag, es gibt nur einen einzigen ursächlichen Grund: Apartheid. Ihr Erbe an Armut, Entbehrung und Misstrauen, die vernichtenden Auswirkungen auf die Wirtschaft – all dies wird zumindest für eine Generation Südafrika und sein Hinterland prägen.« Und ihr Leben fasst sie folgendermaßen zusammen: »... Zwei Dinge werden immer mit mir sein: die Liebe meines Sohnes zu mir und meine zu ihm, und zu Afrika.«

Jedem, der dieses Buch liest, wird es offenbaren, wie viel Engagement, Suche, geduldiges Verstehen, Toleranz, Mut und Wärme dieser einfache Satz im Leben dieser Frau bedeutet.

BIOGRAPHISCHE NOTIZ

Ruth Weiss wurde am 26. Juni 1924 als Ruth Löwenthal in Fürth geboren. 1927 ging die Familie bis 1931 nach Hamburg, anschließend nach Rückesdorf bei Nürnberg und zwei Jahre später zurück nach Fürth. 1936 folgte die Mutter mit den beiden Töchtern dem bereits emigrierten Vater via Hamburg nach Südafrika. In Johannesburg betrieb die Familie Löwenthal ein Lebensmittelgeschäft. Nach der High School arbeitete Ruth zwei Jahre als Angestellte in einem Rechtsanwaltsbüro, bis sie ab 1944 für vier Jahre in der Buchhandlung ihres Mannes, Hans Weiss, beschäftigt war. Nach weiteren vier Jahren in einem Versicherungsbüro zog sie nach London, arbeitete in dem Verlag »Elek Books« und ging nach zwei Jahren zurück nach Südafrika, nun neben ihrer erneuten Tätigkeit in der Versicherung der Assistentin ihres Mannes, er war Korrespondent für deutsche Medien.

1960 stieg sie selber in den journalistischen Beruf ein und war für zwei Jahre Business Editor beim »Newscheck« in Johannesburg, anschließend ging sie bis 1965 zur »Financial Mail«. 1966 bis 1968 war sie Bürochefin der »Financial Mail« in Salisbury im damaligen Südrhodesien. Von dort aus ging sie wiederum nach London und arbeitete für den »Guardian« und den »Investors Chronicle«. 1971 wurde sie Business Editor bei der »Times of Zambia« und dortige Korrespondentin der »Financial Times«. 1975 bis 1978 lebten Ruth Weiss und ihr Sohn in Köln, sie war dort Chefin vom Dienst der Afrika-Redaktion der Deutschen Welle. Es folgten vier Jahre Freelance, abermals in London. Einer der dortigen Schwerpunkte war die Berichterstattung der Lancaster House-Gespräche und die Gründung der Journalistengruppe »Link-up«. 1980 begleitete sie die Unabhängigkeit Zimbabwes und organisierte das erste Medienseminar (finanziert von der Ebert-Stiftung) für das dortige Informationsministerium. 1982, kurz nach einer Reise mit Euro-Parlamentariern nach Angola, zog Ruth Weiss mit ihrem Sohn nach Harare, um für den »Zimbabwe Mass Media Trust« und als Ausbilderin für Wirtschaftsjournalisten am Polytechnikum tätig zu sein. In den nächsten Jahren folgten freie Aufträge als Journalistin, Gründung und Aufbau des »Southern African Economist« und die Arbeit an verschiedenen Büchern und Filmen, verbunden mit Vortragsreisen und Seminaren in Europa zur Situation des südlichen Afrika. 1987 arbeitete sie in Harare für dsa »Zimbabwe Institute for Southern Africa (Zisa)«, welcher unter dem Dach »Cold Comfort Farm Trust« gegründet wurde. Zisa organisierte geheime Treffen zwischen de Befreiungsbewegungen und weißen Südafrikanern, die beide das Ende der Apartheid herbeiführen wollten. Im Juni 1990 besuchte sie zum ersten Mal seit 1966 Johannesburg. 1992 folgte der Umzug nach England, auf die Isle of Wight, dort lebte Ruth Weiss als Autorin und freie Journalistin im »Ruhestand«. Der Umzug ihres Sohnes nach Dänemark führte Ende 2002 zu einer weiteren Veränderung: sie zog nach Lüdinghausen im Münsterland. Ende 2015 zog sie doch zu ihrer kleinen Familie nach Dänemark.

Freie journalistische Arbeiten
für die Zeitungen und Publikationen u.a.: African Contemporary Record, African Business, Africa Now, Southscan, Gemini, Afrika, Vorwärts, Sonntagsblatt, taz, Evangelischer Pressedienst, Wochenzeitung Zürich und für die Rundfunkanstalten: Deutsche Welle, BBC – Africa Focus, NDR, WDR, Südwestfunk, Hessischer Rundfunk, Radio Bremen, Swiss Radio, Österreichischer Rundfunk, Zambia TV.

Veröffentlichungen (Auswahl)

THE ECONOMIC FACTOR; London 1970
SYDAFRIKA; Stockholm 1977
STRATEGIC HIGHWAYS; zus. mit Guy Arnold, London 1977
FRAUEN GEGEN APARTHEID; Reinbek bei Hamburg 1980
EIN LIED OHNE MUSIK; Gelnhausen 1981
FRAUEN VON ZIMBABWE; München 1983
AFRIKA DEN EUROPÄERN; zus. mit Hans Mayer, Wuppertal 1984
WIR SIND ALLE SÜDAFRIKANER; Hamburg 1986
WOMEN OF ZIMBABWE; London und Harare 1986
ECONOMIC WRITING; Harare 1987
MANDELAS ZORNIGE ERBEN; ZUS. mit Hannelore Oesterle, Wuppertal 1987
DIE SAAT GEHT AUF; Wuppertal 1987
FERESIA; mit Fotos von Graham de Smidt, Wuppertal 1988
MENSCHEN WERFEN SCHATTEN; Wuppertal 1989
ZIMBABWE. THE NEW ELITE; London 1993
MEINE SCHWETER SARA; Augsburg 2002
DER JUDENWEG; Berlin 2004
MITZIS HOCHZEIT; Augsburg 2007

VERZEICHNIS DER ABKÜRZUNGEN VON INSTITUTEN UND PARTEIEN

ANC African National Congress. Erste nationalistische afrikanische Partei, gegründet 1912. Sie wurde 1960 verboten und im Februar 1990 wieder legalisiert. Seit 1993 ist sie als zukünftige Regierungspartei Südafrikas anzusehen.

ANC African National Congress of Northern Rhodesia, 1948 von Godwin Lewanika gegründet. Bald darauf wurde Harry Nkumbula Generalsekretär und Präsident des Kongresses.

ANC Südrhodesische Partei, die nach dem südafrikanischen ANC benannt wurde. Ebenfalls 1960 verboten. Nachfolgeparteien:→ NDM, → ZAPU (& → ZANU).

ANC African National Council, 1971 gegründete Partei in Zimbabwe, mit dem Ziel, einen britisch-rhodesischen Verfassungsvorschlag abzulehnen. Später: United African National Council, dessen Führer Bischof Abel Muzorewa später Kollaborateur des Smith-Regimes war.

APLA Azanian Peoples Liberation Army, Militärflügel der südafrikanischen Befreiungsbewegung: → PAC.

ARM Armed Resistance Movement, liberale Sabotagegruppe weißer Intellektueller in Südafrika, aus Solidarität zur schwarzen Bewaffnung.

ARM Afrikaner Resistance Movement: → AWB

AVF Afrikaner Volksfront unter Leitung des Generals Constand Viljoen, sowie → FA

AWB Afrikaner Weerstandsbeweging, auch Afrikaner Resistance Movement (ARM). Neofaschistische Bewegung, in den 8oer Jahren von weißen Rechtsextremisten gegründet. Ihr Führer ist Eugene Terreblanche.

BCM Black Consciousness Movement. Entstand in Südafrika Ende der 70er Jahre. BCM-Organisationen leiteten den Aufstand der Jugend in den 70er Jahren.

BOSS Bureau of State Security. Südafrikanischer Geheimdienst in den 60er Jahren, später umbenannt.

CIO Central Intelligence Organization, Geheimdienst in Südrhodesien/Zimbabwe.

COSATU Congress of South African Trade Unions.

CP Communist Party of South Africa, nach dem Verbot 1950:→ SACP

CSO	Central Selling Organization, ein Diamantenhandelsmonopol, organisiert von der De Beers Gesellschaft.
DP	Displaced Person.
DRC	Dutch Reformed Church.
DW	Deutsche Welle, Rundfunkanstalt in Köln.
FA	Freedom Alliance, Bündnis rechtsextremer Weißer mit einigen Homeland-Führern wie KwaZulus Gatsha Buthelezi.
FNLA	Front for the Liberation of Angola. Freiheitsbewegung, in den 60er Jahren gegen Portugal gegründet. Führer Holden Roberto, Stützpunkt Kongo (Zaire).
FRELIMO	Frente de Libertacao de Mocambique. Mosambikanische Befreiungsbewegung, 1963 gegründet, erkämpfte erfolgreich die Unabhängigkeit und bildete ab 1975 die Regierung des Landes.
Inkatha	(Inkatha Ye Nkululeko Ye Sizwe), Nationale kulturelle Freiheitsbewegung, herrschende Partei im Homeland KwaZulu, unter Mangosuthu Gatsha Buthelezi. Diese Bewegung verfolgt fast ausschließlich die Interessen der Zulu-Bevölkerung und tritt gewalttätig gegen den → ANC und → UDF an. Die Inkatha ließ sich zu den Wahlen 1994 aus taktischen Gründen nicht aufstellen.
KANU	Kenya African National Union. Regierungspartei Kenyas.
LP	Liberal Party. 1953 von Alan Paton gegründet, als Forum nicht nur weißer Oppositioneller, u.a. im südafrikanischen Parlament. In den 60er Jahren nach dem Verbot gemischtrassiger Parteien aufgelöst.
MK	→ Umkhonto we Sizwe
MMD	Movement for Multiparty Democracy. Partei in Zambia, geführt von Frederick Chiluba. Löste 1991 die Regierung von Kenneth Kaunda ab.
MNR	Mozambique Resistance Movement – RENAMO. In den 7oer Jahren vom rhodesischen Geheimdienst gegründet, nahm die Organisation nach 1980 unter südafrikanischer Leitung an Umfang zu und sabotierte erfolgreich die → FRELIMO-Regierung.
MPLA	Movimento Popular de Libertacao de Angola. Erfolgreichste Befreiungsbewegung Angolas gegen Portugal. Seit November 1976 Regierungspartei.

NDM National Democratic Party, Nachfolgepartei des südrhodesischen → ANC.

NP National Party, Regierungspartei Südafrikas ab 1948 bis 1993.

OAU Organization of African Unity Dachorganisation afrikanischer Staaten, gegründet 1963.

PAC Pan Africanist Congress, spaltete sich 1959 vom südafrikanischen → ANC ab, leitete unter ihrem Führer Robert Sobukwe die Proteste gegen die Passgesetze, die im März 1960 zum Massaker von Sharpeville führten und zum anschließenden Verbot von PAC und ANC. Im Februar 1990 ebenfalls wieder legalisiert → POQO.

PAIGC Partido Africano de Independencia da Guine e do Cabo Verde. Befreiungsbewegung von Guinea Bissau gegen Portugal.

PLO Palestinian Liberation Organization.

POQO (bedeutet in etwa: »rein«, »gereinigt«). Dem → PAC zuzurechnende Sabotagegruppe, nach dem Massaker von Sharpeville gegründet.

PWV Bezeichnung für das Gebiet: Pretoria–Witwatersrand–Vereeniging. Hoch industrialisiertes Gebiet im Transvaal.

RENAMO Resistencia Nacional Mocambicana → MNR.

RSA Republic of South Africa.

SA South Africa.

SACP South African Communist Party, 1921 von osteuropäischen Emigranten gegründet, übte Einfluss auf den → ANC und → PAC aus. Nach dem Verbot der Partei 1950 wurde der Congress of Democrats gegründet.

SASO Erste schwarze Studentenorganisation, 1968 von Steve Biko in Südafrika gegründet.

TANZAM auch: TAZARA, Tanzania-Zambia Railway Authority. Eigentümergesellschaft der in den 70er Jahren von China gebauten Eisenbahnlinie zwischen Tanzania und Zambia.

UDF United Democratic Front, 1983 durch den Zusammenschluss von über 600 Organisationen in den Townships gegründet, um die Wahlen und die neue Verfassung Bothas zu boykottieren. Unterstützt von kirchlichen und gewerkschaftlichen Kräften, wurde sie zur wichtigsten oppositionellen Bewegung der 80er Jahre.

UDI Unilateral Declaration of Independence. Illegale Unabhängigkeitserklärung des Ian Douglas Smith, Premierminister von Südrhodesien, am 11. November 1965.

UKV Unabhängige Kulturvereinigung, kulturelle Gruppe intellektueller Immigranten in Johannesburg.

Umkhonto Umkhonto we Sizwe, »Speer der Nation«, → MK. Militärflügel des → ANC in Südafrika, aus dem Exil agierend. 1960 von ANC und → SACP gegründet.

UNIP United National Independence Party. Partei in Zambia, geführt von Kenneth Kaunda. Ab der Unabhängigkeit 1964 Regierungspartei, bis 1991.

UNITA Uniao Nacional para a Independencia Total de Angola, Vereinigung für die totale Befreiung Angolas. In den 60er Jahren von Jonas Savimbi gegründet. Bildete 1975 zusammen mit → FNLA und → MPLA die Übergangsregierung, kämpfte jedoch noch im selben Jahr an der Seite der FNLA gegen die MPLA. Stark von Südafrika und Washington unterstützt.

UANC United African National Council, Nachfolgepartei des südrhod. ANC unter Bischof Muzorewa.

UNRRA United Nations Relief und Rehabilitation Administration. Erste Nachkriegshilfsorganisation für »Displaced Persons«.

ZANU Zimbabwe African National Union. Spaltete sich unter der Leitung von Ndabandingi Sithole (später Robert Gabriel Mugabe) von der → ZAPU ab.

ZANU (PF) ZANU (Patriotische Front), der neue Name der Partei nach Mugabes Abkommen mit der → ZAPU.

ZAPU Zimbabwe African People's Union. Nachfolgepartei des südrhodesischen → ANC, nach dessen Verbot die → NDM gegründet, wiederum verboten und durch ZAPU ersetzt wurde. Die ZAPU wurde 1963 gespalten in ZAPU, geführt von Joshua Nkomo, und → ZANU.

HISTORISCHER ÜBERBLICK

Kursiv gesetzter Text bezeichnet die separate Entwicklung der südafrikanischen Region, z. B. Rhodesien, Zambia, Zimbabwe, Angola, Mosambik etc.

1652	Ankunft der ersten weißen Siedler der Holländischen Ost-Indischen Gesellschaft am Kap der guten Hoffnung.
1658	Die ersten 400 Sklaven werden importiert: Es beginnt die Herrschaft der Weißen.
1688	Hugenotten wandern als Siedler ein.
1774	Erste südafrikanische Missionsstation bei Genadendal.
1779	Der erste sogenannte »Kaffirkrieg« mit dem Volk der Xhosa.
1795	Erste englische Besetzung des Kaps.
1806	Erneute englische Besetzung des Kaps.
1814	Großbritannien übernimmt von Holland das Kap als Kolonie.
1820	Großbritannien wirbt etwa 5.000 Kolonisten für Südafrika an.
1828	Tod des Zulu-Königs Shaka, dessen Herrschaft eine schwarze Völkerwanderung verursacht hatte.
1834	Zum Entsetzen der Buren wird von London aus die Sklaverei verboten.
1836	Beginn des Großen Treks, des Auszugs der Buren aus dem Kap ins Landesinnere.
1838	Kampf der Zulus gegen die Buren im heutigen Natal, endend mit der Schlacht am danach benannten Blutfluss.
1842	Gründung des Oranje-Freistaates.
1843	Natal wird britische Kolonie.
1853	In Transvaal wird die Südafrikanische Republik ausgerufen.
1857	Großbritannien siedelt deutsche Legionäre im heutigen Kap an.
1866	Im Kap werden erste Diamanten gefunden, damit beginnt eine Phase der Industrialisierung.
1873	Im Lydenburg-Bezirk wird erstes Gold gefunden. Spätere Entdeckungen um 1884 in Witwatersrand im Transvaal legen den Grundstein für Südafrikas wirtschaftliche Entwicklung.

1884 Gründung von Deutsch-Südwestafrika im heutigen Namibia, mit Ausnahme von Walfischbay.

1890 *Besetzung von Südrhodesien durch die British South Africa Company des Premierministers des Kaps, CecilJohn Rhodes.*

1893 *Aufstand in Matabeleland, gefolgt 1896 vorn Aufstand in Mashnaland, beides in Südrhodesien.*

1894 Mahatma Gandhi gründet die erste indische Partei, den Natal Indian Congress.

1898 Beginn des zweiten Anglo-Buren-Krieges, bis 1902.

1906 Gandhi initiiert den passiven Widerstand in Natal.

1909 Eine schwarze Delegation fährt nach London, um Whitehall an die Existenz der schwarzen Bürger und deren Rechte in einem neuen Südafrika zu erinnern. Die Delegation wird mit der Meinung vertröstet, dass der weiße Mann ihre Rechte beachten wird.

1910 Gründung der Union von Südafrika mit neuer Verfassung, aus den ehemaligen Burenrepubliken Transvaal und Oranje Vrystaat und den früheren britischen Kolonien Natal und Kap.

1912 Gründung des ANC, African National Congress, zuerst als South African Native National Congress, die erste nationale schwarze Partei.

Gründung der Afrikaner Nationalist Party.

1913 Das neue Landgesetz begrenzt den Landbesitz der Schwarzen auf etwa 7,3% der Gesamtfläche, 1936 wird dies auf 13% erweitert, dies ist noch 1981 das legale Ausmaß der gesamten Homelands.

Die Passgesetze sollen auch auf Frauen ausgedehnt werden. Frauendemonstrationen verhindern diese Erweiterung.

1915 Südafrika besiegt die Deutschen in Deutsch-Südwest. Mit dem Ende des Ersten Weltkriegs wird Südwest zum südafrikanischen Mandatsgebiet.

1918 Gründung des burischen Geheimbundes Broederbond.

1922 *Streik weißer Minenarbeiter. Südrhodesien erhält den Status einer selbstregierenden Kronkolonie.*

1927 Das Gesetz des Immorality Act verbietet außerehelichen Geschlechtsverkehr zwischen Mitgliedern verschiedener Rassen.

1930 Polizeistunden für Schwarze dürfen eingeführt werden. Rezession in Südafrika: Das Problem der armen Weißen

wird durch eine Art Sozialhilfe unter der afrikaans-spre chenden Bevölkerung, den Reddingdaadsbond und durch Anstellungen in ungelernten Posten im Öffentlichen Dienst zum Teil gelöst.
Weiße Frauen erhalten das Wahlrecht.

1934 Nach der Gründung der UP, der United Party, aus SAP und NP spaltet D.F. Malan wiederum die GNP, die Gesuiwerde (gereinigte) Nationale Partei ab, als Folgeorganisation der bisherigen NP. Neue Bestimmungen entziehen den noch auf der Wahlliste des Kap stehenden Schwarzen das Stimmrecht.

1939 Südafrika erklärt Deutschland den Krieg. Anti-Regierungsgruppen wie der Ossewabrandwag (in der der spätere Premier John Vorster ein General war) führen Sabotageakte aus. Mitglieder werden inhaftiert. Deutsche werden ebenso in Haft genommen. Unruhen zwischen südafrikanischen Soldaten und Anhängern der Oppositionspartei NP in Johannesburg.
Smuts wird Premierminister.

1944 Mitglieder des ANC, Nelson Mandela, Walter Sisulu, Oliver Tambo, Robert Sobukwe und andere, gründen die African Congress Youth League.

1945 Rückkehr der Soldaten und Gründung des militanten Torch Commando, Vorgänger der Progressiven Partei, der späteren Federal Progressive Party.

1946 Streik von 60.000 schwarzen Minenarbeitern.

1947 *Joshua Nkomo wird Präsident des ANC in Südrhodesien.*

1948 Die Afrikaaner, afrikaans-sprechende Südafrikaner, gewinnen unter der Führung von Malans neuer NP die Wahl und rufen die Parole der Apartheid aus.

1949 Das ehemalige Deutsch-Südwest erhält direkte Abgeordnete für das südafrikanische Parlament. Die industrielle Entwicklung löst die Rezession der 30er Jahre ab.

1950 Die Kommunistische Partei wird verboten. Die Bevölkerung muss sich nach Rassen eintragen, Ehen zwischen Mitgliedern verschiedener Rassen werden verboten.

1952 Der ANC beginnt seine friedliche Kampagne gegen die Passgesetze und gegen die neue Apartheidsgesetzgebung. Das System der Bantu-Erziehung wird eingeführt. Das Land wird mit dem Gruppengebietsgesetz eingeteilt in Lebens-

und Arbeitsbereiche für Mitglieder verschiedener Rassen.

Räumungen von »black spots« durch Umsiedlung von Millionen schwarzer Menschen.

1953 *Gründung der Zentralafrikanischen Föderation von Süd- und Nordrhodesien und Nassaland.*

Erste Öl-aus-Kohle-Produktion.

Die NP gewinnt die Wahlen, die Liberal Party und der Congress of Democrats werden gegründet.

Der Separate Amenities Act regelt die Benutzung von öffentlichen Einrichtungen nach Rassen.

1955 Die Congress Alliance des ANC, South African Indian Congress, Congress of Democrats u.a. verkündet die Freiheits-Charta.

Die Homeland-Politik wird in die Praxis umgesetzt.

1956 Neue Passgesetze, die auch für Frauen gelten.

Kap-Mischlinge verlieren ihr Wahlrecht endgültig.

Beginn eines vierjährigen Hochverratsprozesses gegen 156 Personen aller Rassen, die später für nicht schuldig befunden werden.

1958 Erste All-African Peoples Conference in Accra (Ghana).

1959 Robert Sobukwe tritt aus dem ANC aus und gründet den Pan Africanist Congress.

In Angola bildet sich die MPLA.

1960 Der britische Premier Harold Macmillan hält im Kapstadter Parlament seine Rede von den »winds of change«, dem »neuen Wind in Afrika«

In Sharpeville werden bei PAC-Demonstrationen gegen die neuen Passgesetze 69 Menschen erschossen.

30.000 Männer gehen auf den Protestmarsch von Langa. ANC und PAC werden verboten, beide Parteien entsenden Führer ins Exil und gehen in den Untergrund. Attentat auf Verwoerd.

1961 Südafrika tritt aus dem Commonwealth aus und wird Republik.

Umkhonto we Sizwe (MK), der Militärflügel des ANC, ruft den bewaffneten Kampf aus.

Erste Sabotageakte.

1962 Mandela wird wegen illegaler Grenzüberschreitung inhaftiert.

Die Zentralafrikanische Föderation geht in die Brüche. Kassaland

(Malawi) und Nordrhodesien (Zambia) werden einige Jahre später unabhängig. Verhandlungen wegen Südrhodesien scheitern. Großbritannien zögert die Unabhängigkeit hinaus wegen der rassistischen Einstellung der weißen Siedler. Die Rhodesian Front gewinnt die Wahlen.

1963 Massenverhaftungen von Regierungsgegnern in Südafrika. Das Waffenembargo gegen Südafrika beginnt.

In Angola und Mosambik fallen die ersten Schüsse im Kampf gegen Lissabon.

In Südrhodesien spalten sich die Nationalen Parteien. Die verbotene schwarze Partei teilt sich in ZAPU, Zimbabwe Africans Peoples Union unter Joshua Nkomo, und ZANU, Zimbabwe African National Union unter Ndabandingi Sithole.

Gründung der SWAPO.

1964 In Südafrika werden beim »Rivonia-Prozess« Mandela und andere ANC/KP-Führer zu lebenslanger Haft verurteilt.

Nijassaland wird unabhängig.

Aus Nordrhodesien wird Zambia.

In Mosambik wird die FRELIMO gegründet.

1963 *Die Rhodesian Front des südrhodesischen Premiers Ian Smith erklärt die illegale Unabhängigkeit von London. Großbritannien und die UN verhängen Wirtschaftssanktionen.*

1966 *In Südrhodesien beginnt der bewaffnete Kampf.*

Nkomo, Sithole und andere Führer sind seit 1964 inhaftiert. Die ins Exil gegangene ZAPU und der südafrikanische ANC schicken Guerillas über den Zambezi-Fluss.

Verwoerd wird ermordet.

Auch Südafrika schickt »Polizei« über den Zambezi.

1968 Steve Biko gründet die SASO, South African Students Organization, die erste Organisation der Bewegung des schwarzen Bewusstseins.

1970 *Verfassungsvorschläge für Südrhodesien werden dank einer Kampagne des methodistischen Bischofs Abel Muzorewa von der Bevölkerung abgewiesen.*

1971 Afrikanische Mitglieder der Organisation für afrikanische Einheit diskutieren die Frage eines »Dialogs« mit Südafrika.

1972 Eine Streikwelle in Südafrika führt zur Gründung schwarzer Organisationen und zur Legalisierung schwarzer Gewerkschaften.

Im Nordwesten Südrhodesiens werden erste Farmhäuser von ZANU-Guerillas angegriffen.

1974 Erfolgreicher Putsch in Lissabon.

Die Afrikapolitik Amerikas ändert sich aufgrund der Ereignisse.

Entente-Gespräche zwischen Lusaka (Zambia) und Pretoria (Südafrika) ermöglichen die Entlassung von Nationalisten aus rhodesischen Gefängnissen.

In Lusaka gründen Nkomo, Sithole und Chikerema (FROLI ZI) unter dem Vorsitz von Muzorewa die Einheitspartei United African National Council.

Die Entente scheitert letztlich durch den Einfall südafrikanischer Truppen in Angola.

1975 Verhandlungen zwischen ANC und Smith scheitern, der UANC zerfällt in die alten Einheiten.

Mosambik, Angola und Guinea Bissau werden unabhängig von Portugal.

In Angola formen MPLA, FNLA und UNITA eine Übergangsregierung. FNLA und UNITA werden von der MPLA verdrängt und von Amerika und Südafrika unterstützt.

Kuba gibt Angola Waffenhilfe gegen Südafrika.

1976 In Soweto Aufstand der schwarzen Jugend. Es kommt zum Massaker an den Demonstranten und zu mehrmonatigen Unruhen. 10.000 junge Schwarze fliehen über die Grenzen und stärken den ANC und PAC im Exil. *Die rhodesische ZANU und ZAPU schließen eine Allianz, die Patriotische Front. Verhandlungen führen zur Genfer Konferenz über die Unabhängigkeit Zimbabwes. Diese werden Ende des Jahres abgebrochen.*

1977 Steve Biko stirbt in Polizeihaft.

1978 *Der Rhodesian Secret Service bildet den MNR, um die ZANU unterstützende FRELIMO Zu unterwandern.*

1979 *Die Lusaka-Commonwealth-Konferenz beauftragt Großbritannien mit einer Verfassungskonferenz.*

Während der Lancaster House-Konferenz wird von der Patriotischen Front und dem rhodesischen Regime eine Unabhängigkeitsverfassung ausgehandelt. Bis zu den Neuwahlen wird Rhodesien von der britischen Krone regiert.

1980 Aus Rhodesien wird Zimbabwe. Die ZANU (PF) gewinnt die Wahlen. Mugabe wird Premier-, Nkomo Innenminister.

Dem MK, gestärkt durch den Zuwachs von 1976, gelingt es, verstärkt Kader nach Südafrika einzuschleusen. Die inter-

nationale Free-Mandela-Kampagne gewinnt an Bedeutung.
Die SADCC zur wirtschaftlichen Koordinierung südafrikanischer Staaten wird gebildet.
Südafrikas Premier P. W Botha verstärkt die Destabilisierung der Region und bringt die RENAMO aus Salisbury nach Südafrika, um sie in Mosambik gegen FRELIMO einzusetzen, unterstützt UNITA in Angola, verübt Sabotageakte in Zimbabwe und militärische Aktionen gegen Zambia, Botswana, Lesotho und Namibia.

1984 Botha verabschiedet eine neue Apartheidsverfassung und verstärkt die Homeland-Politik. Dagegen formt sich die UDF United Democratic Front, aus über 600 Organisationen.
Die Situation in den Townships eskaliert zunehmend. In Zululand versucht Premier Buthelezi, den UDF und die Gewerkschaften mit Gewalt zu bekämpfen.

1985 Der internationale Finanzmarkt boykottiert Pretoria, erste effektive Sanktionen gegen Südafrika.
In den schwarzen Vororten herrscht der Ausnahmezustand, die Armee ist vor Ort, weiße Geschäfte und Dienstleistungen werden boykottiert und civics, Bürgerselbstverwaltungen, gegründet. Oliver Tambo ruft dazu auf, Südafrika unregierbar zu machen.

1986 Die Inkatha, KwaZulus »Kulturorganisation« unter Buthelezi, verstärkt die Angriffe auf die UDF und die Bevölkerung der Townships.

1989 P.W. Botha tritt ab, für ihn kommt F.W. De Klerk. Der Broederband erkennt das Versagen der Apartheid. Außer Mandela werden die Gefangenen des Rivonia-Prozesses entlassen.
Gespräche zwischen Südafrika, Angola, Kuba und der Sowjetunion begründen Namibias Unabhängigkeit.

1990 *Namibia wird unabhängig.*
De Klerk legalisiert die Oppositionsparteien, u.a. den ANC, PAC, SACP.
Nelson Mandela wird aus dem Gefängnis entlassen. Der ANC beginnt mit de Klerk zu verhandeln.
Inkatha wird zur Partei und entsendet Kämpfer in die Industriegebiete des PWV-Dreiecks. Sie übernehmen die Mehrzahl der Township-Hostels und verstärken ihren Terror an der Bevölkerung der Townships.
In Natal eskaliert der Kampf.

1992 Von den beteiligten Parteien und der Polizei werden Friedensvereinbarungen unterzeichnet.
Kommissionen untersuchen den gewaltsamen Einfluss der »dritten Kraft«, die versucht, die Verhandlungen von ANC und NP zu untergraben.
De Klerk entläßt hohes militärisches Personal.

1993 Die Gewalt eskaliert. Die Verhandlungen enden am 17. November mit einem Verfassungsentwurf. Das Apart heidsparlament wird aufgelöst, ein Übergangsausschuß übernimmt die Regierung.
In Angola werden die Wahlen von UNITA nicht anerkannt.

1994 Die ersten demokratischen Wahlen in Südafrika sind geplant. Buthelezis Inkatha läßt den Termin zur Anmeldung außer acht.

Ein »Historischer Überblick« in dieser Form kann keinen Anspruch auf Vollständigkeit und Genauigkeit erheben. Er gibt lediglich einen Einstieg in das Thema und zählt Eckdaten auf, die in Zusammen hang mit den in diesem Buch beschriebenen Ereignissen stehen.

oben: Kaufhaus Löwenthal in Aschaffenburg, Aufnahme vor 1913
unten: Hochzeit von Ruths Eltern 1922 in Fürth

oben: Ruths Eltern 1950 in Johannesburg
unten: Selected Books, Weiss & Co., 1944

Ruth Weiss in Johannesburg, 1941

oben: Hans Weiss 1959 in Orange Grove
unten: Kenneth Kaunda vor der Unabhängigkeit vom Sambia 1964

Gorden Winter und der südafrikanische Premierminister John Vorster (links) in Johannesburg 1966

unten: Ruth Weiss 1966 auf den Weg nach Salisbury (Harare)

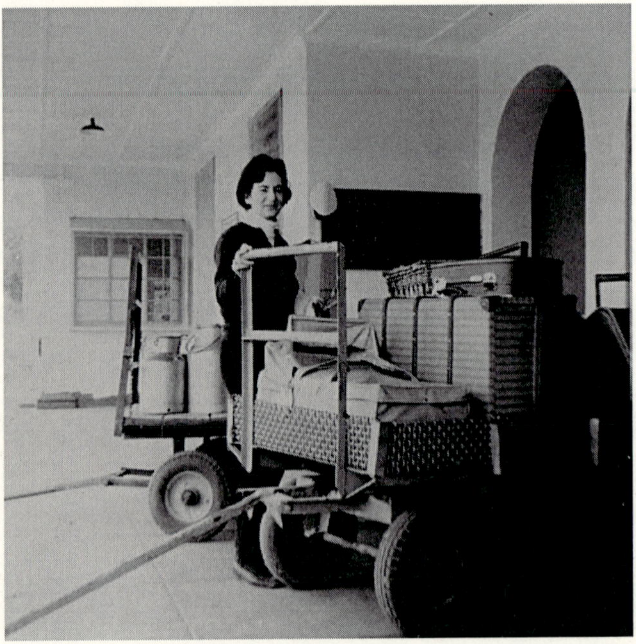

Kenneth Kaunda mit seiner Frau Betty, 1978

Ruth Weiss mit Sacha 1972 in Lusaka

unten: Ruth Weiss in den späten 70er Jahren in Köln

oben: Ruth Weiss und Nadine Gordimer (rechts) mit Premierminister Robert Mugabe, 1980
unten: Sally Mugabe und Ruth Weiss im Büro von ZANU-PF, 1981

oben: Ruth Weiss und Kenneth Kaunda 2010 in Lusaka
unten: Ruth Weiss 2007 auf einer Lesung in der Realschule Erolzen

Gesamtverzeichnis Verlag Edition AV

Anarchie ♦ Theorie ♦ Pädagogik ♦ Literatur ♦ Lyrik ♦ Theater ♦ Geschichte

Gwendolyn von Ambesser ♦ Die Ratten betreten das sinkende Schiff ♦ Das absurde Leben des jüdischen Schauspielers Leo Reuss ♦ 978-3-936049-47-3 ♦ 18,00 €

Gwendolyn von Ambesser ♦ Schaubudenzauber ♦ Geschichten und Geschichte eines legendären Kabaretts ♦ 978-3-936949-68-8 ♦ Preis 18,00 €

Gwendolyn von Ambesser ♦ Schauspieler fasst man nicht an! ♦ Eine Axel von Ambesser Biographie ♦ 978-3-86841-045-7 ♦ Preis 19,90 €

Allan Antliff ♦ Anarchie und Kunst ♦ Von der Pariser Kommune bis zum Fall der Berliner Mauer ♦ ISBN 978-3-86841-052-5 ♦ 18,00 €

Yair Auron ♦ Der Schmerz des Wissens ♦ Die Holocaust- und Genozid-Problematik im Unterricht ♦ ISBN 978-3-936049-55-8 ♦ 18,00 €

Autorinnenkollektiv ♦ Das Frauenkommunebuch ♦ Alltag zwischen Partriarchat und Utopie ♦ ISBN 978-3-86841-227-3 ♦ 24,50€

AutorInnenkollektiv ♦ Pueblo en Armas ♦ Bürgerkrieg und Revolution in Spanien (1936 - 1939) ♦ ISBN 978-3-86841-055-6 ♦ 10,00 €

Alexander Berkman ♦ Der bolschewistische Mythos. Tagebuch aus der russischen Revolution 1920 – 1922. ♦ ISBN 978-3-936049-31-2 ♦ 17,00 €

Franz Barwich ♦ Das ist Syndikalismus ♦ Die Arbeiterbörsen des Syndikalismus ♦ ISBN 978-3-936049-38-1 ♦ 11,00 €

Bilkis Brahe ♦ Tragödien sind albern ♦ Frida Kahlo (1907-1954) eine mexikanische Malerin ♦ ISBN 978-3-936049-80-0 ♦ 16,00 €

Ralf Burnicki ♦ Anarchismus & Konsens. Gegen Repräsentation und Mehrheitsprinzip: Strukturen einer nichthierarchischen Demokratie ♦ ISBN 978-3-936049-08-4 ♦ 16,00 €

Ralf Burnicki ♦ Die Straßenreiniger von Teheran ♦ Lyrik ♦ ISBN 978-3-936049-41-1 ♦ 9,80 €

Ralf Burnicki ♦ Zahnweiß ♦ Kaufhaus-Poetry ♦ ISBN 978-3-936049-78-7 ♦ 9,80 €

Ralf Burnicki & Findus ♦ Hoch lebe sie - die Anarchie! ♦ Anarcho-Poetry ♦ ISBN 978-3-86841-102-7 ♦ 9,80 €

Michael Bootz ♦ Besser wird nischt ♦ Neue Wertschöpfungsgeschichten ♦ Satiren ♦ ISBN 978-3-936049-63-3 ♦ 12,50 €

Rolf Cantzen ♦ Mordskarma ♦ Krimi ♦ ISBN 978-3-86841-103-4 ♦ 16,00 €

CNT ♦ Ein Volk in Waffen (un pueblo en armas) ♦ Soziale Revolution in Spanien ♦ 1936 - 1939 DVD ♦ 12,00 €

Cornelius Castoriadis ♦ Autonomie oder Barbarei ♦ Ausgewählte Schriften, Band 1 ♦ ISBN 978-3-936049-67-1 ♦ 17,00 €

Cornelius Castoriadis ♦ **Vom Sozialismus zur autonomen Gesellschaft** ♦ Über den Inhalt des Sozialismus ♦ Ausgewählte Schriften ♦ Band 2.1. ♦ ISBN 978-3-936049-88-6 ♦ 17,00 €

Cornelius Castoriadis ♦ **Vom Sozialismus zur autonomen Gesellschaft** ♦ Gesellschaftskritik und Politik nach Marx ♦ Ausgewählte Schriften ♦ Band 2.2. ♦ ISBN 978-3-86841-002-0 ♦ 17,00 €

Cornelius Castoriadis ♦ **Das imaginäre Element und die menschliche Schöpfung** ♦ Ausgewählte Schriften ♦ Band 3 ♦ ISBN 978-3-86841-035-8 ♦ 17,00 €

Cornelius Castoriadis ♦ **Philosophie, Demokratie, Poiesis** ♦ Ausgewählte Schriften ♦ Band 4. ♦ ISBN 978-3-86841-063-1 ♦ 17,00 €

Cornelius Castoriadis ♦ **Psychische Monade und autonomes Subjekt** ♦ Ausgewählte Schriften ♦ Band 5 ♦ ISBN 978-3-86841-081-5 ♦ 17,00 €

Cornelius Castoriadis ♦ **Kapitalismus als imaginäre Institution** ♦ Ausgewählte Schriften ♦ Band 6 ♦ ISBN 978-3-86841-094-5 ♦ 17,00 €

Katja Cronauer ♦ **Kommunizieren, organisieren und mobilisieren über E-Mail Listen** ♦ Handbuch für AktivistInnen ♦ ISBN 978-3-86841-010-5 ♦ 11,80 €

Roman Danyluk ♦ **Freiheit und Gerechtigkeit** ♦ Die Geschichte der Ukraine aus libertärer Sicht ♦ ISBN 978-3-86841-029-7 ♦ 11,00 €

Roman Danyluk ♦ **Befreiung und soziale Emanzipation** ♦ Rätebewegung, Arbeiterautonomie und Syndikalismus ♦ ISBN 978-3-86841-065-5 ♦ 18,00 €

Roman Danyluk ♦ **Partisanen und Milizen** ♦ Zum Verhältnis von Gewalt und Emanzipation ♦ ISBN 978-3-86841-100-3 ♦ 18,00 €

Roman Danyluk ♦ **Kiew: Unabhängigkeitsplatz** ♦ Verlauf und Hintergründe der Bewegung auf dem Majdan ♦ ISBN 978-3-86841-105-6 ♦ 14,00 €

Hans Jürgen Degen ♦ **Die Wiederkehr der Anarchisten** ♦ Anarchistische Versuche 1945-1970 ♦ ISBN 978-3-86841-015-0 ♦ 24,50 €

Hans Jürgen Degen ♦ **„... den rostigen Tod einer Maschine."** ♦ Vom Unfug des Staates ♦ Streitschrift ♦ ISBN 978-3-86841-049-5 ♦ 14,00 €

Hans Jürgen Degen ♦ **„Das Paradies ist offen."** ♦ Über das Elend des Individums ♦ Streitschrift ♦ ISBN 978-3-86841-048-5 ♦ 10,00 €

Hans Jürgen Degen ♦ **„... aller Laster Anfang."** ♦ Über die Freiheit ♦ Streitschrift ♦ ISBN 978-3-86841-061-7 ♦ 14,00 €

Hans Jürgen Degen ♦ **Kapitalismus in der Insolvenz** ♦ Über Kapitalismus ♦ Streitschrift ♦ ISBN 978-3-86841-071-6-7 ♦ 14,00 €

Pierre Dietz ♦ **Briefe aus der Deportation** ♦ Französischer Widerstand und der Weg nach Auschwitz ♦ ISBN 978-3-86841-042-6 ♦ 16,00 €

Pierre Dietz ♦ **Das Geister-Festungsfest** ♦ Roman ♦ ISBN 978-3-86841-077-8 ♦ 16,00 €

Jane Doe ♦ **Die andere Farm der Tiere** ♦ Roman ♦ ISBN 978-3-936049-94-7 ♦ 16,00 €

Helge Döhring ♦ **Syndikalismus in Deutschland 1914-1918** ♦ „Im Herzen der Bestie" ♦ ISBN 978-3-86841-083-9 ♦ 17,00 €

Helge Döhring ♦ **Syndikalismus im „Ländle"** ♦ Die Freie Arbeiter-Union Deutschlands (FAUD) in Württemberg 1918 – 1933) ♦ ISBN 978-3-936049-59-6 ♦ 16,00 €

Helge Döhring ♦ Damit in Bayern Frühling werde! ♦ Die syndikalistischer Arbeiterbewegung in Südbayern von 1914 bis 1933 ♦ ISBN 978-3-936049-84-8 ♦ 17,00 €

Helge Döhring & Martin Veith ♦ Eine Revolution für die Anarchie ♦ Zur Geschichte des Anarcho-Syndikalistischen Jugend & **Aus den Trümmern empor** ♦ Anarcho-Syndikalismus in Württemberg ♦ ISBN 978-3-86841-005-1 ♦ 22,00 €

Helge Döhring (Hg.) ♦ Generalstreik ♦ Streiktheorien und -diskussionen innerhalb der deutschen Sozialdemokratie vor 1914 ♦ ISBN 978-3-86841-019-8 ♦ 14,00 €

Helge Döhring ♦ Schwarze Scharen ♦ Die anarcho-syndikalistische Arbeiterwehr (1929 - 1933) ♦ ISBN 978-3-86841-054-9 ♦ 14,90 €

Helge Döhring ♦ Mutige Kämpfergestalten ♦ Syndikalismus in Schlesien 1918 - 1930 ♦ ISBN 978-3-86841-064-8 ♦ 12,00 €

Sam Dolgoff ♦ Anarchistische Fragmente ♦ Memoiren eines amerikanischen Anarchosyndikalisten ♦ ISBN 978-3-86841-501 ♦ 16,00 €

Wolfgang Eckhardt ♦ Von der Dresdner Mairevolte zur Ersten Internationalen ♦ Untersuchungen zu Leben und Werk Michail Bakunins ♦ ISBN 978-3-936049-53-4 ♦ 14,00 €

Magnus Engenhorst ♦ Kriege nach Rezept ♦ Geheimdienste und die NATO ♦ISBN 978-3-936049-06-0 ♦ 8,90 €

FAU ♦ Die ersten 30 Jahre ♦ 1977 - 2007 ♦ ISBN 978-3-86841-004-4 ♦ 14,50 €

FAU Mannheim (Hrsg.) ♦ Mannheims „andere" Arbeiterbewegung ♦ Beispiele eines lokalen Arbeiterradikalismus ♦ ISBN 978-3-86841-108-9 ♦ 14,80 €

Sébastien Faure ♦ Die Anarchistische Synthese und andere Texte ♦ Herausgegeben, bearbeitet und mit Annotationen versehen von Jochen Knoblauch ♦ ISBN 978-3-936049-85-5 ♦ 10,00 €

FAU-Mat ♦ Gender und Arbeit ♦ Geschlechterverhältnis im Kapitalismus ♦ ISBN 978-3-936049-73-2 ♦ 7,00 €

FAU-Bremen ♦ Die CNT als Vortrupp des internationalen Anarcho-Syndikalismus ♦ Die Spanische Revolution 1936 – Nachbetrachtung und Biographien ♦ 978-3-936049-69-5 ♦ 14,00 €

Lutz Finkeldey ♦ Denkwerkzeuge zum soziokulturellen Verstehen ♦ ISBN 978-3-86841-099-0 ♦ 12,00 €

Francisco Ferrer ♦ Die Moderne Schule ♦ Herausgegeben und kommentiert von Ulrich Klemm ♦ ISBN 978-3-936049-21-3 ♦ 17,50 €

Louis Gill ♦ George Orwell ♦ Vom Spanischen Bürgerkrieg zu 1984 ♦ ISBN 978-3-86841-066-2 ♦ 16,00 €

William Godwin ♦ Caleb Williams oder Die Dinge wie sie sind ♦ Historischer Roman (Libertäre Bibliothek 1) ♦ ISBN 978-3-936049-86-2 ♦ 19,00 €

Moritz Grasenack ♦ Spitznamen in Montevarese ♦ Eine interdisziplinäre Untersuchung im Spannungsfeld von Autorität, Gewalt und Rebellion in Namensgebung und Alltag eines kalabresischen Dorfes) ♦ ISBN 978-3-86841-084-6 ♦ 24,50 €

Moritz Grasenack (Hrsg.) ♦ Die libertäre Psychotherapie von Friedrich Liebling ♦ Eine Einführung in seine Großgruppentherapie anhand wortgetreuer Abschriften von Therapiesitzungen ♦ Mit Original-Tondokument und Video auf CD-ROM ♦ISBN 978-3-936049-51-0 ♦ 24,90 €

Marijana Gršak, Ulrike Reimann & Kathrin Franke ♦ Frauen und Frauenorganisationen im Widerstand ♦ In Kroatien, Bosnien und Serbien ♦ ISBN 978-3-936049-57-2 ♦ 17,00 €

Stefan Gurtner ♦ Die Straßenkinder von Tres Soles ♦ Von zerstörten Kindheiten, Selbstorganisation und einem Theater der Unterdrückten in Bolivien ♦ inkl. einer DVD ♦ 978-3-936049-79-4 ♦ 18,00 €

Stefan Gurtner ♦ Das grüne Weizenkorn ♦ Eine Parabel aus Bolivien ♦ Jugendbuch ♦ ISBN 978-3-936049-40-4 ♦ 11,80 €

Stefan Gurtner ♦ Die Abenteuer des Soldaten Milchgesicht ♦ Historischer Roman ♦ ISBN 978-3-936049-62-6 ♦ 14,00 €

Stefan Gurtner ♦ Der verkaufte Fluss ♦ Freilichtspiel ♦ ISBN 978-3-86841-018-1 ♦ 11,80 €

Stefan Gurtner ♦ Guttentag ♦ Das Leben des jüdischen Verlegers Werner Guttentag zwischen Deutschland und Bolivien ♦ ISBN 978-3-86841-069-3 ♦ 24,50 €

Michael Halfbrodt ♦ entscheiden & tun. drinnen & draußen. ♦ Lyrik ♦ ISBN 978-3-936049-10-7 ♦ 9,80 €

Frank Harris ♦ Die Bombe ♦ Roman ♦ ISBN 978-3-86841-053-2 ♦ 14,00 €

Gorden Hill ♦ Fünf Jahrhunderte indigener Widerstand ♦ Roman ♦ ISBN 978-3-86841-011-2 ♦ 9,80 €

Gorden Hill ♦ Indigener Widerstand ♦ Comic ♦ ISBN 978-3-86841-085-3, ♦ 14,00 €

Gorden Hill ♦ Antikapitalistischer Widerstand ♦ Comic ♦ ISBN 978-3-86841-104-1, ♦ 14,00 €

Andreas W. Hohmann (Hg.) ♦ ehern, tapfer, vergessen. ♦ Die unbekannte Internationale ♦ ISBN 978-3-86841-093-8 ♦ 18,00 €

Mathieu Houle-Courcelles ♦ Auf den Spuren des Anarchismus in Quebec (1860-1960) ♦ ISBN 978-3-86841-051-8 ♦ 16,00 €

Maria Regina Jünemann ♦ Die Anarchistin ♦ Historischer Roman ♦ ISBN 978-3-936049-92-3 ♦ 14,00 €

Ernst Kaufmann ♦ Wiener Herz am Sternenbanner ♦ Bruno Granichstaedten ♦ Stationen eines Lebens ♦ ISBN 978-3-86841-096-9 ♦ 18,90 €

Fred Kautz ♦ Weh der Lüge! Sie befreiet nicht...! ♦ Der Umgang mit der NS-Vergangenheit im ‚Stadtlexikon Darmstadt' ♦ Ein deutsches Beispiel ♦ ISBN 978-3-936049-95-4 ♦ 16,00 €

Fred Kautz ♦ Die Holocaust-Forschung im Sperrfeuer der Flakhelfer ♦ Vom befangenen Blick deutscher Historiker aus der Kriegsgeneration ♦ ISBN 978-3-936049-09-1 ♦ 14,00 €

Fred Kautz ♦ Im Glashaus der Zeitgeschichte ♦ Von der Suche der Deutschen nach einer passenden Vergangenheit ♦ ISBN 978-3-936049-34-3 ♦ 12,50 €

Philippe Kellermann ♦ Marxistische Geschichtslosigkeit ♦ Von Verdrängung, Unwissenheit und Denunziation: Die (Nicht-)Rezeption des Anarchismus im zeitgenössischen Marxismus ♦ ISBN 978-3-86841-060-0 ♦ 19,50 €

Philippe Kellermann ♦ Anarchismusreflexionen ♦ Zur kritischen Sichtung des anarchistischen Erbes ♦ ISBN 978-3-86841-082-2 ♦ 17,00 €

David Kessel ♦ Außenseitergedichte ♦ Lyrik ♦ ISBN 978-3-936049-77-0 ♦ 9,80 €

Michaela Kilian ♦ Keine Freiheit ohne Gleichheit ♦ Louise Michel (1930 - 1905), Anarchistin, Schriftstellerin, Ethnologien, libertäre Pädagogin ♦ 978-3-936049-93-0 ♦ 17,00 €

Michaela Kilian ♦ Entlarvte Illusionen ♦ Marina Iwanowna Zwetajewa (1892 - 1941) ♦ 978-3-86841-044-0 ♦ 19,50 €

Ulrich Klemm ♦ Bildung ohne Zwang ♦ Texte zur Geschichte der anarchistischen Pädagogik ♦ 978-3-86841-037-2 ♦ 16,00 €

Ulrich Klemm ♦ Mythos Schule ♦ Warum Bildung entschult und entstaatlicht werden muss ♦ Eine Streitschrift ♦ 978-3-86841-003-7 ♦ 11,80 €

Ulrich Klemm ♦ Anarchisten als Pädagogen ♦ Profile libertärer Pädagogik ♦ ISBN 978-3-936049-05-3 ♦ 9,00 €

Ulrich Klemm ♦ Freiheit & Anarchie ♦ Eine Einführung in den Anarchismus ♦ ISBN 978-3-936049-49-7 ♦ 9,80 €

Rachel Kochawi ♦ Die Blut-Braut ♦ Eine politische Liebesgeschichte ♦ Roman ♦ ISBN 978-3-936049-89-3 ♦ 16,00 €

Rachel Kochawi ♦ Nakajima ♦ Eine Erzählung ♦ inkl. DVD „Das 23. Jahr" ♦ ISBN 978-3-86841-007-5 ♦ 16,00 €

Rachel Kochawi ♦ Das Brot der Armut ♦ Die Geschichte eines versteckten jüdischen Kindes ♦ ISBN 978-3-86841-034+1 ♦ 18,00 €

Norbert „Knofo" Kröcher ♦ ... warum mir die Linke ♦ Knieschüsse oder Die Kritik als Waffe ♦ ISBN 978-3-86841-080-8 ♦ 12,00 €

Gustav Landauer ♦ Internationalismus ♦ Ausgewählte Schriften ♦ Band 1 Herausgegeben von Siegbert Wolf ♦ ISBN 978-3-936049-89-3 ♦ 18,00 €

Gustav Landauer ♦ Anarchismus ♦ Ausgewählte Schriften ♦ Band 2 ♦ ISBN 978-3-86841-012-9 ♦ 18,00 €

Gustav Landauer ♦ Antipolitik ♦ Ausgewählte Schriften ♦ Band 3.1 ♦ ISBN 978-3-86841-31-0 ♦ 18,00 €

Gustav Landauer ♦ Antipolitik ♦ Ausgewählte Schriften ♦ Band 3.2 ♦ ISBN 978-3-86841-36-5 ♦ 18,00 €

Gustav Landauer ♦ Nation, Krieg und Revolution ♦ Ausgewählte Schriften ♦ Band 4 ♦ ISBN 978-3-86841-046-4 ♦ 18,00 €

Gustav Landauer ♦ Philosophie und Judentum ♦ Ausgewählte Schriften ♦ Band 5 ♦ ISBN 978-3-86841-068-6 ♦ 22,00 €

Gustav Landauer ♦ Literatur ♦ Ausgewählte Schriften ♦ Band 6.1 ♦ ISBN 978-3-86841-090-7 ♦ 18,00 €

Gustav Landauer ♦ Literatur ♦ Ausgewählte Schriften ♦ Band 6.2 ♦ ISBN 978-3-86841-091-4 ♦ 18,00 €

Gustav Landauer ♦ Skepsis und Mystik ♦ Ausgewählte Schriften ♦ Band 7 ♦ ISBN 978-3-86841-059-4 ♦ 18,00 €

Gustav Landauer ♦ Wortartist ♦ Ausgewählte Schriften ♦ Band 8 ♦ ISBN 978-3-86841-101-0 ♦ 18,00 €

Gustav Landauer ♦ Friedrich Hölderlin in seinen Gedichten ♦ Ausgewählte Schriften ♦ Band 12 ♦ ISBN 978-3-86841-152-2 ♦ 18,00 €

Tilman Leder♦ Die Politik eines „Antipolitikers" ♦ Eine politische Biographie Gustav Landauer ♦ ISBN 978-3-86841-098-3 ♦ 49,90 €

Samuel Lewin ♦ Dämonen des Blutes ♦ Eine Vision ♦ ISBN 978-3-86841-079-2 ♦ 12,00 €

Markus Liske ♦ Deutschland. Ein Hundetraum ♦ Satire ♦ ISBN 978-3-936049-25-1 ♦ 16,00 €

Markus Liske ♦ Freier Fall für freie Bürger ♦ Eine Sozialgroteske ♦ ISBN 978-3-936049-56-5 ♦ 11,80 €

Markus Liske ♦ Weltmeister wie wir ♦ oder: Wie der Aufschwung nach Deutschland kam ♦ Satire ♦ ISBN 978-3-86841-008-2 ♦ 14,00 €

Albert Londres ♦ Die Flucht aus der Hölle ♦ ISBN 978-3-86841-038-9 ♦ 12,00

Miriam Magall ♦ Auf dem Obasute-Yama ♦ oder: Verwirf' mich nicht in meinem Alter!♦ Roman ♦ ISBN 978-3-86841-097-6 ♦ 19,50 €

Subcomandante Marcos ♦ Der Kalender des Widerstandes. Zur Geschichte und Gegenwart Mexikos von unten ♦ ISBN 978-3-936049-24-4 ♦ 13,00 €

Mathias Mendyka ♦ Libertäre Schulkritik und anarchistische Pädagogik ♦ ISBN 978-3-86841-155-3 ♦ 14,00 €

Stefan Mozza ♦ Abschiet ♦ Roman ♦ ISBN 978-3-936049-50-3 ♦ 16,00 €

Jürgen Mümken; Freiheit, Individualität & Subjektivität. ♦ Staat und Subjekt in der Postmoderne aus anarchistischer Perspektive. ♦ ISBN 978-3-936049-12-1 ♦ 17,00 €

Jürgen Mümken ♦ Anarchosyndikalismus an der Fulda. ♦ ISBN 978-3-936049-36-7. ♦ 11,80 €

Jürgen Mümken (Hrsg.) ♦ Anarchismus in der Postmoderne ♦ Beiträge zur anarchistischen Theorie und Praxis ♦ ISBN 978-3-936049-37-4 ♦ 11,80 €

Jürgen Mümken ♦ Kapitalismus und Wohnen ♦ Ein Beitrag zu Geschichte der Wohnungspolitik im Spiegel kapitalistischer Entwicklungspolitik und sozialer Kämpfe ♦ ISBN 978-3-936049-64-0 ♦ 22,00 €

Jürgen Mümken ♦ Die Ordnung des Raumes ♦ Foucault, Bio-Macht und die Transformation des Raumes in der Moderne ♦ ISBN 978-3-86841-070-9 ♦ 16,00 €

Jürgen Mümken / Siegbert Wolf ♦ „Antisemit, das geht nicht unter Menschen" ♦ Anarchistische Positionen zu Antisemitismus, Zionismus und Israel♦ Band 1: Von Proudhon bis zur Staatsgründung♦ ISBN 978-3-86841-088-4 ♦ 18,00 €

Jürgen Mümken / Siegbert Wolf ♦ „Antisemit, das geht nicht unter Menschen" ♦ Anarchistische Positionen zu Antisemitismus, Zionismus und Israel♦ Band 2: Von der Staatsgründung bis heute ♦ ISBN 978-3-86841-118-8 ♦ 18,00 €

Wolfgang Nacken ♦ auf'm Flur ♦ Roman ♦ ISBN 978-3-936049-28-2 ♦ 11,80 €

Rudolf Naef ♦ Russische Revolution und Bolschewismus 1917/18 in anarchistischer Sicht ♦ Aus vielen Originalquellen ♦ ISBN 978-3-936049-54-1 ♦ 14,00 €

Stefan Paulus ♦ Zur Kritik von Kapital und Staat in der kapitalistischen Globalisierung ♦ ISBN 978-3-936049-16-9 ♦ 11,00 €

Abel Paz & die Spanische Revolution ♦ Bernd Drücke, Luz Kerkeling, Martin Baxmeyer (Hg.) ♦ Interviews und Vorschläge ♦ 978-3-936049-33-6 ♦ 11,00 €

Abel Paz ♦ Feigenkakteen und Skorpione ♦ Eine Biographie (1921 - 1936) ♦ 978-3-936049-87-9 ♦ 14,00 €

Abel Paz ♦ Anarchist mit Don Quichottes Idealen ♦ Innenansichten aus der Spanischen Revolution ♦ Eine Biographie (1926 - 1939) ♦ 978-3-936049-97-8 ♦ 16,00 €

Abel Paz ♦ Im Nebel der Niederlage ♦ Vertreibung und Flucht ♦ Eine Biographie (1939 - 1942) ♦ 978-3-86841-016-7 ♦ 16,00 €

Abel Paz ♦ Am Fuß der Mauer ♦ Widerstand und Gefängnis ♦ Eine Biographie (1942 - 1954) ♦ 978-3-86841-033-4 ♦ 19,50 €

Alfons Paquet ♦ Kamerad Fleming ♦ Ein Roman über die Ferrer-Unruhen ♦ ISBN 978-3-936049-32-9 ♦ 17,00 €

Dietrich Peters ♦ Der spanische Anarcho-Syndikalismus ♦ Abriss einer revolutionären Bewegung ♦ ISBN 978-3-936049-04-6 ♦ 8,80 €

Benjamin Péret ♦ Von diesem Brot esse ich nicht ♦ Sehr böse Gedichte ♦ ISBN 978-3-936049-20-6 ♦ 9,00 €

Oliver Piecha ♦ Roaring Frankfurt ♦ Ein kleines Panorama der Frankfurter Vergnügungsindustrie in der Weimarer Republik ♦ ISBN 978-3-936049-48-0 ♦ 17,00 €

Pierre J. Proudhon ♦ Die Bekenntnisse eines Revolutionärs. ♦ ISBN 978-3-9806407-4-9 ♦ 12,45 €

Èmile Pouget ♦ Die Revolution ist Alltagssache ♦ Schriften zur Theorie und Praxis des revolutionären Syndikalismus ♦ ISBN 978-3-86841-105-8 ♦ 18,00 €

Jean-Bernard Pouy ♦ Mord im Paradis der Nackten ♦ Krimi ♦ ISBN 978-3-86841-017-4 ♦ 16,00 €

Manja Präkels ♦ Tresenlieder ♦ Gedichte ♦ ISBN 978-3-936049-23-7 ♦ 10,80 €

Michel Ragon ♦ Das Gedächtnis der Besiegten ♦ Roman ♦ ISBN 978-3-936049-66-4 ♦ 24,80 €

Michel Ragon ♦ Georges & Louise ♦ Der Vendeer und die Anarchistin ♦ Roman ♦ ISBN 978-3-86841-001-3 ♦ 16,00 €

Heinz Ratz ♦ Der Mann, der stehen blieb ♦ 30 monströse Geschichten ♦ ISBN 978- 3-936049-45-9 ♦ 18,00 €

Heinz Ratz ♦ Tourgeschichten ♦ ISBN 978-3-936049-74-9 ♦ 16,00 €

Heinz Ratz ♦ ...um da zu sein für Deine Widerstände ♦ Ein lyrisches Trotz-, Trost-, Liebes- und Beziehungskarusell ♦ 978-3-86841-028-0 ♦ 12,00 €

Heinz Ratz ♦ Die Rabenstadt ♦ Ein Poem ♦ ISBN 978-3-936049-27-5 ♦ 11,80 €

Heinz Ratz ♦ Apokalyptische Lieder ♦ Gedichte ♦ ISBN 978-3-936049-22-0 ♦ 11,00 €

Heinz Ratz ♦ Hitlers letzte Rede ♦ Satire ♦ ISBN 978-3-936049-17-6 ♦ 9,00 €

Elisée Reclus ♦ Geschichte eines Berges ♦ Prosa ♦ ISBN 978-3-86841-087-7 ♦ 16,00 €

Ela Rojas ♦ Einer dieser chilenischen Tage ♦ Roman ♦ ISBN 978-3-86841-032-7 ♦ 14,00 €

Thomas Reichert, Meike Siegfried, Johannes Waßmer (Hrsg.) ♦ Martin Buber: Neu gelesen ♦ Band 1 ♦ ISBN 978-3-86841-075-4 ♦ 19,90 €

Han Ryner ♦ Nelti ♦ Roman ♦ ISBN 978-3-86841-006-8 ♦ 14,00 €

Renate Sattler♦ Risse im Gesicht ♦ Roman ♦ ISBN 978-3-86841-157-7 ♦ 16,00 €

Walter Schiffer & Thomas Reichert ♦ Rückbesinnung und Umkehr ♦ Zur Bedeutung der jüdischen Tradition bei Martin Buber und Aharon Appelfeld ♦ ISBN 978-3-86841-086-0 ♦ 11,80 €

Birgit Schmidt ♦ Das höchste Ehrgeizideal war, für die Freiheit gehängt zu werden ♦ Russische Revolutionärinnen ♦ ISBN 978-3-86841-013-6 ♦ 11,80 €

Birgit Schmidt ♦ Andere Wege: Zwischen Surrealismus, Avantgarde und Rebellion ♦ Künstlerinnen und Wissenschaftlerinnen in Mexiko ♦ ISBN 978-3-86841-041-9 ♦ 11,80 €

Birgit Schmidt ♦ Wer war Ruth Oesterreich? ♦ Auf den Spuren einer vergessenen Sozialistin ♦ ISBN 978-3-86841-058-7 ♦ 11,80 €

Birgit Seemann ♦ Mit den Besiegten ♦ Hedwig Lachmann (1865-1918), Deutsch-jüdische Schriftstellerin und Antimilitaristin ♦ ISBN 978-3-86841-073-0 ♦ 16,00 €

Birgit Seemann ♦ Ein „FEATHER WEIGHT CHAMPION CASSIUS CLAY".♦ Eleonore Sterling (1925–1968).♦ Deutsch-jüdische Kämpferin gegen Antisemitismus und Rechtsextremismus ♦ ISBN 978-3-86841-078-5 ♦ 18,00 €

Massoud Shirbarghan ♦ Die Nacht der Heuschrecken ♦ Roman aus Afghanistan ♦ ISBN 978-3-936049-30-5 ♦ 11,80 €

Syfo ♦ Forschung & Bewegung ♦ Magazin ♦ 10,00 €

Nivi Shinar-Zamir ♦ ABC der Demokratie ♦ Demokratie-Erziehung für Kinder vom Kindergarten bis zur 6. Klasse ♦ 978-3-936049-61-9 ♦ 29,80 €

Augustin Souchy ♦ Bei den Landarbeitern von Aragon ♦ Der freiheitliche Kommunismus in den befreiten Gebieten ♦ ISBN 978-3-86841-067-9 ♦ 11,00 €

Sulamith Sparre ♦ Eine Frau jenseits des Schweigens ♦ Die Komponistin Fanny Mendelssohn-Hensel ♦ ISBN 978-3-936049-60-2 ♦ 12,00 €

Sulamith Sparre ♦ Denken hat kein Geschlecht ♦ Mary Wollstonecraft (1759 – 1797), Menschenrechtlerin ♦ ISBN 978-3-93604-70-1 ♦ 17,00 €

Sulamith Sparre ♦ Rahel Levin Varnhagen ♦ Saloniére, Aufklärerin, Selbstdenkerin, romantische Individualistin, Jüdin ♦ ISBN 978-3-93604-76-3 ♦ 16,00 €

Sulamith Sparre ♦ Das Herz eines Caesar im Busen einer Frau ♦ Artemisia Gentileschi (1593-1654), Malerin ♦ ISBN 978-3-86841-000-6 ♦ 16,00 €

Sulamith Sparre ♦ Aber Göttlich und Außerordentlich reimt sich ♦ Bettina von Arnim (1785 - 1859), Muse, Schriftstellerin, politische Publizistin ♦ ISBN 978-3-86841-009-9 ♦ 17,00 €

Sulamith Sparre ♦ Man sagt, ich sei ein Egoist. Ich bin eine Kämpferin♦ Dame Ethel Mary Smyth (1858-1944), Komponistin, Dirigentin, Schriftstellerin, Suffragette ♦ ISBN 978-3-86841-038-9 ♦ 17,00 €

Sulamith Sparre ♦ Hier bin ich, die Wegweiserin♦ Flora Tristan (1803-1844), Sozialistin, Feministin, Schriftstellerin ♦ ISBN 978-3-86841-074-7 ♦ 19,50 €

Oliver Steinke ♦ Das Auge des Meerkönigs ♦ Historischer Roman ♦ ISBN 978-3-936049-29-9 ♦ 14,00 €

Oliver Steinke ♦ Der Verrat von Mile End ♦ Historischer Roman ♦ ISBN 978-3-936049-18-3 ♦ 14,00 €

Oliver Steinke ♦ **Füchse der Ramblas** ♦ Historischer Roman ♦ ISBN 978-3-936049-46-6 ♦ 14,00 €

Valentin Tschepego (Hrsg.) ♦ **Machno - Zeugnisse einer Bewegung** ♦ Von Freund und Feind ♦ ISBN 978-3-86841-095-1 ♦ 11,90 €

Leo Tolstoi ♦ **Libertäre Volksbildung** ♦ Herausgegeben und kommentiert von Ulrich Klemm ♦ ISBN 978-3-936049-35-0 ♦ 14,00 €

Rubén Trejo ♦ **Magonismus** ♦ Utopie und Praxis in der Mexikanischen Revolution 1910 – 1913 ♦ ISBN 978-3-936049-65-7 ♦ 17,00 €

Martin Veith ♦ **Unbeugsam** ♦ Ein Pionier des rumänischen Anarchismus – Panait Musoiu ♦ ISBN 978-3-86841-076-1 ♦ 19,90 €

Kurt Wafner ♦ **Ausgeschert aus Reih' und Glied** ♦ Mein Leben als Bücherfreund und Anarchist ♦ Autobiographie ♦ ISBN 978-3-9806407-8-7 ♦ 14,90 €

Kurt Wafner ♦ **Ich bin Klabund. Macht Gebrauch davon!** ♦ Biographie ♦ ISBN 978-3-936049-19-0 ♦ 10,80 €

Boff Whalley ♦ **Anmerkungen*** ♦ zu Chumbawamba und mehr ♦ ISBN 9787-3-86841-021-1 ♦ 18,00 €

Michael Wilk, Bern Sahler (Hg.) ♦ **Strategische Einbindung** ♦ Von Mediationen, Schlichtungen, runden Tischen ... und wie Protestbewegungen manipuliert werden ♦ Beiträge wider die Beteiligung ♦ ISBN 9787-3-86841-095-2 ♦ 14,00 €

Lily Zográfou ♦ **Beruf: Porni [Hure]** ♦ Kurzgeschichten ♦ ISBN 9787-3-936049-71-0 ♦ 16,00 €

Lily Zográfou ♦ **Deine Frau, die Schlampe** ♦ Roman ♦ ISBN 9787-3-936049-83-1 ♦ 16,00 €

Lily Zográfou ♦ **Ein Aschenputtel mit fünfzig** ♦ Roman ♦ ISBN 9787-3-86841-014-3 ♦ 14,00 €